21世纪高等院校金融学教材新系

U0791843

金融学

FINANCE

张庆君 主编
（天津财经大学）

东北财经大学出版社
Dongbei University of Finance & Economics Press
·大 连·

图书在版编目（CIP）数据

金融学 / 张庆君主编．—大连：东北财经大学出版社，2019.7
（21世纪高等院校金融学教材新系）
ISBN 978-7-5654-3518-8

Ⅰ．金…　Ⅱ．张…　Ⅲ．金融学-高等学校-教材　Ⅳ．F830

中国版本图书馆CIP数据核字（2019）第086002号

东北财经大学出版社出版
（大连市黑石礁尖山街217号　邮政编码　116025）
网　　址：http：//www.dufep.cn
读者信箱：dufep@dufe.edu.cn
大连雪莲彩印有限公司印刷　　东北财经大学出版社发行
幅面尺寸：170mm×240mm　字数：533千字　印张：26　插页：1
2019年7月第1版　　2019年7月第1次印刷
责任编辑：田玉海　　责任校对：夏　际
封面设计：姜　宇　　版式设计：钟福建
定价：52.00元

教学支持　售后服务　联系电话：（0411）84710309

如有印装质量问题，请联系营销部：（0411）84710711

前　言

伴随着市场经济和货币信用制度的发展、银行体制的形成、金融创新和金融改革的推动，金融市场日益活跃，金融体系越来越庞大、越来越复杂。在金融系统自身繁荣和发展的同时，金融对经济的渗透和扩散功能的深化成为当前社会经济生活的重要特征，金融活动已经成为人们日常生活的重要组成部分。金融体系的巨大功能、精巧结构和绝妙无比的运行机制与运转方式，早已引起人们的广泛关注和深入研究。庞大的金融体系也构成了当代各国宏观经济调控和调节的基础，成为社会经济的调节机制和国民经济的神经中枢。尽管世界各国的金融体制千差万别、各具特色，然而并非杂乱无章、无规律可循，在各种特殊的表现形式中蕴含着最基本的规律。

伴随着金融体系的快速发展，对金融的探索和研究也取得了丰硕的理论成果，现代金融理论不仅内容丰富，而且具有很强的应用价值。它深化了经济理论，也促进了现代金融机构的发展和金融市场的完善，促进了金融结构的巨大变化。经过改革开放以来四十多年的发展，我国的金融学已经由早期的引进西方金融学理论体系和内容转变到结合我国金融发展和金融改革的实践不断创新和发展的阶段。本书从金融学的基本概念和相关知识入手，在介绍金融学一般知识的基础上，系统阐述了货币与货币制度、信用、利息与利息率、金融市场、公司金融、金融体系与金融机构体系、货币体系与国际金融、商业银行与信用创造、中央银行、金融监管、货币供给、货币需求、货币政策、通货膨胀和通货紧缩等金融领域的基本知识和原理，并探讨了金融风险和金融危机、金融功能与金融可持续发展等金融发展过程中应该注意的问题。

为了增强学生对所学章节内容的感性认识，培养学生关注现实问题的兴趣，本书还结合课程内容，在每章的开篇都设计了引例，并在章节内部设计了多个专栏，这些设计有助于提高学生的学习兴趣，扩展学生的知识面。

在教材的编写过程中，我们本着学以致用的目的，努力做到以下几点：第一，保证一定的学术水准，与时俱进，及时将各有关学科的新进展反映到教材中来。第二，内容上完整、系统和科学，表述上深入浅出、通俗易懂，尽可能用通俗的语言表达深邃的理论。第三，理论联系实际，不仅介绍一般的理论方法，还特别注重理论在实际中的应用和有关案例的讨论。第四，注意吸收国内和国外经济研究和教学的最新成就，并结合作者的教研实践和教研成果，以及作者对现实经济生活的理解。第五，循序渐进，符合教学规律。本教材不仅可以作为全日制普通高校相关专业的教材，还可以为从事金融实际工作的人员提供参考。

本书由天津财经大学张庆君教授担任主编，负责拟订全书的写作提纲、修改和整理。本书是集体劳动和团队合作的智慧结晶，各章分工如下：朱方圆撰写第1章、第4章和课后练习题；闵晓莹撰写第2章；赵晓玲撰写第3章；天津财经大学毕燕君撰写第5章；李维峰撰写第6章；王悦撰写第7章；高凌云撰写第8章、第13章；苏明政撰写第9章、第10章；王兴运撰写第11章；张庆君撰写第12章、第15章、第16章；王晶撰写第14章；天津财经大学王银雪、蒋一荻、岳媛、申思、马秀斌、侯乐梅、刘川、宋小燕等研究生参与了资料整理和校对。最后，张庆君主编对全书总纂定稿。

为方便教学，本书配有电子课件，请选用本教材的老师登录"www.dufep.cn"免费下载。

在本书的写作过程中我们参考了大量的中外文献，书后列出的参考文献只是其中一部分，在此我们谨向文献作者致以诚挚的谢意。正是这些文献资料，为我们提供了丰富的素材和创作的源泉。在此，还要感谢天津财经大学金融学院各位同仁的关心和帮助。

限于作者的知识水平和教学经验，本书的缺点和不足之处在所难免，敬请广大读者批评指正。

作　者

2019年5月

目 录

第1章

货币与货币制度

【学习指南】

导读

本章首先介绍货币如何产生，从而引出货币的本质，并介绍了货币形式的发展变化。本章重点阐述了货币的基本职能，从货币的职能当中可以更好地理解货币的本质内容和货币在经济中所发挥的作用。货币制度的演变和发展也是本章的重要内容。货币制度是指一个国家以法律形式规定的货币流通的组织形式，随着经济与社会的发展，货币制度也在演变和发展。货币层次的划分有着一定的现实意义。通过本章的介绍，读者可以从中更加深入地理解货币及货币制度。

关键概念

货币　价格标准　货币制度　铸币　金银复本位制　金本位制　不兑现的信用货币制度　金融资产流动性

引例

集中营中的货币：香烟

在第二次世界大战期间，在纳粹的战俘集中营中流通着一种特殊的货币商品：香烟。当时的红十字会设法向战俘营提供了各种人道主义物品，如食物、衣服、香烟等。由于数量有限，这些物品只能根据某种平均主义的原则在战俘之间进行分配，而无法顾及每个战俘的特定偏好。但是人与人之间的偏好显然是有所不同的，有人喜欢巧克力，有人喜欢奶酪，有人则可能更想得到一包香烟。因此战俘们有进行交换的需要。

但是，即使是在战俘营这样一个狭小的范围内，物物交换也显得非常不方便，因为它要求交易双方恰巧都想要对方的东西，也就是所谓的需求的双重巧合。为了使交换能够更加顺利地进行，需要有一种充当交易媒介的商品。那么，在战俘营中，究竟哪一种物品适合做交易媒介呢？许多战俘营都不约而同地选择香烟来扮演这一角色。战俘们用香烟来进行计价和交易，如一根香肠值10根香烟、一件衬衣值80根香烟、替别人洗一件衣服则可以换得两根香烟。有了这样一种记账单位和交易媒介之后，战俘之间的交换就方便多了。这里的香烟，作为一种交换媒介，起到的就是现今我们日常生活中的货币的作用。

那么究竟什么是货币？货币是如何产生的？具备哪些特性的商品适合充当货币？本章将进行详细阐述。

资料来源：易纲，吴有昌．货币银行学［M］．上海：上海人民出版社，2014

§1.1 货币的本质

在现实的经济生活中处处可以看到货币，货币化程度也被用来衡量商品经济发展的程度，是衡量经济是否发达的重要标志。经济中有关货币的现象纷繁复杂，如何把握货币的本质是我们进一步研究经济现象的重要环节。

1.1.1 货币的产生

货币是什么？换句话说，什么才是货币？对于这一问题，我们要从货币产生的过程中寻找答案。货币是商品生产和商品交换长期发展的产物。在商品交换中，一种商品的价值往往要通过别的商品来表现，被用来衡量另一种商品价值量的这种商品被称为价值的表现形式，简称为价值形式。而货币正是价值形式演变的结果。价值形式的发展经历了4个阶段：简单的（或偶然的）价值形式、扩大的价值形式、一般价值形式和货币形式。

1.简单的（或偶然的）价值形式

人类最初的商品交换出现在原始社会末期，当时已经出现剩余产品，各部落生产的产品除了满足本身的消费需求外，还可以把剩余的产品用于交换。由于当时社会未出现社会分工，生产力水平很低，剩余产品少，交换带有偶然的性质。在这种偶然的交换中，商品的价值已经有了外在的表现形式，即一种商品的价值偶然地表现在另一种商品上，这种形式就是简单的（或偶然的）价值形式。

假设1只羊与两把石斧相交换，对于用羊交换石斧的部落来说，他们的羊的价值用石斧表现出来了——1只羊值两把石斧，石斧成为羊的等价物；对于用石斧交换羊的部落来说，他们的石斧的价值用羊表现出来了——1把石斧值半只羊，羊成为石斧的等价物。由于这种价值的表现纯属偶然，所以这一阶段被称为简单的（或偶然的）价值形式。

2.扩大的价值形式

随着社会分工的出现，共同生产逐渐被个人生产所替代；随着私有制的产生，部落与部落之间的交换逐渐被个人与个人之间的交换所替代，交易日益发展成为常见的现象，于是出现了扩大的价值形式。

在扩大的价值形式中，一种商品的价值已经不是偶然地表现在某一商品上，而是经常地表现在一系列商品上，于是，一种物品的价值就会由许多种其他的物品表现出来。比如，1只羊不仅可能与两把石斧交换，还可能与25公斤米交换、与7米布交换，等等。此时，1只羊的价值是多少，不仅可以由两把石斧表现，而且也可以由25公斤米、7米布等表现。对于一种物品的价值可以由许多商品表现出来，而所有的物品都可成为表现其他物品的等价物的这种情况，被称为扩大的价值形式。

3.一般价值形式

对于不断发展的交换来说，由于进入交换领域的物品越来越多，交换行为越来越频繁，扩大的价值形式逐渐暴露出它的局限性。当日益增多的物品进入频繁的交易过程中，就必然会有某种物品进入交换的次数较多，其使用价值较多地为进入市场的人们所需要。当各种物品都频繁地要求用这种物品表现自身价值时，这种物品就成为所有其他物品的表现材料，成为所有物品的等价物。而这种物品一旦成为所有其他物品用来表现价值的等价物，那么它就具有了可以与所有物品直接交换的能力。这个用来表现所有物品价值的媒介品，被称为一般等价物；用一般等价物表现所有物品价值，被称为一般价值形式。

一般等价物具有完全的排他性，不与任何商品并列。任何一种商品只要与作为一般等价物的商品交换成功，该商品的使用价值便转化为价值，私人劳动便获得了社会的认可。作为一般等价物的商品实际上起着货币的作用，只是在一般价值形式中，担任一般等价物的商品可能不固定。

4.货币形式

一般等价物在不同时期、不同地区是不相同的。例如，在欧洲最早的一般等价物是羊，而在中国最早的一般等价物是贝。许多充当一般等价物的商品本身都存在着难以克服的缺点。在第二次社会大分工之后，贵金属成为固定充当一般等价物的商品。贵金属之所以能够固定地充当一般等价物，是它的属性所决定的。贵金属具有4个自然属性：①同一性，当贵金属质地均匀、重量相等时，其价值也就相等。

②可分性，贵金属可以根据需要加以分割而不致丧失价值。③便利性，贵金属体积小、价值高、便于携带。④永恒性，贵金属不易变质、适宜保存，可作财富贮藏。由于贵金属同时具备这4个特性，所以最适宜作货币材料。当人们普遍选用贵金属作为一般等价物时，一般等价物就基本稳定了，货币也就产生了。

1.1.2 货币是一般等价物

货币是商品，但不是普通的商品，而是固定地充当一般等价物的特殊商品。

货币是商品，具有商品的共性，具有使用价值和价值。如果货币没有商品的共性，那么它就失去了与其他商品相交换的基础，也就不可能在交换过程中被分离出来充当一般等价物。

货币是特殊商品。首先，货币作为一般等价物，能够表现一切商品的价值。普通商品直接表现出其使用价值，但其价值必须在交换中由另一商品来体现。货币是以价值的体现物形式出现的，在商品交换中直接体现商品的价值。其次，货币具有直接同所有商品相交换的能力。普通商品只能以其特定的使用价值去满足人们的某种需要，因而不可能同其他一切商品直接交换。货币是被普遍接受的一种商品，拥有货币就意味着能够去换取具有各种使用价值的商品。

货币是商品交换的媒介和手段，这就是货币的本质。货币作为一般等价物反映了商品生产者之间的交换关系，体现着产品归不同所有者占有，并通过等价交换来实现他们之间的社会联系，即社会生产关系。在历史发展的不同阶段，货币反映着不同的社会生产关系。货币在不同的社会制度中作为一种工具，是由社会制度所决定的。从货币的社会属性来看，货币反映着商品生产者之间的关系，货币是没有阶级性的。

1.1.3 货币形式的发展

支付制度，即经济社会中进行交易的方法，随着时间的推移，其一直在发生变化。与之相对应，货币的形式也在变化着。按形态，货币大致可以分为足值的金属货币、足值货币的代表、不可兑现的信用货币和电子货币。

1.足值的金属货币

金属货币是指以金属为币材的货币。初期的金属货币以条块形状出现，称为称量货币。近代的金属货币则将金属按一定的成色、重量铸成一定的形状使用，称为铸币。金、银、铜、铁等金属材料都做过币材，这些材料可以分割、加工，质量均匀，供给稳定，用它们制成的货币耐久、轻便、价值统一，能有效发挥货币的交易媒介、价值标准和价值储藏的职能。因此，直至今日，金属货币仍然在流通中使用着。

2.足值货币的代表——银行券

银行券是银行发行的可以发挥货币功能的信用工具。早期银行券由商业银行分散发行，代替金属货币流通，通过与金属货币的兑现维持其价值。也就是说，持有人可以随时向发行银行或政府兑换铸币或金银条块。银行券的效力与金属货币完全相同，且具有携带便利、避免磨损、节省金银等优点。中央银行产生以后，银行券由中央银行垄断发行，金属货币制度崩溃后，银行券成为不兑现的纸制信用货币。

3.不可兑现的信用货币——纸币

纸币不能兑换成金属或金银条块，它仅有货币价值而无币材价值。不兑现的纸币一般是由中央银行发行，国家法律赋予其无限法偿能力。由于纸币与黄金毫无联系，货币的发行一般根据国内的经济需要由中央银行控制。

4.电子货币

电子货币是对通过电子信息的交换完成结算的系统的总称。目前，大多数电子货币的基本形态是一样的，是用一定金额的现金或存款从发行者处兑换并获得代表相同金额的数据，通过使用某些电子化方法将该数据直接转移给支付对象，从而能够清偿债务，该数据本身可称为电子货币。

以往，人们在各种活动和消费中习惯于现金支付、银行汇兑等传统的支付方式。电子货币的出现方便了人们外出购物和消费。现在电子货币通常在专用网络上传输，通过设在银行、商场等地的ATM机、POS机进行处理，完成货币支付操作。近年来，随着互联网的发展，网上金融服务已经开始在世界范围内开展。网上金融服务包括了人们的各种需要，网上消费、家庭银行、个人理财、网上投资交易、网上保险等。这些金融服务的特点是通过电子货币在互联网上进行及时电子支付与结算，以至人们可随时随地完成购物消费活动，进行货币支付。2013年，网络金融试水运营，被称为“网络金融元年”。网上支付的安全电子交易需要安全认证、数据加密、交易确认等来保证。

当今世界是一个逐渐走向经济政治一体化的世界，各区域性集团纷纷建立，少数经济大国的信用货币已经取得了世界信用，世界各国的经济联系进一步加强。现代科学技术不断进步，计算机广泛应用，必然推动货币向新形式转变。电子货币的发展，预示着一种全新的货币形式将取代传统意义上的货币，执行货币的各项职能。

专栏1-1

我国电子货币的主要类型

目前，我国的电子货币主要有4种类型：

1.储值卡型电子货币

储值卡型电子货币一般以磁卡或IC卡形式出现，其发行主体除了商业银行之外，还有电信部门（普通电话卡、IC电话卡）、IC企业（上网卡）、商业零售企业（各类消费卡）、政府机关（内部消费IC卡）和学校（校园IC卡）等。发行主体在预收客户资金后，发行等值储值卡，使储值卡成为独立于银行存款之外新的“存款账户”。同时，储值卡在客户消费时以扣减方式支付费用，也就相当于存款账户支付货币。储值卡中的存款目前尚未在中央银行征存准备金之列，因此，储值卡可使现金和活期储蓄需求减少。

2.信用卡应用型电子货币

信用卡应用型电子货币指商业银行、信用卡公司等发行主体发行的贷记卡或准贷记卡。可在发行主体规定的信用额度内贷款消费，之后于规定时间还款。信用卡的普及使用能扩大消费信贷，影响货币供给量。

3.存款利用型电子货币

存款利用型电子货币主要有借记卡、电子支票等，用于对银行存款以电子化方式支取现金、转账结算、划拨资金。该类电子化支付方法的普及使用能减少消费者往返于银行的费用，使现金需求余额减少，并可加快货币的流通速度。

4.现金模拟型电子货币

现金模拟型电子货币主要有两种：一种是基于互联网环境使用的且将代表货币价值的二进制数据保管在网络终端硬盘内的电子现金；一种是将货币价值保存在IC卡内并可脱离银行支付系统流通的电子钱包。该类电子货币具备现金的匿名性、可用于个人间支付、可多次转手等特性，是以代替实体现金为目的而开发的。该类电子货币的扩大使用，能影响通货的发行机制、减少中央银行的铸币税收入、缩减中央银行的资产负债规模等。

§1.2 货币的职能

关于货币职能的问题，经济学家有不同的表述方法。区别比较大的是马克思主义货币信用学理论关于货币职能的表述和现代货币银行学理论对于货币职能的表述。马克思主义的货币信用学理论把货币的职能分为价值尺度、流通手段、贮藏手段、支付手段和世界货币；现代货币银行学理论中货币的职能主要包括：交换媒介、记账单位、价值贮藏、延期支付。马克思主义货币信用学理论对货币职能的论述当前仍然是主流，因此这里仍采用这一观点。

1.2.1 价值尺度

货币在表现和衡量商品价值时，执行着价值尺度的职能，这是货币最重要、最基本的职能。

执行价值尺度职能的货币有以下两个特点：第一，货币在执行价值尺度职能时，只是观念上的、想象的、思维的货币，不需要现实货币的存在；第二，执行价值尺度职能的货币本身须具有价值。

商品价值的货币表现就是价格。由于各种商品价值的大小不同，用货币表现的价格也不同。为了便于比较，就需要规定一个货币计量单位，即价格标准。**价格标准是国家通过法律规定含有一定金属重量的货币单位及其等分部分。**在金属货币制度下，价格标准即货币含金量，而在纸币制度下，价格标准主要通过规定购买力表现出来。

价值尺度与价格标准有着密切的联系，货币的价值尺度职能是通过价格标准来实现的。

货币的价值尺度职能和价格标准是不同的概念。首先，货币作为价值尺度，是代表一定量的社会劳动，来衡量各种不同商品的价值；而货币作为价格标准，是代表一定的金属量，用来衡量货币金属本身的量。其次，货币作为价值尺度是在商品交换中自发形成的，它不依赖于人的主观意志，是客观的；而价格标准是人为的，通常由国家法律加以规定。再次，货币作为价值尺度，它的价值随着劳动生产率的变动而变动；而价格标准是货币单位本身的金属含量，是不随劳动生产率的变动而变动的。

1.2.2　流通手段

货币在商品交换过程中发挥媒介作用，便执行流通手段职能。作为流通手段的货币必须是现实的货币，但不一定是足值的货币，因为此处货币仅是交换手段，而不是交换的目的，其本身有无十足价值并不重要。

货币产生之后，商品交换从物物交换转化为以货币为媒介的交换。作为流通手段的货币，并不用于贮藏，而是要用于购买其他商品。在这里，货币在商品交换过程中处于不断流动状态，对一个商品生产者来说，货币在他手中只是一个转瞬即逝的要素，它马上又要被别的商品所替代。所以从货币扮演流通手段职能的角度看，现实流通中的货币是可以由包括纸币在内的价值符号替代的。

1.商品流通与货币流通的关系

商品流通是以货币为媒介的商品交换。货币流通是指在商品交换中，货币作为购买手段，从一个所有者手里转移到另一个所有者手里的不断运动。货币流通是由商品流通引起的，没有商品流通，就不可能有货币流通，货币流通是为商品流通服务的；商品流通是货币流通的基础，而货币流通是商品流通的表现形式。

2.货币流通规律

按照马克思的理论，货币流通规律是指在商品流通中货币需要量的规律。在一定时期，流通中到底需要多少货币流量，取决于三个因素：第一，一定时期待销售的商品数量；第二，商品的价格；第三，货币流通速度。这一规律可用如下公式表示：

货币作为流通手段的必要量=商品价格总额÷货币流通速度

=（商品价格×待销售的商品总量）÷货币流通速度

这一规律是商品经济社会中不以人的意志为转移的客观经济规律，凡是有商品货币的地方，这一规律就必然存在并发挥作用。

1.2.3　贮藏手段

货币退出流通，被人们收藏、保存起来时，货币就执行贮藏手段的职能。作为贮藏手段的货币必须具有价值，并且必须是现实的货币。这是因为人们贮藏货币的目的是贮藏财富，是为了保值，这就决定了作为财富代表的货币不能是虚幻的和无价值的。

货币贮藏在不同历史阶段的表现形式是不同的。在前资本主义社会，贮藏货币主要表现为金银商品窖藏的形式。随着社会生产力的发展，资本主义生产规模的扩大，货币贮藏手段职能得到进一步的发展。货币贮藏主要采取两种形式：一是充当购买手段和支付手段的准备金；二是以货币形式闲置的暂时不用的资本，包括新积累尚未投入的货币资本。前一种形式的贮藏货币不断地进入流通并不断地从流通中流回；后一种形式的贮藏货币则较长时间地停留在流通领域之外，等待时机再进入流通，参加资本的循环和周转。货币作为贮藏手段具有自发调节货币流通的作用：当流通中的货币量大于商品流通所需要的货币量时，多余的货币会退出流通领域；当流通中所需要的货币量不足时，贮藏货币会重新进入流通。贮藏货币就像蓄水池一样自动地调节着流通中的货币量，使它与商品流通相适应。货币的贮藏手段是以金属货币流通为前提的。当今世界各国普遍采用了信用货币。由于信用货币，即纸币，本身没有价值，不能执行贮藏手段的职能，也不能发挥蓄水池的作用，因为此时的货币虽然可以储蓄，但仍是计算在市场流通量之中的，因此，当前货币贮藏手段职能实际上已经不存在了。

1.2.4 支付手段

货币作为交换价值而独立存在，没有伴随着商品运动而作单方面的转移，就执行着支付手段的职能。由于商品生产和商品流通时间长短不一致，或者商品生产的季节性原因，使商品让渡和货币让渡在时间上出现分离，这就产生了货币单方面转移的需要，如支付工资、清偿债务、交纳赋税等，从而形成货币的支付手段职能。货币在执行支付手段职能时，价值的单方面转移是其特征。

支付手段的产生源于商业信用的产生。在较发达的商品经济条件下，在商品生产循环和周转中，某些商品生产者会产生资金周转的多余或不足，为使再生产顺利进行，商品赊销、延期付款等信用方式就相应产生。货币作为流通手段克服了物物交换所带来的局限性；而货币执行支付手段职能时，又进一步克服了货币作为流通手段要求一手交钱一手交货的局限性，极大地促进了商品的交换。但同时，它也激化了商品经济的矛盾，使其进一步复杂化。在商业信用盛行时，商品生产者之间的债权债务关系普遍存在。一个商品生产者偿还债务的能力往往受到其他商品生产者能否按期偿还对他的债务的影响。如果有一部分生产者由于种种原因不能按期偿还债务，就有可能引起整个支付链条的崩断，以致给商品生产和流通带来严重影响。

1.2.5 世界货币

当货币超越国界，在世界市场上发挥一般等价物作用时便执行世界货币的职能。作为世界货币，必须有十足的价值，并且是贵金属块，按其实际重量来发挥职能。纸币不能充当世界货币，现在的美元等是国际支付手段和结算手段，称不上世界货币。

货币执行世界货币职能时主要表现在三个方面：第一，作为国际一般支付手段，用以平衡国际收支差额，这是世界货币的主要职能。第二，作为国际上一般的购买手段，用以购买国外商品，作为购买手段的货币在此时当作货币商品与普通商品相交换。第三，作为国际财富转移的一种手段，比如战争赔款、输出货币资本等。

货币的5种职能并不是各自孤立的，而是具有内在联系的，每一个职能都是货币作为一般等价物的本质的反映。其中，货币的价值尺度和流通手段职能是两个基本职能，其他职能是在这两个职能的基础上产生的。所有商品首先要借助货币的价值尺度的职能来表现其价格，然后才通过流通手段实现商品价值。正因为货币具有流通手段职能，可以随时购买商品，同时货币能作为交换价值独立存在，可用于各种支付，所以人们才贮藏货币，货币才能执行贮藏手段的职能。支付手段的职能是以贮藏手段职能的存在为前提的。世界货币职能是其他职能在国际市场上的延伸和发展。

§1.3　货币在经济中的作用

1.3.1　货币在宏观经济中的作用

1.货币能够提高社会资源配置效率

货币作为一般等价物，是社会财富的代表，由于货币的普遍可接受性，持有货币就拥有了支配稀缺经济资源的权利。这种权利在发达的市场经济中被称为“消费者主权”，是一项重要的经济权利，在这种权利下，货币成为一种“选票”，消费者可以根据自己的意愿或需求，运用所持有的货币选票，通过购买自己所需要的商品或劳务，促使社会资源合理配置。同时人们可以利用利率等经济杠杆实现货币资金的分配，通过资金的分配，引导其他社会资源重新配置，提高资源配置效率。

2.货币是传递信息的重要工具

在市场经济中，价格是商品价值的货币表现。在价格形成过程中，汇集了各种有关商品经济的信息。利用价格机制，可以向市场传递各种信息，人们也可以从价格变化中获取各种有用的信息。

3.货币是实现宏观经济调控的工具

在一国国民经济活动中，政府经常要利用财政政策和货币政策以及其他宏观经济政策手段来间接地调控经济，以实现宏观经济的均衡。无论是财政政策还是货币政策，都是以货币为基本工具的。财政收支要以货币数量来表示，货币政策的任何一种工具的使用都离不开货币。此外，考核宏观经济政策的效果也是利用货币来进行的。

1.3.2 货币在微观经济中的作用

1.货币是商品生产的第一推动力和持续推动力

在商品经济中，要从事商品生产就离不开货币的投入。在开始生产之前，需要一定量的货币去购买原材料、劳动力，没有这些货币资金的投入，商品生产就无法开始，这就是货币作为第一推动力的作用。当生产启动后，需要不断追加资金，或者企业扩大再生产也需要不断地投入货币，此时货币发挥着持续推动力的作用。

2.货币是进行经济核算的工具

人们可以利用货币作为记账单位，利用货币表示成本、价格和利润等，以此来衡量微观经济效益的高低，这有利于经营者对经营方案做出正确的选择，也有利于经营者对生产过程进行监督和控制。

3.货币是实现收入分配的工具

当前任何企业或个人所获得的收入都必须借助货币来实现。首先利用相关指标考核劳动的数量和质量，然后根据考核结果，以货币方式支付报酬。

关于货币是否能够对经济产生实质性影响这一问题，西方经济学家的理论中有不同的看法。古典学派的代表人物大卫·李嘉图以及后来的萨伊等人认为，货币只是一种便利的交易工具，它不会对实际产出、就业水平等发生影响，货币数量的变化只会影响物价水平。该观点低估了货币在国民经济中的作用。英国经济学家凯恩斯充分肯定了货币对总产出、就业水平有重要作用，他认为通过货币数量变动影响利率，进而影响投资和消费，使社会总需求变动，从而可使生产产量和就业水平发生变化。现代货币学派的代表人物米尔顿·弗里德曼虽然认为货币数量变动在短期内主要影响物价，但他也肯定了货币数量变动在长期内会影响产出。

§1.4 货币制度的演变和发展

从有文字以来，各个国家在货币方面都制定了种种法令。这些法令反映了国家不同程度、不同角度对货币的控制。一般来说，有秩序的、稳定的、能为发展商品经济提供有利客观环境的货币制度，是各国共同追求的目标。

1.4.1 货币制度的形成

货币制度是指一个国家以法律形式规定的货币流通的组织形式，简称币制。货币制度是随着资本主义经济制度的建立而逐步形成的。

1.前资本主义社会的货币流通

在前资本主义社会，就已经有了广泛的货币流通。进入金属货币时代，黄金和白银最初是以条、块形式流通，人们使用很不方便，每次支付时，需要称量金属的重量，鉴别金属的成色和分割金属的大小，这给商品交易和货币流通带来很大的麻烦。第三次社会大分工以后，产生了商业，商人出现了。为了解决使用金银条块的不方便，一些有名望的大商人出面事先称量好货币金属的重量，鉴别好其成色，分割其成大小不一的条块，打上标明其重量和成色的印记。这样，在商品买卖时就可以直接使用这些金属条块，这就是铸币的雏形。它为商品交易和货币流通提供了方便，但这些标有印记的金属条块只能在一定的范围内进行流通。当商品交易突破地方市场范围时，这种以商人信誉为保证的货币流通的局限性便开始显现。为解决这一问题，国家以自己的权威集中铸造货币，铸币便产生了。

铸币是按照国家的法律规定，用一定重量的金属，以一定的形式铸造以后，并标明其重量和成色的金属块。我国是世界上最早出现铸币的国家，曾出现过铜贝币、刀币，这些都是国家按照法定的程序制造的铸币。

前资本主义社会的货币流通有两个特征：

（1）铸造权分散。铸造权的分散与当时的社会制度有关。封建社会由于存在封建割据，各封建主自己铸造货币，甚至封建主统治下的一些城邦也各自铸造货币，结果造成货币种类繁多、成色不一、价值不一。

（2）铸币不断贬值。铸币的贬值是指铸币的重量减轻、成色降低。这主要是由于经常发生战争，统治者为了弥补财政赤字，不断地减轻铸币的重量，降低成色。在我国楚汉相争时期和汉朝初期，铸币贬值现象严重。铸币贬值导致物价猛涨，使商品流通陷入混乱。

由于前资本主义社会货币流通的上述特征严重阻碍了商品经济的发展，到了资本主义社会，资产阶级开始积极寻求一种统一的、稳定的货币制度。

2.资本主义货币制度的建立

取得政权的资产阶级为了发展资本主义经济，对货币制度提出了三个要求：

第一，要求有统一的货币制度。统一的货币制度的标志就是把分散的货币铸造权集中起来，由国家政权垄断。

第二，要求有稳定的货币流通。货币流通稳定的基本条件是货币价值的稳定。稳定的货币价值有利于厂商正确地计算成本和利润，顺利地实现再生产。同时稳定的货币价值也有助于促进信用关系的发展，从而为商品生产和流通创造有利的条件。

第三，要求货币流通具有较大的弹性。货币流通的弹性是指货币流通规模适应国民经济的周期性变化而能进行扩张和收缩。当经济处于衰退时期，需要利用货币发挥第一推动力和持续推动力的作用促使国民经济尽快地走出衰退；当经济处于繁荣阶段，物价开始持续上扬，则需要控制货币的投放量防止经济过度扩张。

西方国家政府在资本主义时期为改变货币流通混乱的状况，将已颁布的本位货币金属、货币单位、货币铸造、发行和流通程序、发行准备等法令和条例集中起来制度化的过程，就是资本主义货币制度的形成过程。

1.4.2　货币制度的基本内容

货币制度的基本内容包括：货币金属与货币单位；通货的铸造、发行与流通程序；金准备制度。

1.货币金属与货币单位

用什么材料作为本位币的币材，就会构成什么样的货币制度，货币金属是建立货币制度的基础。国家规定哪种或哪几种商品（可能是金属，也可能是非金属）为币材，实际上都是对已经形成的客观现实从法律上加以肯定。国家不能主观上随心所欲地指定某一种金属作为币材。现代各国都流通不兑现的信用货币，选择币材的技术意义已超出其经济意义，如如何防伪等。

规定货币单位包括两个内容：规定货币的名称和规定单位货币的价值。

在当代，世界上货币名称有一百多种，其中用元、镑、法郎作为货币名称的较多。按照国际惯例，一国货币单位的名称往往就是该国货币的名称；几个国家用同一个货币单位名称，则在前面加上国家名。例如，法郎是很多国家采用的货币单位名称，前面加上国名就是该国的货币名称，欧元流通前的法国法郎是法国的货币名称，瑞士法郎则是瑞士的货币名称。再如，元也是很多国家的货币的名称，加以国名就是该国的货币名称，美元就是美国的货币名称，加元就是加拿大货币的名称。中国的情况有些特殊，货币名称是人民币，货币单位的名称是元。

货币单位的确定更重要的是确定币值。当铸币流通时，确定币值就是确定单位所包含的货币金属重量和成色。当流通中只有不兑现的货币而尚未与黄金脱离直接联系的情况下，确定币值则是确定本国货币单位的含金量，或是确定本国货币与在世界上占主导地位的货币的固定比价。当黄金在世界范围内非货币化之后，确定币值则是维持本国货币与外国货币的比价——符合自身利益的比价。

2.通货的铸造、发行与流通程序

通货就是流通中的现金，包括金属货币和纸币。在金属货币制度下，通货的铸造是指本位币与辅币的铸造。本位币是按照国家规定的货币单位所铸成的铸币，亦称主币。本位币的面值与实际金属价值是一致的，是足值货币。关于本位币有三个规定：第一，本位币可以在国家集中铸造的前提下自由铸造。这种自由铸造是指公民有权把货币金属送到国家造币厂铸成本位币，不受数量限制。造币厂代铸货币，不收或只收少量的铸造费。第二，本位币可以无限法偿。也就是说，用本位币支付的数额不受限制，无论每次支付的金额如何巨大，对方都不得拒绝接受。第三，规定本位币有磨损公差。为了保证本位币名义价值与实际价值一致，防止由于磨损过大而导致实际价值减少的货币充斥流通领域，国家规定当本位币流通一段时间后，如果超过允许磨损的最大限度，公民可以向政府换取新的铸币。

辅币是主币以下的小额通货，供日常零星交易与找零之用。辅币一般选用贱金属铸造，因为贵金属价值大，不容易铸成小额货币。辅币是按照其名义价值而不是实际价值流通的。关于辅币也有三个规定：第一，规定辅币限制铸造。公民不能自由地请求政府代铸辅币，辅币的铸造权完全由政府控制。第二，规定辅币有限法偿，即规定辅币只具有有限的支付能力。在商品交易中，在一定的金额内，买方可以用辅币支付，一旦超过这一规定的金额，对方可以拒绝接受。第三，规定辅币可以与本位币自由兑换。

在商品经济发展速度远远超过金属产量增长速度的情况下，金属铸币不能满足商品流通对流通手段和支付手段日益增长的需要，于是就出现了银行券和纸币。

3.金准备制度

金准备制度就是黄金储备制度。作为金准备制度的黄金必须集中于中央银行，这些作为货币发行准备的黄金主要有以下用途：第一，作为国际支付的准备金；第二，作为扩大和收缩国内金属货币流通的准备金；第三，作为支付存款和兑换银行券的准备金。20世纪70年代以后，世界各国已经不再用黄金作为货币发行和干预外汇价格的保证了，黄金的货币作用和地位削弱了，世界各国已无金属货币流通，金准备制度只作为国际支付的准备金，其他两个用途已经不复存在。

1.4.3 货币制度的演变

在货币制度发展的历史过程中，历经银本位制、金银复本位制、金本位制和不兑现的信用货币制度四大类型。

1.银本位制

银本位制是历史上出现最早的货币制度，是以白银为本位货币的一种货币制度。银本位制分为银两本位与银币本位。在银本位制盛行时代，大多数国家采用银币本位，只有少数国家实行银两本位。在银本位制下，银币是无限法偿货币，其名义价值与实际含有的白银价值是一致的。

银本位制从16世纪以后才开始盛行，但作为一种独立的货币制度，其存在的时间并不长，范围也不广。这主要是因为白银的价值不稳定，随着白银开采技术的提高，白银产量激增，导致白银价值不断下降。随着资本主义经济的发展，商品交易规模日益扩大，大宗商品交易日益增多，用白银这种价值相对较低的货币进行支付，就产生许多不便。到了20世纪初，除少数国家外，主要的资本主义国家都早已放弃了这种货币制度。

2.金银复本位制

金银复本位制是以金和银同时作为币材的货币制度。在这种制度下，法律规定金银都是铸造本位币的材料。金币和银币均可自由铸造，可以同时流通，都具有无限法偿能力。这种货币制度是资本主义发展初期各西方国家曾经普遍实行的一种货币本位制度。实行金银复本位制对于推动资本主义经济的发展起到了积极的作用，因为白银较适于零星的交易，黄金则适合用于大额交易。资本主义城乡商品贸易和大工业的发展，不仅需要服务小额商品交易的白银流通，而且还需要服务于大宗商品交易的黄金流通。

金银复本位制按金和银两种金属的不同关系又可分为平行本位制、双本位制和跛行本位制。

（1）平行本位制。

平行本位制是金银两种货币均各按其所含金属的实际价值任意流通的货币制

度。国家对金银的两种货币之间的兑换比例不加固定，而由市场自发形成金银比价来确定金币和银币的比价。但由于商品具有金币和银币表示的双重价格，金银市场比价波动必然引起商品双重价格比例波动，造成交易的混乱。

（2）双本位制。

双本位制是金银两种货币按法定比例流通的货币制度，国家按照市场上的金银比价为金币和银币确定固定的兑换比率。双本位制的建立是为了克服平行本位制所带来的金银比价频繁波动的缺陷，但却造成了官方金银比价与市场金银比价平行存在的局面，出现了“劣币驱逐良币”现象，即在金属货币流通条件下，当一个国家同时流通两种实际价值不同，但法定比价不变的货币时，实际价值高的货币（良币）必然被人们熔化、收藏或输出而退出流通，而实际价值低的货币（劣币）反而充斥市场。这一现象是由16世纪英国财政大臣托马斯·格雷欣发现并总结提出的，所以又被称为“格雷欣法则”。

（3）跛行本位制。

跛行本位制是指国家规定金币可以自由铸造而银币不允许自由铸造，并且金币与银币可以固定的比例兑换。美国、法国、比利时、瑞士、意大利等都曾实行过这一制度，实际上银币已经降到了辅币的地位，从严格意义上看，跛行本位制只是由复本位制向金本位制过渡的一种中间形式而已。

实践证明，尽管在复本位制下，金币和银币均为法定本位货币，但在实际流通中起主要作用的往往总是一种货币：银贱则银充斥市场，金贱则金充斥市场。随着社会的发展，金银复本位制已经不能适应商品经济不断发展的要求，从19世纪起，英国及各主要资本主义国家先后放弃了这种货币制度。

专栏1-2

中国历史上的银本位制

在我国货币史上，白银自汉代开始逐渐成为货币金属，到明代白银已货币化，中国真正成为用银之国。但实行的是银两制，以金属的重量计值，属于称量货币制度，没有踏进货币制度阶段。宣统二年（公元1910年）颁行《币制条例》，正式采用银本位，以“元”为货币单位，重量为库平七钱二分，成色是90%，名为大清银币。但市面上银元和银两仍然并用。辛亥革命后，1913年《国币条例》公布，正式规定重量七钱二分、成色89%的银元为我国的货币单位。银元“袁大头”就是这样铸造成的。但银元和银两仍然并用。1933年3月8日，国民政府公布的《银本位币铸造条例》规定，银本位币定名为“元”，总重量26.6971克，银八八、铜一二，即含纯银23.493448克。银本位币每元重量及成色，与法定重量、成色相比之下公差不得超过0.3%，并规定一切公私交易用银本位币授受，其用数每次均无限制。同年4月，国民政府实行“废两改元”，发行全国统一的银币——“孙中山头像”银元。1935年，国民政府又实行所谓的币制改革，宣布废止银本位制。

3.金本位制

金本位制是指以黄金作为本位货币的货币制度。在金本位制下，每单位的货币价值等同于若干重量的黄金（即货币含金量）；当不同国家使用金本位时，国家之间的汇率由它们各自货币的含金量之比——铸币平价来决定。金本位制于19世纪开始盛行。在历史上，曾有过三种形式的金本位制：金币本位制、金块本位制、金汇兑本位制。其中金币本位制是最典型的形式。

（1）金币本位制。

金币本位制是以黄金作为货币金属的一种典型的金本位制，主要有三个特点：①金币可以自由铸造。这样可以自发调节流通中的货币量，使金币的自身价值与面额价值保持一致。②流通中的辅币和价值符号可以自由兑换金币。这样流通中的价值符号就有了黄金保证，能够代表黄金进行流通，从而保证了辅币与价值符号的稳定，不会引发通货膨胀。③黄金可以自由输出输入。这样可以充分发挥黄金世界货币的职能，也有利于保持各国货币汇率的稳定。

但是到了20世纪，由于商品经济规模日益扩大，而黄金存量有限，各国拥有的黄金也不均衡，大多数国家因黄金短缺，价值符号无法兑现，这使实行金币本位制的黄金基础被削弱了。为了维持金币本位制，许多国家限制黄金输出，并开始发行无法兑现的货币符号，从而使金币本位制无法维持。第一次世界大战爆发后，各国相继放弃了金币本位制，都开始实行没有金币流通的变相的金本位制度。

（2）金块本位制。

金块本位制是指没有金币的铸造和流通，而由中央银行发行以金块为准备的纸币流通的货币制度。其内容是：不再铸造、流通金币，银行券仍规定一定的含金量，达到一定金额的银行券才能兑换金块。这种制度尽管承诺兑换黄金，但有了限制条件，一般公众无能力来兑换，所以大大节省了黄金的使用，中央银行只需保留一定比例的黄金作为发行准备即可。

（3）金汇兑本位制。

金汇兑本位制是指以银行券为流通货币，通过外汇间接兑换黄金的货币制度。在该制度下，国内只流通银行券，银行券不能兑换黄金，只能兑换实行金块或金本位制国家的货币，国际储备除黄金外，还有一定比重的外汇，外汇在国外才可兑换黄金，黄金是最后的支付手段。实行金汇兑本位制的国家，要使其货币与另一实行金块或金币本位制国家的货币保持固定比率，需通过买卖外汇来维持本国货币币值的稳定。

无论是金块本位制还是金汇兑本位制，都没有金币的流通，从而失去了货币自动调节流通需要量的作用，币值自动保持相对稳定的机制不复存在。在1929—1933年的世界性资本主义经济危机后，金本位制也就被不兑现的信用货币制度所代替。

专栏1-3

金本位制的实行历史

在历史上，自从英国于1816年率先实行金本位制以后，到1914年第一次世界大战以前，主要资本主义国家都实行了金本位制，而且是典型的金本位制——金币本位制。

1914年第一次世界大战爆发后，各国为了筹集庞大的军费，纷纷发行不兑现的纸币，禁止黄金自由输出，金本位制随之告终。

第一次世界大战以后，在1924—1928年，资本主义世界曾出现了一个相对稳定的时期，主要资本主义国家的生产都先后恢复到大战前的水平，并有所发展。各国企图恢复金本位制。但是，由于金铸币流通的基础已经遭到削弱，不可能恢复典型的金本位制。当时除美国以外，其他大多数国家只能实行没有金币流通的金本位制，这就是金块本位制和金汇兑本位制。

金块本位制和金汇兑本位制由于不具备金币本位制的一系列特点，因此，也称为不完全或残缺不全的金本位制。该制度在1929—1933年的世界性经济大危机的冲击下，也逐渐被各国放弃，都纷纷实行了不兑现信用货币制度。

第二次世界大战后，建立了以美元为中心的国际货币体系，这实际上是一种金汇兑本位制，美国国内不流通金币，但允许其他国家政府以美元向其兑换黄金，美元是其他国家的主要储备资产。但其后受美元危机的影响，该制度也逐渐开始动摇，至1971年8月美国政府停止美元兑换黄金，并先后两次将美元贬值后，这个残缺不全的金汇兑本位制也崩溃了。

金本位制通行了约100年，其崩溃的主要原因有：

第一，黄金生产量的增长幅度远远低于商品生产增长的幅度，黄金不能满足日益扩大的商品流通需要，这就极大地削弱了金铸币流通的基础。

第二，黄金存量在各国的分配不平衡。1913年末，美、英、德、法、俄五国占有世界黄金存量的三分之二。黄金存量大部分为少数强国所掌握，必然导致金币的自由铸造和自由流通受到破坏，削弱其他国家金币流通的基础。

第三，第一次世界大战爆发，黄金被参战国集中用于购买军火，并停止自由输出和银行券兑现，从而最终导致金本位制的崩溃。

4.不兑现的信用货币制度

不兑现的信用货币制度是指以不兑换黄金的纸币或银行券为本位币的货币制度。不兑现的纸币一般是由中央银行发行，国家法律赋予其无限法偿能力，此时，流通中全部是不兑现的纸币，黄金已经不用于国内流通。由于纸币与黄金毫无联系，货币的发行一般根据国内的经济需要由中央银行控制。不兑现的信用货币——纸币，代替黄金成为本位币，黄金完全退出流通领域，这种现象叫作黄金的非货币化，政府不再只是经济运行的旁观者，而是可以利用纸币发行、流通量来调节和干预经济的参与者。但这种通过纸币发行调控经济的做法一旦对货币投放量的估计出现错误，就会引发通货膨胀。所以，伴随着不兑现的信用货币制度的实行，各国都出现了持续的通货膨胀现象。

1.4.4 货币制度稳定的条件

货币制度是否稳定对一国国民经济有着极为重要的影响。要使国民经济健康发展，必须要有稳定的货币制度，而稳定的货币制度则需要满足一些条件。

1.稳定的政治环境

稳定的政治环境是货币制度赖以生存并得以稳定的必要条件。人类历史上统一的、稳定的货币制度是在资产阶级建立了稳固的政权以后才形成的。而货币制度的演变史也一再证明一个稳定的货币制度必须要有一个稳定的政权作保障。只有稳定的政治环境才有正常的经济活动，才能使货币执行正常的货币职能，从而使货币制度稳定。

2.良好的经济环境

良好的经济环境是实行稳定的货币制度的基础条件。稳定的货币制度是经济活动的产物，同时又为经济活动服务。当经济环境良好，商品生产和商品流通稳定时，货币流通才能保持正常，货币的各项职能才能很好地发挥。

3.有效的政策和法律环境

有效的政策和法律环境是建立和实行稳定的货币制度的保证。政府的经济政策，尤其是关于通货的政策，将关系到货币制度的稳定性。当政府实行稳定通货的政策时，有利于货币制度的稳定；如果政府实行通货膨胀的政策，当政府能控制住通货膨胀时，对货币制度影响可能不大，当无法控制通货膨胀时，就会严重影响货币制度的稳定性。与稳定的货币制度有关的法律法规一般包括两种：一是关于货币制度本身的法律法规，比如货币法及有关结算支付、货币流通的条例和规定等；二是与货币制度的实行有关的法律法规，如反假币条例等，目的就是为了保护一国货币的合法地位、保持一国货币的流通秩序。

1.4.5　我国的货币制度

我国的人民币货币制度开始于解放战争即将胜利之时。1948年12月1日，中国人民银行在石家庄正式成立，同时发行人民银行券，即人民币。在此之后，随着全国的解放，中国人民银行迅速收兑了旧经济制度下的货币，同时通过逐步收兑原各解放区发行的货币，统一了货币，形成了新中国的货币制度。

我国的货币制度内容主要包括：第一，我国法定货币是人民币。它没有确定法定含金量，是不兑现的信用货币，以元为货币单位。第二，人民币是我国唯一合法通货，严禁仿造人民币。第三，人民币的发行实行高度集中统一的制度，货币发行权集中于中国人民银行。

随着我国社会经济的发展和改革开放的不断深入，我国货币制度正面临着一系列新的挑战与问题。一是随着黄金等贵金属退出流通领域，即黄金的非货币化以后，黄金作为普通商品的交易与流通问题。二是随着我国对外经济贸易往来的不断加深，外贸企业和居民积累了大量的外币和外汇存款。这些外汇资金如何合理流通与使用，以及对人民币流通的影响将是急需研究和解决的问题。三是1997年7月1日和1999年12月20日，中国政府分别对香港和澳门恢复行使主权，按照《中华人民共和国香港特别行政区基本法》和《中华人民共和国澳门特别行政区基本法》，在香港特别行政区和澳门特别行政区内，港币和澳门币仍是法定流通货币。这就意味着，在包括香港、澳门在内的中华人民共和国境内存在着两种甚至两种以上货币。但是，按照我国目前的外汇管理规定，港币和澳门币等仍属于外汇，这些货币在中国内地是不能直接流通的。如何协调这些货币与人民币的关系，建立现代货币制度，是一个需要认真研究的问题。四是人民币国际化问题。我国人民币在周边国家和地区，如蒙古国、柬埔寨等东南亚国家和中国香港、中国澳门等地大量流通，这表明人民币国际化趋势已经开始形成。如何适应人民币国际化趋势，加强对人民币流通的管理和协调是我国货币当局需要认真研究的问题。

专栏1-4

比特币

比特币系统是基于区块链技术的全球第一个去中心化的匿名交易系统。比特币简而言之就是一种P2P形式的数字货币，没有任何物质储备或国家信用做担保，愿意接受比特币的人，认为其拥有价值，而对于不信任它的人，比特币没有价值。

1.比特币的最大特点在于去中心化

这体现在发行和交易两个方面。比特币的发行也被称为“挖矿”，指区块里的每个节点都可以通过计算机的算力，来不断地单向随机输入nonce值，经由SHA256算法以求得符合目标要求的答案，第一个成功输入正确nonce值的节点就占领了这个区块，同时获得区块奖励。区块奖励最先是奖励每个挖矿成功的人50个比特币，每当系统中出现21万个区块，则奖励减半，当前是每区块有12.5个比特币，这个过程不断重复，直到数字极小为止，50+25+12.5+6.25+3.125+……≈100，由此可得，比特币的发行上限约为2 100万个，区块产生则比特币产生，这就是比特币去中心化定量发行方式。比特币交易的记录过程亦是经由全网验证的，当买方向卖方购买比特币时，买方出资，卖方出币。卖方这笔交易里不但要向全网公开这笔交易，还会公开他所出售的所卖比特币的来源，也就是上一笔他作为比特币买方时候的交易号，以供全网其他节点来验证当前这笔交易的真实性。如果验证失败，代表此笔交易的比特币找不到来源，则交易失败。依此类推，系统中的每枚比特币都能找到它所有的流转记录，也都被所有人记录在册。这种全程无中央节点或中心机构管控的各节点对节点的分布式系统，是对传统金融系统的一大创举，也是共信力的魅力所在。

2.比特币的全球流通无阻碍

比特币的交易跨越了国别的限制，只要用户拥有一台可以联网的计算机即可交易，甚至在各种交易所应用软件的帮助下，手机也可以满足除了挖矿以外的二级市场上的所有交易。无论买方和卖方身处何处，只要有可匹配的交易对手，就能通过网络完成比特币的交易。因为比特币有去中心化的特质，所以在进行跨国交易时，交易费十分低廉。

3.比特币本身具备很好的安全性

比特币的发行或交易都是同时针对所有节点的活动，只有拥有全网51%算力的黑客才能攻击、更改比特币系统记录，而这从技术上几乎是不可能的。此外，一个可以拥有全网51%算力的人，实际上并没有必要做这样违法的事。每个节点的用户除有公钥外还有私钥，私钥除了节点代表的用户之外无人可以获取，而操控这个节点的账户又需要私钥，双重保险使得比特币层层加密，非常安全。

目前来说，大量的比特币用户以投机的目的在持有并交易它。比特币作为一种投机产品，因其特有的技术优势获得人们的青睐，二级市场上出现大量买家，比特币需求上升则价格上涨，而比特币没有官方信用做担保，随时可能发生大幅跌价或流通受限等风险性事件，比特币在虚拟货币与现实金融世界间搭建的桥梁，在带动货币流通的同时，也带来了风险转移。故比特币在一些国家依然没有得到认可。2013年12月5日，中国人民银行等五部委联合印发了《关于防范比特币风险的通知》，将比特币明确定义为一种虚拟商品而非数字货币。

资料来源：孙月，孙竹，王立峰．委内瑞拉“石油数字货币”的本质及其对国际金融秩序的影响［J］．国际经济合作，2018（11）．

§1.5　货币的层次和衡量

1.5.1　货币层次的划分

由于货币在现代经济中扮演着极其重要的角色，如何定义货币具有十分重要的意义。对货币的定义，一方面是从理论上回答货币是什么，这一定义揭示了货币的本质；另一方面是从统计上进行的，是对货币供应量所包含范围的确定。

目前，大多数经济学家都认为应该根据金融资产的流动性来定义货币，确定货币供应量的范围。所谓金融资产流动性，是指一种金融资产迅速转换成现金而对持有人不造成损失的能力。测量一种金融资产流动性的方法就是看它向流动性最强的现金货币转换的能力。转换能力包括两方面的含义：一是能不能方便地自由转换；二是转换过程中的损失程度。转换自由并且损失小的货币才是严格意义上的流动性强的货币。

各国公布的货币供应量指标各不相同，通常定义如下：

M1=流通中的现金+商业银行体系的支票存款

M2=M1+商业银行的定期存款和储蓄存款

M3=M2+其他金融机构的储蓄存款和定期存款

M4=M3+其他短期流动资产（如国库券、商业票据等）

中国人民银行关于货币供应量的划分为：

M0=流通中的现金

M1=M0+银行的活期存款

M2=M1+定期存款+储蓄存款+其他存款

各国具体的货币层次划分是不断变化的，没有一个货币量定义能符合整个时期或被所有人认同。国际货币基金组织有其划分货币层次的方法，美国也在不同经济发展时期公布货币量计算指标。

货币是引起经济变动的一个因素，随着经济的发展，货币与经济的联系日益密切，货币供求的变化对国民经济的运行产生着重大的影响。通过对货币供应量指标的分析，可以观察分析国民经济的变动；考察各种具有不同货币性的资产对经济的影响，并选定一组与经济的变动关系最密切的货币资产，作为中央银行控制的重点，有利于中央银行调控货币供应，并及时观察货币政策的执行效果。

1.5.2 货币存量与货币流量

货币存量和货币流量都是用来反映货币数量大小的变量。存量是指某一时点上静态的指标，而流量则是指一定时期内的变动量。货币存量是指某一时点上的货币总量，货币流量是指一定时期内的货币周转总额。

货币存量又称货币供应量，指经济社会中一定时点上存在的货币的数值。货币存量是一个静态的货币概念，它所描述的是某一时点上货币数量的横断面。货币流量由美国经济学家M.A.柯普兰在《美国货币流量研究》（1952）一书中首先提出，后被美国联邦储备委员会采用。它是指经济社会中一定时期内发生的货币的变动数值，表示货币在一定时期内的支出或流动数量，即货币存量与单位货币参加交易次数的乘积。例如，货币存量为100亿元，其中，每一货币在一年内平均参加交易次数为5次，那么，该年内的货币流量就是500亿元。因此，在一个给定的考察期内，货币流量等于货币存量与货币流通速度的乘积。货币流量是一个动态的货币概念，它所描述的是某一时期内货币数量的纵断面。

随着金融创新的发展，新型的金融工具不断涌现，按照流动性的序列来划分货币层次、定义货币供给的方法面临着严峻的挑战。

本章小结

1.本章从货币的产生揭示货币的本质，货币是价值形式演变的结果。价值形式的发展经历了四个阶段：简单的（或偶然的）价值形式、扩大的价值形式、一般价值形式和货币形式。货币是商品，但不是普通的商品，而是固定地充当一般等价物的特殊商品。货币是商品交换的媒介和手段，这就是货币的本质。货币具有价值尺度、流通手段、贮藏手段、支付手段和世界货币五大职能。

2.货币在宏观经济中的作用体现为：货币能够提高社会资源配置效率、货币是传递信息的重要工具、货币是实现宏观经济调控的工具。货币在微观经济中的作用体现为：货币是商品生产的第一推动力和持续推动力、货币是实行经济核算的工具、货币是实现收入分配的工具。

3.货币制度是指一个国家以法律形式规定的货币流通的组织形式。货币制度是随着资本主义经济制度的建立而逐步形成的。货币制度的基本内容包括：货币金属与货币单位；通货的铸造、发行与流通程序；金准备制度。在货币制度发展的历史过程中，历经银本位制、金银复本位制、金本位制和不兑现的信用货币制度四大类型。

综合训练

1.1　单项选择题

1.一种商品的价值表现在一系列商品上，这被称为（　　）。

A.简单的价值形式　　B.扩大的价值形式

C.一般的价值形式　　D.货币形式

2.当一切商品的价值都在某一种商品上得到表现，这被称为（　　）。

A.简单的价值形式　　B.扩大的价值形式

C.一般的价值形式　　D.货币形式

3.某公司以延期付款方式销售给某商场一批商品，则该商场到期偿还欠款时，货币执行的是（　　）职能。

A.支付手段　　B.流通手段　　C.贮藏手段　　D.购买手段

4.历史上最早的货币制度是（　　）。

A.金本位制　　B.银本位制　　C.金银复本位制　　D.信用货币制

5.格雷欣法则是指（　　）。

A.劣币驱逐良币　　B.良币驱逐劣币

C.劣币良币并存　　D.纸币铸币同时流通

1.2　多项选择题

1.所谓一般等价物，是指（　　）。

A.一般人都需要　　B.能表现其他商品的价值

C.与一切商品相交换　　D.价格均等

E.能表现商品的使用价值

2.货币职能中，必须采用现实的货币的是（　　）。

A.价值尺度　　B.流通手段　　C.贮藏手段

D.支付手段　　E.世界货币

3.货币职能中，两个基本职能是（　　）。

A.价值尺度　　B.流通手段　　C.贮藏手段

D.支付手段　　E.世界货币

4.货币执行世界货币的职能主要表现为（　　）。

A.平衡国际收支差额　　B.促进金融市场发展　　C.促进全球化

D.购买手段　　E.财富转移

5.货币制度的基本内容是（　　）。

A.货币币材　　B.货币单位

C.货币的铸造和偿付能力　　D.货币的发行流通程序

E.金准备制度

1.3　复习思考题

1.货币在充当世界货币时，其职能主要表现在哪些方面？

2.货币制度主要包括哪些内容？

3.货币取材必须具备哪些条件？

4.货币形态的发展演变经历了哪几个阶段？

5.我国现行的货币制度包括哪些基本内容？

第2章

信用

【学习指南】

导读

信用是商品经济发展到一定阶段的产物，对社会经济的发展起着极其重要的作用。本章从信用的基本概念、特征以及发展历史谈起，重点介绍信用的主要形式和经济生活中最常见的信用工具的类型，通过本章的学习，可以更加深刻地了解现代经济实际上就是信用经济，信贷资金的运动、信用工具的使用和现代信用的蓬勃发展是现代市场经济的重要基础。

关键概念

信用　商业信用　银行信用　国家信用　赤字货币化　消费信用　国际信用　本票　汇票　支票

引例

冰岛银行破产的冲击

冰岛，这个只有32万人口的小国在2007年的金融危机爆发后成为世界的焦点。10多年来，冰岛的金融业超常发展，用高利率和低管制来吸引海外资金，在国际金融市场上大量借入低利率的短期资金，然后投资包括次级按揭债券在内的高获利长期资产，这最终为今天的债务危机埋下了伏笔。金融海啸袭来，冰岛网络储蓄银行Icesave在2008年宣布破产，导致大量英国和荷兰储户血本无归。英荷两国坚持要求冰岛对此做出赔偿。冰岛2010年3月6日举行全民公决，超过93%的冰岛人反对冰岛政府为破产的冰岛银行还债。这再次引发了冰岛乃至欧洲的信用危机。如果冰岛政府不为他们的银行承担责任，那么影响的不仅是银行信用，更是国家信用。一旦这种做法被其他同样陷于债务危机的国家所效仿，则势必对欧洲主权债务信用乃至欧元造成严重打击，欧洲经济复苏将更加艰难。

以上是债务危机影响银行信用和国家信用的例子，那么信用是怎样的一种经济行为？具有什么重要作用？在经济生活中还有哪些其他的信用形式呢？我们都将在本章找到答案。

§2.1 信用概述

2.1.1 信用的含义

“信用”一词，最早源自于拉丁文“credio”，意为信任、相信、声誉等。广义的信用可以从两个方面来理解：道德范畴中的信用主要指诚信，即通过履行自己诺言而取得他人的信任。经济范畴中的信用主要指借贷行为，是以偿还为条件的付出，即货币或商品有条件让渡的独特运动形式，体现着特定的经济关系。这两个范畴的信用联系非常密切，诚信是借贷活动的基础。

经济学意义上的信用与债权债务同时发生，是借贷活动这一事物的两个方面。在借贷活动中，债权人将商品或货币借出，称为授信；债务人接受债权人的商品或货币，称为受信；债务人遵守承诺按期偿还商品或货币，称为守信。信用就是建立在授信人对受信人偿付承诺的信任的基础上，使受信人不用立即付款就可获得商品、服务或货币的能力。

可见，信用实质上是财产使用权的暂时让渡，这种让渡不是无偿的，而是以还本付息为条件。也就是说，借贷行为必须具备两个基本特征：一是以偿还为前提条件，到期必须偿付；二是偿还时在本金之外，还要有利息的支付。因此，信用既不同于一般商品货币交换的价值运动形式，又不同于财政分配等特殊的价值运动形式，是不发生所有权变化的价值单方面的暂时让渡或转移。

2.1.2　信用的特征

不论信用的形式如何，它们都具有以下的共同特征。

1.信用的标的是一种所有权与使用权相分离的资金

它的所有权掌握在信用提供者手中，信用的接受者只具有使用权，信用关系结束时，其所有权和使用权统一在信用提供者手中。以商业银行借贷关系为例，如图2-1所示，存款人作为资金的所有者将资金存入银行，此时银行为资金的使用者；银行再作为信用资金的所有者将其贷放给借款人使用，在此过程中资金的所有权和使用权呈分离状态，直至资金归还到存款人手中。

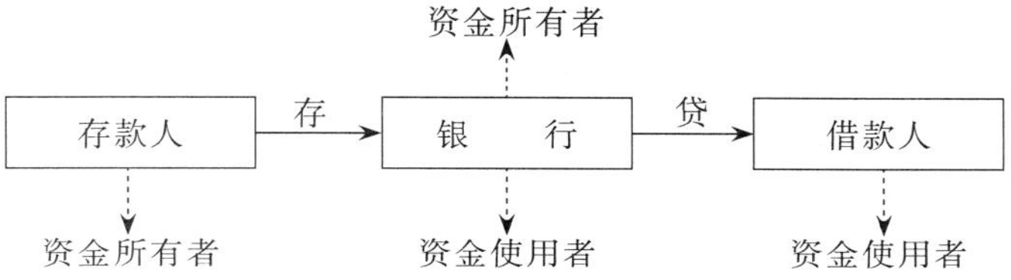

图2-1　商业银行借贷流转图

2.以还本付息为条件

信用资金的借贷不是无偿的，而是以还本付息为条件。信用关系一旦建立，债务人将承担按期还本付息的义务，债权人将拥有按期收回本息的权利，一般来讲，本金越多，信用期限越长，需要支付的利息就越多。

3.以相互信任为基础

信用是以授信人对受信人偿债能力的信任为前提，借贷双方的相互信任构成信用关系的基础。信任基础不存在了，信用关系也就无法维持下去。

4.以收益最大化为目标

借贷双方都以收益最大化作为自己追求的目标，这是信用关系的基础。债权人通过出让闲置资金获得收益，是为了避免资本闲置造成浪费；而债务人借入所需资金同样为了追求最大收益，避免资金不足所带来的生产或周转损失。

5.具有特殊的运动形式

信贷资金是以偿还为条件供借贷使用的资金，借贷资金的聚集、分配和再分配的过程构成了信贷资金的运动。信贷资金的运动具有双重支出和双重回流的特征：第一重支出是授信主体将信贷资金贷给企业、个人等受信主体，或购买政府、企业债券，将信贷资金借出，为政府和企业的投资及居民的消费提供资金；第二重支出是政府和企业将借得的信贷资金投向公共设施和再生产过程。第一重回流是企业出售产品后形成已增值的货币资本，或政府和居民为偿还债务而形成的货币收入的积累；第二重回流是企业、居民和政府以还本付息的方式归还信贷资金。

2.1.3　信用的产生与发展

信用的产生和发展，从主观的角度去分析，是各个经济主体的需要，这种需要既有利益的要求，也有伦理的需要；从客观角度去分析，则是经济发展本身的需要。人类社会的发展，是分工深化和市场扩大二者之间的互动过程。信用是随着分工的深化和市场的扩大而产生的。它形成于古代，广泛流行于近代，完善于现代。现代意义上的信用，伴随着市场经济活动而产生，并随着市场经济的发展而发展，是市场经济中一种新的动力和调控手段。

信用经济自商品经济萌芽后就产生了，商品经济的产生和发展是信用产生的基础。随着商品生产和交换的发展，商品流通出现了矛盾——“一手交钱，一手交货”的方式由于受到商品和货币在空间和时间上不平衡的限制经常发生困难。空间分布的不平衡性表现为商品或货币在不同国家、不同地区、不同单位和个人之间的此多彼少、此余彼缺；时间分布的不均衡性表现为同一国家、同一地区、同一单位和个人，商品或货币的时多时少、时余时缺。这种空间和时间余缺的调剂方式只能是债权人赊销商品或贷出货币，债务人按规定日期支付货款或偿还贷款，并支付一定的利息，于是信用产生。正是由于货币作为支付手段的职能，使得商品能够在早已让渡之后独立地完成价值的实现，从而确保了信用的兑现。

商品经济的发展经历了简单的物物交换—以货币为媒介的间接交换—更高级的信用交易。在这一发展过程中信用随之发展，可以简单划分为三个阶段：

1.实物经济时期的信用

在原始社会末期，出现了相互交换物品的需要，交换过程表现为“物-物”。这一时期的信用主要建立在对物的信任上，信用关系不普遍，也不发达，信用是在物与物的直接交换中体现出来。人们之间交换剩余产品凭借的是对对方产品的信任，这时的信任是比较简单的、直接的，也是容易判断的。

2.货币经济时期的信用

在物物交换的后期产生了作为一般等价物的货币，货币出现以后，交换过程变成“物-货币-物”，物物交换的信任被对货币的信任替代，货币成为交换的媒介，交换关系简单、明了化，信用关系有了新发展。

3.信用经济阶段

随着商品交换的进一步发展，在封建社会后期产生了银票、纸币，甚至发行了国家债券，这标志着信用程度的提高。到了资本主义阶段，商业银行、投资银行在经济生活中占有支配地位，股票、债券、期货、期权、商业票据、信用卡等各种虚拟资本和信用工具不断出现，交换过程表现为“信用-物”。交易媒介日益增多，信用关系远不能只用货币来概括，社会经济进入信用经济时期。

可以说，信用是社会经济发展到一定阶段的必然产物，信用经济的发展虽然有阶段性的特点，但是在不同的历史阶段，早期的信用形式依然存在，各种信用形式并存，构成丰富的经济生活。

2.1.4 信用在现代经济中的作用

信用在现代经济中的作用既有积极的一面也有消极的一面。其积极的作用主要表现在以下几个方面：

（1）现代信用可以促进社会资金的合理利用。通过借贷，资金可以流向投资收益更高的项目，可以使投资项目得到必要的资金，资金盈余单位又可以获得一定的收益。

（2）现代信用可以优化社会资源配置。通过信用调剂，让资源及时转移到需要这些资源的地方，可以使资源得到最大限度的运用。

（3）现代信用可以推动经济的增长。一方面，通过信用动员闲置资金，将消费资金转化为生产资金，直接投入生产领域，扩大社会投资规模，增加社会就业机会，增加社会产出，促进经济增长；另一方面，信用可以创造和扩大消费，通过消费的增长刺激生产扩大和产出增加，也能起到促进经济增长的作用。

信用对经济的消极作用主要表现在信用风险和经济泡沫的出现。信用风险是指债务人无法按照承诺偿还债权人本息的风险。在现代社会，信用关系已经成为最普遍、最基本的经济关系，社会各个主体之间债权债务交错，形成了错综复杂的债权债务链条，这个链条上有一个环节断裂，就会引发连锁反应，对整个社会的信用联系造成很大的危害。经济泡沫是指某种资产或商品的价格大大地偏离其基本价值，经济泡沫的开始是资产或商品的价格暴涨，价格暴涨是供求不均衡的结果，即这些资产或商品的需求急剧膨胀，极大地超出了供给，而信用对膨胀的需求给予了现实的购买和支付能力的支撑，使经济泡沫的出现成为可能。

§2.2 信用的主要形式

现代信用的形式繁多，按照信用主体的不同，可以分为高利贷信用、商业信用、银行信用、国家信用、消费信用、国际信用。其中，商业信用和银行信用是现代市场经济中与企业经营活动直接联系的最主要的两种信用形式。

2.2.1 商业信用

商业信用是企业在正常的经营活动和商品交易中由于延期付款或预收账款所形成的常见的信贷关系。商业信用产生的根本原因是由于在商品经济条件下，在产业资本循环过程中，各个企业相互依赖，但它们在生产时间和流通时间上往往存在着不一致，从而使商品运动和货币运动在时间上和空间上脱节。而通过企业之间相互提供商业信用，则可满足企业对资本的需要，从而保证整个社会的再生产得以顺利进行。

商业信用具有三方面的特点：首先，商业信用的主体是工商企业。商业信用是企业之间相互提供的信用，债权人和债务人都是厂商。其次，商业信用的客体主要是商品资本，因此，它是一种实物信用。最后，商业信用与产业资本的变动是一致的，即商业信用的数量和规模与工业生产、商品流通的数量、规模是相适应的，在动态趋向上是一致的。

商业信用直接与商品生产和流通相联系，运用范围广泛，构成了整个信用制度的基础。在现代市场经济条件下，商业信用得到广泛的发展，几乎所有的工商企业都被纳入商业信用的链条之中。商业信用在调节企业之间的资金余缺、提高资金使用效益、节约交易费用、加速商品流通等方面发挥着巨大作用，但它也存在着一定的局限性：

（1）商业信用规模的局限性。商业信用受到企业商品数量和规模的影响，一般来说，产业资本的规模越大，商业信用的规模也就越大；反之就越小。商业信用作用的最大限度发挥是产业资本得到充分利用，但最终无法摆脱产业资本的规模限制。

（2）商业信用方向的局限性。商业信用一般是由卖方提供给买方，由上游企业向下游企业提供，因此商业信用受到商品流转方向的限制。

（3）商业信用期限的局限性。由于受到生产和商品流转周期的限制，商业信用一般只能是短期信用，不能给厂商提供更长时间的资金周转。

（4）信用链条的不稳定性。商业信用是由工商企业相互提供的，无论信用链条中的哪个环节因债务人经营不善或信用问题而中断，都有可能导致整个债务链条的中断，引起债务危机的发生，往往会波及银行信用。

由于以上局限，商业信用不能广泛满足资源的市场配置和合理布局的需求，虽然它是商品经济社会的信用基础，但它终究不能成为现代市场经济信用的中心和主导。

2.2.2 银行信用

现代市场经济发展中，银行是重要的经济活动与信用活动主体。**银行在现代信用活动中发挥着两个很重要的职能——信用中介职能与信用创造职能，即银行信用。**

1. 银行的信用中介职能

信用中介是指信用主体一方面作为受信人，接受别人提供的信用，承担债务；另一方面作为授信人，向别人提供信用，具有债权。银行作为社会信用活动的桥梁，一方面利用各种信用工具吸收存款接受信用，另一方面通过资产应用，向社会公众贷款，授予信用。银行的授信活动在商业银行经营管理中占有很重要的地位，良好的授信活动不仅可以直接为银行创造收益，而且可以带动银行的存款、结算和其他业务的发展，间接为银行创造收益。但是，银行的授信活动是有风险的，失控的授信活动会给银行带来损失，会形成不良资产，甚至可能直接导致银行倒闭。因此，银行非常重视授信业务，往往成立专门的信用管理部门来规避来自客户的风险，保证授信业务的成功率。

2. 银行的信用创造职能

现代经济的信用活动中，银行发挥的另外一个职能是信用创造。信用创造是银行的特殊职能，即通过在其日常业务活动中发行银行券和支票等信用工具，以及借助于支票流通，银行可以超出自有资本和吸收的资金总额而扩大信用时所发挥的一种职能。在现代金融体系下，商业银行之间的一切金融活动都以中央银行为中心。商业银行信用创造与收缩的基本功能，是以中央银行为中心的现代信用转账结算制度为基础的，受中央银行的影响和调节。商业银行创造和收缩信用的功能，有力地促进了社会生产的发展。

银行信用与商业信用的关系为：一方面，银行信用克服了商业信用的局限性。商业信用的成立需要借者和贷者在借贷规模和借贷期限上取得一致，而银行信用所提供的借贷资金是从产业循环中独立出来的货币资本，它不受个别企业资金数量的限制，聚集小额的可贷资金满足大额资金借贷的需要，大额可贷货币资本也能很容易地分散满足较小数额的货币借入需求。同时可把短期的借贷资本转换为长期的借贷资本，满足对较长时期的货币需求。此外，银行信用可以不受商品流转单方向性的限制，从而克服了商业信用在方向上的局限性。另一方面，虽然银行信用成为当代经济中信用的主要形式，但它不能完全代替商业信用。商业信用与商品生产和流通有着直接的联系，能直接为产业资本循环服务，因此当企业能在商业信用的范围内解决问题时，它就不必求助于银行信用。

2.2.3 国家信用

国家信用是以国家为主体直接从事的一种信用活动，一般也称为公共信用、政府信用，它是以中央政府或地方政府为主体，按照信用原则进行的授予信用与接受信用的交易活动。

1. 国家信用的形式

按照信用资金来源，国家信用可以分为国内信用和国际信用。国内信用是指国家通过发行公债向国内居民、企业团体取得信用、筹集资金的一种信用形式，它形成国家的公债。国际信用是指国家以债务人的身份向外国政府或国际金融机构借款以及在国外金融市场上发行国外公债，向国外居民、企业取得信用、筹集资金的一种信用形式，它形成国家的外债。

2. 国家信用的用途

政府的受信活动是政府以债务人身份向社会筹集资金，用于国防、教育、交通、社会保障等支出，其主要活动方式有政府债券、政府借款、政府通过金融部门以有偿方式向社会吸收存款等。政府的授信活动主要是指政府以债权人身份向社会提供财政有偿性支出，具体包括：一是财政周转资金，如我国的支农周转金、扶贫周转金、新产品试制周转金等；二是各项政府有偿投资贷款，主要用于大型的、关系国计民生的基本建设项目；三是各级政府的财政部门在金融部门的存款。

以国家为主体的信用活动的实质是政府财政部门通过信用活动进行社会资金再分配，它以国家宏观经济目标为转移，不以营利为目的，具有鲜明的政策性。其宗旨是促进经济增长，调整经济结构，促进产业升级以保障国民经济可持续健康发展，促进金融活动与物价的基本稳定，为社会经济运行创造良好的宏观环境。

3.国家信用需要注意的问题

国家信用不能被滥用，需注意的问题包括：（1）防止“赤字货币化”。**所谓赤字货币化，是指政府发行国债弥补赤字，如果中央银行通过发行货币来承购国债，容易导致货币投放过度，引发通货膨胀。**（2）防止造成收入分配的不公平。在国家信用中，能够大量购买国债的投资者可以获得较多的国债利息收入，他们可得到收入再分配，而未能购买国债的纳税人则得不到这部分收入再分配。（3）防止国债收入使用不当，造成财政更加困难，陷入循环发债的灾难局面。

2.2.4 消费信用

消费信用是向消费者个人提供的信用。在当代商品经济中，消费信用发展迅速，目的是解决消费者支付能力不足的困难，通过提供消费信用使消费者的需求提前实现，达到推销商品的目的，主要用于满足购买耐用消费品、支付劳务费用和购买住宅等方面的需要。

1.消费信用的主要形式

消费信用的主要形式包括：（1）分期付款。商业企业与消费者签订分期付款合同，然后由商家先交货物，再由顾客在规定的时间内根据合同要求分期偿付货款。这是最常见的消费信用方式，多用于购买耐用消费品，如汽车、房屋、家具等。（2）信用卡。由发卡机构和零售商联合起来，对消费者提供的一种延期付款的消费信用。消费者凭卡可在约定单位购买商品和支付劳务，定期与银行结账，信用卡还可以在规定的额度内透支。（3）消费贷款。消费贷款也称消费者贷款，是商业银行以消费者信用为基础，对消费者个人发放的、用于购置耐用消费品或支付其他费用的贷款，一般属于中长期信用，包括抵押贷款和信用贷款，信用贷款不需要任何抵押品，而抵押贷款需要由消费者以其所购商品或其他商品作为担保品。

2.消费信用的作用和制约因素

消费信用是企业、银行和其他金融机构向消费者个人提供的、直接用于生活消费的信用。在现代经济生活中，消费信用在一定条件下可以促进消费商品的生产和销售，并从而促进经济的增长。曾经有统计表明，若不采用分期付款这一消费信用的典型支付方式，西方汽车的销售数量将会减少1/3。此外，企业通过以赊销对顾客提供信用等方式，对于促进新技术的应用、新产品的推销以及产品的更新换代，也有不可低估的作用。但是，若消费需求过高，生产扩张能力有限，消费信用则会加剧市场供求紧张，促使物价上涨，造成虚假繁荣等。因此，消费信贷应控制在适度范围内，对消费信用发放的对象、额度及用途都应加以严密控制，以保证其对经济发展的积极作用。

一般来说，消费信用的制约因素有以下几方面：（1）总供给的能力与水平。总供给的水平越高，消费信用的规模一般越大。（2）居民的实际收入和生活水平。若居民的实际收入较低，偿还能力不高，一味地发展消费信用则会导致风险加大。（3）资金供求关系。它与消费信用的规模是此消彼长的关系，若资金供求紧张，消费信用的规模就越大。(4) 消费观念和文化程度。它制约着消费信用这种信用方式的普及程度和消费总量。例如，在我国，受传统文化的影响，消费信贷起步较晚，规模也较小，但近年来发展很快，主要体现在住房贷款、汽车贷款的增长上。

专栏2-1

央行新版征信

央行的征信中心上线试运行了新版本征信报告。同时，有消息称，相关文件已经下发，相关部门已经组织人员进行学习。

1.新版征信和旧版征信的区别

(1) 信息更新更加及时、准确。

某相关负责人表示，个人信用一般需要一段时间才能更新到旧版里，新版的只需要2个工作日就能更新完成。

(2) 内容改版。

老版罗列的还款状态、公积金信息、居住地址、工作单位，这些不再显示（但银行查询的版本中依旧存在），只显示姓名、身份证号码、查询时间，信息只有信贷记录、公共记录和说明。

信贷又分信用卡、房贷和其他贷款，如果逾期了也会显示次数。

(3) 明确只显示5年内的不良记录。

新版的逾期信息起记时间是2009年的10月份，此前的不再展示。新版只展示消费者最近5年的逾期记录，如欠款一直未还，则不受年限限制。

(4) 关键内容分类。

新版征信报告反映了被征信人信用卡、贷款两类业务和为他人贷款担保的总体和明细情况。

信用交易信息段包含：银行信贷信用信息汇总、信用卡汇总信息、为他人贷款担保汇总信息、准贷记卡汇总信息、贷记卡汇总信息、贷款汇总信息、信用卡明细信息、贷款明细信息和为他人贷款担保明细信息九个分段。

新版征信系统采用了新的技术架构，对业务流程采取了全方位的优化。这次更新不只是系统的更新换代这么简单，根据此前对行业整顿的报道，央行也会顺势接入网贷机构，让老赖逃债、避债的信息纳入系统范畴，加强信息征信的完整性。

2.这13个征信问题你必须关注

首先，我们要知道个人信用报告是来自中国人民银行征信中心，又称“金融信用信息基础数据库”“企业和个人信用信息基础数据库”。很多人在买房需要贷款的时候，遇到一些关于征信问题就很着急，不知道会不会影响房贷。今天，我们针对一些常见的问题进行解答。

(1)“连三累六”是什么意思?。

“连三累六”是指贷款人两年内连续3个月或者累计6次逾期还款，即被银行纳入了不良征信名单，这段时间内的贷款申请都会受影响，银行可能会提高房贷利率，减小放贷金额甚至直接拒贷。

（2）频繁查询征信报告对申请住房贷款有影响吗？

有影响，查询记录包括了查询日期、查询操作员、查询原因等内容，是银行重要参考项，若查询记录过多，会影响住房贷款申请，可能会导致通不过银行评分系统而导致拒贷。

（3）两年内无逾期，两年外有逾期，对申请住房贷款有影响吗？

有影响，银行看5年内的信用记录，两年外有逾期也会影响住房贷款申请。

（4）助学贷款逾期，能申请房贷吗？

助学贷款逾期会影响房贷申请，银行会依据逾期情况判定是否准予贷款。

（5）客户有当前逾期，能申请房贷吗？

有当前逾期不能申请房贷，要把当前逾期还清并且征信更新完毕显示无当前逾期才可以申请房贷。

（6）客户本人征信良好无逾期，但是客户配偶2年内有6次逾期，这对客户申请房贷有影响吗？

有影响，银行查夫妻双方的征信报告，配偶有逾期也会影响房贷申请。

（7）客户有张信用卡处于“呆账”状态，能申请房贷吗？

在征信记录中，出现1次“呆账”相当于50次“逾期”，一般银行看到“呆账”两字，就会直接拒贷。

（8）没有任何负债，但是征信上有1笔对外担保100万元，对外担保会影响房贷申请吗？

影响，作为担保人会有连带责任，会影响房贷申请。

（9）目前个人信用报告有哪些版本，主要的查询主体分别是什么？

目前个人信用报告有三个版本，分别为：

①个人版：供消费者了解自己信用状况，主要展示了信息主体的信贷信息和公共信息等，包括个人版和个人明细版。

②银行版：主要供商业银行查询，在信用交易信息中，该报告不展示除查询机构外的其他贷款银行或授信机构的名称，目的是保护商业秘密，维护公平竞争。

③社会版：供消费者开立股指期货账户，此版本展示了消费者信用汇总信息，主要包括个人的执业资格记录、行政奖励和处罚记录、法院诉讼和强制执行记录、欠税记录、社会保险记录、住房公积金记录以及信用交易记录。

（10）个人信用报告中展示的信息错了，本人可以向中国人民银行分支机构提出异议申请吗？如何提出异议申请？应携带哪些材料？

可以。需要本人亲自到现场提出异议申请，届时，带上自己的有效身份证件的原件及复印件就可以了，其中复印件要留给查询机构备查。

个人有效身份证件包括：身份证、军官证、士兵证、护照、港澳居民来往内地通行证、台湾同胞来往内地通行证、外国人居留证等。另外，在查询时，还须如实填写个人信用报告异议申请表。

（11）为什么个人信用报告中不区分“善意”欠款与“恶意”欠款？

首先，中国人民银行征信中心出具的个人信用报告是对个人过去信用行为的客观记录，并不对个人的信用好坏进行定性的判断，不对欠款进行“善意”欠款或者“恶意”欠款的区分，是为了保证信息的客观性。

其次，商业银行等个人信用报告的使用机构会根据个人的实际情况和其他信息对客户的履约能力和意愿进行综合判断。因此，个人信用报告中不区分“善意”欠款与“恶意”欠款。

（12）“公共记录”中有法院民事判决记录、强制执行记录还能贷款吗？

不能贷款。

（13）信用卡出现“止付”状态，还能贷款吗？

信用卡出现“止付”状态时，要联系银行将“止付”状态变成“正常”，拉取最新的征信，看逾期和使用情况，是否能办理贷款。

资料来源：程婕．央行新版征信报告将上线［N］．北京青年报，2019-04-10.

2.2.5　国际信用

国际信用是指国与国之间的企业、经济组织、金融机构及国际经济组织相互提供的与国际贸易密切联系的信用形式。在生产力不断发展的基础上，国际分工日益深化、国际资本流动和国际经济交往越加频繁，使国际信用成为进行国际结算、扩大进出口贸易的主要手段之一。

1.国际信用的类型

（1）出口信贷。

出口信贷是一种国际信贷方式，它是一国政府为支持和扩大本国大型设备等产品的出口，增强国际竞争力，对出口产品给予利息补贴、提供出口信用保险及信贷担保，鼓励本国的银行或非银行金融机构对本国的出口商或外国的进口商（或其银行）提供利率较低的贷款，以解决本国出口商资金周转的困难，或满足国外进口商对本国出口商支付货款需要的一种国际信贷方式。出口信贷名称的由来就是因为这种贷款由出口方提供，并且以推动出口为目的。根据贷款对象的不同，出口信贷分为出口卖方信贷和出口买方信贷。

出口卖方信贷是出口方银行向本国出口商提供的商业贷款。出口商（卖方）以此贷款为垫付资金，允许进口商（买方）赊购自己的产品和设备。出口商（卖方）一般将利息等资金成本费用计入出口货价中，将贷款成本转移给进口商（买方）。出口卖方信贷主要用于解决本国出口商延期付款销售大型设备或承包国外工程项目所面临的资金周转困难，是一种中长期贷款，通常贷款金额大、贷款期限长。出口信贷的利率水平一般低于相同条件下资金贷放市场利率，利差由出口国政府补贴。一国政府为了鼓励本国银行或其他金融机构发放出口信贷，一般都设有国家信贷保险机构，对银行发放的出口信贷给予担保，或对出口商履行合同所面临的商业风险和国家风险予以承保。

出口买方信贷是出口国政府支持出口方银行直接向进口商或进口商银行提供信贷支持，以供进口商购买技术和设备，并支付有关费用。出口买方信贷一般由出口国出口信用保险机构提供出口买方信贷保险。出口买方信贷主要有两种形式：一是出口商银行将贷款发放给进口商银行，再由进口商银行转贷给进口商；二是由出口商银行直接贷款给进口商，由进口商银行出具担保。贷款币种为美元或经银行同意的其他货币。贷款金额不超过贸易合同金额的80%～85%。贷款期限根据实际情况而定，一般不超过10年。贷款利率参照经济合作与发展组织（OECD）确定的利率水平而定。

（2）银行信贷。

国际银行信贷是进口企业或进口方银行直接从外国金融机构借入资金的一种信用形式。这种信用形式一般采用货币贷款方式，并事先指定了贷款货币的用途。它不享受出口信贷优惠，所以贷款利率要比出口信贷高。国际金融市场上经常采取多家大型银行等金融机构联合提供贷款，即银团贷款方式。

（3）政府信贷。

政府信贷是国际上一主权国家政府对另一主权国家政府提供的信用。这种信用一般是非生产性的，如用于解决财政赤字或国际收支逆差，必要时还用来应对货币信用危机等。

（4）国际金融机构贷款。

国际金融机构贷款是指国际金融机构作为贷款人向借款人以贷款协议方式提供的优惠性国际贷款。国际金融机构贷款的贷款人不仅限于全球性国际金融机构，如国际货币基金组织、国际复兴开发银行、国际开发协会、国际金融公司（即世界银行集团）；而且包括区域性国际金融机构，如亚洲开发银行、泛美开发银行、非洲开发银行、欧洲投资银行等。这种信用一般有特定的用途，贷款周期较长，并且贷款条件优惠。

（5）国际租赁。

国际租赁是国际上以实物租赁方式提供信用的新型融资形式，是直接利用外资的一种方式。国际租赁关系的主体可以是自然人、法人、国家或国际经济组织，客体一般为价值较高的动产或不动产，如工厂的成套设备、建筑设备、采矿设备、炼油钻井设备、轮船、码头港口设备等。在租赁关系存续期间，出租人将某一特定物租与他方并收取租金；承租人支付租金并享有对该物的使用权与收益权。租赁关系终止后承租人将该物返还出租人，或根据双方约定，将该物转归承租人所有，或由承租人以低价收购，或由承租人支付较低的租金继续租赁。根据租赁的目的和融资方式不同，可分为金融租赁和经营租赁两种形式。

2.国际信用的特征

（1）规模大。

国际信用关系中的授信方通常是资金实力较为雄厚的国际金融机构、跨国银行、银团、跨国公司或发达国家政府；而受信方往往存在大额的资金需求，正是由于国内筹资难以满足需要才寻求于国际市场，因此国际信用中的信贷规模都比较大。

（2）风险大。

国际信用发生在跨国、跨地区的经济主体之间，授信者对外国政府、企业的资信难以准确评估，因此不仅要面临较大的信用风险，还要面临国际市场风险、国家政治风险、汇率风险等。另外，金融体制不健全、缺乏完善的风险预防和监控机制的新兴市场国家，如果引入外资规模不当或过早开放国内金融市场，极易受到巨额短期投机性国际资本的冲击而面临各种风险，严重时甚至引发金融危机和经济危机。

（3）复杂性。

国际信用的程序、形式、工具以及动机等较之国内信用更为复杂。以跨国公司从事海外直接投资为例，除了追求更高的资本收益率这一根本动机外，还可能是为了分散投资风险、规避母国严格的监管或寻求避税、维护出口市场等。

专栏2-2

个人信用

个人信用是指根据居民的家庭收入与资产、已发生的借贷与偿还、信用透支、发生不良信用时所受处罚与诉讼情况，对个人的信用等级进行随时记录、存档，以便信用的供给方决定是否对其贷款和贷款多少的制度。个人信用制度，早在一二百年前西方国家已大行其道。以美国为例，个人信用制度建立已有150多年的历史，从原来的全美上百家资信公司发展到今天的穆迪、标准普尔等国际性征信公司，信用制度已成为一个国家市场和经济发达的标志之一。在西方国家，每个人都有一个终身的社会安全号码，每个人都有一份资信公司做出并保留的信用报告。任何需要的机构和个人都可以付费查询这份报告，而一旦有不良信用记录在案，就会给查询者提供事先预警，造成当事人在贷款、经商、住旅店、找工作等方面的极大困难，降低其行骗的成功率。因此，每个人不仅把个人信用当作立身之本，而且当作无形资产和财富之源。近年来，我国开始注重银行征信系统的建立，自2004年开始中国人民银行征信中心运作至今，已建成了世界上最大的信用信息基础数据库，在防范信贷风险、培育信用文化方面发挥了重要作用。在和金融机构打交道的过程中，公民个人信用卡信息和信贷交易信息，都会自动生成，加到个人信用信息中。商业银行等金融机构是个人信用信息的主要提供者和使用者，也是查询个人信用报告最多的机构，很多政府部门、金融机构在招聘过程中，也都要求个人提交一份自己的信用报告做参考。随着社会信用信息体系的进一步完善，目前信贷领域以外的信用信息采集的覆盖面正在不断扩大：如个人的公积金贷款还款情况、个人的欠税情况、法院民事案件判决和强制执行的信息等已纳入个人信用记录中。随着征信系统的逐步完善，我们每个人都应该珍视自己的信用记录，这将有利于个人的工作和生活，更有利于我国信用体系的建立与发展。

§2.3 信用工具

信用工具也称金融工具，指用来证明债权债务关系的书面凭证，是信用的载体。

2.3.1 商业票据

商业票据是商业信用进行交易时所开出的一种证明债权债务关系的书面凭证。它是最古老的金融工具，在商业信用中，赊销商品的企业为了保证自己的权益，需要掌握一种能够受到法律保护的债权证书，约束债务人按照规定的金额、期限等条件偿还债务。商业票据有本票和汇票两种。

本票是由出票人签发的，按指定时间向持票人无条件支付一定金额的票据，即债务人向债权人发出的承诺在约定期限无条件付款的书面承诺。它涉及两个当事人，即出票人（债务人）和受票人（债权人），出票人即付款人。根据发票人的不同，本票可以分为商业本票和银行本票。商业本票是企业为筹措短期资金，由企业署名担保发行的本票。商业本票大多采取折价方式发行，其利率因发行公司的信用等级不同而有所差异，企业信用愈好的商业本票，其市场的流通性愈佳，在次级市场的市场价格会愈高。

汇票是出票人签发的一种要求付款人按指定日期向持票人无条件支付一定款项的书面命令书。它一般涉及三个当事人，即出票人、付款人和持票人（收款人）。汇票一般要经过付款人承兑才能生效。所谓承兑，是指汇票的付款人在汇票上签章，承诺在汇票到期日付款给持票人。承兑后的汇票称为承兑汇票，由商业企业承兑的汇票称为商业承兑汇票；由银行承兑的汇票称为银行承兑汇票，银行承兑的汇票大大提高了商业票据的信用能力，增强了其流通性。

商业票据可以背书进行流通转让。持票人在票据背面签字以转让票据，称为背书人。如果出票人或承兑人不能按期支付款项，票据持有者有权向背书人进行追索，要求其付款。此外，票据持有人还可以到银行将未到期票据进行贴现，提前取得现款，但需要按照贴现率扣除自贴现日到票据到期日的利息。

2.3.2 支票

支票是活期存款储户签发的要求开户银行向收款人（持票人）支付一定款额的付款命令书。支票涉及出票人、付款人和收款人三方，但支票的出票人必须在付款银行拥有存款，并且签有支票协议；支票都是见票即付的即期票据，不存在承兑问题。

支票按照支付方式分为以下几种类型：（1）现金支票，即可以提取现金的支票；（2）转账支票，即仅能用于转账、不能支取现金的支票；（3）保付支票，即付款银行在支票上记载有“保付”的字样，付款银行保付后就必须付款，不会因存款户无存款发生退票拒付的情况，从而有利于流通；（4）旅行支票，即为出国旅行者提供用款方便的一种支票。

目前，我国只有企业法人经常开立支票，供个人使用的支票极其少见。

2.3.3　银行票据

银行票据是在银行信用的基础上产生的，由银行承担付款义务的信用流通工具。银行票据包括银行本票和银行汇票。银行本票是银行签发的，承诺自己在见票时无条件支付确定的金额给收款人或者持票人的票据。银行本票的信用度高，结算迅速，支付能力强。银行汇票是指由银行签发的汇款凭证，一般用于异地支付中，它由银行发出交由汇款人寄给异地收款人，向指定银行兑取汇款的凭证。它涉及 4 个当事人：汇款人、发票人（汇出银行）、持票人和付款人（兑付银行）。

2.3.4　股票

股票是股份公司发放给股东作为入股、利润分成和公司管理凭证的票据。股票是在资本市场上借以实现长期投资的信用工具，同时股份公司利用发行股票来筹集资金投入经营。股票不具有偿还性，即投资者选择股票投资后不能要求股份公司购回股票。但股票具有很强的流动性，可以在二级市场转让。

股票的种类很多，按照股东权利可以将其分为普通股和优先股。普通股的股东，享有经营决策参与权、盈利分红享有权、新增认股优先权，以及公司解散时的财产分配权。与普通股相比，优先股则体现出两个方面的优先性：不论公司经营状况如何，都可优先领取一个固定的股息；公司解散时，享有公司财产分配的优先权。

股票的收益主要包括两个方面：一是股息收入，股息收入来源于股份公司的利润；二是资本利得，即投资者通过在股票市场的买卖获得价差收入。股票的收益水平是比较高的，但风险相对也较大。除了企业的经营风险，股票还承受财务风险，整个宏观经济形势的好坏也对股票市场产生影响。

2.3.5　债券

债券是由债务人签发的，证明债权人有按约定的条件取得固定利息和收回本金的权利凭证。同股票一样，债券也是发行者的筹资手段和投资者的投资工具。但债券与股票有明显的区别：（1）股票持有者是公司的股东和所有者，而债券持有者是公司的债权人，股东和债权人的权利和义务是不同的；（2）股票股息是不固定的，是否分红取决于公司有无盈利，不具有强制性，而债券要求到期还本付息，风险相对较小。

债券根据发行主体的不同，分为政府债券、公司债券和金融债券。

政府债券是由一国政府发行的债务凭证，目的是筹集资金。政府债券主要包括国库券和公债两大类。国库券一般是由财政部发行，用以弥补财政收支不平衡；公债是指为筹集建设资金而发行的一种债券。两者的区别主要在于：一是发行方式不同，公债发行要经过立法机关通过，而国库券发行由政府自己决定；二是期限不同，公债发行期一般较长，而国库券期限较短，从几个月、一年到几年不等。中央政府发行的债券称为中央政府债券（国家公债），地方政府发行的称为地方政府债券（地方公债）。

公司债券是公司制企业在经营过程中为筹集长期资金而向社会发行的借款凭证。公司债券的种类很多，按有无担保品可分为有担保的公司债券和无担保的公司债券；按债券的偿还期限可分为一次还本债券、分期还本债券和通知还本债券；按债券的票面形式可分为记名债券和无记名债券。

金融债券是指银行及其他金融机构发行的债券，用来筹措信贷资金，作为放款的资金来源，金融债券既可在国内发行，也可在国外发行，如外国债券和欧洲债券。所谓外国债券，是指在另一国的债券市场上以该国货币为面值所发行的债券。欧洲债券是指在另一国的债券市场上以第三国的货币为面值所发行的债券。

以上几种信用工具中，商业票据、银行票据和支票期限较短，属于短期信用工具；而债券和股票属于长期信用工具。

专栏2-3

现代信用发展的新趋势

现代信息产业的崛起和快速增长的基于网络技术的电子商务，为现代经济发展带来了活力，为信用活动的蓬勃发展和空前创新提供了保障，使现代信用活动呈现出新的发展趋势和新的特征。

1.经济活动日益信用化

经济信用化主要指信用活动日益增加，经济交易中可以用信用来衡量的部分的比重越来越大。经济信用化程度提高主要表现在信用总规模迅速增加上，超过经济增长速度，信用在经济活动中迅速普及；经济主体都更普遍地采用信用方式与手段进行融资和支付结算；各种主要信用工具都与GDP有极强的相关性；信用对经济的作用与影响不断扩大。

2.信用非中介程度提高

在传统经济条件下，信用活动很多都是通过银行中介进行的，这种交易成为金融中介信用交易。在信用活动中，还有很大一部分是不通过金融部门进行的信用交易，称为非金融中介信用交易。通过对德国、法国、美国、韩国和日本五国近半个世纪以来信用非中介相关数据的实证分析得到结论：发达国家信用交易一直是以非金融中介信用为主；金融中介信用规模在信用净额中的份额越来越少；信用中介率逐年下降；信用活动已非中介化，社会信用活动对金融中介部门的依赖程度已大大减弱。

3.金融机构体系与结构发生前所未有的改变

现代高新技术特别是信息技术在金融领域广泛应用，直接带来了金融的管理理念和经营模式的变革与创新，网络金融蓬勃发展起来。它的发展改变了传统金融业的经营模式和理念，金融服务环境与手段都虚拟化了。由此，以整个互联网为依托，网络货币继纸币、电子货币之后成为未来货币发展的具体形式，网络货币突出体现了货币的价值抽象性，集中张扬了货币内在的信用关系，前所未有地表现了信用的力量与价值。

4.信用管理体系日趋完善

在人类进行信用活动和信用交易的漫长过程中，自然形成了交易规则与惯例，以此为基础的传统信用制度在新的条件下得到了创新发展，主要表现在建立健全并有效运行了信用管理体系，确立了信用法律体系与基础，形成并发展了信用管理制度体系，创造了社会信用环境，扩大并创造市场需求，保持市场繁荣，促进经济持续增长，促进该国或该地区的市场走向成熟，为市场经济健康发展提供制度保障与社会基础。

本章小结

1.经济范畴中的信用主要指借贷行为，是以偿还为条件的付出，即货币或商品有条件让渡的独特运动形式，体现着特定的经济关系。商品经济的发展经历了简单的物物交换到以货币为媒介的间接交换——更高级的信用交易，在这一发展过程中信用随之发展划分为实物经济时期的信用、货币经济时期的信用和信用经济阶段三个阶段。

2.现代信用形式繁多，按照信用主体的不同，可以分为高利贷信用、商业信用、银行信用、国家信用、消费信用、国际信用。其中，商业信用和银行信用是现代市场经济中与企业经营活动直接联系的最主要的两种信用形式。任何信用形式都要借助一定的信用工具来进行，信用工具种类繁多，如票据、股票、债券等。

3.现代信息产业的崛起与快速增长的网络技术基础上的电子商务，为现代经济发展带来了活力，为信用活动的蓬勃发展和空前创新提供了保障，使现代信用活动呈现出新的发展趋势和新的特征。

综合训练

2.1　单项选择题

1.商业信用是企业之间由于（　　）而相互提供的信用。

A.生产联系　　B.产品调剂　　C.物质交换　　D.商品交易

2.本票与汇票的区别之一是（　　）。

A.是否需要承兑　　B.是否有追索权　　C.是否需要汇兑　　D.是否有保证

3.以金融机构为媒介的信用是（　　）。

A.银行信用　　B.消费信用　　C.商业信用　　D.国家信用

4.下列经济行为中属于间接融资的是（　　）。

A.公司之间的货币借贷　　B.国家发行公债

C.商品赊销　　D.银行发放贷款

5. 现代经济中，信用活动与货币运动紧密相联，信用的扩张意味着货币供给的（　　）。

A. 增加　　B. 减少　　C. 不变　　D. 不确定

2.2　多项选择题

1. 现代信用形式中两种最基本的形式是（　　）。

A. 商业信用　　B. 国家信用　　C. 消费信用
D. 银行信用　　E. 民间信用

2. 银行信用的特点包括（　　）。

A. 买卖行为与借贷行为的统一
B. 以金融机构为媒介
C. 借贷的对象是处于货币形态的资金
D. 属于直接信用形式
E. 属于间接信用形式

3. 信用行为的基本特点包括（　　）。

A. 以收回为条件的付出　　B. 贷者有权获得利息
C. 无偿的赠与或援助　　D. 平等的价值交换
E. 极高的利率水平

4. 下列属于消费信用范畴的有（　　）。

A. 企业将商品赊卖给个人　　B. 个人获得住房贷款
C. 个人持信用卡到指定商店购物　　D. 个人借款从事经营活动
E. 企业将商品赊卖给另一家企业

5. 以下对现代信用活动的描述正确的是（　　）。

A. 现代信用活动与现代社会经济发展关系密切
B. 信用关系成为现代经济中最普遍、最基本的经济关系
C. 在现代经济活动中，风险与收益并不经常匹配
D. 现代信用活动中，信用工具呈现多样化的趋势
E. 现代信用活动越来越独立于信用中介机构及其服务

2.3　复习思考题

1. 经济范畴里的信用是什么含义？它是怎样产生和发展的？
2. 试述信用的特征。
3. 信用在现代经济中的作用有哪些？
4. 试述信用的主要形式。
5. 商业信用的局限性表现在哪些方面？
6. 试述商业信用与银行信用的关系。
7. 国际信用有哪些类型？
8. 试述现代信用发展的新趋势。

第3章

利息与利息率

【学习指南】

导读

利息是指在借贷关系中由借入方支付给贷出方的报酬，利率是利息率的简称，指借贷期内所形成的利息额与所贷资金额的比率。众所周知，利息是经济学研究中最重要问题之一，利率问题是金融市场最基础、最核心的问题之一，几乎所有的金融现象都与利率有着或多或少的联系。因此，了解和掌握利息的来源和本质、利率的种类、利息的计算方法、利率的决定和作用及利率管理体制等，是十分必要的。

关键概念

利息　利率　单利　复利　IS-LM分析说　利率管理体制

引例

一束玫瑰花引发的债务

1984年，法国与卢森堡两国之间发生了一件轰动全球的债务案。让人意想不到的是，这起纠纷竟然是由一束玫瑰花引起的。原来，1797年法国总统拿破仑携夫人访问卢森堡，在参观卢森堡一所小学时，向女校长赠送了一束玫瑰花，价值3个金路易，他还在致辞中说："只要法国存在一天，每年的今天我都将派人送上一束玫瑰花，作为法卢友谊的象征。"可是拿破仑后来并没有兑现这个诺言。法国那么大，内政外交的事务那么多，他怎么会记得这个小小的许诺呢。然而，卢森堡可没忘。时隔187年后的1984年，卢森堡政府通知法国政府，要求赔款。法国政府的官员们哭笑不得，想不到卢森堡为一束玫瑰花当真起来。赔款的数目怎么算呢？卢森堡提出，自1797年起，按每年3个金路易、加上0.5%的利息，并以复利计算。法国政府官员开始很不以为然，以为不过是区区小数，可是当电子计算机将结果计算出来时，官员们全都傻眼了，这项赔款竟高达138万法郎。于是，一件国际债务案由此产生了。

那么，到底什么是利息？这项高达138万法郎的巨额债务是如何计算出来的？本章将研究这个与利息有关的问题。

资料来源：王冠. 玫瑰花悬案［J］. 数学大世界，2012（6）.

§3.1 利息

日常生活中，我们对于利息这个词语并不陌生。比如，把10 000元存入银行，年利率是1.5%，那么1年之后存款人就可以获得150元利息。在现代社会，贷出款项收取利息已经成为很自然的事情，货币因贷放而会增值的概念也已深植于人们的经济观念之中。

3.1.1 利息的含义

由于借贷行为的出现，不从事经营活动的资本所有者可以通过贷出资本而取得一定报酬，而资本需求者则可以通过支付报酬来借入资本，这种报酬通常就是利息。**利息是在借贷关系中借者支付给贷者的报酬，或称借贷资金的"价格"。**

利息是由一定数量的本金通过借贷行为后产生出来的，在不同的生产方式中体现着不同的社会经济关系。在资本主义生产方式中，利息是平均利润的分割，而利润是剩余价值的转化形态，因而，利息反映的是资本家与雇佣劳动者之间剥削与被剥削的关系。在社会主义生产方式中，利息来源于联合劳动者的纯收入，它体现了联合劳动者之间的分配关系。

3.1.2 利息的来源和本质

1.马克思关于利息的来源与本质的理论

马克思对利息本质作了最为透彻的论述。马克思指出："贷出者和借入者双方都是把同一货币额作为资本支出的。但它只有在后者手中才执行资本的职能。同一货币额作为资本对两个人来说取得了双重的存在，这并不会使利润增加一倍，它所以能以双方都作为资本执行职能，只是由于利润的分割，其中归贷出者的部分叫作利息。""利息最初表现为、最初是、并且实际上始终不外是利润即剩余价值的一部分……事实上，只有资本家分为货币资本家和产业资本家，才使一部分利润转化为利息，一般地说，才创造出利息的范畴……"因此，"利息不外是一部分利润的特别名称，特别项目"。这里所说的"利润的特别项目"，是指平均利润。利息即"平均利润中不是留在执行职能的资本家手中，而是落在货币资本家手中的部分"。马克思通过对利息来源的考察，进一步揭示了利息的本质。他认为，利息本质上是剩余价值的转化形式，是产业资本家为了取得货币资本能够带来利润的权利而支付给借贷资本家的报酬，它是平均利润的一部分。马克思关于利息的本质的论述，体现了资本主义社会中借贷资本家和职能资本家共同占有剩余价值的实质，揭示了资本家对工人阶级的剥削。

2.西方经济学关于利息的来源与本质的理论

西方经济学说史上关于利息来源与本质理论的研究大致可以分为三个阶段：早期的利息理论、近现代利息理论和当代利息理论。其中，早期的利息理论主要包括古典学派之前有关利息的经济思想和古典学派的利息理论，近现代的利息理论包括19世纪30年代开始到20世纪70年代之间西方利息理论研究的主要内容，当代利息理论则是指20世纪70年代之后西方利息理论的发展。这三个阶段利息理论的研究各有其特点，但由于每一阶段利息理论的研究都是在前一阶段或是前人研究的基础上通过不断的批判、修正、补充发展起来的，它们之间又存在着必然的联系。因此，西方的利息理论从整体上来说已经形成了一套完整的体系。

早期西方利息理论的研究是从探讨利息是否应当存在的问题开始，逐渐引入关于利息的产生和来源、利息的性质和利息率的决定等方面的系统研究；近现代西方利息理论的研究出现高潮，经济学家们主要是从资本的范畴、人的主观心理因素的角度来研究利息的性质和来源，研究重心转移到利息率的决定因素分析和利息率的作用等方面，并用于指导利率政策的实施；当代西方利息理论的研究重心逐渐转向利率风险的控制与管理方面，并在对西方发达国家研究的同时也开始研究发展中国家的现实。下面我们简要介绍一下有关利息来源与本质的前两个阶段利息理论研究的主要内容。

（1）早期西方利息理论。

①古典学派以前有关利息的经济思想。

利息作为一种重要的经济范畴，早在资产阶级古典学派产生之前即早在古希腊时期就已经进行过探讨和研究，它最初是与货币的借贷和实物的借贷相联系的，人们常将这种经济行为称为“放债取息”，而当时的“放债取息”活动主要是高利贷，因此，利息的最早形式就表现为高利贷利息。古典学派之前关于利息问题的研究主要是围绕高利贷是否应该存在、借贷货币是否应该收取利息这一问题而展开讨论的。

古希腊哲学家、伦理学家和政治家柏拉图（Plato）主张禁止放款取息，尤其是反对高利贷，并认为偿付利息规定的存在是对保持一国的和平和社会团结的主要威胁。柏拉图的学生亚里士多德（Aristotle）也反对利息，尤其反对高利贷，但他主要是从货币职能的角度出发反对贷款取息。在他看来，人们是为了交换的方便才使用货币，而贷放者却强行使货币做“父亲”以进行增值，像父亲生子一样由货币产生利息（希腊称利息为“子息”），“以货币产生货币”，这是对货币职能的歪曲。他认为以货币追求货币在高利贷上表现得最为突出，最为可憎，在一切营利方法中是最不道德的。

在欧洲中世纪时期，早期教会也强烈谴责大商业和高利贷，反对贷款取息。随着商品货币关系的不断发展，教会自身也大量放债取息，利息问题成为西欧封建社会中产生争论的一个重要经济问题。中世纪经院学说的集大成者托马斯·S.阿奎那（Thomas Saint Aquinas）在其最为著名的《神学大全》一书中论及了利息问题。他认为贷款取息本身是不公正的，但是他又认为在为了弥补损失和承担风险的情况下可以收取利息。这里，阿奎那已经认识到放款取息的合理性，这在当时是重要的进步。随着商品货币经济的发展，商业及其他经济活动要求借贷资本的进一步发展，对利息问题的探讨也有了相应的进展。法国的法理学家卡洛律斯·莫利诺斯在他1546年写的《论契约与高利贷》一文中尖锐地批评了经院神学家禁止和谴责高利贷的观点，较早地肯定了放债取息是正当的，并且认为高利贷在需要取得对别人的资金的使用权时是有存在的必要的。

古典学派之前关于利息问题的探讨由于各种条件的限制，尤其是当时商品经济不发达、商品流通和借贷活动还不活跃等方面的影响，主要是围绕高利贷是否允许存在、出借货币是否应该收取利息等方面展开讨论。然而由于探讨主要是从法律的角度，以神学的观点和方法等为主，很少涉及经济的影响，讨论还比较肤浅，因此很难形成系统的利息理论。

②古典学派的利息理论。

进入17世纪中叶，随着资本主义的产生和发展，商品货币关系和借贷活动得到进一步发展，借贷取息的合理性不再遭到质疑，利息的存在已经成为必然。与此同时所产生的代表新兴资产阶级利益的古典学派的经济学家们开始对利息问题进行系统的研究，这标志着真正科学意义上的利息理论的发端。

威廉·配第堪称利息研究的先驱者。在《赋税论》、《货币略论》以及《利息论》等论著中，他比较详细地讨论了利息的性质、利率水平的变动趋势以及利率政策等问题。他从地租的角度来论证利息的合法性，把利息当作租金的特殊形式从地租中引申出来，称地租为土地租金，称利息为货币租金。这从根本上改变了以往人们关于利息起源的看法，把经济研究的重心从流通领域引向生产领域。威廉·配第的利息研究具有开创性的意义，并为以后的利息研究奠定了基础。诺思沿用威廉·配第的分析思路，提出利息是资本的租金，在经济思想史上第一次指出了利息的高低取决于借贷资本的供求量而非货币的供求量，成为“第一个正确理解利息的人”。

约瑟夫·马西对利息进行了深入的研究，纠正了威廉·配第以来英国经济文献中流行的不正确看法。马西反对威廉·配第和诺思的观点，提出了自己关于自然利率决定因素的看法。他首次明确地把利润作为一个独立的经济范畴，并在经济思想史上第一次说明利息是利润的一部分，利润的下降会引起利息的下降，从长期看由于资本的增长和竞争的加剧，利润率会下降，利率也会随之降低。

古典政治经济学的第一集大成者亚当·斯密，在吸收前人观点的基础上，站在劳动价值论的科学立场上，对利息问题进行了更加全面深入的研究。斯密认为，如果将借贷的资金作为资本来使用，就会带来利润。出借人既然给借用人以获取利润的机会，借用人就应该付给出借人利息作为报酬。斯密把利息当作一种派生的收入，所以利息只能是利润的一部分。而利润本身又是剩余价值即无酬劳动的一定形式。斯密对利息来源的这种解释，不仅把利息与利润，而且把利息与剩余价值相联系，从而在西方经济思想史上第一次清楚地阐明了利息的实质。马克思对斯密明白地指出利息代表剩余价值、是剩余价值的转化形式给予了很高的评价，何况斯密“不止一次地明白指出，利息由于一般说来代表剩余价值，始终只是从利润中派生的形式”。

之后，英国古典经济学的完成者大卫·李嘉图，从劳动价值论出发，确认在资本主义条件下，劳动是价值的唯一源泉。他始终把利润看作工人劳动产品的扣除，明确阐述了工资、利润和地租三大收入范畴之间的对立关系。对于利率和利润率的关系，李嘉图完全赞成斯密的看法。他把利润率的变动看成利率变动的最后原因和长期原因，把货币资本供求的变化看成利率变动的暂时原因。

总的来说，古典学派坚持从生产领域来考察利息的来源，强调利息的生产职能。他们的观点已经体现了劳动价值论的科学性，为马克思的利息理论提供了理论基础。

（2）近现代西方利息理论。

从19世纪30年代开始，随着资本主义制度不断巩固和发展，资本主义社会的经济、政治状况也有了很大的发展和变化，即资本主义社会的矛盾日益暴露，无产阶级和资产阶级之间的斗争越来越激烈，这直接威胁着资产阶级的生存和发展。为了维护资产阶级的利益，资产阶级经济学家们开始为资本主义生产方式辩护，他们的利息理论也就带有为资本主义辩护的色彩。这一时期利息理论的研究呈现出与早期西方利息理论不同的特点：回避了对利息的来源或本质的分析，而是从人们的主观心理因素角度对利息经济现象的表面做出一些似是而非的解释，淡化经济因素方面的分析；同时用利息性质的研究代替了利息产生的研究，侧重于对利息决定问题的分析，并为完善和发展资本主义提出了相应的政策建议。

①资本生产力论。

萨伊从资本的范畴去研究利息问题，他认为利息是资本的收入，并最早提出利息是资本自身生产力的产物。他指出，利息由两部分组成：一是“对于资本的效用或使用所付的租金”，即资本生产性服务的报酬；二是保险费性质的利息，即借出资本者承担一定风险的报酬。保险费性质的利息并不能说明利息的来源，而只能说明为什么要收取利息。然而，借用资本要支付利息，是因为资本具有像自然力一样的生产力，资本的生产力经常与自然力的生产力混在一起，共同对生产做出贡献。当借款人借用了资本的生产力从事商品生产后，其生产“价值的一部分必须用以酬报资本的生产力”。因此，资本产生利息是由于它能生产。萨伊的这一关于利息性质的理论被称为资本生产力论，即利息来源于资本生产力。

②节欲论和等待论。

西尼尔反对古典政治经济学的劳动价值论，并在吸收萨伊的生产三要素论和分配论的基础上，提出了“节欲论”，用节欲来解释利息，认为利息是资本家节欲的报酬。他认为节欲是资本家积蓄资本的行为，它并不创造财富，但有助于财富的积累；由于节欲，资本才能不断增长，节欲是比资本更为基础的生产要素。因此，西尼尔用“节欲”代替了资本。他还将节欲看作一种牺牲，即资本家放弃个人消费所带来的享乐和满足的牺牲，牺牲应当获得报酬。利息就是资本家做出牺牲的报酬，即“节欲”的报酬。

西尼尔的“节欲论”对西方经济学的影响甚广。巴师夏就借用了西尼尔的“节欲论”来解释利息的来源，只不过用“延缓”一词代替了“节欲”一词，认为利息是资本家延缓个人消费而为社会提供资本的“服务”的报酬。新古典学派的代表人物马歇尔则用“等待”来代替“节欲”，认为利息是纯粹使用资本的代价或“等待”的报酬。在马歇尔看来，借出资本是一种牺牲，因为资本所有者暂时不能使用和享受已借出的资本；同样，资本积累要靠人们延期消费的“等待”，而“等待”也是一种“牺牲”。因此，人们为了获得现在的满足，就必须为“等待”和“牺牲”付出报酬，利息就是“等待”或“牺牲”的报酬。

西尼尔的“节欲论”和马歇尔的“等待论”在内容上基本相同，只是名称上有所不同罢了，他们都把“节欲”或“等待”看作资本家的一种牺牲，而利息则是资本家做出牺牲的报酬。值得注意的是，马歇尔之前的资产阶级庸俗经济学家都将利润和利息混同起来，西尼尔就认为利息和利润都是“节欲”的报酬，而马歇尔则将利息和利润区分开来，指出只有利息是“等待”的报酬，并且马歇尔将“等待”作为决定利息的供给方面的解释比西尼尔从资本供给方的“节欲”来分析利息更进了一步，具有很强的现实意义。

③时差利息论。

庞巴维克在他的《资本实证论》中全面系统地论述了他的边际效用价值论，并在此基础上建立了时差利息论，认为利息来源于时差，即利息是由人们对同一种类、同一数量的现在物品的主观评价高于未来物品的评价所产生的价值上的差额所造成的，是对现在物品的“贴水”。那么，为什么人们对现在物品的主观评价总是高于未来物品呢？庞巴维克认为有三个原因：“首要原因是现在的需要和供应之间的情况在现在和未来是不同的，第二个原因是低估未来，第三个原因是现在物品技术上的优越性。”其中，第一和第二个原因所依据的是主观价值论，将利息解释为纯粹的心理因素。第三个原因是庞巴维克利息理论的根本，他用迂回生产来论证现在物品比未来物品具有技术上的优越性，实际上指出了利息根源于人们对时间的偏好，即利息量的大小以未来物品距离现在的时间长短为依据，时间越长，价值时差就越大，利息也就越高；反之利息越低。

④时间偏好论或人性不耐论。

费雪在《利率论》和《利息理论》两本著作中，着重论述了他的利息理论。他反对从生产领域分析利息来源的资本生产力论、节欲论和时差利息论，认为利息是纯属主观因素的产物。他完全从心理因素角度来解释利息现象，认为人们偏好现在的财货就是所谓的人性不耐或时间偏好，然而由于每个人的人性不耐程度存在很大差别，就使得人们需要通过借贷来变更现在收入和将来收入的流量，而利息就是“人性不耐”的结果。

⑤购买力使用论。

熊彼特在他的《经济发展理论》（1912）一书中首次提出了“创新理论”，并根据创新解释了资本、利润、利息等概念。他指出，创新能促进经济发展，从而产生利润和利息。然而，要实现创新，单靠现行流通中原有的购买力是不行的，还需要创造出新的购买力。当这些新的购买力被投入流通后，通过与原有购买力的竞争，使生产要素从原有的生产组合中脱离出来，以实现生产的重新组合。因此，熊彼特指出，“利息是购买力价格中的一个要素”，是使用购买力的报酬。

⑥流动偏好论。

凯恩斯的利息理论是在批判传统经济学的利息理论基础上提出的。他反对传统利息理论从实物因素角度分析利息，认为利息纯粹是一种货币现象，是使用货币支付的报酬，是在一定时期内放弃流动偏好的报酬。他认为，个人心理上的时间偏好的全部完成必须通过两个决策：一是消费倾向方面的决定，即收入水平一定时，个人将其中的多少用于消费或储蓄；二是流动偏好方面的决定，即个人以什么方式保持这笔未来消费的支配权。以往的许多利息理论只是从个人时间偏好的第一个决定来探索利息的来源，只考虑收入中储蓄和投资的作用，而忽视了流动偏好方面的决定因素。为此，凯恩斯指出，利息不是对于储蓄本身或等待本身的报酬，而是在一特定时期内放弃周转流动性的报酬。他认为，人们在心理上更喜欢以现金形式保持自己的一部分收入或财富，这种愿意以货币形式保持自己收入或财富的心理愿望或偏好称为“流动偏好”。在凯恩斯看来，既然人们的心理都偏好流动性，喜欢保存现金，那么现在要他放弃这种偏好，把现金贷给别人，就必须支付利息以弥补放弃流动性偏好的特性。因此，凯恩斯首次提出，利息是放弃流动性偏好的报酬。

⑦不完全货币论。

希克斯同凯恩斯一样，也把利息问题看作一种纯粹的货币现象，认为“货币的性质和利息的性质近乎是同一个问题”，但是他认为利息起源于证券的不完全“货币性”。货币具有普遍的接受性，它是证券的最完全形态，其现在的价值等于它的票面价值。而其他证券固然带有“货币性”，但它们是不完全和不具有普遍接受性的近似货币，因而其现在的价值总是低于它的票面价值。“利息就是对它们的不完全——对它们的不完全的‘货币性’的衡量”。

综上所述，近现代西方利息理论中，经济学家主要是从资本的范畴、人的主观心理因素等角度来研究利息的性质，而对利息的产生问题则避而不谈，完全忽视了利息范畴的历史性及其所包含的社会经济关系问题的分析，抹杀了利息的真正来源和本质，从而进一步掩盖了资产阶级对工人阶级的剥削。

西方经济学家一般认为利率是由供求均衡点所决定的，如认为由资本供求所决定的实际利率论、由货币供求所决定的流动偏好论以及由借贷资金的供求关系决定的可贷资金论等。与之相对，马克思认为利率的高低取决于两个因素：一是利润率；二是总利润在贷款人和借款人之间进行分配的比例，这一比例的确定主要取决于借贷双方的供求关系及竞争。

中国学者认为，在以公有制为主体的社会主义社会中，利息来源于国民收入或社会财富的增值部分。在现实生活中，利息被人们看作收益的一般形态，导致了收益的资本化。

§3.2 利息率及其种类

3.2.1 利息率的概念

利息率简称利率，是指借贷期满所形成的利息额与所贷出的本金额的比率。换句话说，利息率是单位时间单位资本产生的利息额。

利率体现着借贷资本或生息资本增值的程度，是衡量利息数量的尺度，也有人称之为到期的回报率、报酬率。利率是一种重要的经济杠杆，它对宏观经济运行和微观经济运行都有重要作用。

3.2.2 利率表达方式

利率计算公式为：

利率=利息/借贷额×100%

年利率，以年为计息周期计算的利息。年利率按本金的百分之几表示。

月利率，以月为计息周期计算的利息。月利率按本金的千分之几表示。

日利率，以日为计息周期计算的利息。日利率按本金的万分之几表示。

它们之间的关系是：

月息率=年息率÷12

日息率=月息率÷30

3.2.3 利率的种类

1.利率按决定方式可划分为：官方利率、公定利率、市场利率

官方利率是由一国货币管理当局或中央银行所规定的利率。官方利率是由货币管理当局根据宏观经济运行的状况和国际收支状况及其他状况来决定的，它可用作调节宏观经济的手段。因此，官方利率往往在利率体系中发挥指导性作用。

公定利率是由金融机构或行业公会、协会等民间权威金融组织用协商的办法所确定的利率。公定利率只对参加该公会或协会的金融机构有约束作用，而对其他金融机构则没有约束作用。但是，公定利率对整个市场利率有重要影响。

市场利率是按照市场规律而自由变动的利率，即由借贷资本的供求关系直接决定并由借贷双方自由议定的利率。

2.利率按借贷期内利率是否浮动可划分为：固定利率、浮动利率

固定利率指在整个借贷期限内，利息按借贷双方事先约定的利率计算，而不随市场上货币资金供求状况而变化的利率。在物价稳定的条件下，固定利率具有简便易行、便于借贷双方进行成本收益核算的优点。固定利率适合于短期资金借贷关系，是传统上采用的方式。因为未来是不确定的，如果借贷期限较长，市场变化又难以预测，使用固定利率就可能使借款人或贷款人承担利率变化的风险——当未来利率上升时，贷款人要承担利息损失的风险；当未来利率下降时，借款人则要承担利息成本较高的风险。因此，在越来越多的借贷中开始采用浮动利率。

浮动利率指借贷期限内，随市场利率的变化情况而定期进行调整的利率。实行浮动利率对借贷双方来说，其计算成本收益的难度要大些，并且对借贷双方利率管理的技术要求也比较高。但是，实行浮动利率的借贷双方所承担的利率风险比较小。浮动利率多用于长期的借贷及国际金融市场。

3.利率按是否带有优惠性质可划分为：一般利率、优惠利率

一般利率指商业银行等金融机构在经营存贷款业务过程中，对一般客户所采用的利率。它是使用最广泛的利率。

优惠利率指银行等金融机构发放贷款时对某些客户采用的比一般贷款利率低的利率。西方国家商业银行对资信最高并且处于有利竞争地位的大客户发放短期贷款时，采用低于其他企业贷款利率的优惠利率。在我国为了鼓励某些行业、地区的发展曾先后对粮油、能源、原材料及通信等行业的贷款实行比一般贷款利率低10%~30%的优惠利率。

4.利率按信用行为的期限长短可划分为：长期利率、短期利率

一般来说，一年期以内的信用行为被称为短期信用，相应的利率即为短期利率。一年期以上的信用行为通常称之为长期信用，相应的利率则是长期利率。总的来说，较长期的利率一般高于较短期的利率。

5.利率按真实水平可划分为：名义利率与实际利率

名义利率指包含了通货膨胀因素的利率，是以名义货币表示的利率。一般我们所说的利率都是指名义利率。

实际利率指物价不变从而实际购买力不变条件下的利率，是名义利率剔除通货膨胀因素以后的真实利率。

二者之间的关系是：

实际利率=名义利率-通货膨胀率

6.利率按作用的不同可划分为：基准利率、差别利率

基准利率指在多种利率并存的条件下起决定性作用的利率，当基准利率变动时，其他利率也相应发生变化。

差别利率指金融机构对不同客户的存、贷款实行的不同利率。

利率的各种分类之间是相互交叉的。例如，3年期的居民储蓄存款利率为4%，这一利率既是年利率，又是固定利率、差别利率、长期利率与名义利率。各种利率之间以及内部都有相应的联系，彼此间保持相对结构，共同构成一个有机整体，从而形成一国的利率体系。

§3.3 利息的计算方法

3.3.1 单利法

单利是指仅以本金计算利息，而对利息不再计息的方法。

$I = P \cdot r \cdot n$

本利和计算公式为：

$S = P + I = P \cdot (1 + r \cdot n)$

其中：I表示利息；P表示本金；r表示利率；n表示期限；S表示本利和。

注意：计算利息一定要利率与期限一致。例如，使用年利率计算利息时一定要把期限换算成用年表示的时间。

【例3-1】A银行向甲企业贷放一笔为期5年、年利率10%的100万元贷款，则到期日甲企业应付利息额与本利和分别为：

$I = P \cdot r \cdot n = 100 \times 10\% \times 5 = 50$（万元）

$S = P(1 + r \cdot n) = 100 \times (1 + 10\% \times 5) = 150$（万元）

3.3.2 复利法

复利是指将按本金计算出来的利息额再加入本金，一并计算利息的方法。本利和计算公式为：

$S = P \cdot (1 + r)n$

利息的计算公式为：

$I = S - P = P\cdot[(1+r)n-1]$

其中：I表示利息；P表示本金；r表示利率；n表示期限；S表示本利和。

用单利方法计算利息直观、简单，利率相同的情况下，利息少；用复利方法计算利息，更能符合利息定义的计算方法，有利于提高资金的时间观念，有利于发挥利息杠杆作用和提高资金的使用效益。

【例3-2】A银行向乙企业贷放一笔期限为3年、年利率为6%的100万元的贷款，分别按单利法和复利法计算其利息总额及本利和。

按单利法计算：

I=1 000 000×6%×3=180 000（元）

S=1 000 000×01+3×6%）=1 180 000（元）

按复利法计算：

S=1 000 000×01+6%）3=1 191 016（元）

I=1 191 016−1 000 000=191 016（元）

专栏3-1

现值和终值

终值是根据利率计算出的一笔资金在未来的某一时点上的金额，这个金额就是本利和。

现有100 000元，如果年利率为6%，则5年后的终值是133 822.56元。

现值是根据未来某一时点上一定金额的货币（本利和），按现行利率计算出要能取得这样金额的本利和现在所必须具有的本金。

设5年后形成一笔100 000元的收入，假如利率不变，现在应有的本金是：

$$P = \frac{S}{(1+r)^n} = \frac{100\,000}{(1+6\%)^5} = 74\,725.82\text{（元）}$$

现代银行有一项极其重要的业务，即收买票据的业务，其收买的价格就是根据票据金额和利率倒推出来的现值。这项业务叫“贴现”，现值也称贴现值。贴现系数PV的计算公式为：

$$PV = 1/(1+r)^n$$

如贴现率为6%、期限为10年，则10年后的1元钱的现值为0.56元。

现值的计算方法不仅可用于银行贴现票据等类似业务方面，而且还有其他广泛的运用领域。比如，比较各种投资方案时，现值的计算是不可缺少的。

例如，现有一项工程需10年建成。有甲、乙两个投资方案。甲方案第一年年初需投入5 000万元，以后9年每年年初再追加投资500万元，共需投资9 500万元；乙方案是每一年年初平均投入1 000万元，共需投资1亿元。从投资总额看，甲方案少于乙方案；但从资金占用时间看，乙方案似较甲方案好一些。第一年的投入甲方案虽明显大于乙方案，第二年以后每年的投入，乙方案又大于甲方案。那么，哪个方案更好些呢？现值的观念则可以帮助解决这个问题。现假设市场利率为10%，这样，两方案的现值见表3-1：

表 3-1　　工程投资方案现值比较　　单位：万元

甲方案			乙方案		
年份	每年年初投资额	现值	年份	每年年初投资额	现值
1	5 000	5 000.00	1	1 000	1 000.00
2	500	454.55	2	1 000	909.09
3	500	413.22	3	1 000	826.45
4	500	375.66	4	1 000	751.31
5	500	341.51	5	1 000	683.01
6	500	310.46	6	1 000	620.92
7	500	282.24	7	1 000	564.47
8	500	256.58	8	1 000	513.16
9	500	233.25	9	1 000	466.51
10	500	212.04	10	1 000	424.10
合　计	9 500	7 879.51	合　计	10 000	6 759.02

这样看起来，采用乙方案较之甲方案，投资成本可以节约 1 000 多万元（即 7 879.51−6 759.02）。如果其他条件类似，决策就有了明确的依据。

在求现值的公式中，$\frac{1}{(1+r)^n}$称为一次支付现值系数，即一笔未来到期日一次支付的货币金额乘上该系数，就可以得出现值。

§3.4　利率的决定

3.4.1　决定和影响利率变动的因素

1.社会平均利润率

由于利息是利润的一部分，因此利润率是决定利率的首要因素，但决定利息率高低的利润率不是单个企业的利润率，而是一定时期内一国的平均利润率。一般来说，平均利润率是利息率的最高界限，同时，在一般情况下，利率也不会低于零。如果利率低于零，就不会有人出借资金了。因此，利率通常在平均利润率与零之间波动。

2.借贷资金的供求状况

虽然从理论上讲，利率不会高于平均利润率、也不会低于零，但在实际上，决定某一时期某一市场上利率水平高低的是借贷资金的供求关系。当借贷资金供大于求时，利率会下降；当借贷资金供小于求时，利率会上升，甚至高于平均利润率。

3.物价水平与预期通货膨胀

在信用货币制度下，通货膨胀是一种特有的经济现象。通货膨胀会给债权人带来损失。为了弥补这种损失，债权人往往会在一定的预期通货膨胀率的基础上确定利率，以保证本金和实际利息不会遭受损失。当预期通货膨胀率提高时，债权人会要求提高贷款利率；当预期通货膨胀率下降时，利率一般也会相应下调。

4.国家经济政策

自从20世纪30年代凯恩斯主义问世以来，各国政府都加强了对宏观经济的干预。政府干预经济最常用的手段是中央银行的货币政策。中央银行实行紧缩政策时，往往会提高再贴现率或其他由中央银行所控制的基准利率；当中央银行实行扩张的货币政策时，则会降低再贴现率或其他基准利率，从而引起借贷资金市场利率跟着作相应调整，并进而影响整个市场的利率水平。

5.国际利率水平

在开放的经济条件下，国际资本可以自由流动，国际利率水平会对国内利率水平产生重要的影响。当国内利率水平高于国际利率水平时，外国资本就会流入国内，使市场上资金供给增加，进而使利率下降；当国内利率水平低于国际利率水平时，国内资金流向国外，市场上资金供给减少，进而使利率上升。例如，当外汇汇率上升、本币贬值时（如人民币与美元的汇率从$1=￥6.5变化到$1=￥6.7），国内居民对外汇的需求就会下降，从而使本币相对充裕，国内利率便趋于下降；反之，当外汇汇率下跌、本币升值时（如人民币对美元的汇率从$1=￥6.5变化到$1=￥6.3），国内居民对外汇的需求就会增加，本币供应处于紧张状态，从而使国内市场的利率上扬。

6.利率管制

在一国经济的非常时期或在经济不发达的阶段，利率管制也是影响利率的一个重要因素。政府有关部门实行利率管制，直接制定利率或利率变动的界限。由于利率管制具有高度行政干预和法律约束力量，排斥各类经济因素对利率的直接影响，因此，实行利率管制的范围是有限的，而且，一旦非常时期结束或经济已走出不发达的阶段，应及时解除管制。

除以上诸因素外，借贷期限、风险程度、担保品、借款人的信用等级、放款方式以及社会经济主体的预期行为，习惯和法律传统等都会对一国国内利率产生重要影响。因此，对利率水平的变动，必须综合分析各种因素，才能找出利率水平变动的主要原因。

专栏3-2

负利率

负利率是名义利率为负，更多地表现为一国的长期国债到期收益率陷入零甚至负收益的状态。从以上的粗略定义可以看出，零利率甚至负利率的一些特点：一是负利率主要是指长期无风险利率为负，而不是利率产品整体陷入负利率；二是负利率并不意味着央行调控的短期利率为负，央行的货币价格工具仍有余地；三是负利率是名义利率的概念，并非扣除通胀的实际利率。目前，一些国家陷入了负利率，例如，丹麦、瑞典、瑞士、欧元区和日本等；同时，负利率也有从国债向金融债等高信用等级债蔓延之势，次贷危机至今，伴随着负利率现象，信用利差也奇特地收缩了。由此看来，一国的利率类产品决定了利率具有复杂的结构，而长期无风险利率为负，不能等同于结构化的利率整体为负，尤其是风险溢价往往和负利率相关性不强。负利率可以和信用债违约潮并存。负利率可能意味着商业银行被迫从国债等利率债市场逐渐退出，但它并不意味着存贷款利差的消失甚至倒挂，金融机构仍将继续活跃在信用债市场、权益类市场。

负利率现象的出现引发了巨大的好奇和争议。一些学者认为，负利率是非常有限、暂时和特殊的现象；另一些学者则认为，负利率可能会进一步蔓延。一些学者认为，负利率有助于一国去杠杆和舒缓债务压力；另一些学者认为，负利率可能会严重伤害一国的银行体系，甚至带来更深重的金融灾难。但包括伯南克在内的学者都在担忧，如果未来再度遭遇较为严重的金融危机，各国央行还能拿出什么应对之策？负利率政策到底是刚刚拉开大幕还仅只是昙花一现，是对一国无济于事的饮鸩止渴还是有所裨益的大胆尝试，都还难以定论。

资料来源：钟伟，郝博韬. 负利率时代：能走多远?离中国有多远？[J]. 国际金融，2016（11）.

3.4.2 利率决定理论

关于利率的决定问题，从经济学产生之日起就已经存在。利率决定理论经历了古典利率理论、凯恩斯利率理论、可贷资金利率理论、IS-LM利率分析以及当代动态利率模型的一系列演变与发展过程。

1.马克思的利率决定理论

马克思的利率决定理论是建立在对利息的来源和本质准确把握的基础上，考虑了制度因素在利率决定中的作用的利率理论，其理论核心是利率是由平均利润率决定的。马克思揭示，利息是贷出资本的资本家从借入资本的资本家那里分割出来的一部分剩余价值，而利润是剩余价值的转化形式。利息量的多少取决于利润总额，利息率取决于平均利润率。马克思进一步指出，在平均利润率与零之间，利息率的高低取决于两个因素：一是利润率；二是总利润在贷款人和借款人之间进行分配的比例。这一比例的确定主要取决于借贷双方的供求关系及竞争，一般来说，供大于求时利率下降；供不应求时利率上升。此外，法律、习惯等也有较大作用。马克思的理论对于说明社会化大生产条件下的利率决定问题具有指导意义。利息的独立化，对于真正显示资金使用者在再生产过程中所起的能动作用有积极意义。

2.西方经济学关于利率决定的分析

古典学派对利率的决定方面的分析是比较充分的，主要从生产消费等实际经济生活中去研究借贷资本供求关系对利率决定的影响，但却并未深入地探究影响、支配资本供求的因素，也就不能真正解决利率的决定问题。近现代西方利息理论偏重于利率决定问题的分析，将利率的决定作为利息理论研究的中心课题，主要考察利率如何决定以及决定利率高低的因素和方式。这里，我们根据利率决定问题分析方法的不同，将近现代西方利息理论关于利率决定的理论分为3种：边际生产力的利率决定论、局部均衡利率决定论和一般均衡利率决定论。

（1）边际生产力的利率决定论。

19世纪70年代产生的边际学派使得西方学者研究利率的决定问题时采用了一种新的分析方法——边际分析方法。早在19世纪上半期，边际分析方法的思想就已经出现，杜能发展了萨伊的资本生产力论，运用边际分析方法研究了利润和利息，指出："资本的价格，即出借资本所得的租金，并不根据全部资本对借方提供的效益而定。全部资本在出借时提供的租金是由最后投入的那部分资本的效益决定。这是利息学说的意义之一。"其主旨是，利润或利息决定于最后投入的资本的生产力。

之后，奥地利学派的代表人物庞巴维克在他的《资本实证论》中阐述了决定利率的因素以及它们的活动方式。他写道："我们发现有三个对利率起决定作用的因素：国家生活维持基金总量，由基金维持的工人数目以及延长着的生产期的生产力的程度。"除此之外，庞巴维克认为还有一些因素会影响利率水平，如对消费借款愿望的范围和程度、地租的存在和高低、一个人数众多的靠利息生活的资本家阶级的存在以及国民的节约或储蓄等都会影响利率变动。他在依据数理方法对市场作了具体分析后指出，对市场利率起决定性作用的还是上述三个因素。他进一步指出，利率是由最终迂回的生产期的剩余收益所决定，这几乎和杜能所提出的利息决定于最后投入的资本的生产力相一致。可见，庞巴维克主张的是边际生产力的利率决定论。

边际革命的发起者之一杰文斯在1871年出版的《政治经济学理论》一书中，将边际效用论和数学分析方法相结合来分析利息和利率，指出"生产物的加量与资本投资额的加量之比率，将决定利息率"。杰文斯把资本生产力和时间因素联系起来，把利息理论的核心放在时间增量上，认为时间是决定资本边际产量或边际收益的关键因素，资本的边际生产力又决定着利率。但杰文斯对边际生产力怎样决定利率并没有做出说明。

美国边际学派的代表人物克拉克发展了杰文斯的边际生产力决定利率的观点，形成了较为完整的资本边际生产力利率论。他继承了传统经济学中的资本生产力理论，在他的代表作《财富的分配》的一开始就论证了资本生产力论，指出"资本创造产品的能力，就是利息的根据"。他还吸收并发展了边际效用价值论，认为边际效用原则可以应用到各个生产要素的生产力上面，从而把"生产递减规律"扩展到资本生产要素上，引出"资本生产力递减规律"；再把边际效用价值论中的边际概念套到"资本生产力递减规律"上，从而构成了资本边际生产力利率论。他假定工人人数不变而追加资本，追加每一单位资本的生产力递减。他把最后增加的一个单位资本称为"边际资本"，边际资本所生产的产品量是"资本边际生产力"。"资本边际生产力”不仅决定边际资本的利息，而且决定其他部分资本的利息，即“最后一个单位的资本所增加的产量，决定了计算利息的标准”。

（2）局部均衡利率决定论。

边际学派的发展使得西方学者更多地采用边际分析方法来研究利率的决定，认为利率决定于资本的边际生产力，将资本的边际生产力作为利率决定的唯一解释，而并没有从资本的供求影响因素方面来探讨。到19世纪末20世纪初，西方经济学家们逐渐采用局部均衡分析方法来研究利率的决定，才开始对利率水平是如何由资本的供求决定等问题着重加以研究。局部均衡利率决定论是在假定其他因素不变的前提下，仅考虑单一的商品市场或货币市场供求均衡时的利率决定问题，尽管在分析过程中考虑的因素不全面，但由于其具有较为简明和易于把握等优点，仍具有较大的实用意义。这里，我们简要介绍几种最具代表性的局部均衡利率决定论。

①费雪的利率决定论。

费雪的利息理论是建立在当前资本的价值和预期未来收入的价值的连接关系上来研究利率决定问题的。他认为利率是收入和资本之间的桥梁或联系，“在利息理论中，利率只是现在财货与将来财货进行交换时的一种贴水，有一部分也是由主观的因素（边际需求的导数）决定的，换句话说，这就是现在财货优于将来财货的边际偏好。这种偏好叫作时间偏好，或者叫作人性不耐。决定利率的另一主要部分是客观因素，即投资机会”。之后，费雪提出了利息的三个近似理论来解释利率的决定。利息的第一近似理论是从心理因素角度来解释利率的决定。在这种情况下不存在投资机会，时间偏好或人性不耐是利息的心理基础。由于每个人的人性忍耐程度存在很大差别，这就使得人们通过借贷来变更现在收入和将来收入的流量，使市场最终实现均衡。利息的第二近似理论是考察了存在投资机会时的利率决定。费雪认为，投资是以放弃现在收入来换取未来收入的一种选择。人们将从许多不同的收入流量中选择一种依据既定利率其现值最大的收入流量，然后通过借贷来引起所选择的收入流量的变化，经过反复调整，最终达到市场均衡。利息的第三近似理论是费雪为使利率决定的分析具有现实意义，考察了存在风险和收入不确定时的利率决定。从费雪的三个利息近似理论中可以发现，他也认为利率决定于借贷资本的供求，只不过他把人们的时间偏好或者人性不耐和投资机会看作决定借贷资本供求的因素罢了。

②马歇尔的均衡利息论。

马歇尔将西尼尔的“节欲论”中“节欲”一词用“等待”来替代，指出“等待”决定着资本的供给；他又结合萨伊的资本生产力论和边际学派的观点，指出资本的边际生产力决定资本的需求，从而得出结论：“利息既为任何市场上使用资本的代价，故利息常趋于一均衡点，使得该市场在该利率下对资本的需求总量，恰等于在该利率下即将来到的资本的总供给量。”即利息的多少取决于资本的供求。他将资本的供求从储蓄和投资两方面来解释，认为储蓄构成资本的供给，投资构成资本的需求，因此利率决定于储蓄和投资相均衡的一点。马歇尔的均衡利息论将资本的供求即储蓄和投资结合起来，用局部均衡分析方法来解释利率的决定，从而得到一个较为完整的储蓄和投资决定利率的理论，即古典利率理论。但由于他假定货币的价值不变，忽视货币对利率决定的作用，从而导致当时的西方经济学家仍然依照古典经济学在理论研究中强调实物因素的传统，仅从影响实物资本供求的角度来分析利率的决定。

③维克塞尔的自然利率说。

瑞典学派的主要创始人维克塞尔关于利率问题的论述主要体现在他的两本主要著作《利息与价格》和《国民经济学讲义》中。他将利率区分为货币利率和自然利率，前者是金融市场上实际的借贷利率，后者是预期的均衡利息率（实际上是资本的边际生产率或资本的边际利润率）。他并非最早提出自然利率的经济学家，但他关于自然利率的认识包含了新的内容。他指出："借贷资本的需求与储蓄的供给完全一致所形成的利率，并与新创造的资本的预期收益基本一致的利率叫作正常的或自然的实物利率。"可见，自然利率是一种实物利率，是借贷资本供求即储蓄和投资相一致时所形成的均衡利率，这与马歇尔的均衡利息论的观点是相同的，属于古典利率理论的范畴。但维克塞尔在论述利率决定时，通过引入货币因素将货币利率与自然利率相比较，论述了货币如何通过利率来影响经济，比马歇尔大大前进了一步。维克塞尔的自然利率说在西方利息理论的发展过程中起着承前启后的作用。

④凯恩斯的货币供求利率论及其发展。

凯恩斯批判了传统经济学从实物因素角度分析利息，猛烈攻击了储蓄与投资决定利率的理论，而认为利息纯粹是一种货币现象，主张用货币的需求和供给来决定利率。在他看来，货币是一种特殊形式的资产，与其他金融资产相比具有最小的风险和最大的流动性。所以人们在选择持有财富的形式时，偏好于货币的流动性。他进一步指出，由于货币供给量有限，人们要取得货币就必须支付一定的报酬，即利息，这是对人们在一定时期内放弃持有货币的一种补偿。因此，凯恩斯指出，利率是由货币数量和流动偏好这两个因素决定，即利率决定于货币的供求。凯恩斯认为，货币需求取决于人们对货币流动性的偏好。他指出，引起流动性偏好的动机有三个，即交易动机、谨慎动机和投机动机，对货币的需求是基于这三种动机而产生的。其中，为满足交易动机和谨慎动机而持有的货币需求，对利率变动的反应不灵敏，只依赖于收入的多少，收入越多，所需的货币越多；由投机动机所产生的货币需求对利率变化特别敏感，利率越低，所需的货币越多，利率越高，所需的货币越少。而货币供给基本上是由一国的货币当局所控制，是外生的。

利率决定于货币需求与满足这种需求之现有货币供应量相均衡的一点。第二次世界大战之后，凯恩斯的追随者根据战后资本主义经济现状进一步发展了凯恩斯的利率决定论。美国经济学家鲍莫尔在1952年发表的《现金的交易需求——一种存货的理论分析》一文中提出了著名的平方根定律，最先对货币的交易需求和利率之间的关系进行分析，指出交易性货币需求不仅同实际收入水平的变化成正比，还受利率高低的影响，同利率水平成反比。而另一位美国经济学家托宾在1958年和

1965年发表的《风险中的流动性偏好行为》和《资产选择理论》两篇著名的论文中，发展了凯恩斯的投机性货币需求与利率的关系分析，针对凯恩斯在分析时投资者只能在货币和债券两种资产中任选其一，而不能同时兼有的缺陷，在资产组合中引入了投机性货币需求利率弹性分析，从而创立了资产选择理论。他认为，投机性货币需求不仅取决于利率水平高低以及货币需求利率弹性的大小，而且取决于各种金融资产的收益率和风险性以及个人持有的资产组合。他分析的主旨在于揭示全社会资产结构的调整及利率结构的相应变动对实际经济活动的影响，这在当今这个金融资产和经济部门多样化的时代仍具有非常重要的意义。

（3）一般均衡利率决定论。

凯恩斯关于货币供求决定利率的理论一经发表，立即遭到了罗伯森、俄林等人的批评，从而引发了20世纪30年代利息理论史上关于利率决定问题的争论。反对派攻击了凯恩斯完全否定实物因素在利率决定中的作用的观点，同时也抨击了古典利率理论过分强调实物因素而完全忽视货币因素的片面性，主张应将决定利率的货币因素和实物因素相结合来进行一般均衡分析。一般均衡的利率决定论与局部均衡的利率决定论相比，较全面地分析了利率决定的影响因素，从而更好地展示了现实经济生活的真实面貌。这里，我们介绍两种一般均衡利率决定论：可贷资金理论和IS-LM分析说。

①可贷资金理论。

可贷资金理论也被称为新古典利率理论，是指利率是由储蓄、投资、货币的贮藏或反贮藏和银行新创造的信用等因素决定。熊彼特是西方第一个将货币因素与实物因素结合起来分析利率决定的学者，他从经济发展的角度指出，决定利率的因素除了实物方面的储蓄和投资外，还包括货币方面的银行信用创造和货币的贮藏，从而开创了可贷资金理论的先河。之后，英国剑桥学派的罗伯森将熊彼特关于货币贮藏是利率影响因素的观点进行发挥，认为货币贮藏是因一种特殊的货币需求，并把货币贮藏和反贮藏以及银行信用创造等因素纳入到古典学派的储蓄投资利率理论中，从而完善了可贷资金理论，之后得到了瑞典学派的俄林等经济学家的拥护，使其成为20世纪30年代非常流行的一种利率决定理论。

可贷资金理论认为，利率是可贷资金的价格，利率的高低由可贷资金的供求决定。可贷资金的供给主要取决于当前的储蓄、固定资产的出售收入即过去储蓄的转化、货币的反贮藏以及银行新创造的货币量；可贷资金的需求则主要取决于当前的投资、固定资产的重置以及折旧与报废的补偿，即用于再投资的资金、货币的贮藏。可贷资金供求相等决定了均衡利率水平。然而在可贷资金的供求均衡点上，货币供求和商品供求并未达到均衡。只有通过收入的调整，才能形成一个稳定的均衡利率。因此，尽管可贷资金理论很好地将货币因素和实物因素结合起来分析利率的决定，但它忽视了收入因素对利率的影响，使得均衡利率缺乏稳定性，从而不能真正地确定利率的水平。

②IS-LM分析说。

IS-LM分析说是由英国著名经济学家希克斯提出，后经美国著名经济学家汉森进一步的阐述和发展，形成了一套完整的利率决定理论，从而结束了20世纪30年代西方经济学界关于利率决定问题的大争论，并成为西方学者广泛接受的一般均衡利率决定论。希克斯和汉森都认为，古典利率理论、凯恩斯的货币供求利率论以及可贷资金理论各具片面性，并且它们都忽视了收入水平对利率的决定作用。**因此，他们将这三种理论加以综合，将储蓄、投资、流动性偏好和货币供给这四个因素放在同一均衡体系中加以考虑，并将国民收入这一因素引入其中，从而得出一个能确切决定利率水平的利息理论，这就是IS-LM分析说，也被称为新古典综合学派的利息理论。**

IS-LM分析说认为均衡利率水平是由商品市场的均衡即储蓄等于投资组成的IS曲线和货币市场的均衡即货币供给等于货币需求组成的LM曲线的相交点所决定的。在商品市场上，储蓄等于投资即“S=I”是商品市场均衡的必要条件。IS曲线是由商品市场均衡时所有利率和收入水平的组合所构成，并且IS曲线向右下方倾斜。在货币市场上，货币需求等于货币供给即“L=M”是货币市场均衡的必要条件。LM曲线是由货币市场均衡时所有利率和收入水平的组合所构成，LM曲线向右上方倾斜。将IS曲线和LM曲线并入同一个直角坐标系中，它们的交点便决定了整个经济处于均衡状态即商品市场和货币市场同时达到均衡时的利率和收入水平。

从IS-LM分析中可以看出，利率的决定取决于储蓄、投资、货币供给和货币需求四个因素，因此，导致储蓄投资和货币供求变动的因素都会影响利率的决定，均衡利率应是各个因素综合影响的结果。但是这一理论也有其局限性，由于它是以物价和工资不变作为假设前提的，与现实经济相距甚远，并且就其内容而言，对利率的性质以及利率与其他经济变量之间的关系是否具有充分的解释力，仍需进一步探讨。之后，一些经济学家在原有模型的基础上对它在运用方面的一些关于价格黏性、刚性工资、庇古效应以及就业水平等问题提出了各种不同意见和修正，由于他们仍是以IS-LM分析为基础的，这里就不再一一论述了。

综上所述，利率决定理论是近现代西方利息理论研究的主要内容，西方学者运用多种分析方法对利率决定问题进行探讨，重点研究了利率决定的影响因素，对西方利息理论的演进具有非常重要的意义，其中的一些研究成果对我们分析现实经济现象具有很强的借鉴意义。但是，由于近现代西方利息理论是在回避和歪曲利息本质的研究，只以表面现象特别是供求关系来论述利率的决定，必然具有一定的片面性。

§3.5　利率的作用

3.5.1　利率的作用

利率作为经济杠杆，在发达的市场经济中具有“牵一发而动全身”的效应，对一国经济的发展发挥着至关重要的作用。利率的作用，不仅体现在宏观经济运行当中，还表现在对企业及个人经济活动等微观方面的影响上。

1.利率在宏观经济活动中的作用

第一，利率能够调节社会资本供给。一般情况下，利率提高，国民储蓄率上升，借贷资本增多，社会资本供给就会增加；反之，社会资本供给就会减少。

第二，利率可以调节投资。利率对投资在规模和结构两方面都具有调节作用。企业进行投资使用借贷资本时，如利率降低，企业贷款成本降低，投资成本相对减少，就会增加投资，从而使整个社会投资规模扩大；反则反之。

第三，利率可以调节社会总供求。利率对供求总量的平衡具有一定的调节作用。这是因为，总需求与市场价格水平、利率之间有着相互联系、相互作用的机制。由于生产者和消费者进入市场从事经济活动，市场机制通过价格水平和利率水平的变动在一定程度上能够调节各个企业和消费者的投资与储蓄活动，有利于实现总供给和总需求的平衡。

2.利率在微观经济活动中的作用

第一，对企业而言，利率能够促进企业加强经济核算，提高经济效益。因为企业利润等于销售收入减产品成本、利息、税金，在通常情况下，产品成本和税金是相对稳定的。企业利润取决于应付利息的多少，而利息的多少，又与企业占有信贷资金的多少、占用的时间长短以及利率高低有关。

第二，对个人而言，利率影响其经济行为。一方面，利率能够诱发和引导人们的储蓄行为，合理的利率能够增强人们的储蓄愿望，不合理的利率会削弱人们的储蓄愿望。因此，利率的变动在某种程度上可以调节个人的消费倾向和储蓄倾向。另一方面，利率可以引导人们选择金融资产。在保证金融商品安全性与流动性的前提下，主要由利率决定的收益率的高低往往是人们选择金融资产时着重考虑的因素。

3.5.2 利率作用的条件

1.限制利率作用的因素

（1）利率管制。

利率管制作为国家宏观经济管理的一种手段，具有可控性强、作用力大的特点，但也可能因制定的利率水平不恰当或调整不及时，而限制利率作用的发挥。

（2）授信限量。

授信限量包括授信配给制，还包括实施其他授信条件，如首期付款额、质押品、分期还款额限制等，使许多消费需求和投资需求得不到满足，容易加剧信贷资金的供求矛盾，使银行利率与市场利率之间的距离不合理地扩大，阻碍利率机制正常发挥作用，还会引起整个利率体系的结构和层次的扭曲。

（3）市场开放程度。

如果国内资金流动受到各种限制，金融市场不能成为有机的统一市场，利率体系各组成部分之间就失去了有机联系，整个利率体系就会失去弹性，作用的发挥就有很大的局限。

（4）利率弹性。

利率弹性表示利率变化后其他经济变量对利率变化的反应程度。某一变量的利率弹性高，表示该变量受利率的影响大，对利率变动的反应十分灵敏，利率的作用就能充分发挥出来；反之，利率对经济变量及对真实经济的影响就较弱。

2.利率作用的条件

（1）市场化的利率决定机制。

利率主要是通过市场和价值规律机制由市场供求因素决定。市场上资金供不应求，利率就会上扬；资金环境相对宽松，利率就会下降。

（2）灵活的利率联动机制。

利率体系中，各种利率之间相互联系、相互影响。各种利率中，基准利率变动引起的变化最为明显。

（3）适当的利率水平。

利率水平过高，会抑制投资，阻碍经济的发展与增长；利率水平过低，又不利于发挥利率对经济的杠杆调节作用。在市场化利率决定机制形成的过程中，应逐步确定并适时调节适当的利率水平，这样，一方面能真实反映社会资金供求状况，另一方面使资金借贷双方都有利可图，从而促进利率作用的发挥，推动经济持续、稳定发展。

（4）合理的利率结构。

合理的利率结构，包括利率的期限结构、利率的行业结构以及利率的地区结构，可以体现经济发展的不同时期、不同区域、不同产业及不同风险，弥补利率水平变动作用的局限性。

§3.6 利率管理体制

3.6.1 利率管理体制的概念及类型

利率管理体制，即一个国家或地区货币管理当局根据客观经济规律和国家货币政策的要求，对利率的水平、体系和管理方法进行调整、组织与控制，充分有效地发挥利率调节经济功能而采取的原则、程序和方法。利率管理体制是国家对利率进行管理的一种组织制度，是一国经济管理体制的组成部分，它规定了金融管理当局或中央银行的利率管理权限、范围和程度，其模式不是一以贯之、固定不变的，而是不断发展和变化的。世界各国对利率管理体制的选择和运用也不是唯一的模式，根据世界各国的金融实践，利率管理体制经历了自由化利率管理体制、管制型利率管理体制和市场化利率管理体制三种体制的历史演变。

1.自由化利率管理体制

客观地说，自由化利率管理体制的产生与当时的社会背景密切相关。早期自由资本主义时期是一个完全的、自由竞争的市场经济时代，当时的经济金融环境表现出以下主要特点：一是缺乏强有力的中央银行和健全的中央银行制度；二是众多的商业银行处于无序竞争的状态；三是市场中存在众多、分散和小型的储蓄与投资主体；四是资金基本上是卖方市场，资金买方处于劣势；五是信息流通不畅，信息成本高昂，等等。在此背景之下形成的自由利率管理体制有以下基本特点，即利率水平完全由资金供求双方通过市场竞争决定，利率变动频繁且波动幅度大，市场主体包括资金的供求双方，都承担着明显的利率风险。

自由资本主义强调经济内在自发的均衡力量，但其结果多伴随着经济动荡并导致经济危机，在此背景下确立的自由化利率管理体制自然也无法弥补这一缺陷。在20世纪30年代初期，西方国家在自由市场经济的不断发展，经济的货币化、信用化和证券化程度不断加深的趋势下，金融业陷入了越来越严重的过度竞争，这推动各商业银行竞相提高存款利率，大大增加了资金来源的成本，与此同时，又推动各商业银行被动发放或从事高风险和高利率的贷款和投资，在缺乏有力、有效的监管体系的情况下，最终导致了20世纪30年代的经济大危机。由于自由利率管理体制存在的诸多弊端，在经受了20世纪30年代的经济大危机之后，自由利率管理体系这一模式日见式微，在凯恩斯理论兴起之后，其逐渐被管制型利率管理体制所取代。

2.管制型利率管理体制

管制型利率管理体制是在自由化利率管理体制被否定和扬弃的过程中逐步发展起来的。经历了20世纪30年代的经济金融大危机之后，为了保持经济的增长和实现金融秩序的稳定，欧美等主要国家，相继出台了以限制利率水平为主要内容的金融管制制度，由货币管理当局对利率的水平实行管制，放弃了利率完全由市场力量决定的做法。其中，最具代表性和影响力的是美国国会在1933年通过的《1933年银行法》，即著名的“Q”条例，该法规对利率上限有明确规定，比如禁止会员银行对活期存款支付利息，限制定期存款利率的上限，禁止对支票存款账户支付利息，等等。日本也在1947年通过了《临时利率调整法》，旨在通过管制型利率政策，刺激投资增加，尽快完成战后重建工作。在该法规中，对存款、贷款、债券、贴现、票据等利率均予以限制。

与此同时，一些发展中国家，比如智利、阿根廷、乌拉圭、韩国等，在经济发展初期，由于经济发展水平较低，金融业处于起步阶段，多确立了着力发展经济这一目标，并确定经济目标优先于其他目标。经济的发展迫切需要大量的资金，在资金需求旺盛而供给不足时，市场力量必然推动利率的上涨，而上涨的利率又必将大大抑制投资的增长，最终阻碍经济的发展。基于此，政府更倾向于实行利率管制体制，由政府直接规定各种利率水平，把利率特别是贷款利率压到偏低水平，以降低企业融资成本，直接刺激投资的增加。为了筹集经济建设需要的资金，政府也采取“一高一低”的政策，即一方面提高存款利率以吸引居民的储蓄资金，另一方面降低贷款利率以促进投资，甚至不惜成本实行存款与贷款利率倒挂来聚集资金以推动经济增长。由政府直接制定各类利率水平，既可以保证资金供给，又可以保持旺盛的投资需求，这对于经济发展可起到显著的推动作用。

管制型利率管理体制更多地体现出国家和政府的意愿，基于不同的需要，人为地确定或管制利率水平。受此影响，管制型利率管理体制的基本特点是：利率由货币管理当局根据政策的需要人为制定。尽管货币管理当局也适当考虑资金市场的供求因素，但更主要的还是根据货币管理当局的政策需求确定利率。由此确定的利率水平有以下问题：一是利率水平的确定有较大随意性，并不能客观全面反映真实的资金供求，利率成为一个被扭曲的市场信号；二是利率水平的确定僵化，落后于客观经济金融形势变化的需要，一旦确定便长期固定不变；三是利率推行范围广泛，确定的利率水平一般都在全国范围内强制执行。由于信息失真，这种利率与市场均衡利率有很大的差距，管制利率水平虽然有可能在某一时期等于或高于市场均衡利率水平，但总体低于均衡利率水平。对此，金融学者萨奇在其论文《利率市场化与高利率关系的国际经验》中引述了世界银行的一项调查结论：在名义利率资料比较齐全的实行利率自由化的20个国家中，有15个国家的名义利率上升，5个国家的名义利率下降；而在实际利率资料比较完整的实行利率自由化的国家中，有17个国家的实际利率上升，3个国家的实际利率下降。利率上升的内在原因是，利率管制政策主要是人为地压低利率，以刺激消费和投资，结果造成普遍的低利率水平，利率实行自由化之后，市场力量推动受管制利率水平的回归。

管制型利率管理体制的问题不仅仅是利率水平确定的问题，其在实施和推行的过程中，负面作用也显现出来：在宏观层面，否定市场对资金配置的基础性作用，由政府直接确定或管制利率水平，实现对资金的配置和安排，这当然也是资源安排的模式之一，但关键问题是政府是否可以替代市场，准确地找到市场均衡利率。

事实上，在更多的时候，政府对利率的限制掩盖了资金供求真实状况，利率变化缺乏弹性，成为一个被扭曲的市场信号，无法发挥其应有的杠杆作用，资金资源也难以得到公平合理的分配。在微观层面，利率确定的政府化，使微观经济主体对利率变化缺乏必要的敏感性，经营管理行为容易出现短期化。特别是金融机构，在受扭曲的价格政策之下，经营状况普遍不理想，缺乏发展后劲，这对金融业发展产生了明显抑制作用。在现实的经济金融发展趋势下，从20世纪70年代开始，一些国家开始实行由管制型利率管理体制到市场化利率管理体制的转变。

3.市场化利率管理体制

在第二次世界大战后，西方发达国家迎来了一个发展的黄金时期，但在20世纪60年代后期和70年代初期，这些发达国家出现了一些新现象：一是经济增长速度明显减缓，经济呈现少见的“滞胀”；二是资金明显偏于富余，甚至在一些领域出现了“过剩经济”；三是金融的全球一体化明显加快，国际之间的融合和交融速度在加快；四是金融创新浪潮的兴起，金融业务分业经营界线模糊，混业经营趋势明显。

在经济发展的新趋势冲击下，利率管制越来越显现出抑制的弊端。鉴于此，许多国家纷纷修改利率管制的银行法案，实施新一轮的利率管理体制改革。美国国会在1980年通过了《解除存款机构管制与货币管理法案》，决定用6年的时间逐步解除对定期存款利率的最高限制，在1986年1月，美国所有的存款利率和大部分贷款利率的限制均被取消；英国在1971年放松了对利率所实行的管制；法国从1985年起对利率管制逐步取消；日本在1978年起步利率管制改革，到1994年实现了市场化管理。与此同时，一些发展中国家也开始了利率管制向利率放松的制度变迁，如马来西亚、印度尼西亚、泰国等均以渐进性的方式逐步放松对利率的管制，建立市场化的利率管理体系。由于市场化利率管理体制适应了经济金融新的发展和变化的趋势，包括发达国家和发展中国家在内的许多国家都在积极推行和探索建立适应国情的市场化利率管理体制，这已经成为世界各国经济金融体制改革的一个大趋势。

值得注意的是，市场化利率管理体制是针对管制型利率管理体系而提出的，它与20世纪30年代之前的自由化利率管理体制有着本质区别，自由化利率管理体制是自由市场经济时期无政府监控下的完全自由的体制，在无政府监控下的完全自由化，普遍存在着资源浪费，过度竞争容易引发金融危机的负面效应。市场化利率管理体制也有别于管制型利率管理体制，管制型利率更多地是体现货币当局的政策意旨，无法客观、真实和灵活地反映市场资金供求状况。可以说，市场化利率管理体制不是自由化利率管理体系的简单复归，而是向更高级的、与现代市场经济相适应的、由市场充分自由决定的、有监管和调控的市场化利率体制的质的飞跃。市场化利率管理体制有以下的特点：一是利率水平由市场决定。利率市场化的最大特点是利率水平的决定权在市场，由市场主体根据各种市场因素，通过一定的定价机制确定资金价格。二是货币当局对利率进行间接调控。货币管理当局可以通过多种形式对利率进行调控，但调控方式是间接的。三是市场主体享有充分的自主权。充分自主权是维护市场化的重要条件，也是促成市场化利率形成的重要条件。

3.6.2 我国利率管理体制的改革

一是在市场体系建设方面。利率管理体制的改革起始于1978年的改革开放，我们在市场体系建设方面取得了积极进展，但还处于初级阶段。国民经济是一个有机的统一整体，局部的失衡或部分的迟滞都会对整个系统建设产生影响和破坏。在我国市场体系中，商品市场、货币市场、资本市场、劳动力市场以及社会保障市场等都有其内在的联系，利率作为货币市场和资本市场的价格，也影响着其他市场的均衡。但目前除商品市场相对较为完善以外，其他市场发展缓慢，仍有待进一步完善。

二是在市场主体建设方面，我国已经建立起以中央银行为核心，由各类金融机构组成的、分工协作的、有自我发展和自我约束的金融组织体系。但对处于经济转轨、社会转型时期的我国来说，经济市场化深度和广度不够，计划体制痕迹太深，金融机构的市场化地位也没有真正建立。市场化主体的缺位使得我国市场经济体系的建设缺失了有活力和有创造力的主体。此外，我国的企业个体与现代企业的要求仍有距离。

三是在有效金融监管方面，我国已经构建起“分业经营、分业监管”的格局，金融监管的精细化和专业化逐步得到体现。但我国金融监管表现出的问题是：分业监管形成监管真空，监管技术手段单一，专业监管人才缺乏，监管具有“事后性”和“时滞性”。

有弹性的管制型利率管理体制是我国利率管理体制改革过程中的阶段性目标，是过渡性的安排，我国利率管理体制改革的终极目标是建立市场化的利率管理体制。

所谓利率市场化，是指中央银行放松对商业银行利率的直接控制，把利率的决定权交给市场，由市场主体自主决定利率，中央银行则通过制定和调整再贴现率、再贷款率以及公开市场买卖有价证券等间接调控手段，形成资金利率，使之间接地反映中央银行货币政策的一种机制。

利率市场化是我国利率体制改革的核心，我国利率市场化改革最终的目标就是形成在社会资金供求关系中，以基准利率为中心，以市场利率为主体，既有国家宏观调控功能，又具有市场自我调节功能的一种利率管理系统。

建设我国市场化利率管理体制这一终极目标的基本内涵是：央行逐步将利率的决定权交给市场，更多地由市场主体自主地决定利率，其核心内容是利率形成机制的市场化，包括利率决定、利率传导、利率结构和利率管理的市场化。

我国利率市场化的改革进程仍旧处于逐步推进过程中。2004年1月1日起央行扩大金融机构贷款利率浮动区间。在中国人民银行制定的贷款基准利率基础上，商业银行、城市信用社贷款利率的浮动区间上限扩大到贷款基准利率的1.7倍，农村信用社贷款利率的浮动区间上限扩大到贷款基准利率的2倍，金融机构贷款利率浮动区间下限保持为贷款基准利率的0.9倍不变。2004年11月，央行再次放宽了金融机构贷款利率的浮动区间，并允许人民币存款利率下浮。作为我国利率市场化的重要举措，2007年1月金融市场盼望已久的中国基准利率雏形亮相，这个由全国银行间同业拆借中心发布的“上海银行间同业拆放利率”（简称“Shibor”）正式运行对于市场经济下央行的货币政策调控而言，Shibor是一个极为重要的变量，它能在整个利率体系中起主导作用、核心作用，并能制约其他利率。央行以后可通过公开市场操作来调整基准利率，形成合理的市场预期进而传导并影响微观经济行为，使其调控更加精准和有效。

经过十多年的稳步推进，利率市场化改革已取得了重大进展：金融机构的自主定价权不断扩大，人民银行管理的利率范围不断缩小，利率管理种类不断减少，利率管理期限结构不断简化，利率形成的市场化程度不断提高，顺利实现了“贷款利率管下限、存款利率管上限”的阶段性目标。“十三五”期间，中国利率市场化改革会进一步推进，因此，实现利率决定完全市场化指日而待。

本章小结

1.利息是在借贷关系中，借者支付给贷者的报酬，或称借贷资金的“价格”。利息率简称利率，是指借贷期满所形成的利息额与所贷出的本金额的比率。

2.利率按照不同的标准，可以划分为不同的种类。按利率的决定方式可划分为：官方利率、公定利率与市场利率。按借贷期内利率是否浮动可划分为：固定利率与浮动利率。按利率是否带有优惠性质可划分为：一般利率、优惠利率。按信用行为的期限长短可划分为：长期利率和短期利率。按利率的真实水平可划分为：名义利率与实际利率。按利率作用的不同可划分为：基准利率和差别利率。

3.利息的计算有两种基本方法：单利法和复利法。决定和影响利率变动的因素有：社会平均利润率，借贷资金的供求状况，物价水平与预期通货膨胀，国际利率水平，利率管制等。

4.利率决定理论经历了古典利率理论、凯恩斯利率理论、可贷资金利率理论、IS-LM利率分析以及当代动态的利率模型的演变、发展过程。利率作为经济杠杆，对一国经济的发展发挥着至关重要的作用。在宏观经济活动中，利率能够调节社会资本供给、可以调节投资、可以调节社会总供求。在微观经济活动中，对企业而言，利率能够促进企业加强经济核算，提高经济效益；对个人而言，利率影响其经济行为。

5.从利率管理角度分析，利率管理体制可分为3种类型：（1）直接控制的利率管理体制；（2）浮动利率管理体制，其中又可以分为管理的浮动和完全自由浮动；（3）市场利率或自由利率管理体制。

综合训练

3.1　单项选择题

1.认为利息实质上是利润的一部分，是剩余价值特殊转化形式的经济学家是（　　）。

A.凯恩斯　　B.马克思　　C.杜尔阁　　D.俄林

2.认为利率纯粹是一种货币现象，利率水平由货币供给与人们对货币需求的均衡点决定的理论是（　　）。

A.马克思的利率决定理论　　B.实际利率理论

C.可贷资金论　　D.凯恩斯的利率决定理论

3.国家货币管理部门或中央银行所规定的利率是（　　）。

A.实际利率　　B.市场利率　　C.公定利率　　D.官定利率

4.市场利率的高低取决于（　　）。

A.统一利率　　B.浮动利率　　C.借贷资金的供求关系　　D.国家政府

5.实际利率即名义利率剔除（　　）。

A.平均利润率　　B.价格变动　　C.物价变动　　D.通货膨胀率

3.2　多项选择题

1.按照利率的决定方式可将利率划分为（　　）。

A.官定利率　　B.基准利率　　C.公定利率

D.市场利率　　E.固定利率

2.影响利率变动的因素有（　　）。

A.借贷资金的供求状况　　B.国际利率水平

C.社会平均利润率　　D.国家经济政策

E.物价水平与预期通货膨胀

3.考虑到通货膨胀因素的存在，利率可分为（　　）。

A.浮动利率　　B.一般利率　　C.名义利率

D.实际利率　　E.优惠利率

4.关于名义利率和实际利率的说法正确的有（　　）。

A.名义利率是包含了通货膨胀因素的利率

B.名义利率扣除通货膨胀率即可视为实际利率

C.通常在经济管理中能够操作的是实际利率

D.实际利率调节借贷双方的经济行为

E.名义利率对经济起实质性影响

5.我国中央银行的再贷款利率属于（　　）。

A.市场利率　　B.官方利率　　C.基准利率

D.公定利率　　E.长期利率

3.3　复习思考题

1.如何理解利息的本质？

2.利率的种类有哪些？

3.如何理解西方经济学中的利率决定理论？

4.决定和影响利率变化的因素有哪些？

5.利率在社会经济活动中有什么作用？

第4章

金融市场

【学习指南】

导读

本章从介绍什么是金融市场入手，明确了各个参与主体，同时将金融市场按照不同的划分方法进行分类，这可以使金融市场的分析脉络更加清晰。在第一节的概述当中重点阐述了金融市场的功能，只有理解了金融市场的基本功能才能更深入地理解金融市场各种子市场的机理。本章从第二节开始分别阐述了货币市场（主要介绍同业拆借市场、票据贴现市场、大额可转让定期存单市场、回购市场）、资本市场（主要介绍债券市场和股票市场）、外汇市场和衍生金融市场（主要介绍期货市场和期权市场）的相关内容。通过本章的学习，读者能够很好地了解金融市场的主要功能及不同子市场所发挥的作用和运作方式。

关键概念

金融市场　货币市场　资本市场　同业拆借　头寸拆借　同业借贷　回购协议

引例

发明家的机器人

一位发明家发明了一种价格低廉的机器人，它能清扫房屋、洗车、割草等。可惜的是发明家没有足够的资金来把他的发明投入生产。一位独居老人有大笔的存款。如果我们能让发明家和这位老人合作，把老人的资金提供给发明家，那么发明家的机器人就会有光明的前景，而经济和社会的福利也会得到改善：我们会有更整洁的房子、更干净的车子和更漂亮的草坪。

金融市场和金融中介机构最基本的功能就是使这样的资金短缺者和资金盈余者相互合作，将资金从盈余者手中转移到短缺者手中。金融市场是总体经济运行中一个重要的组成部分，在经济发展中扮演着非常重要的角色。金融市场是资金融通机制的主要载体。通过参与金融市场活动，各经济主体实现调剂资金余缺的目的，同时也使资金得到合理化配置。金融市场有哪些功能和类型？相关的子市场又是如何运作的？本章将进行详细阐述。

§4.1　金融市场概述

4.1.1　金融市场的概念

金融市场是指以金融资产为交易对象而形成的供求关系及其机制的总和。它包括三层含义：一是它是金融资产进行交易的一个有形和无形的场所；二是它反映了金融资产的供应者和需求者之间所形成的供求关系；三是它包含了金融资产交易过程中所产生的运行机制，其中最主要的是价格机制。

4.1.2　金融市场的分类

1.按标的物划分：货币市场、资本市场、外汇市场和黄金市场

货币市场是指以期限在1年以下的金融资产为交易标的物的短期金融市场。这个市场的主要功能是保持金融资产的流动性，以便有需要者随时将手里的资产转换成现实的货币。由于该类市场上有关资产随时可以出售变现，功能近似于货币，所以称为货币市场。

资本市场是指期限在1年以上的金融资产交易的市场。全面地看，资本市场包括银行中长期存贷款市场和有价证券市场。

外汇交易是以不同种货币计值的两种票据之间的交换。外汇市场提供各种外汇资金的供求信息及价格动态，有助于各国政府和企业据以正确地进行有关决策。

黄金市场是专门集中进行黄金买卖的交易中心或场所。目前，黄金仍是国际储备，因此，黄金市场仍被看作金融市场的组成部分。

2.按中介特征划分：直接金融市场和间接金融市场

直接金融市场是指资金需求者直接从资金所有者那里融通资金的市场，一般是指通过发行债券和股票的方式在金融市场上筹集资金的融资市场。

间接金融市场是指银行等信用中介机构作为媒介来进行资金融通的市场。在间接金融市场上，资金所有者将手中的资金贷放给银行等信用中介机构，然后再由这些机构转贷给资金需求者。在此过程中，不管这笔资金最终是谁使用，资金所有者都只拥有对信用中介机构的债权而不能对资金的最终使用者有任何要求。

3.按金融市场的功能划分：一级市场和二级市场

一级市场是指筹集资金的公司或政府机构将其新发行的股票或债券等证券销售给最初购买者的金融市场，又称发行市场。在一级市场上协助销售证券的金融机构是投资银行，其在我国称为证券公司。

二级市场是指交易已经发行的证券的金融市场，又称流通市场。当一个人在二级市场上买入证券时，出售证券的人通过让渡证券获取了取得货币。二级市场越发达，金融工具的转让就越便利，证券在金融市场上的接受度就越高，从而能使发行企业在一级市场上的销售更加容易。

4.按交割时间划分：现货市场和期货市场

在现货市场上，通常是成交后即刻进行交割。这种交割在当天或者规定的结算期完成。在期货市场上，交易双方达成协议后，不立即交割，而是在一定时间内，如1个月、2个月或者3个月后交割。

5.按地域划分：国内金融市场和国际金融市场

国内金融市场是指金融交易的作用范围仅限于一国之内的市场，它除了包括全国性的以本币计值的金融资产交易市场之外，还包括一国范围内的地方性金融市场。国际金融市场是指金融资产的交易跨越国界的市场，以及进行金融资产国际交易的场所。国际金融市场既包括各种国际金融业务的场所，也包括离岸金融市场，即非居民间从事国际金融交易的市场。离岸金融市场以非居民为交易对象，资金来源于所在国的非居民或来自于国外的货币资金。

4.1.3 金融市场的主体

1.企业

一般来说，企业是金融市场上的资金净需求者。企业为了补充其生产建设资金和流动资金，可以采取各种方法从金融市场融资，如向银行借款、发行债券或股票等。另外，企业在生产过程中也会游离出一部分闲置资金，为了使其保值甚至盈利，也会将其暂时让渡出去，所以企业对金融市场来说有时又是资金的供给者。

2.政府

在各国的金融市场上，政府通常都是资金的需求者，它们主要通过发行债券为基础建设或弥补财政赤字融资。政府也可能是资金的供给者，它通过向地方财政、国有企业等公共部门或向民间特定的领域和政策性金融机构提供稳定的资金来调整经济结构，或影响整个经济活动的规模。尽管财政资金的投放有时不通过金融市场进行，但财政资金的供应可以改变金融市场上的资金供求关系，所以，政府仍然可以被认为是金融市场的资金供给者之一。

3.居民个人

居民个人一般主要是金融市场上的资金供应者。从银行的存款来源看，其中很大一部分是居民的个人储蓄；从证券市场的融资规模来看，其在很大程度上也取决于居民个人的投资活动。居民个人也是金融市场上的资金需求者，当居民个人收入或储蓄不足时，也会从金融市场上取得资金，以实现自己的消费行为。

4.金融机构

金融机构是金融市场上最重要的交易主体。从中央银行来看，它是商业银行在国内的最后贷款人，同时，中央银行通过公开市场业务购买和出售有价证券在金融市场上扮演资金供应者和资金需求者。中央银行更重要的身份是资金供求的调节者和货币政策的制定者。一方面，商业银行一般是金融市场最大的资金供应者和资金需求者，它可以通过对客户提供放款与票据贴现、对有价证券进行投资形成资金供给。另一方面，商业银行通过吸收存款以及发行金融债券等形式筹集资金，成为资金需求者。此外，政策性银行、投资银行、投资基金、保险公司等金融机构也以各种方式从金融市场筹集资金或者向金融市场供给资金。

4.1.4　金融市场的功能

1.聚敛资金的功能

金融市场聚敛资金的功能是指金融市场引导众多分散的小额资金汇聚成为可以投入社会再生产的资金集合的功能。金融市场实际上起着“蓄水池”的作用。在国民经济中，各部门之间、各部门内部的资金收入和支出在时间上并不总是对称的。这样一些部门在一定时间内可能存在着暂时闲置不用的资金，而另一些部门和经济单位则存在资金缺口。金融市场就为资金盈余单位和赤字单位提供了资金融通的渠道。

金融市场之所以具有聚敛功能，是由于金融市场创造了金融资产的流动性。资金的需求者可以很方便地以直接或间接的方式通过金融市场获取资金，而资金供应者也可以通过金融市场找到投资的渠道，金融市场上多样化的融资工具为资金供应者的资金寻求合适的投资手段找到了出路。

2.资源配置的功能

在金融市场上，金融工具具有很强的流动性，随着金融工具的流动，相应地发生了价值和财富的再分配。市场信息的变化、金融工具价格的起伏，都会引导人们放弃一些金融资产而追求另一些金融资产，从而使资源通过金融市场不断进行新的配置。同时，金融市场上的风险也在发生新的配置，风险和收益并存，有的人在转移风险追求安全的同时，也放弃了相应的收益，另一些人则愿意承担风险，以期获得较高的收益。

3.调节经济的功能

金融市场具有直接调节经济的功能。在金融市场大量的融资活动中，投资者为了自身利益，一定会谨慎选择投资产品，同时，也只有那些符合市场需要、收益高的投资对象才会获得投资者的青睐。投资对象在获得资本后，只有保持较好的发展势头，才能继续生存并进一步扩张。这就是金融市场通过其特有的引导资本形成及合理配置的机制首先对微观经济部门产生影响，进而影响宏观经济活动的一种有效的自发调节机制。

金融市场为政府实施宏观调控创造了条件。中央银行在实施货币政策时，通过金融市场可以调节货币供应量、传递政策信息，最终影响各经济主体的经济活动，从而达到调节整个宏观经济运行的目的。

4.反映经济运行的功能

从微观角度看，由于证券买卖大部分都在证券交易所进行，人们可以随时通过这个有形的市场了解到各种上市证券的交易行情，并据以寻找投资机会。证券价格的涨跌，在一个有效的市场中实际上反映着该企业经营管理情况及发展前景。

从宏观的角度看，金融市场交易直接和间接地反映国家货币供应量的变动。货币的紧缩和扩张均是在金融市场进行的，货币政策实施时，金融市场会出现波动，反映出紧缩或扩张的程度。因此，金融市场所反馈的宏观经济运行方面的信息，有利于政府部门及时制定和调整宏观经济政策。

§4.2 货币市场

货币市场是指以期限在1年以内的金融资产为交易标的物的短期金融市场。货币市场的活动主要是为了保持资金的流动性，以便随时可以获得现实的货币。它一方面满足资金需求者的短期资金需要，另一方面也为资金盈余者暂时闲置的资金提供能够获利的机会。货币市场就其结构而言，可分为同业拆借市场、票据贴现市场、大额可转让定期存单市场、回购市场等子市场。

4.2.1 同业拆借市场

同业拆借是金融机构之间相互融通短期资金的一种金融业务。同业拆借市场，又称同业拆放市场，是指金融机构之间以货币借贷方式进行短期资金融通活动的市场。

同业拆借市场的形成源于存款准备金政策的实施，伴随着中央银行业务和商业银行业务的发展而发展。各国中央银行都通过立法或其他形式要求各金融机构将一定比例的存款准备金存入中央银行。由于清算业务活动和日常收付数额的变化，总会出现有的银行存款准备金多余，有的银行准备金不足的情况，存款准备金多余的银行一般愿意尽可能地对多余部分加以利用，以获取利息收益，而存款准备金不足的银行，又必须按规定加以补足。这样，在存款准备金多余和不足的银行之间，客观上就存在相互调剂的需求，同业拆借市场由此产生。

现实中的同业拆借市场是一个无形的市场，交易双方通过现代通信设备直接联系，或与市场中介人联系，在借贷双方就贷款条件达成协议后，贷款方可直接或通过代理行经中央银行的电子资金转账系统将资金转入借款方的资金账户上，数秒钟即可完成转账程序。当贷款归还时，可用同样的方式划转本金和利息，有时利息的支付也可通过向贷款行开出支票进行支付。

同业拆借可分为两个主要的交易类型：（1）**头寸拆借，这是指金融同业之间为了轧平头寸、补足准备金或减少超额准备所进行的短期资金融通活动，一般为日拆**。（2）**同业借贷，这是指银行等金融机构之间因为临时性或季节性的资金余缺而相互融通调剂，以利于经营**。对于拆入行来说，同业借贷是其扩大资金来源，增强放贷能力的一个重要手段；对于拆出行来说，同业借贷使其闲置资金得以利用，从而增强其资产的收益。

同业拆借市场的主要参与者是商业银行，它既是主要的资金供应者，又是主要的资金需求者。由于同业拆借市场风险较小，许多银行都把短期闲置资金投放到该市场上。特别是那些市场份额有限、承受经营风险能力脆弱的中小银行，更是把同业拆借市场作为短期资金运用的经常性场所。非银行金融机构也是金融市场的重要参与者，如证券商、储蓄公司等，这些金融机构参与同业拆借大多以贷款人的身份出现，但也有需要资金的时候。此外，外国银行的代理机构和分支机构也是同业拆借市场的参与者。

同业拆借市场中的交易既可以通过市场中介人，也可以直接联系进行。市场中介人指为资金拆入者和资金拆出者之间交易提供媒介服务以赚取手续费的经纪商。同业拆借市场的中介人可以分为两类：一类是专门从事拆借市场及其他货币市场子市场中介业务的专业经纪商；另一类是非专门从事拆借市场中介业务的兼营经纪商，大多由商业银行承担。这些大中型商业银行不仅充当经纪商，其本身也参与该市场的交易。

作为货币市场的一个子市场，同业拆借的期限以1年为上限，通常为1～2天，大多不会超过1个月。其中，头寸拆借因为是为了轧平当日的头寸而发生的，所以头寸拆借一般只借1天；而同业借贷是为了平衡临时性或季节性资金的余缺而发生的，所以其拆借期限一般比头寸拆借的期限长，最长可达1年。

同业拆借的拆款按日计息，拆息额占拆借本金的比例为“拆息率”。拆息率每天不同，甚至每时每刻都有变化，其高低灵敏地反映着货币市场资金的供求状况。同业拆借的利率分两种情况：一种是由拆借双方当事人协定，而不通过公开市场竞价来确定，这种机制下形成的利率弹性较大，主要取决于拆借双方拆借资金愿望的强烈程度；另一种是拆借利率通过中介机构公开竞价或撮合而确定，当拆借利率确定后，拆借交易双方就只能是这一利率的接受者。

专栏4-1

LIBOR

LIBOR（London Interbank Offered Rate）是伦敦银行同业拆放利率，指欧洲货币市场上，银行与银行之间的一年期以下的短期资金借贷利率。

LIBOR是一个英国银行同业之间的短期资金借贷款的成本，由英国银行家协会（British Bankers Association）按其选定的一批银行，于伦敦货币市场报出的银行同业拆借利率，再以抽样的方式，计算出平均指标利率。

所谓同业拆放利率，是指银行同业之间的短期资金借贷利率。同业拆放有两个利率：拆进利率（bid rate）表示银行愿意借款的利率，拆出利率（offered rate）表示银行愿意贷款的利率。同一家银行的拆进和拆出利率相比较，拆进利率永远小于拆出利率，其差额就是银行的收益。

在美国市场上，一般拆进利率在前，拆出利率在后，如3.25-3.50；而在英国市场上，一般是拆出利率在前，拆进利率在后，如3.50-3.25。

现在LIBOR已经作为国际金融市场中大多数浮动利率的基础利率，以银行从市场上筹集资金进行转贷的融资成本，贷款协议中议定的LIBOR，通常是几家指定的参考银行在规定的时间（一般是伦敦时间上午11：00）报价的平均利率。

目前最大量使用的是3个月和6个月的LIBOR。我国对外筹资成本即为在LIBOR利率的基础上加一定百分点。从LIBOR变化出来的，还有新加坡同业拆放利率（SIBOR）、纽约同业拆放利率（NIBOR）、香港同业拆放利率（HIBOR），等等。

4.2.2 票据贴现市场

1.票据贴现的范围和种类

并不是所有的票据都能用来贴现的。首先，可用来贴现的票据必须是未到期票据。其次，可贴现的票据必须以合法的商品交易为基础。各国对票据贴现的范围都有明确的规定，除了商业汇票可以贴现外，商业本票、银行汇票等都可以贴现。

申请票据贴现的单位必须是具有法人资格或实行独立核算、在银行开立有基本账户并依法从事经营活动的经济单位。贴现申请人应具有良好的经营状况，具有到期还款能力，贴现申请人持有的票据必须真实、凭证在有效期内、背书连续完整。贴现申请人在提出票据贴现的同时，应出示贴现票据项下的商品交易合同原件并提供复印件或其他能够证明票据合法性的凭证，同时还应提供能够证明票据项下商品交易确已履行的凭证（如发货单、运输单、提单、增值税发票等复印件）。

票据贴现分为三种类型：贴现、转贴现和再贴现。

贴现是票据的持有人将未到期的票据转让给银行，银行按贴现率扣除自贴现日起到到期日为止的利息后付给持票人现款的一种行为。贴现体现的是持票人与商业银行之间的交换关系。

转贴现是贴现银行需要资金时，持未到期的票据向其他银行办理贴现的一种行为。转贴现的双方都是商业银行，是商业银行之间融通资金的一种方式。

再贴现是中央银行对商业银行已贴现过的票据作抵押的一种放款行为。再贴现是中央银行与商业银行之间的交换关系，同时再贴现政策也是中央银行进行宏观调控的重要货币政策工具之一。

2.票据贴现的办理程序

符合条件的票据的持票人可持未到期的票据连同贴现凭证向银行申请贴现。贴现银行可持未到期的票据向其他银行转贴现，也可以向中央银行申请再贴现。贴现、转贴现和再贴现时，应做成转让背书，并提供贴现申请人与其直接前手之前的增值税发票和商品发运单据复印件。

持票人持未到期的票据向银行申请贴现时，应根据票据填制贴现凭证，在第一联上按照规定签章后，连同票据一并送交银行。银行信贷部门按照信贷办法和支付结算办法的有关规定审查，符合条件的，在贴现凭证"银行审批"栏签注"同意"字样，并由有关人员签章后送交会计部门。

贴现银行向中央银行申请再贴现时，必须持已办理贴现但尚未到期的、要式完整的票据，填制再贴现凭证，并在票据上背书，一并送交中央银行。中央银行审查后，对符合条件的予以再贴现。

会计部门接到做成转让背书的票据和贴现凭证，按照支付结算办法的有关规定审查无误，贴现凭证的填写与票据核对相符后，按照支付结算办法有关贴现期限以及贴现利息计算的规定和规定的贴现率计算出贴现利息和实付贴现金额。然后在贴现凭证有关栏目内填上贴现率、贴现利息和实付贴现金额。

贴现、转贴现、再贴现到期，贴现、转贴现、再贴现银行应向付款人（承兑人）收取票款。不获付款的，贴现、转贴现、再贴现银行则向其前手追索票款。贴现、再贴现银行追索票款时可以从申请人的存款账户收取票款。

贴现到期，贴现银行作为持票人，在票据背面背书栏加盖结算专用章并由授权的经办人员签名或盖章，注明"委托收款"字样，填制委托收款凭证，向付款人办理收款。对于付款人在异地的，应在票据到期前，匡算至付款人的邮程，提前办理委托收款。如果贴现银行收到付款人开户银行或承兑银行退回的委托收款凭证、票据和拒绝付款理由书或付款人未付票款通知书后，贴现银行在追索票据时，对申请贴现的持票人在本行开户的，可从其账户收取。贴现申请人账户余额不足时，应按照逾期贷款的规定处理。贴现申请人未在本行开立账户的，对已贴现的票据金额的收取，应按规定向贴现申请人或其他前手进行追索。

已办理再贴现的银行，应于再贴现到期日前在中央银行存款账户内留足资金。再贴现到期日，中央银行从申请再贴现银行存款账户内收取票款。再贴现申请人账户余额不足时，应按逾期贷款的规定处理。

4.2.3 大额可转让定期存单市场

1.大额可转让定期存单概述

大额可转让定期存单最早产生于美国，以下就以美国为例进行阐述。美国的Q条例规定，商业银行对活期存款不能支付利息，定期存款不能突破一定限额。20世纪60年代，美国市场利率上涨，高于Q条例规定的上限，资金从商业银行流入金融市场。为了吸引客户，商业银行推出大额可转让定期存单，购买存单的客户随时可以将存单在市场上变现出售。这样，客户实际上以短期存款取得了按长期存款利率计算的利息收入。大额可转让定期存单提高了商业银行的竞争力，而且也提高了存款的稳定性，对于发行存单的银行来说，存单到期之前，不会发生提前提取存款的问题。

大额可转让定期存单是银行发行的一种固定面额、固定期限、可以转让的大额存款凭证。其特点有以下几个方面：固定面额、固定期限、可以转让，利率相对一般定期存款要高。

固定面额是指存单的面额有法律的限定，不得任意变更。而一般的存折或存单都可以根据具体的情况来确定存款金额，且随支取情况的变化，存单面额可以发生改变。

固定期限是指大额可转让定期存单有法定的期限档次，不得自行变更，而且，同一般定期存款不一样，不得提前支取。对一般存单来说，存款人可以根据具体需要来决定存款期限的长短，但是，大额存单的期限大多为一年或更短些。大额存单不得提前支取，到期后一次还本付息，不计付逾期利息。

大额可转让定期存单最大的特点是可转让性。存单的购买者可在存单到期日之前在货币市场上把它们售出以回收资金，或者可以用来作为债务偿还工具，或者进行质押来获得流动资金，在到期日，银行将对任何一个持有该存单的人付款。

大额可转让定期存单享有比现行同档定期存款高的利率，弥补了其不可提前支取方面的损失。也就是说，大额可转让定期存单通过放弃“可提前支取”权益，以较高的利息来强化其可转让属性，从而活跃金融市场。

2.大额可转让定期存单的种类

（1）国内存单。

国内存单是四种存单中最重要也是历史最悠久的一种。存单上注明存单的金额、到期日、利率及期限。国内存单的期限由银行和客户协商确定，常常根据客户的流动性要求灵活安排，期限一般为30天或者12个月。流通中未到期的国内存单的平均年限为3个月。

（2）欧洲美元存单。

欧洲美元存单是美国境外银行发行的，以美元为面值的一种可转让定期存单。欧洲美元存单由美国境外银行（外国银行和美国银行在外的分支机构）发行。欧洲美元存单的中心在伦敦，但欧洲美元存单的发行范围不仅仅限于欧洲。

（3）扬基存单。

扬基存单是外国银行在美国的分支机构发行的一种可转让定期存单。其发行者主要是西欧和日本等地的著名国际性银行在美国的分支机构。扬基存单的期限一般较短，大多在3个月以内。

（4）储蓄机构存单。

储蓄机构存单是由一些非银行机构（储蓄贷款协会、互助储蓄银行、信用合作社）发行的一种可转让的定期存单。其中，储蓄贷款协会是主要的发行者。储蓄机构存单因法律上的规定，或实际操作困难而不能流通转让，因此，其二级市场规模较小。

3. 大额可转让定期存单的收益与风险

对投资者来说，大额可转让定期存单的风险有两种：一是信用风险，二是市场风险。信用风险指发行存单的银行在存单期满时无法偿付本息的风险。在美国，一般的会员商业银行必须在联邦存款保险公司投保，但由于存单发行面额大，而每户存款享受的最高保险额只有10万美元，因此存单的信用风险依然存在。市场风险指的是存单持有者急需资金时，存单不能在二级市场上立即出售变现或不能以较合理的价格出售。尽管大额可转让定期存单的二级市场非常发达，但其发达程度仍比不上国库券市场，所以并非完全没有市场风险。

大额可转让定期存单的利息是以360天为一年来计算的。大额存单的利率取决于以下几个方面：第一，发行银行的信用等级。第二，大额存单的到期日。第三，存单的供求量。存单的利率一般高于相同偿还期的国库券的利率，这主要是因为存单的风险较大、存单面额较高等原因。不同银行发行的存单的风险各不相同。一般而言，信誉较高的银行发行的存单风险较小，其收益率要比普通银行发行的存单低。

4.2.4　回购市场

回购市场是指通过回购协议进行短期资金融通交易的市场。回购协议指的是在出售证券的同时，和证券的购买商签订的协议，协议约定在一定期限后按原定价格或约定价格购回所卖证券，通过回购协议，出售方可获取即时可用资金。回购价格可以内含利息，从而买回价高于出售价，其差额就是回购利息；也可以与售价相等，但须另付利息。由于卖方也有可能违约，为保护买方，卖方卖出证券时通常交存买方一定的保证金。尽管从形式上看，回购协议是一种证券的买卖行为，但本质上，回购协议是一种抵押贷款。

回购协议市场的交易特点有：第一，流动性强，协议多以短期为主。第二，安全性高，交易场所为规范性的场内交易，交易双方的权利、责任和义务都有法律保护。第三，收益稳定并较银行存款收益高，回购利率是市场公开竞价的结果，一般可获得平均高于银行同期存款利率的收益。第四，融入资金免交存款准备金，这使其成为银行扩大筹资规模的重要方式。

一般来说，回购协议交易的证券主要是政府债券。回购协议的期限从一日至数月不等。如果证券回购的时间为一天，则称为隔夜回购，如果时间长于一天，则称为期限回购。

实际上每一笔回购交易都是由一方的回购协议和另一方的逆回购协议组成。逆回购协议是从资金供应者的角度出发相对于回购协议而言的。在逆回购协议中，买方在买入证券时同意按约定期限以约定价格售回其所买入的证券给卖方。

回购协议尽管有证券作抵押，但仍然存在信用风险和利率风险。信用风险是指由于回购协议的卖方到期不履行按价购回的协定，或买方到期不愿将证券卖回给卖方，从而给对方带来损失的可能性。利率风险是指由于市场利率变动而导致所持有的抵押品的市值发生变动的可能性。回购协议的期限越长，这种风险就越大。为了降低风险，一种方法就是要求抵押的证券市值大于借款额；另一种方法是当证券的市值增加或减少某一百分比时，就相应地调整回购协议。

§4.3 资本市场

资本市场是指期限在1年以上的金融资产交易的市场。在不考虑长期信贷市场的情况下，资本市场主要是指股票市场、债券市场和投资基金市场。

4.3.1 股票市场

由于股票是一种权益工具，所以股票市场也称权益市场。

1.股票市场的分类

（1）根据市场的功能划分，股票市场可分为发行市场和流通市场。

发行市场是通过发行股票进行筹资活动的市场，公司直接或通过中介机构向投资者出售新发行的股票，一方面为资本的需求者提供筹集资金的渠道，另一方面为资本的供应者提供投资场所。发行市场是实现资本职能转化的场所，通过发行股票，把社会闲散资金转化为生产资本。由于发行活动是股市一切活动的源头和起始点，故又称发行市场为“一级市场”。

流通市场是投资者之间买卖已发行股票的场所，又称“二级市场”。流通市场一方面为股票持有者提供随时变现的机会，另一方面又为新的投资者提供投资机会。与发行市场的一次性行为不同，在流通市场上股票可以不断地进行交易，这一市场为股票创造流动性，即能够迅速脱手变现。

发行市场是流通市场的基础和前提，流通市场又是发行市场得以存在和发展的条件。发行市场的规模决定了流通市场的规模，影响着流通市场的交易价格。没有发行市场，流通市场就成为无源之水、无本之木。在一定时期内，发行市场规模如果过小，容易使流通市场供需脱节，造成过度投机，股价飙升；发行节奏如果过快，股票供过于求，则会对流通市场形成压力，股价低落，市场低迷，这会反过来影响发行市场的筹资。所以，发行市场和流通市场是相互依存、互为补充的整体。

（2）根据市场的组织形式划分，股票市场可分为场内交易市场和场外交易市场。

股票场内交易市场是股票集中交易的场所，即股票交易所。股票交易所有严密的组织、严格的管理，并有进行集中交易的固定场所。在许多国家，交易所是股票交易的唯一合法场所。在我国，1990年12月1日，深圳证券交易所开始交易，12月19日上海证券交易所正式营业。

股票场外交易市场是相对于证券交易所而言的，凡是在股票交易所以外的各证券交易机构柜台上进行的交易活动都可称作场外交易，也叫作柜台交易市场。随着通信技术的发展，一些国家出现了有组织的、通过现代化通信与电脑网络进行交易的场外交易市场，如美国的全美证券商协会自动报价系统——纳斯达克（NASDAQ）。

2.股票市场的职能

通过股票的发行，大量的资金流入股市，又流入了发行股票的企业，促进了资本的集中，丰富了企业资本的有机构成，大大加快了商品经济的发展。另外，通过股票的流通，小额的资金汇集了起来，又加快了资本的集中与积累。所以，股市一方面为股票的流通转让提供了基本的场所，另一方面也可以刺激人们购买股票的欲望，为一级股票市场的发行提供保证。同时由于股市的交易价格能比较客观地反映出股票市场的供求关系，股市也能为一级市场股票的发行提供价格及数量等方面的参考依据。

在市场经济社会中，股票市场有如下4个方面的职能：

（1）积聚资本。

上市公司通过股票市场发行股票来为公司筹集资本。上市公司将股票委托给证券承销商，证券承销商再在股票市场上发行给投资者。随着股票的发行，资本就从投资者手中流入上市公司。

（2）转让资本。

股票市场为股票的流通转让提供了场所，使股票的发行得以延续。如果没有股票市场，我们很难想象股票将如何流通，这是由股票的基本性质决定的。当一个投资者选择银行储蓄或购买债券时，他不必为这笔钱的流动性担心，只要到了约定的期限，他可以按照约定的利率收回利息并取回本金，特别是银行存款，即使提前去支取本金也能得到少量利息，总之，将投资撤回、变为现金不存在任何问题。但一旦购买了股票就成为企业的股东，此后，既不能要求发行股票的企业退股，也不能要求发行企业赎回。如果没有股票的流通与转让场所，购买股票的投资将无法兑现，人们购买股票就会有后顾之忧，股票的发行就会出现困难。

（3）转化资本。

股票市场使非资本的货币资金转化为生产资本。股市的这一职能对资本的追加、促进企业的经济发展有着极为重要的意义。

（4）给股票赋予价格。

股票本身并无价值，虽然股票也像商品那样在市场上流通，但其价格的多少与其所代表的资本的价值无关。股票的价格只有在进入股票市场后才表现出来，股票在市场上流通的价格与其票面金额不同，票面金额只是股票持有人参与红利分配的依据，不等于其本身所代表的真实资本价值，也不是股票价格的基础。在股票市场上，股票价格有可能高于其票面金额，也有可能低于其票面金额。股票在股票市场上的流通价格是由股票的预期收益、市场利息率以及供求关系等多种因素决定的。如果没有股票市场，无论预期收益如何、市场利率有多大的变化，都不会对股票价格造成影响。所以说，股票市场具有赋予股票价格的职能。

专栏4-2

上海推进全面创新改革试验案例——科技创新板

2016年，国务院批准《上海系统推进全面创新改革试验加快建设具有全球影响力的科技创新中心方案》，明确要求改革股权托管交易中心市场制度，支持上海股权托管交易中心设立科技创新专门板块。

一、运行进展

1.挂牌情况

科技创新企业股份转让系统挂牌企业共计180家，分布于先进制造、信息技术、节能环保等20个新兴行业。其中，科技型企业167家，创新型企业13家。挂牌时，企业共拥有发明专利238项，软件著作权786项。180家企业中，100家挂牌时已获得“高新技术企业”“专精特新”“小巨人”“双软企业”等相关称号。挂牌企业中，141家企业处于初创期，39家步入成长期，平均股本1 675.46万元，据披露的2017年年报，最近一年60.31%的企业实现盈利。

2.融资情况

已有120家次挂牌企业在挂牌前后实现股权融资额17.35亿元；139家次企业通过银行信用贷、股权质押贷及科技履约贷模式实现债权融资8.98亿元。

3.交易情况

在买方踊跃、卖方惜售的氛围中，累计共产生618笔交易，交易总金额3.36亿元、交易总股数1.35亿股，成交价格平均值7.03元/股。

二、准入门槛

企业挂牌条件突出“科技创新板”挂牌企业的科技、创新元素，着重增强了挂牌条件的指向性和可选择性，扩大对企业成长阶段的覆盖面。

“科技创新板”首先参照科技型、创新型企业的有关认定标准，对企业研发投入强度、直接从事研发的科技人员占比、高新技术产值占营业收入的比例、自主知识产权情况以及是否具有“新技术、新产业、新模式、新业态”的特征进行考察。

在此基础上，“科技创新板”还根据科技型、创新型企业所处的不同阶段，设置了差异化的挂牌条件，对初创期企业强调其科技创新含量，对成长期企业强调其成长性，对成长后期的企业引入一定的营业收入、净利润、市值等财务指标，提高对不同生命周期企业的覆盖面。

三、挂牌审核制度

“科技创新板”参照股票发行注册制改革有关要求，建立以信息披露为核心的挂牌审核机制。由挂牌企业和中介机构保证信息披露的真实性、准确性和完整性，强化对中介机构的监管。交易场所对信息披露审核的重点在于所披露信息的齐备性、一致性和可理解性。“科技创新板”审核采用注册制，分为普通注册程序和简易注册程序。

四、普通注册程序

由注册委员会对“科技创新板”挂牌企业申请文件进行审查并提出是否通过审核的意见，重点审查挂牌企业在经营管理、财务以及合规性等方面存在的重大风险有无充分披露。

五、简易注册程序

推荐机构在申报材料受理前规定期限内对拟挂牌企业进行不低于规定金额的股权投资，且承诺相关股票自在上海股交中心登记托管之日起在规定期限内锁定限售；或上海股交中心及推荐机构认定的私募股权投资机构在申报材料受理前规定期限内对拟挂牌企业进行不低于规定金额的股权投资，且承诺相关股票自在上海股交中心登记托管之日起在规定期限内锁定限售；上海股交中心对符合以上情况的拟挂牌企业采取审核简易注册程序，但仍需以适当形式对拟挂牌企业信息披露情况进行审查。

六、融资制度

“科技创新板”除采取传统私募股权、私募可转债权等融资方式外，正在试点设立上海股交中心科技创新股权投资基金，同时结合上海自贸试验区建设的政策优势，积极探索境外股权和债权融资。

1. 非公开发行股票

挂牌企业非公开发行股票，应满足募投项目经盈利预测具有投资价值、发行价格基本公允等条件。挂牌企业非公开发行股票时，在册股东有权按照持股比例优先配售新增股票。挂牌企业非公开发行股票应聘请推荐机构作为财务顾问，并由上海股交中心对非公开发行股票事项进行审查，审查实行注册制。

2. 可转债

发行人申请发行可转换为股票的公司债券的，应委托推荐机构担任承销商，并需通过上海股交中心备案审查。发行人可以发行的可转债品种包括集合债及其他附加认股权、回售权、赎回权等条款的可转债。

3. 筹建股权投资基金

目前，上海股交中心拟发起成立二只直投基金。一是设立科创中心子基金，引入上海市科创中心母基金资金，专注投资于上海股交中心市场，充分利用上海股交中心优质投资标的和丰富资源，应用市场化运作机制，改善上海股交中心的市场环境并增加资金供给，为科创中心建设做贡献；二是牵头成立长三角股权联合基金，专注投资于上海、江苏、浙江、安徽在内的长三角股权市场和新三板市场，引导社会资本投向科技创新型中小企业，为长三角一体化做贡献。

4.跨境融资

上海股交中心以“解剖麻雀”的方式自下而上，用案例推动政策创新，在跨境融资上不断探索，已协助挂牌企业完成了一单跨境股权融资，一单跨境债转股融资。后续将深入探索国际业务，充分利用自贸区制度创新优势，总结现有成功案例的经验，从点到面有序推进国际业务。积极探索境外股权、债权等多种融资方式制度性突破，最终形成灵活、自由、可复制、可推广的金融创新服务模式。

5.搭建综合金融服务平台

在搭建中小微企业综合金融服务平台方面，通过与银行、证券、保险、小贷、担保、融资租赁、商业保理与私募股权等金融及类金融机构的密切合作，促进企业与各类融资机构的对接，拓宽企业融资渠道、降低企业融资成本，并通过各类培训提高企业规范运作能力及资信水平，有效缓解了挂牌企业融资难、融资贵问题，彰显“科技创新板挂牌企业”这一身份对于融资效果的促进作用。

七、交易制度

“科技创新板”交易品种包括“科技创新板”挂牌公司的股票、可转债以及国务院有关部门按程序认可的其他证券。具备相应风险识别和承担能力且符合规定的合格投资者可以参与“科技创新板”挂牌企业股票、可转债的非公开发行和转让。交易采取协议交易方式，买入后卖出或卖出后买入的交易时间间隔需符合国家有关规定。

考虑到科技型、创新型中小企业往往具有轻资产、规模不大、估值难度较高的特点，为活跃市场交易，满足投资者对科技创新板挂牌企业价值发现的需求，上海股交中心于“科技创新板”成功运行两周年之际正式发布“科技创新板”指数，该指数用于反映“科技创新板”每日的交易情况，帮助市场参与者更便利地掌握“科技创新板”股票价格行情的变动。

资料来源：佚名. 上海推进全面创新改革试验案例往往具有轻资产［EB/OL］.［2018-05-08］. https：//www.sohu.com/a/233213280_466889.

4.3.2 债券市场

债券市场是发行和买卖债券的场所，是金融市场的重要组成部分。债券市场是一国金融体系中不可或缺的部分。一个统一、成熟的债券市场可以为全社会的投资者和融资者提供低风险的投融资工具。债券的收益率曲线是社会经济中一切金融商品收益水平的基准，因此债券市场也是传导中央银行货币政策的重要载体。可以说，统一、成熟的债券市场构成了一个国家金融市场的基础。

1.债券市场的种类

根据不同的分类标准，债券市场可分为不同的类别。最常见的分类有以下几种：

（1）根据债券的运行过程和市场的基本功能，可将债券市场分为发行市场和流通市场。

债券发行市场，又称一级市场，是发行单位初次出售新债券的市场。债券发行市场的作用是将政府、金融机构以及工商企业等为筹集资金向社会发行的债券，分散发行到投资者手中。债券的发行与股票类似，不同之处主要有发行合同书和债券评级两个方面。同时，由于债券是有期限的，因而其一级市场多了一个偿还环节。

债券流通市场，又称二级市场，指已发行债券买卖转让的市场。债券一经认购，即确立了一定期限的债权债务关系，但通过债券流通市场，投资者可以转让债权，把债券变现。由于债券的风险小于股票，其交易价格的波动幅度也较小。

债券发行市场和流通市场相辅相成，是互相依存的整体。发行市场是整个债券市场的源头，是债券流通市场的前提和基础。发达的流通市场是发行市场的重要支撑，流通市场的发达是发行市场扩大的必要条件。

（2）根据市场组织形式，债券流通市场可进一步分为场内交易市场和场外交易市场。

在证券交易所内买卖债券所形成的市场，就是场内交易市场。这种市场组织形式是债券流通市场较为规范的形式，交易所作为债券交易的组织者，本身不参加债券的买卖和价格的决定。交易所只是为债券买卖双方创造条件，提供服务，并进行监管。

场外交易市场是在证券交易所以外进行证券交易的市场。许多证券经营机构都设有专门的证券柜台，通过柜台进行债券买卖。在柜台交易市场中，证券经营机构既是交易的组织者，又是交易的参与者。此外，场外交易市场还包括银行间交易市场，以及一些机构投资者通过电话、电脑等通信手段形成的市场等。目前，我国债券流通市场由三部分组成，即沪深证券交易所市场、银行间交易市场和证券经营机构柜台交易市场。

（3）根据债券发行地点的不同，债券市场可以划分为国内债券市场和国际债券市场。

国内债券市场的发行者和发行地点同属一个国家，而国际债券市场的发行者和发行地点不属于同一个国家。

2.债券市场的主要功能

世界各个成熟的金融市场都存在一个发达的债券市场，债券市场在社会经济中有十分重要的地位。它具有以下几项重要功能：

（1）融资功能。

债券市场作为金融市场的一个重要组成部分，具有使资金从资金剩余者流向资金需求者、为资金不足者筹集资金的功能。

（2）资金流动导向功能。

效益好的企业发行的债券通常较受投资者欢迎，因而发行时利率低，筹资成本低；相反，效益差的企业发行的债券风险相对较大，受投资者欢迎的程度较低，筹资成本高。因此，通过债券市场，资金得以向优势企业集中，从而有利于资源的优化配置。

（3）宏观调控功能。

一国中央银行作为国家货币政策的制定与实施部门，主要依靠存款准备金、公开市场业务、再贴现和利率等政策工具进行宏观经济调控。其中，公开市场业务就是中央银行通过在证券市场上买卖国债等有价证券，调节货币供应量，实现宏观调控的重要手段。在经济过热、需要减少货币供应时，中央银行卖出债券、收回金融机构或公众持有的一部分货币，从而抑制经济的过热运行；当经济萧条、需要增加货币供应量时，中央银行便买入债券，增加货币的投放。

4.3.3 投资基金市场

投资基金，是通过发行基金股份（或收益凭证），将投资者分散的资金集中起来，由专业管理人员分散投资于股票、债券或其他金融资产，并将投资收益分配给基金持有者的一种金融中介机构。投资基金具有规模经营、分散投资、专家管理、服务专业化等特点。

设立基金首先需要发起人，发起人可以是一个机构，也可以是多个机构共同组成。一般来说，基金的发起人必须同时具备下列条件：至少有一家金融机构；实收资本占基金规模一半以上；均为公司法人；有两年以上的盈利记录；首次认购基金份额不低于20%，同时保证基金存续期内持有基金份额不低于10%。在很多情况下，基金是由基金管理公司或下设基金管理部的投资银行作为发起人，该发起人在基金设立后往往成为基金的管理人，如果发起人不能直接管理该基金，则需要专门设立基金管理公司或聘请专业的基金经理公司作为基金管理人，几乎所有的大型投资银行都设有基金部或基金管理分公司，它们经常以经理公司的身份出现在基金市场上。设立基金的另一重要当事人是保管人，即基金保管公司，一般由投资银行、商业银行或保险公司等金融机构充当，担任保管公司也是投资银行的重要业务之一。

基金的设立申请一旦获主管机关批准，发起人即可发表基金招募说明书，着手发行基金股份或收益凭证，该股票或凭证由基金管理公司和基金保管公司共同签署并经签证后发行。

基金的流通基本与股票流通相似，但开放型基金的二级市场与股市有较大的区别。对开放型基金而言，基金的流通是基金持有人向基金公司赎回或申购的行为。而封闭型基金可以像股票一样在二级市场上直接买卖。

§4.4 外汇市场

外汇市场是金融市场重要的组成部分，由于外汇市场的存在，国际债权债务的清偿、国际资本的流动等才得以实现。

4.4.1　外汇市场的含义

国际上因贸易、投资、旅游等经济往来，总会产生货币收支关系，但各国货币制度不同，要在国外支付，必须先以本国货币购买外币。另外，从国外收到外币支付凭证也必须兑换成本国货币才能在国内流通，这样就发生了本国货币与外国货币的兑换问题。两国货币的比价称汇价或汇率。

外汇市场是指由各国中央银行、外汇银行、外汇经纪人和客户组成的买卖外汇的交易系统。外汇市场不一定有固定的交易场所，它可以通过现代化的通信设备及互联网系统来从事外汇买卖的交易活动。外汇市场可以从狭义和广义两个角度来理解：狭义的外汇市场是指银行同业之间的外汇交易市场，包括外汇银行之间、外汇银行与中央银行之间以及各国中央银行之间的外汇交易。广义的外汇市场还包括银行同一般客户之间的外汇交易。

4..4.2　外汇市场的功能

外汇市场的功能主要表现在 3 个方面：一是实现购买力的国际转移；二是提供资金融通；三是提供外汇保值和投机的市场机制。

1. 实现购买力的国际转移

国际贸易和国际资金融通至少涉及两种货币，而不同的货币对不同的国家形成购买力，这就要求将本国货币兑换成外币来清理债权债务关系，使购买行为得以实现，而这种兑换就是在外汇市场上进行的。外汇市场所提供的就是这种购买力转移交易得以顺利进行的经济机制，它的存在使各种潜在的外汇售出者和外汇购买者的意愿能联系起来。当外汇市场汇率变动使外汇供应量正好等于外汇需求量时，所有潜在的出售和购买愿望都得到了满足，外汇市场处于平衡状态之中。这样，外汇市场提供了一种购买力国际转移机制。同时，由于发达的通信工具已将外汇市场在世界范围内联成一个整体，这使得货币兑换和资金汇付能够在极短时间内完成，购买力的这种转移变得迅速和方便。

2. 提供资金融通

外汇市场向国际交易者提供了资金融通的便利。外汇的存贷款业务集中了各国的社会闲置资金，从而能够调剂余缺，加快资本周转。例如，美国财政部发行的国库券和长短期政府债券中相当大的部分是由外国官方机构和私人企业购买并持有的，而这种证券投资是以不同货币之间可自由兑换为前提的。

3. 提供外汇保值和投机的市场机制

在以外汇计价成交的国际经济交易中，交易双方都面临着外汇风险。由于市场参与者对外汇风险的判断和偏好的不同，有的参与者宁可花费一定的成本来转移风险，而有的参与者则愿意承担风险以获取预期利润，由此产生了外汇保值和外汇投机两种不同的行为。在金本位和固定汇率制下，外汇汇率基本上是平稳的，因而就不会形成外汇保值和投机的需要及可能，而浮动汇率下，外汇市场的功能得到了进一步的发展，外汇市场的存在既为套期保值者提供了规避外汇风险的场所，又为投机者提供了承担风险、获取利润的机会。

4.4.3 外汇市场的交易方式

具体来看，在外汇市场上，主要有三种传统的外汇交易类型：即期交易、远期交易、掉期交易。

1. 即期交易

即期交易是指外汇买卖成交后，交易双方于当天或两个交易日内办理交割手续的一种交易行为。即期外汇交易是外汇市场上最常用的一种交易方式，即期外汇交易占外汇交易总额的很大部分。这主要是因为即期外汇买卖不但可以满足买方临时性的付款需要，也可以帮助买卖双方调整外汇头寸的货币比例，以避免外汇汇率风险。

2. 远期交易

远期交易又称期汇交易，是指交易双方在成交后并不立即办理交割，而是事先约定币种、金额、汇率、交割时间等交易条件，到期才进行实际交割的外汇交易。

远期外汇交易产生的主要原因在于企业、银行、投资者规避风险的需要，具体包括以下几个方面：

第一，进出口商预先买进或卖出期汇，以避免汇率风险。汇率变动是经常性的，在商品贸易往来中，时间越长，由汇率变动所带来的风险也就越大，而进出口商从签订买卖合同到交货、付款又往往需要相当长时间，因此，有可能因汇率变动而遭受损失，进出口商可以利用远期外汇交易避免汇率波动所带来的风险。

第二，外汇银行为了平衡其远期外汇持有额而交易。远期外汇持有额就是外汇头寸（foreign exchange position）。进出口商为避免外汇风险而进行期汇交易，实质上就是把汇率变动的风险转嫁给外汇银行。外汇银行之所以有风险，是因为它在与客户进行了多种交易以后难免会出现期汇和现汇的超买或超卖现象。这样，外汇银行就处于汇率变动的风险之中。为此，外汇银行就设法把它的外汇头寸予以平衡，即要对不同期限不同货币头寸的余缺进行抛售或补进，由此求得期汇头寸的平衡。

第三，短期投资者或定期债务投资者预约买卖期汇以规避风险。在没有外汇管制的情况下，如果一国的利率低于他国，该国的资金就会流向他国以谋求高息。假设在汇率不变的情况下纽约投资市场利率比伦敦高，两者分别为9.8%和7.2%，则英国的投资者为追求高息，就会用英镑现款购买美元现汇，然后将其投资于3个月期的美国国库券，待该国库券到期后将美元本利兑换成英镑汇回国内。这样，投资者可多获得2.6%的利息，但如果3个月后，美元汇率下跌，投资者就得花更多的美元去兑换英镑，因此就有可能换不回投资的英镑数量而招致损失。为此，英国投资者可以在买进美元现汇的同时，卖出3个月的美元期汇，这样，只要美元远期汇率贴水不超过两地的利差（2.6%），投资者的汇率风险就可以消除。当然如果超过这个利差，投资者就无利可图而且还会遭到损失。这是就在国外投资而言的，如果在国外有定期外汇债务的人，就要购进期汇以防债务到期时多付出本国货币。

3.掉期交易

掉期交易是指在买入或卖出即期外汇的同时，卖出或买进同一货币的远期外汇，以防止汇率风险的一种外汇交易。这种金融衍生工具，是当前用来规避由于所借外债的汇率发生变化而给企业带来财务风险的一种主要手段。

在国际金融市场一体化潮流的背景下，掉期交易作为一种灵活、有效的避险和资产负债综合管理的衍生工具，越来越受到国际金融界的重视，用途日益广泛，交易量急速增加。

掉期交易与前面讲到的即期交易和远期交易有所不同。即期与远期交易是单一的，要么做即期交易，要么做远期交易，并不同时进行，主要用于银行与客户的外汇交易之中。掉期交易的操作涉及即期交易与远期交易或买卖的同时进行，主要用于银行同业之间的外汇交易。一些大公司也经常利用掉期交易进行套利活动。

掉期交易的目的包括两个方面：一是轧平外汇头寸，避免汇率变动引发的风险；二是利用不同交割期限汇率的差异，通过贱买贵卖赚取利润。

§4.5 衍生金融市场

衍生金融市场是一种以证券市场、货币市场、外汇市场为基础衍生出来的金融市场，它是利用保证金交易的杠杆效应，以利率、汇率、股价的趋势为对象设计出大量的金融商品进行交易，以支付少量保证金及签订远期合同进行互换、掉期等金融衍生商品的交易市场。本节只简要介绍金融期货市场和金融期权市场的一些基础知识。

4.5.1 金融期货市场

20世纪70年代，在商品期货不断完善和发展的基础上产生了金融期货产品，金融期货市场在短短几十年的时间里显示出了强大的生命力和影响力。

金融期货是指在特定的交易场所通过竞价方式成交，承诺在未来的某一日或期限内，以事先约定的价格买进或卖出某种金融商品的契约。其产生的根本原因是为了规避金融产品价格的频繁变化而带来的风险。

金融期货主要包括外汇期货、利率期货、股票指数期货三种。外汇期货是最早出现的金融期货品种，是为了规避汇率风险而产生的。外汇期货是在外汇交易所内，交易双方通过公开竞价确定汇率，在未来的某一时期买入或卖出某种货币。利率期货是指交易所通过公开竞价买入或卖出某种价格的有息资产，在未来的一定时间按合约交割。股指期货是指以股指这种没有实物形式的金融商品为交易对象，买卖双方通过交易所竞价确定成交价格。

4.5.2 金融期权市场

虽然人们使用各种各样的期权已有几百年的历史，但是金融期权在20世纪70年代才创立，并在80年代得到广泛应用。

金融期权是期权的一种。期权是一种选择权，是一种能在未来某特定时间内或特定时点以特定价格买进或卖出一定数量的某种特定商品的权利。期权购买者在支付期权费后就获得了在合约规定的未来某特定时间，以协议价格向期权出售者买进或卖出一定数量某种金融商品或金融期货合约的权利。期权购买者在期权的有效期内或规定的特定履约日可以选择行使权利也可以选择放弃权利。期权出售者在收取期权费后，只要期权购买者要求行使其权利，就必须无条件履行合约。

按不同的划分标准，金融期权可以分为以下几类：

1.场内期权与场外期权

金融期权未必是集中性的场内交易形式，也未必是标准化的金融期权合约的交易形式。只有场内期权是一种标准化的金融期权合约的交易，其交易数量、协定价格、到期日期及履约时间等均由交易所统一规定；场外交易是一种非标准化的金融期权合约的交易，其交易数量、协定价格、到期日及履约时间等均可由交易双方议定。

2.现货期权与期货期权

现货期权是一种金融工具本身为期权合约标的物的期权；期货期权是一种以金融期货合约作为标的物的期权。

3.欧式期权与美式期权

欧式期权与美式期权这两个术语源于欧洲和美洲的期权交易所不同的交易方式，现在与地理位置已经不相关了，但名称保留了下来。欧式期权是指期权购买者只能在期权到期日行使其权利；美式期权指期权购买者既可在期权到期日行使权利，也可在期权到期日之前的任何一个营业日行使其权利。由于美式期权的这一灵活性，所以期权费要比欧式期权高些。

4.看涨期权与看跌期权

看涨期权是指依据买卖双方签订的契约，买方在协定期内有权按照双方协定价格向卖方买进一定数量的指定证券。看跌期权是指依据买卖双方签订的契约，买方在协定期内有权按照双方协定价格向卖方卖出一定数量的指定证券。看涨期权和看跌期权正好相反，看涨期权是获得买入某种证券的权利，而看跌期权是获得卖出某种证券的权利。相同的是，看涨期权和看跌期权都是获得了权利。

本章小结

1.金融市场是指以金融资产为交易对象而形成的供求关系及机制的总和。金融市场按标的物可划分为：货币市场、资本市场、外汇市场和黄金市场；按中介特征可划分为：直接金融市场和间接金融市场；按金融市场的功能可划分为：一级市场和二级市场；按交割时间可划分为：现货市场和期货市场；按地域可划分为：国内金融市场和国际金融市场。金融市场的功能包括：聚敛资金；资源配置；调节经济；反映经济运行。

2.货币市场是指以期限在1年以内的金融资产为交易标的物的短期金融市场。同业拆借是金融机构之间相互融通短期资金的一种金融业务。同业拆借市场，又称同业拆放市场，是指金融机构之间以货币借贷方式进行短期资金融通活动的市场。票据贴现分为三种类型：贴现、转贴现和再贴现，并不是所有的票据都能用来贴现。首先，这种可用来贴现的票据是未到期票据。其次，可贴现的票据必须以合法的商品交易为基础。大额可转让定期存单，是银行发行的一种固定面额、固定期限、可以转让的大额存款凭证。其特点有：固定面额、固定期限、可以转让，并且利率相对一般定期存款要高。回购市场是指通过回购协议进行短期资金融通交易的市场。

3.资本市场是指期限在1年以上的金融资产交易的市场。在不考虑长期信贷市场的情况下，资本市场主要是指股票市场、债券市场和投资基金市场。

4.外汇市场是指由各国中央银行、外汇银行、外汇经纪人和客户组成的买卖外汇的交易系统。

5.衍生金融市场是利用保证金交易的杠杆效应，以利率、汇率、股指为对象设计出的金融商品进行交易，以支付少量保证金及签订远期合同进行互换、掉期等金融衍生商品的交易市场。

综合训练

4.1　单项选择题

1.承兑是（　　）独有的票据行为，目的在于确定付款人的责任。

A.支票　　B.汇票　　C.本票　　D.货币头寸

2.下列证券投资品种中，（　　）是风险最大的。

A.公司债券　　B.国债　　C.普通股票　　D.金融债券

3.专门融通1年以内短期资金的场所称为（　　）。

A.货币市场　　B.资本市场　　C.现货市场　　D.期货市场

4.推动同业拆借市场形成和发展的直接原因是（　　）。

A.存款准备金制度　　B.再贴现政策

C.公开市场政策　　D.存款派生机制

5.从收益分配的角度看，（　　）。

A.普通股先于优先股

B.公司债券在普通股之后

C.普通股在优先股之后

D.根据公司具体情况，可自行决定

4.2 多项选择题

1.同业拆借市场的参加者有（　　）。

A.中央银行　　B.商业银行　　C.非银行金融机构

D.企业　　E.拆借中介机构

2.按发行主体不同，债券主要分为（　　）。

A.公司债券　　B.政府债券

C.金融债券　　D.贴现债券

3.股票发行市场与流通市场的关系是（　　）。

A.发行市场是基础，是前提

B.流通市场是基础，是前提

C.没有发行市场，就不会有流通市场

D.没有流通市场，就不会有发行市场

E.流通市场对发行市场有着重要的促进和推动作用

4.大多数国家同业拆借市场的相同之处是（　　）。

A.利率固定化　　B.信用拆借为主

C.有形市场为主　　D.计算机联网办理

E.银行间拆借为主

5.大额定期存单具有（　　）特点。

A.固定期限　　B.面额固定　　C.可转让流通

D.必须记名　　E.比同档定期存款利率高

4.3 复习思考题

1.金融市场的功能有哪些?

2.票据贴现与发放贷款有哪些区别?

3.外汇市场有哪些功能?

4.股票与债券的区别和联系是什么?

5.影响金融市场发展的主要因素是什么?

第5章

公司金融

【学习指南】

导读

本章主要介绍公司金融的内容，公司每项决策都与此相关。本章首先介绍了两种公司融资决策，即权益性融资和债务性融资的含义、种类，及各种融资工具的优缺点；然后介绍了资本成本的概念、有关计算，资本结构理论的基本观点和发展演变；最后介绍了股利政策的相关概念、内容和影响因素，公司长期投资决策的影响因素和决策标准，公司并购的内涵、动机、类型和操作过程。

关键概念

内源融资　外源融资　权益性融资　债务性融资　普通股　优先股　经营杠杆　财务杠杆　总杠杆　股利政策　兼并　收购

引例

华为为何不愿上市

华为创始人任正非曾明确表示公司董事会多年来不仅从未研究过上市问题，而且未来，华为既不考虑整体上市，也不考虑分拆上市，更不考虑通过合并、兼并、收购的方式进入资本市场。

冷观资本市场中企业生死快速切换的生态，任正非对华为不上市多了更深的理解。在纽约一家著名的俱乐部午餐会上当有人问到“华为为什么不上市”的问题时，任正非答道：“猪养得太肥了，连哼哼声都没了。科技企业是靠人才推动的，公司过早上市就会有一批人变成百万富翁、千万富翁，他们的工作激情就会衰退，这对华为不是好事，对员工本人也不见得是好事，华为会因此而增长缓慢乃至于队伍涣散。员工年纪轻轻就太有钱了，会变得懒惰，对他们个人的成长也不会有利。”任正非不愿意看到自己像其他业界同行那样，总是被资本市场的短期波动牵着鼻子走。非常重要的是，在华为全部职员中，目前约有8万名员工持有公司的股份，这恐怕是全球未上市企业中股权最为分散、员工持股人数最多的一家公司。如此分散的股权结构，任何一家资本投资者都可轻而易举地形成相对控制权。对此，任正非不得不多一份警惕。不上市的华为是否有足够厚实的家底支撑企业扩张与前行是外界同样关注的话题。分析华为历年的财报，不难发现其手握的现金与短期投资都在快速增长。与此同时，华为在全球各银行中拥有数亿美元的授信额度，来自外资银行与国内银行。不仅如此，华为内部的虚拟股权机制也为自己提供了一种融资手段。

资料来源：张锐．华为为何不愿上市［J］．中关村，2013（6）．

§5.1 公司融资决策

5.1.1 内源融资与外源融资

按融资过程资金来源分类，公司融资可分为内源融资和外源融资。

1.内源融资

内源融资是指公司通过留存收益而形成的融资来源。内源融资数额的大小主要取决于公司可分配利润的多少和股利政策，一般无须花费融资费用，融资成本低廉。

2.外源融资

外源融资是指公司向外部筹措资金而形成的融资来源。处于初创期的公司，内源融资的可能性是有限的；处于成长期的公司，内源融资往往难以满足需要。这就需要公司广泛地开展外源融资，如发行股票、债券，取得商业信用，向银行借款等。公司进行外源融资大多需要花费一定的融资费用，融资成本较高。因此，公司融资时首先应利用内源融资，然后再考虑外源融资。

5.1.2　权益性融资

权益性融资是公司以自有资本筹集资金的方式，包括吸收直接投资、发行股票融资和留存盈余融资。

1.吸收直接投资

吸收直接投资是公司吸收投资者直接投入资金的一种融资方式。吸收直接投资按照投资者分类，可以分为吸收国家投资、吸收法人投资、吸收外商投资和吸收社会公众投资。吸收直接投资是非股份制公司筹集资本的基本方式。吸收直接投资的出资方式主要有现金投资、实物投资、无形资产投资和土地使用权投资等。

吸收直接投资的优点有：第一，有利于增强公司信誉和借款能力。吸收直接投资所筹集的资金属于自有资金，能增强公司的信誉和借款能力，对扩大公司经营规模、壮大公司实力具有重要作用。第二，有利于尽快形成生产能力。吸收直接投资不仅可以筹集到资金，而且能够直接获得所需的先进设备和先进技术，与其他融资方式相比，有利于公司尽快形成生产经营能力，尽快开拓市场。第三，有利于降低财务风险。吸收直接投资可以根据公司的经营状况向投资者支付报酬，公司经营状况好，就可以向投资者多支付一些报酬，公司经营状况不好，就可不向投资者支付报酬或少支付报酬，比较灵活，所以财务风险较小。

吸收直接投资的缺点有：第一，资金成本较高。一般而言，采用吸收直接投资方式筹集资金所需负担的成本较高，因为出资者承担了较高的投资风险，会要求较高的投资报酬率。第二，公司控制权容易分散。采用吸收直接投资方式筹集资金，投资者一般都要求获得与投资数量相适应的经营管理权，这是接受外来投资的代价之一。第三，不便于产权的交易。吸收直接投资由于没有证券作为媒介，产权关系有时不清晰，不便于进行产权交易。

2.发行股票融资

发行股票融资包括普通股融资和优先股融资。

（1）普通股融资。

①普通股的概念。

普通股是股份有限公司发行的无特别权利的股份，也是最基本的、最标准的股份。通常情况下，股份有限公司只发行普通股，持有普通股股份者为普通股股东。《中华人民共和国公司法》（以下简称《公司法》）规定，普通股股东主要有如下权利：出席或委托代理人出席股东大会，并依公司章程规定行使表决权，这是普通股股东参与公司经营管理的基本方式；股份转让权，股东持有的股份可以自由转让，但必须符合《公司法》、其他法规和公司章程规定的条件和程序；股利分配请求权；对公账目和股东大会决议的审查权和对公司事务的质询权；分配公司剩余财产的权利；公司章程规定的其他权利。同时，普通股股东也基于其资格，对公司负有义务，我国《公司法》规定，股东具有遵守公司章程、缴纳股款、对公司负有限责任、不得退股等义务。

②普通股的种类。

股份有限公司根据有关法规的规定及筹资和投资者的需要，可以发行不同种类的普通股。

A.按股票有无记名，股票可分为记名股和不记名股。

记名股是在股票票面上记载股东姓名或名称的股票。这种股票除了股票上所记载的股东外，其他人不得行使其股权，且股份的转让有严格的法律程序与手续。

不记名股是票面上不记载股东姓名或名称的股票。这类股票的持有人即股份的所有人，具有股东资格，股票的转让也比较自由、方便，无须办理过户手续

B.按股票是否标明金额，股票可分为面值股票和无面值股票。

面值股票是在票面上标有一定金额的股票。持有这种股票的股东，对公司享有的权利和承担的义务大小，依其所持有的股票票面金额占公司发行在外股票总面值的比例而定。

无面值股票是不在票面上标出金额，只载明所占公司股本总额的比例或股份数的股票。无面值股票的价值随公司财产的增减而变动，而股东对公司享有的权利和承担义务的大小，直接依股票标明的比例而定。

C.按投资主体的不同，股票可分为国家股、法人股、个人股等。

国家股是有权代表国家投资的部门或机构以国有资产向公司投资而形成的股份。

法人股是企业法人依法以其可支配的财产向公司投资而形成的股份，或具有法人资格的事业单位和社会团体以国家允许用于经营的资产向公司投资而形成的股份。

个人股是社会个人或公司内部职工以个人财产投入公司而形成的股份。

D.按发行对象和上市地区的不同，股票可分为A股、B股、H股和N股等。

A股是供我国大陆地区个人或法人买卖的，以人民币标明票面金额并以人民币认购和交易的股票。

B股、H股和N股是供外国和我国港澳台地区投资者买卖的，以人民币标明票面金额但以外币认购和交易的股票（从2001年2月19日起，B股开始对境内居民开放）。其中，B股在上海、深圳上市；H股在香港上市；N股在纽约上市。

③普通股融资的优缺点。

普通股融资的优点有：第一，发行普通股筹措资本具有永久性，无到期日，无须归还。这对保证公司对资本的最低需要、维持公司长期稳定发展极为有益。第二，发行普通股融资没有固定的股利负担，股利的支付与否和支付多少，视公司有无赢利和经营需要而定，经营波动给公司带来的财务负担相对较小。由于普通股融资没有固定的到期还本付息的压力，所以筹资风险较小。第三，发行普通股筹集的资本是公司最基本的资金来源，它反映了公司的实力，可作为其他方式筹资的基

础，尤其可为债权人提供保障，增强公司的举债能力。由于普通股的预期收益较高并可一定程度地抵消通货膨胀的影响（通常在通货膨胀期间，不动产升值时普通股也随之升值），因此普通股融资容易吸收资金

普通股融资的缺点有：第一，普通股的资本成本较高。从投资者的角度讲，投资于普通股风险较高，相应地要求有较高的投资报酬率。而对筹资公司来讲，普通股股利从税后利润中支付，不像债券利息那样作为费用在税前支付，因而不具抵税作用。此外，普通股的发行费用一般也高于其他证券。第二，以普通股融资会增加新股东，这可能分散公司的控制权。此外，新股东分享公司未发行新股前积累的盈余，会降低普通股的每股净收益，从而可能引发股价的下跌。

（2）优先股融资。

①优先股的概念。

优先股是相对于普通股来讲的，在公司股利支付及财产清偿方面相对于普通股具有优先索取权。

②优先股的种类。

A.按是否参与公司利润分配，可将优先股分为参与分红优先股和不参与分红优先股。

所谓参与分红优先股，是指拥有参与分配股利权利的优先权的优先股。在企业年度收益额增长幅度较大时，优先股股东除可以分到优先股股利外，经董事会决定还可以分到额外的股利。这种股票的发行量一般较少。

不参与分红优先股是指除分配定额股利外，不再与普通股共同分配剩余收益的优先股。

B.按股利是否可以累积，可将优先股份为累积优先股和非累积优先股。

累积优先股是指拥有累积股利权利的优先股，即公司收益不够分配优先股股利时，欠付的数额应累积起来以后补付。只有对累积优先股股利付清后，才能支付普通股股利。

非累积优先股是指公司净收益不足以支付优先股定额股利时，以后不再补发。

C.按股票是否可以转换，可将优先股份为可转换优先股和不可转换优先股。

可转换优先股是指可以在未来某一个既定日期或其他日期，按既定价格转换为一定股份普通股的优先股。

反之，则为不可转换优先股。

D.按是否可以赎回，可将优先股分为可赎回优先股和不可赎回优先股。

可赎回优先股是指按规定可以在以后某一时期按一定价格赎回的优先股。其赎回价格通常高于面值。

反之，则为不可赎回优先股。

③优先股筹资的特点。

表5-1列示了优先股筹资的特点。

表5-1　　　　优先股筹资的特点

优点	优先股筹资的风险比较小，因为优先股没有固定的到期日，不用偿还本金； 优先股筹资具有一定的弹性，因为当公司财务状况不佳时，可以暂时不支付优先股股利，且优先股有时可以收回，或转换成普通股，有利于减轻公司的财务负担； 与债券相比，优先股使公司能够保有抵押性的资产； 优先股股东没有经营管理投票权，所以可保持普通股股东的控制权； 优先股同普通股一样，作为企业的自有资金，可降低企业资产负债率，改善企业资本结构
缺点	优先股的资金成本较高，因为优先股利与普通股股利一样要从税后盈余中扣除； 优先股发行的限制条件多，降低了公司经营的灵活性； 优先股的优先权利，对一般的普通股股东来说，降低了他们的收益水平，增加了投资回报风险

3.留存盈余融资

公司不但可以从外部融资，还可以从公司内部获得所需要的资金，这就是所谓的留存盈余的概念。留存盈余通常也被称为内源融资，指公司将一部分税后利润以保留盈余的方式留下来使用，增加了公司可运用资金总量，实际上是公司的一种融资活动。

（1）留存盈余的优点。

①留存盈余不发生筹资费用。公司向外界筹措资金，不论是采取发行股票、债券的方式，还是采取向银行借款的方式，都需要支付一定的融资费用，而公司利用留存盈余，则无须支付融资费用。因此，留存盈余对公司非常有益。

②留存盈余可使股东获得税收利益。留存盈余的资金来源于税后利润，属于所有者权益范畴。如果公司将实现的利润以股利的方式全部分配给股东，股东收到股利要缴纳个人所得税，税率一般很高。如果公司适当地利用留存盈余，少发股利，相当于股东对公司追加投资，所有者权益并未减少，股东不用缴纳个人所得税。同时，随着公司以保留盈余的方式追加股本，公司股票价格就会上扬，股东可出售部分股票获取资本利得来代替股利收入，而出售股票收入所缴纳的资本利得税税率一般比个人所得税税率低。

③留存盈余属于权益融资的范畴，可增加对债权人的保障程度，增加公司的信用价值。

（2）留存盈余的缺点。

①留存盈余的数量常常会被某些股东反对。有些股东依靠股利维持生活，希望多发股利；有些股东对风险存在反感，宁愿目前收到较少的股利，也不愿等到将来再收到不确定的较多的股利或较高价格出售股票的价款。所以，有些公司的股东总是要求股利支付比例维持在一定的水平上。

②留存盈余过多，股利支付过少，可能会影响公司今后的外部融资。有研究发

现，股利支付比例较高的公司的股票比股利支付比例较低的公司的股票容易出售。因此，较多地支付股利，虽然不利于内源融资，但会有力地说明公司具有较高的赢利水平和较好的财务状况。

③留存盈余过多，股利支付过少，可能不利于股票价格的稳定或上升。实质上，留存盈余（通常也被称为内源融资）与股利政策是同一个问题的两个方面。

5.1.3 债务性融资

债务性融资对股权融资而言，是借款人允诺定期支付利息并到期偿还本金的一种借贷融资方式，是现代企业的主要筹资方式之一，包括银行贷款、企业债券、短期融资券、商业信用等多种资金筹集方式。

1.间接债务融资工具

间接债务融资是指企业通过银行等金融中介机构，以借贷方式间接进行资金融通的活动。在间接债务融资中，资金供求双方不构成直接的债权债务关系，而是分别与金融中介发生债权债务关系，其中最典型的金融中介是商业银行。

（1）信用贷款。

信用贷款是基于借款人的信誉而发放的贷款，其特征就是债务人无须提供抵押品或第三方担保，仅凭自己的信誉就能取得贷款，并以借款人信用作为还款保证。企业信用贷款抵押，无须担保，手续简明，期限灵活，审批快捷，放款迅速，银行为企业提供流动资金，配合企业的不同业务需求，帮助其开展业务。

（2）担保贷款。

担保贷款是指由借款人或第三方提供担保而发放的贷款。按照担保方式的不同，担保贷款主要分为保证贷款、质押贷款和抵押贷款三种形式。

①保证贷款。

保证贷款指贷款人按《中华人民共和国担保法》（以下简称《担保法》）规定的保证方式，以第三人承诺在借款人不能偿还贷款本息时，按规定承担连带责任而发放的贷款。保证人为借款提供的贷款担保为不可撤销的全额连带责任保证，也就是指贷款合同内规定的贷款本息和由贷款合同引起的相关费用。保证人还必须承担由贷款合同引发的所有连带民事责任。为顺利取得银行贷款，企业应该选择那些实力雄厚、信誉良好的法人或公民作为贷款保证人。

②质押贷款。

质押贷款是指贷款人按《担保法》规定的质押方式以借款人或第三人的动产或权利为质押物发放的贷款，是企业在不具备信用贷款优势条件下的重要补充。在金融实践中，提供质押已经成为企业和金融机构进行信贷合作的普遍方式。需要注意的是，出质人必须依法享有对质物的所有权或处分权，并向银行书面承诺为借款人提供质押担保，这是质押和抵押贷款的显著不同。在质押期届满之前，贷款人不得对质押物擅自处理，质押期间，质物如有损害、遗失，贷款人应承担相应的责任并负责赔偿。质押贷款按照质押标的的不同，主要分为存货（现货）质押贷款、购货质押贷款、存单质押贷款、仓单质押贷款、知识产权质押贷款、国债质押贷款和股票质押贷款。

③抵押贷款。

抵押贷款是以贷款公司提供抵押品或以第三人提供的抵押品作为还款保证而取得的贷款，如公司不能按期归还本息，银行可按贷款合同的规定变卖抵押品，以所得款项收回本息。债务人不履行债务时，债权人有权以该财产折价或者以拍卖、变卖该财产的价款优先受偿。作为抵押物的标的通常具有合法性、流动性、价值稳定性、权属无争议、处置不妨碍公共利益。抵押贷款按照抵押标的不同，主要分为存货抵押、客账抵押、证券抵押、设备抵押和不动产抵押等。

2. 直接债务融资工具

直接债务融资工具是指以市场为载体，资金供给方和需求方之间直接建立的一种债权债务关系。按照发行市场的不同，直接债务融资工具可以分为非公开市场融资工具和公开市场融资工具。公开市场融资是指以非特定的公众投资者为交易对象，通过在公开金融市场上发行有价证券融资，包括企业债券、短期融资券、集合债券等。与公开融资相比，一切在有限范围内向间特定投资者出售债务的外部融资行为，都是非公开融资，如商业信用。一般而言，能够进行公开债务融资的只是少数信誉良好、成熟稳定的大企业，而进行非公开债务融资的企业范围则广泛得多。

（1）公开市场债务融资。

①短期融资券。

短期融资券是指具有法人资格的企业，依照规定的条件和程序在银行间债券市场发行并约定在一定期限内还本付息的有价证券，它实质上是企业发行的无担保短期本票。短期融资券按照不同标准可分为以下几类：第一，按照发行方式的不同，短期融资券可以分为经纪人代销的融资券和直接销售的融资券。经纪人代销是指先由发行人卖给经纪人，然后由经纪人再卖给投资者。经纪人主要有投资信托公司、证券公司等。公司委托经纪人发行短期融资券，需要支付一定数额的手续费。直接销售是指发行人直接销售给最终投资者。直接销售短期融资券的公司，通常是经营金融业务的公司或自己拥有附属金融公司的公司，它们有自己的分支店，有专门的金融人才，因此，有能力自己组织推销工作，从而可以节省经纪人代销时支付给经纪人的手续费。第二，按照发行人的不同，短期融资券可以分为金融企业的融资券和非金融企业的融资券。其中，非金融企业短期融资券的待偿还余额不得超过企业净资产的40%，并且企业要按照中国银行间交易商协会《银行间债券市场非金融企业债务融资工具信息披露规则》在银行间债券市场披露信息。第三，按融资券的发行和流通范围分类，短期融资券可以分为国内融资券和国际融资券。

②企业债券。

企业债券是指企业依照法定程序发行，约定在一定期限内还本付息的债务凭证。它代表了持券人同企业之间的债权债务关系，持券人可按期或到期取得固定利息，到期收回本金。

企业通过发行企业债券筹措长期资金，是企业直接融资的重要途径。其优点主要有以下几点：第一，企业能获得长期且数额较稳定的资金来源。企业可以根据需要确定债券的发行期限与金额，而无须像申请银行贷款那样处于被动地位。企业能自主支配和使用资金。银行贷款等间接融资，一般附有严格的贷款使用规定，尤其是银行长期贷款，其投放控制更严。而对通过企业债券筹措的资金，企业具有灵活的使用权限，这一点对股份制企业尤为有利。第二，有利于保障企业的股东控制权。企业债券的持有人无权参与企业的经营决策，可以避免股权稀释，还便于主动调节财务结构。第三，能降低企业的资金成本。企业债券的利息是在税前支付的，可以有效降低企业的税务成本，发挥财务杠杆的作用。第四，可以扩大企业的社会影响力。发行企业债券可以提高筹资人的信誉并扩大其在社会的知名度，在扩大企业影响力的同时，获得社会公众更多的长期资金。

但是，企业债券的发行同时也是一把双刃剑，其风险主要有以下几点：第一，财务风险较高。债券具有固定的到期日，要承担到期还本付息的义务，如果经营不善，企业债券会给企业带来沉重的财务负担，严重时甚至会导致破产。第二，发行的限制条件严格。《公司法》对企业债券的发行权限有严格的限制条件，只有实力强、经济效益好的企业，才能采用债券融资的方式，并且不得超过其自有资产的净值，这就导致企业债券的融资方式有时候显得很鸡肋。第三，负财务杠杆作用。当企业经营出现资金息税前利润小于发行债券所支付的利息时，企业的负债比例越高，其自有资金的收益率就会越低，这对企业的经营将会是一个恶性循环。

③中小企业集合债券。

中小企业集合债券是一种特殊的债券形式，指在牵头人组织下，以若干中小企业构成的集合作为发债主体，发行企业各自确定其发行额度并分别负债，使用同一名称的约定到期还本付息的一种企业债券。这种“捆绑发债”的方式打破了通常只有大企业才能发债的惯例，为中小企业开创了全新的融资模式，是企业债券发行的重大创新。

中小企业集合债券主要有如下几个特征：第一，统一组织。统一组织是发行集合债券的第一步。“统一组织”工作主要包括筛选企业、与债券主管部门沟通、督促按期还本付息等。我们认为，随着市场化程度的提高，中小企业集合债券应主要由担保公司统一组织，以充分发挥担保公司的功能。担保公司在筛选企业时，要充分考虑单个企业的发行规模、发行主体集合的行业集中度和行业相关性，以适应担保公司的担保能力。第二，统一发行。中小企业集合债券需要由券商统一发行，筹集资金集中到统一账户，再按各发行企业的债券额度扣除发行费用后拨付至各企业账户；债券到期时，由各发行企业将资金集中到统一账户，统一对债权人还本付息。第三，统一担保。我们认为，担保公司作为集合债券的保证人，应是中小企业集合债券未来选择担保方式的主要方向，银行、政府部门等可在担保公司（特别是政策性担保公司）信用增级方面发挥作用。第四，统一信用评级。信用评级是对债券发行主体所发特定债券如约还本付息能力和偿还意愿的综合评估。集合债券信用评级包括对各发行主体长期信用等级评定和担保人信用等级评定，最终确定集合债券的信用等级。

（2）非公开市场直接融资。

非公开市场直接融资的典型代表是商业信用。商业信用（trade credit）是指工商企业之间在买卖商品时，以商品形态提供的信用，是企业之间的一种直接信用关系，主要包括企业之间以赊销分期付款等形式提供的信用以及在商品交易的基础上以预付定金等形式提供的信用，其中公认的最典型的商业信用形式是赊销。根据上述商业信用的概念，商业信用融资可以简单理解为买卖双方在商品交易中通过延期付款或者延期交货等商业信用形式所形成的一种筹措资金的融资模式。一般来说，商业信用融资的种类有应付账款融资、预收账款融资和应付票据融资三种。

①应付账款融资。

应付账款是卖方通过赊销提供给买方的信用，它是买方的一种短期资金来源，也是最常见、最典型的商业信用形式。在应付账款融资中，销货企业在将商品转移给购货方时，并不需要买方立即支付现款，而是待一个时期后再由买方付清货款。由于从购入商品到支付货款存在一段或长或短的时间间隔，这对于买方来说就相当于以应付账款的形式获得卖方提供的一笔信贷。

②预收账款融资。

预收货款是指购货企业在收到商品之前预先支付给销货企业全部或部分货款。预收账款融资则是由买方向卖方提供的商业信用，是卖方的一种短期资金来源。在预收账款融资中，信用的主体是买方，信用的客体是卖方，信用的对象是货币资金，它是由买方以货币形式授予卖方的信用。这相当于买方将货款贷给卖方，使卖方在几乎没有筹资成本的情况下解决资金不足的问题。

③应付票据融资。

应付票据是企业进行延期付款商品交易时开具的反映债权债务关系的票据。它可以由购货方或销货方开具，并由购货方承兑或请求其开户银行承兑。企业通过应付商业票据的转让和买卖，可以使商品资金提前转化为货币资金，从而加速资金周转，促进生产流通的发展。同时，应付票据融资也把商业信用和银行信用结合起来，有利于商品交易的顺利进行，有利于资金的横向融通。

应付票据按照承兑人的不同，分为商业承兑汇票和银行承兑汇票两种。应付票据的付款期限由交易双方商定，最长不超过六个月。应付票据可以带息，也可以不带息，其利率一般比银行借款的利率低，并且不用保持相应的补偿余额和支付协议费，所以应付票据的筹资成本低于银行借款。

§5.2　资本结构

5.2.1　资本成本

1.资本成本的概念及决定因素

（1）资本成本的概念。

资本成本是指公司筹措和使用资金需要付出的代价。从广义上讲，公司筹集和使用的无论是短期资金还是长期资金，都存在资本成本。但由于资本成本主要用于长期投资决策和长期融资决策，因此，资本成本研究的重点是筹集和使用长期资本的成本。

（2）资本成本的决定因素。

市场经济环境下，影响公司资本成本高低的因素多种多样，主要包括总体经济环境、证券市场条件、公司经营风险和财务风险以及公司融资规模等。

①总体经济环境。

总体经济环境变化的影响，反映在无风险报酬率上。如果国民经济保持健康、稳定、持续增长，整个社会经济的资金供给和需求相对均衡，通货膨胀水平低，资金所有者投资的风险小，预期报酬率低，自然融资资本成本就低。相反，如果国民经济不景气或者经济过热，通货膨胀持续居高不下，投资者投资风险大，预期报酬率高，则融资公司资本成本就高。

②证券市场条件。

证券市场条件影响证券投资的风险。证券市场条件包括证券市场流动难易程度和价格波动程度。如果某种证券的市场流动性不好，投资者想买进或卖出证券相对困难，变现风险大，要求的收益率就会提高；或者虽然存在对某证券的需求，但其价格波动较大，投资的风险大，要求的收益率也会提高。

③公司经营风险和财务风险。

公司经营风险与财务风险的大小取决于其经营状况和财务状况。经营风险是公司投资决策的结果，表现在资产报酬率的变动上；财务风险是公司融资决策的结果，表现在普通股收益率的变动上。如果公司的经营风险和财务风险大，投资者便会有较高的收益率要求。

④公司融资规模。

在一定时期内，国民经济体系中资金供给总量一定，公司的融资规模引起资金需求增加时，资金的供求发生变化，稀缺资源要求的报酬率高，因此融资规模大，资本成本高。当然，规模与资本成本的正向相关性并非线性关系，一般来说，融资规模在一定限度内并不引起资本成本的明显变化，当融资规模突破一定限度时，才会引起资本成本的明显变化。

2.资本成本的计算

资本成本按用途可分为个别资本成本、综合资本成本和边际资本成本。

（1）个别资本成本。

①债务成本。

公司一般从各种金融机构取得长期贷款或通过发行公司债券来获取所需的资本，并根据债务合同定期支付利息和按期偿还本金。公司从银行取得的债务的成本就是银行的贷款利率，而发行公司债券的成本则可由下列公式获得：

$$P_0 = \sum_{t=1}^{n} \frac{I_t}{(1+K_d)} + \frac{P_n}{(1+K_d)^n} \tag{5-1}$$

其中：P_0表示举债取得的实际资本额；I_t表示第t期的利息支出；P_n表示第n期偿还的本金；K_d表示债务成本。

但是，考虑到所得税对债务实际成本的影响，得出如下公式：

$$K_i = K_d(1-T) \tag{5-2}$$

其中：K_i表示实际的税后债务成本；T表示公司的所得税率。

②普通股成本。

新发行普通股成本是能够使公司所付的普通股股利的现值与公司通过普通股取得的实际资本额相等的比值。

当公司预期每年支付等额的普通股股利时，新发行的普通股成本是：

$$K_e = \frac{D}{P_0} \tag{5-3}$$

其中：P_0表示发行普通股取得的实际资本额；D表示各期的等额股利；K_e表示普通股成本。

当公司预期支付的普通股股利每年按相同的速度增长时，新发行普通股成本可用戈登公式计算：

$$K_e = \frac{D_0(1+g)}{P_0} + g \tag{5-4}$$

其中：P_0表示发行普通股取得的实际资本额；D_0表示发行股票当期宣布的股利额；g表示股利平均增长率；K_e表示普通股成本。

③优先股成本。

优先股成本是指能够使优先股存在期内公司所付优先股股利和赎回价格的现值与公司通过发行优先股取得的实际资本额相等的比值。由于股利是从公司税后利润中分派，优先股成本不会受所得税的影响。当优先股不可赎回，并且股利按期分派、每股股利相等时，优先股成本的计算公式如下：

$$K_p = \frac{D_p}{P_0} \tag{5-5}$$

其中：P_0表示发行优先股取得的实际资本额；D_p表示各期所发放的股利额；K_p表示优先股成本。

④留存盈余成本。

假定所有者收回留存盈余代表的资本重新投资于原公司，留存盈余成本可以用原公司股票的预期报酬率衡量，计算原公司股票的预期报酬率有三种方法：资本资产定价模型法、贴现现金流量法和债券加风险溢酬法，在这里，仅讨论资本资产定价模型法的计算方法。

$$K_s = K_e = r_f + (R_m - r_f)\beta \tag{5-6}$$

其中：K_s表示留存盈余成本；K_e表示普通股要求收益率；R_m表示市场要求收益率；β表示系统性风险系数；r_f表示无风险收益率。

（2）加权平均资本成本。

对公司来自各个渠道的资本来源进行综合可以计算出资本组合的平均成本K_a，简称加权平均资本成本（WACC）。计算时以各类资本额占总资本额的比重，即资本结构为权数，对各类资本成本进行加权，得到加权平均资本成本。公司全部资本的加权平均资本成本反映了公司的平均风险，计算公式为：

$$WACC = K_a = \sum_{i=1}^{n} W_i K_i \tag{5-7}$$

其中：K_a表示加权平均资本成本；W_i表示第i类资本额占总资本额的比重；K_i表示第i类资本的资本成本。

也可以采用如下公式计算加权平均资本成本：

$$WACC = K_a = W_d K_d (1 - T) + W_p K_p + W_e (K_s\text{或}K_e) \tag{5-8}$$

其中：K_a表示加权平均资本成本；W_d、W_p和W_e分别为债务资本、优先股资本和普通股资本占总资本额的比重。K_d、K_p、K_s、K_e分别为税前债务成本、优先股成本和普通股成本。

（3）边际资本成本。

公司无法以某一固定的资本成本来筹措无限的资金，当其筹集的资金超过一定限度时，原来的资本成本就会增加。在公司追加筹资时，需要知道筹资额与资本成本的对应变化关系。边际资本成本是指资金每增加一个单位而增加的成本。边际资本成本也是按加权平均法计算的，是追加筹资时所使用的加权平均成本。

5.2.2 杠杆

杠杆增加了公司利润和现金流的波动性，由此增加了公司的债权人和股东的风险。一般地，高杠杆的公司在收入下降时更有可能会发生重大损失，并有可能使公司加速陷入财务困境，甚至破产。

1.经营杠杆

（1）经营杠杆的概念。

经营杠杆是指公司在生产经营中由于存在固定成本而使利润变动率大于产销量变动率的规律，又称为营业杠杆或营运杠杆，反映销售和息税前盈利的杠杆关系。经营杠杆可以反映公司经营风险，并对盈利能力进行预测，因此经常被运用到公司投资决策中去。

（2）经营杠杆的计量。

经营杠杆的作用程度用经营杠杆系数表示，也称营业杠杆系数或营业杠杆程度，是指息税前利润变动率与销售收入变动率的比值，表明息税前利润的变化率对销售收入变化率的敏感程度。一般而言，经营杠杆系数越大，对经营杠杆利益的影响越强，经营风险也越大。经营杠杆系数的计算公式为：

$$DOL=\frac{\Delta EBIT/EBIT}{\Delta S/S} \tag{5-9}$$

其中：DOL表示经营杠杆系数；$\Delta EBIT$表示息税前利润的变动额；$EBIT$表示基期息税前利润；ΔS表示销售收入的变动额；S表示销售收入。

由上式可知，经营杠杆具有以下特点：第一，经营杠杆是一个时期概念，即一般所说的公司息税前利润变动率相当于业务量变动率的倍数，指的是某一个特定的时期，通常称为经营杠杆的计算期。第二，经营杠杆有一个特定的比较期。杠杆现象中所说的息税前利润变动率及业务量变动率都是指与某一特定的时期相比较而言的，这一特定的时期就是经营杠杆的比较期，也称基期。第三，经营杠杆是一个动态指标。由于经营杠杆是一个时期概念，且要有固定的比较期，所以它是一个动态的指标。

2.财务杠杆

（1）财务杠杆的概念。

财务杠杆是指公司的负债程度，通常用公司债务资本与资本总额或权益资本的比例来表示。公司的财务杠杆来自于固定的筹资成本。在公司负债经营且资本结构一定的条件下，不论利润多少，债务利息都是不变的，从而使得息税前利润发生增减变动时，每1元息税前利润所负担的固定资本成本就会相应地减少或增加，从而给普通股股东带来一定的利益或损失。这种由于固定资本成本的存在而导致的普通股每股收益变动率大于或小于息税前利润变动率的情况，称作财务杠杆效应。

（2）财务杠杆的计量。

财务杠杆作用程度通常用财务杠杆系数来表示。它是指由息税前利润的变化而引起的每股盈余的变化，即每股盈余对息税前利润变化的敏感程度。财务杠杆系数越大，表明财务杠杆作用越大，财务风险也就越大；财务杠杆系数越小，表明财务杠杆作用越小，财务风险也就越小。财务杠杆系数的计算公式为：

$$DFL=\frac{\Delta EPS/EPS}{\Delta EBIT/EBIT} \tag{5-10}$$

其中：DFL表示财务杠杆系数；ΔEPS表示普通股每股收益变动额；EPS表示变动前的普通股每股收益；$\Delta EBIT$表示息税前利润的变动额；$EBIT$表示变动前的息税前利润。

假定I表示债务利息，d表示优先股股利，T表示所得税税率。因为基期的普通股全部盈余是基期息税前盈余减去利息费用、所得税和优先股股利以后的余额，即：

$$EPS=(EBIT-I)(1-T)-d$$

而利息费用、优先股股利固定不变，所以，普通股全部盈余的增长额就是息税前盈余增长额减去所得税之后的余额，即：

$$\Delta EPS=\Delta EBIT(1-T)$$

则：

$$DFL=\frac{\Delta EPS/EPS}{\Delta EBIT/EBIT}=\frac{\Delta EBIT(1-T)}{(EBIT-I)(1-T)}\times\frac{EBIT}{\Delta EBIT}=\frac{EBIT}{EBIT-I-\frac{d}{1-T}}$$

如果上市公司没有发行优先股，即d=0，则公式可以简化为：

$$DFL=\frac{EBIT}{EBIT-I} \tag{5-11}$$

通过对上述公式的分析可知：

①财务杠杆系数的大小取决于利息费用和息税前利润两个因素。在利息费用保持固定不变的情况下，息税前利润越高，财务杠杆系数越低，公司面临的财务风险就越低，可见，息税前利润与财务杠杆系数成反比例关系。当息税前利润固定不变时，利息费用越高，财务杠杆系数越高，公司面临的财务风险也就越高，也就是说，利息费用与财务杠杆系数成正比例变化关系。

②当$EBIT<0$时，$0<DFL<1$。此时，公司处于亏损状态，但财务杠杆作用依然存在，息税前利润的增加仍然会带动每股盈余的增加。但是，公司由于亏损导致债务的本息无力偿还，此时的首要任务应是采取措施降低财务风险。

③当$0<EBIT<I$时，$DFL<0$；当$1<EBIT<2I$时，$DFL>2$。一般把$DFL<0$和$DFL>2$称为高风险经营区或高敏感经营区。此时，公司处于亏损或微利状态，到期无力偿还债务本息的可能性较大，财务风险较高。当$EBIT\to I$时，$DFL\to\infty$，即公司的税前利润越趋近于零，财务杠杆系数越大，公司所面临的财务风险越高。

④当$\mathrm{EBIT}\geqslant 2I$时，$1<\mathrm{DFL}\leqslant 2$。其中，当$EBIT=2I$时，$DFL=2$，此时，财务杠杆发挥着较明显的效应。但是，随着$EBIT$逐渐增大，$DFL$逐渐较小，当$EBIT\to\infty$时，$DFL\to 1$，也就是说，息税前利润越大，财务杠杆的效用越不明显，公司到期无力偿还本息的可能性越小，所面临的财务风险也就越低。因此，一般把$EBIT\geqslant 2I$时，$1<DFL\leqslant 2$这一范围称为安全的财务杠杆区间。

⑤根据以上分析可知，在公司正常盈利的情况下，DFL通常大于1，也就是说，息税前利润的增长能够引起每股盈余成倍地增长，而当息税前利润呈负增长时通常会引发每股盈余加倍降低。

3.总杠杆

（1）总杠杆的概念。

根据前面的分析，一方面，因为存在固定的生产经营成本，产生经营杠杆作用，所以营业利润的变动率大于业务量的变动率；另一方面，因为存在固定的财务费用，产生财务杠杆作用，所以企业每股盈余的变动率大于营业利润（息税前盈余）的变动率。**从公司利润产生到利润分配的整个过程看，存在着固定的生产经营成本和固定的财务费用，导致每股盈余的变动率远远大于业务量的变动率，一般将**

这一现象称为总杠杆。

（2）总杠杆计量。

总杠杆系数（DTL）是指普通股每股税后收益变动率对销售额（量）变动率的倍数，反映每股盈余对业务量变动的灵敏度。如上所述，总杠杆的存在是因为公司存在固定生产经营成本和固定财务费用等财务支出，固定成本的存在会产生经营杠杆作用，而因举债带来的利息费用等的存在会产生财务杠杆作用，所以总杠杆表现为经营杠杆与财务杠杆的共同作用，可分解为经营杠杆和财务杠杆。用公式表示为：

$$DTL=\frac{\Delta EPS/EPS}{\Delta Q/Q} \quad \text{或} \quad DTL=\frac{\Delta EPS/EPS}{\Delta S/S} \tag{5-12}$$

其中：DTL表示总杠杆系数，ΔEPS表示普通股每股税后收益变动额，EPS表示变动前的普通股每股税后收益，Q表示变动前的销售量，ΔQ表示销售量的变动额，S表示变动前的销售额，ΔS表示销售额的变动额。

总杠杆系数用来度量企业的总风险，总杠杆系数越小，企业风险越小，反之亦然。总杠杆系数反映企业的总风险程度，并受经营风险和筹资风险的影响（同方向变动）。因此，为达到企业总风险程度不变而企业总收益提高的目的，企业可以通过降低经营杠杆系数来降低经营风险，而同时适当提高负债比例来提高财务杠杆系数以增加企业收益。

专栏5-1

从宝万之争看杠杆资金风险

2015年7月以来，宝能系“以小博大”举牌万科引起市场广泛关注，直到两年后的2017年6月，宝万股权之争终于尘埃落定。宝万之争中，宝能系以450亿元的资金撬动总资产超过6 100亿元的万科。有人认为，其“蛇吞象”式的杠杆收购模式中，资金源自保险、证券、银行等多领域，期限错配且层层嵌套加杠杆，背后的流动性风险、市场风险和影子银行风险等交织叠加，风险不容忽视。以宝万之争为代表的杠杆收购及其潜在的跨市场风险，需要监管层高度重视并采取措施予以防范和应对。

各方对宝能系实际杠杆比例存在不同看法。新华社转引专家测算的资金杠杆比例为1∶4.9。考虑到自有资金的进一步穿透、资管计划中优先级资金加杠杆，以及银行理财资金的来历不明等情况，笔者根据公开资料测算，宝能系层面的综合融资杠杆比例远不止这个数。高杠杆资金背后潜藏着流动性风险、杠杆风险、影子银行风险等，具体表现为：万能险期限错配暗藏流动性风险，高预定利率导致利差损的市场风险，“资产驱动负债”模式或将加剧资产期限错配风险和流动性风险。

万科股价波动直接影响宝能系银行理财与万能险的收益率，一旦万科股价出现持续下跌态势，风险将从股市扩大到相关联的银行以及保险体系，宝能系间接地将银行与保险“绑架”到股市上。宝万之争尚属个案，不至于产生系统性风险，但其背后的资金跨市场流动、多重加杠杆等潜在金融风险不容忽视。

资料来源：孙即，万丽梅. 宝万之争看杠杆资金风险［J］. 中国金融，2018（3）.

5.2.3　资本结构理论

1.MM理论

弗兰克·莫迪利亚尼和默顿·米勒发表了一系列关于资本结构的重要文章。自从他们在1958年的《资本成本、公司财务和投资》（The Cost of Capital, Corporation Finance and the Investment）文中提出无税MM理论以后，他们又在1963年的《公司所得税和资本成本：一个修正》（Corporation Income Taxes and the Cost of Capital: A Correction）的文章中提出了有税MM理论。

（1）无税MM理论。

①假设。

第一，所有实物资产归公司所有。

第二，资本市场无摩擦，无税，无交易成本，没有破产成本。

第三，公司只能发行两种类型证券，一种是有风险的股票，另一种是无风险的债券。

第四，个人可以和公司一样按无风险利率进行借贷。

第五，投资者对公司利润和未来现金流的预期都是相同的，即共同期望假设。

第六，现金流是不断增加的。

第七，所有公司可以归入几个“相等的风险等级”中的某一类，在此等级中，公司股票的收益率与同等级其他公司股票完全相等。相同风险等级的股票相互间完全可以替代。

②命题1。

命题1（MM Proposition I）实为公司价值模型，它表示为：任何公司的市场价值与其资本结构无关，不管有无债务，公司的价值都等于所有资产的期望收益，即预期息税前收益（earnings before interest and tax, EBIT）除以适用其风险等级的期望收益率。

假设有一个j公司，属于风险等级k，在可预测的未来，每期的息税前收益为$\overline{EBIT_j}$。该公司负债的市场价值为D_j，股票的市场价值为S_j，所有公开发行的证券价值为V_j。则根据MM理论的命题1，对于风险等级为k的公司j来说，其市场价值（V_j）为：

$$V_j = S_j + D_j = \frac{\overline{EBIT_j}}{\rho_k} \tag{5-13}$$

其中：ρ_k表示k类公司的期望收益率。

式（5-13）表示任何公司的市场价值与其资本结构无关，仅跟公司的盈利水平和公司所处的风险等级有关，即公司价值由未来预期收入按所处风险等级的期望收益率贴现得到。

无税MM理论模型证明，如果杠杆公司的债务资本和权益资本的市场价值与另一家无杠杆公司的市场价值不同，则套利的可能性存在。个人投资者运用“自制杠杆”进行套利，从而达到无套利均衡。由于我们假定公司处于同一行业，拥有相同的业务和经营风险，能够以无风险利率借款，这就使这些投资者可以在自己的资产组合中制定或不制定杠杆作用率。

③命题2。

命题2（MM Proposition II）为公司股本成本模型，表示杠杆公司的权益资本成本等于同一风险等级中某一无杠杆公司的权益资本成本加上根据无杠杆公司的权益资本成本和债务资本成本之差与负债比率确定的风险报酬。

根据无税MM理论，每股股票的期望收益率等于同等级内的无负债公司资本成本ρ_k，加上一个风险溢价，该风险溢价为负债和权益之比乘以ρ_k和r（债务融资成本）之差。公司股票预期收益是该公司负债与权益比率的线性函数：

$$k_j = \rho_k + \frac{D_j}{S_j}(\rho_k - r) \tag{5-14}$$

式（5-14）表示：随着债务的增加，公司权益资本成本将上升。债务融资成本较低，但是，低成本举债带来的利益正好被权益融资成本的上升额完全抵消。因此，在无税环境下，资本结构与公司资本成本无关。

④启示。

米勒和莫迪利亚尼认为，在无税环境下，经理人无法通过包装公司的证券来改变其价值。无税MM理论研究在20世纪50年代被认为是具有开创性的工作，无税MM理论和无套利均衡分析方法从此广受赞誉。无套利均衡分析方法更是被誉为现代微观金融学的发端。

无税MM理论有两处不切合实际的假设：第一，税收被忽略了；第二，未考虑破产成本和代理成本。尽管无税MM理论给出了资本结构与企业价值无关的结论，但是，现实世界的管理者并没有因此漠视资本结构决策。相反，几乎所有的行业都有其所墨守的资本结构。

（2）有税MM理论。

①假设。

1963年，弗兰克·莫迪利亚尼和默顿·米勒在《公司所得税和资本成本：一个修正》（Corporation Income Taxes and the Cost of Capital：A Correction）的文章中，对1958年《资本成本、公司财务和投资》（The Cost of Capital，Corporation Finance and the Investment）一文中的一个错误命题进行了修正。他们将无公司所得税假设放松后发现，举债会因为税盾效应而增加公司的价值，公司的负债比重越高，公司价值越大。

②命题1。

命题1为企业价值模型。该模型表示，杠杆企业的价值等于同一风险等级中某一无杠杆企业的价值加上税盾效应的价值。其公式为：

$$V_L=\frac{\overline{EBIT_j}(1-\tau_c)}{\rho^\tau}+\frac{\tau_c rD}{r}=V_U+\tau_c D \tag{5-15}$$

式（5-15）中，τ_c 表示公司所得税税率，D 为债务总额，V_U 是没有债务税盾效应的企业的现金流量现值，即无杠杆公司的价值，ρ^τ 表示税后期望收益率，r 表示利率。杠杆公司的价值为无杠杆公司价值与 $\tau_c D$ 之和。式（5-15）意味着，公司一旦引入所得税，杠杆公司的价值会超过无杠杆公司的价值，负债越多，两者差异越大。极端地说，当负债为100%时，公司价值达到最大。

③命题2。

命题2为企业权益资本成本模型。由于权益资本的风险随财务杠杆上升而增大，因此，期望收益率与财务杠杆之间存在正相关关系，即杠杆公司的权益资本成本等于相同风险等级的无杠杆公司的权益资本成本加上一笔风险报酬。其公式为：

$$k_j=\rho^\tau+\frac{(\rho^\tau-r)(1-\tau_c)D_j}{S_j} \tag{5-16}$$

式（5-16）中，k_j 和 ρ^τ 分别为杠杆公司和无杠杆公司的权益成本。式（5-16）给出了这样的内在逻辑关系，即公司的权益成本会随着债务资本的增大而增加。尽管股东所面临的财务风险会随着杠杆的提高而增加，但是，由于式（5-16）中的 $(1-\tau_c)$ 小于1，税盾效应使权益资本成本上升的幅度低于无税时上升的幅度，因此，公司加权平均资本成本会随着杠杆的提高而下降。

④启示。

在现实经济活动中，公司的资本成本在各部门或各行业间并不呈现随机分布，而是具有一定的规律性。由于资本结构和资本成本分别与公司价值具有现实相关性，因此，有税MM理论在实际经济活动中具有一定的解释功能。但是这种解释功能比较有限。有税MM理论所使用的分析方法还是无套利均衡分析方法。

2.代理成本理论

1976年，詹森和麦克林（Jensen and Meckling）提出了代理成本理论。他们认为，债务资本和权益资本都存在代理成本问题，资本结构由各方利益冲突引发的代理成本决定。

（1）代理成本。

詹森和麦克林将公司资本划分成由公司经理持有的内部股权、由公司外部股东持有的外部股权和债务。与这些资本相对应，公司的代理成本可以分成两类：与外部股权资本有关的代理成本和与债务资本有关的代理成本。

①与外部股权资本有关的代理成本。

詹森和麦克林观察到，当公司经理拥有100%公司股票时，公司的所有权和控制权并没有分离。这意味着经理将做出使其利益最大化的决策，即为其行为承担所有成本，并获得全部收益。一旦经理将公司股票的一部分（α）出售给外部投资者（外部股东），代理成本将产生于经理（代理人）与外部股东（委托人）之间的利益冲突。该经理将部分股份出售后，其股票份额下降至$1-\alpha$，经理将为其行为承担$1-\alpha$的成本。这就给经理一种激励，通过卖掉公司的一部分股票，他在以额外津贴方式挪用大量公司资源时仅仅承担了比例为$1-\alpha$的相应成本。但是，外部股东愿意在对监控和管束经理行为方面花费更多的资源，委托人的监控支出和代理人的管束支出是经理与外部股东冲突的代理成本，但不是全部。委托人监控支出是指，为约束经理人行为，由外部股东向经理人提供的适当激励；代理人的管束支出是指为了限制经理人行为而应付给经理人的消费资源。经理人和外部股东的最大冲突在于：当经理的股份下降后，其付出巨大热情和代价去寻求NPV大于零的项目的激情和冲动也会下降。

②债务的代理成本。

债券融资在缓解经理和外部股东之间的冲突的同时，还产生了新的利益冲突，即公司股东（代理人）和债权人（委托人）之间的冲突。在自有资金很少的融资结构下，公司股东也具有很强的利用债务融资进行投资的冲动。即便投资成功的概率很低，他们也会乐意为之。理由是：如果投资成功，股东就能获得大部分收益，如果投资失败，债权人将承担大部分损失。因此，债权人会采取有效的方法来阻止这种行为，他们愿意用债务契约来限制经理和股东引起债务价值减少的行为，在债务契约中加入详细限制条款，这些条款能够限制经理们诸多不利于债权人的行为。从而形成了由债权人对经理和股东进行监控和管束形成的代理成本。

但是，这些条款使得债务协定的磋商和执行成本极大，并且这些约定在尽量减少经理人做出有损公司价值的决策的同时，也阻碍了经理人寻求增加公司价值的项目的积极性。债务契约致使股东做出次优而非最优的投资决策，低效的投资决策会使债务价值降低。如果债权人能够预知股东将来的行为，股东将替债权人承担这种损失。在这种情况下，一旦股东从事冒险投资或无效投资，由此引发的股价下跌损失超过从债权人处转移来的财富，这种效应称为“资产替代效应”，是代理成本之一。

（2）外部股权代理成本和债务代理成本的均衡。

在詹森和麦克林构建的模型中，如果公司为无杠杆公司，则公司价值等于经理持有股票和外部股票的市场价值之和。为了减少股权代理成本，将在公司的资本结构中用债券代替股票，此时，公司价值等于经理持有股票、外部股票的市场价值和债务市场价值的总和。如果考虑代理成本，那么，某一给定规模的公司的实际价值将由代理成本决定。图5-1中，曲线$A_{so}(E)$表示与外部股权融资有关的代理成本，曲线$A_b(E)$表示与债务融资有关的代理成本。总代理成本为$A_t(E)=A_{so}(E)+A_b(E)$。

图5-1显示，横坐标E表示外部股权资本和债务资本之比，E越大，公司财务杠杆越小，反之则越大。资本结构与代理成本的关系为，财务杠杆与外部股权资本的代理成本成反比，而与债务资本的代理成本成正比。

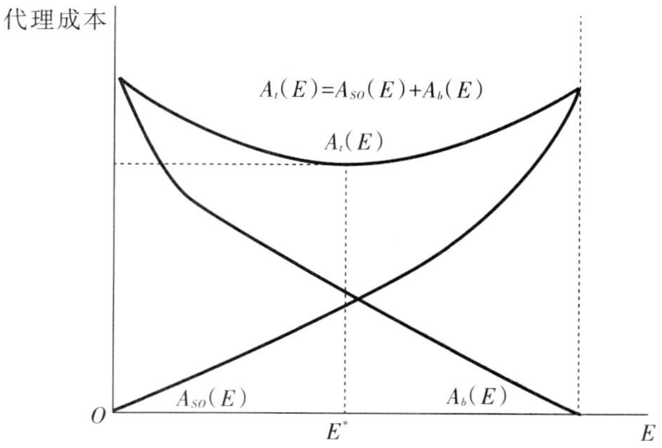

图5-1　资本结构与代理成本的关系

就与外部股权资本有关的代理成本$A_{so}(E)$而言，当E等于0时，由于没有外部股权，经理利用外部股权的动机最小。反之，这种动机会增强，代理成本也将随之上升。因此，与外部股权资本有关的代理成本与E成正比。

就与债务资本有关的代理成本$A_b(E)$而言，当E为0时，所有外部资本几乎全部来自于债务，此时，经理试图从债权人手中转移财富的动机非常强，代理成本达到最高。反之，公司债务资本很少，经理可以转移的财富减少，同时，在公司总资本需求不变的情况下，经理本身权益下降，经理从债权人手中转移财富的冲动锐减。因此，与债务资本有关的代理成本和E成反比。

曲线$A_t(E)$表示外部股票和债务融资的不同组合所形成的代理成本总和公司最佳资本结构为总代理成本最小时所对应的资本结构（E^*），该均衡点下的E可以通过"存货模型"算出。然而，在现实经济活动中，由于资本结构受制于诸多因素，该均衡点的解几乎找不到。

3.权衡理论

20世纪60年代末，西方金融学家循着MM理论的分析方法，将MM理论的假设条件进行释放，在此基础上来研究资本结构与资本成本以及与企业价值的关系。由此形成了两个流派，一派是研究各类税收差异与资本结构关系的"税盾学派"或"税收学派"，另一派是研究破产成本对资本结构影响的"破产成本学派"。这两个学派最后归于"权衡理论"。"权衡理论"形成于20世纪70年代，其主要观点是公司的最优资本结构应该在税盾效应和破产成本之间进行权衡。

（1）早期权衡理论。

早期权衡理论同时考虑税盾效应和破产成本对公司价值的影响。该理论认为，由于债务融资可以产生税盾效应，公司可以通过增加债务资本来增加其市场价值。然而，随着债务资本的上升，公司的破产风险也随之增加，公司面临财务困境的概率上升，破产成本的发生致使公司的市场价值下降。因此，存在一个最佳资本结构，即边际破产成本等于边际税盾效应时的债务资本和权益资本的比率。

根据早期权衡理论，公司市场价值为权益资本的市场价值加上税盾效应的现值，再减去破产成本的现值，用公式表示为：

$$V_L = V_U + PVTS - PVFD \tag{5-17}$$

其中：*PVTS*和*PVFD*分别表示税盾效应现值和破产成本现值。

财务杠杆与企业价值的关系可以用图5-2表示：

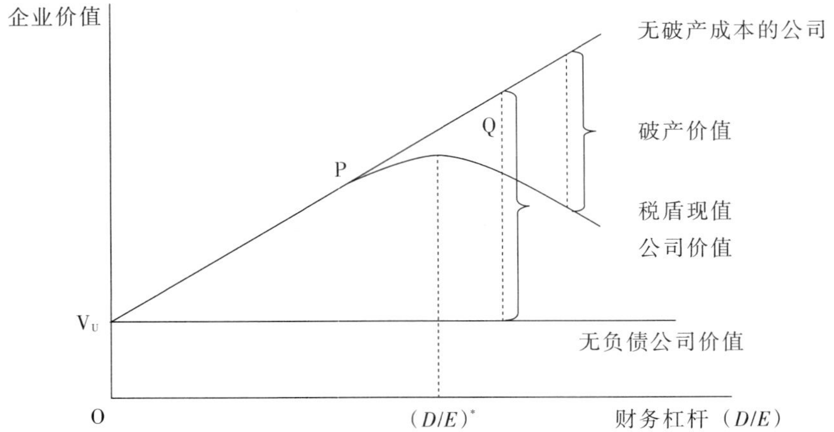

图5-2　财务杠杆与公司价值的关系

图5-2显示，如果公司为无杠杆公司，则其市场价值为V。随着公司债务资本的出现，公司财务杠杆开始发挥效应，税盾效应使公司的价值提高。在公司价值低于点P时，不发生破产成本，公司的价值是无杠杆企业价值与税盾效应现值之和。但是，当企业价值超过P时，财务杠杆的负面作用开始显现，出现了破产成本。企业价值和财务杠杆之间的关系就不再是线性关系了。一开始，由于边际税盾效应大于边际破产成本，公司还会继续增加债务资本。当公司价值处于Q点时，由于边际税盾效应等于边际破产成本，因此，公司价值达到最大化。这时，公司有了最佳资本结构。过了Q点，边际税盾效应小于边际破产成本，公司价值开始呈下降趋势。

权衡理论在MM理论的基础上又进了一步。权衡理论引入均衡的概念，使资本结构具有了最优解。然而，权衡理论中所涉及的破产成本估算起来十分困难。因此，在公司金融实践中，寻求最优资本结构几乎是不可能的。权衡理论进一步放宽了MM理论中无财务困境成本的假设，探讨了在破产成本存在的条件下，股东、债权人之间的关系变化及对公司市场价值的影响，这种研究更贴近现实。

（2）后期权衡理论。

后期权衡理论的主要特点是将早期权衡理论中的成本进一步加以拓展，同时引入了代理成本和非负债税盾效应等内容。这是后期权衡理论的重要贡献。

关于非负债税盾效应，我们先从其概念入手。前文所涉及的税盾效应是负债税盾效应，即举债减少了纳税额，公司价值由此增加。但是，不举债也会产生税盾效应，比如，公司拥有数额巨大的折旧或摊销时，会由此减少税前利润，从而产生税盾效应。这就是“非负债税盾效应”。

代理成本实际上是由利益冲突引起的额外费用。比如，当公司破产危机增加时，代表股东利益的经理层会采取次优甚至非优决策，用股票价值最大化来替代公司市场价值最大化，从而减少了税盾效应现值，并因此降低了公司价值。

后期权衡理论认为，将税盾效应拓展至非负债税盾效应后，丰富了税盾效应的内涵。债务融资提升了财务杠杆，增加了破产成本，也增加了代理成本定程度上抑制了公司债务融资的冲动。因此，公司市场价值可用以下公式表达：

$$V_L = V_U + PVTS - PVFD - PVDC \quad (5-18)$$

其中：$PVTS$表示税盾效应现值；$PVFD$表示财务困境成本现值；$PVDC$表示代理成本现值。

公式（5-18）和公式（5-17）在说明股东、债权人之间的关系变化及对公司市场价值的影响上具有共同性，但是，公式（5-18）的前提条件更多，除了破产风险外，还有代理成本。因此，公司市场价值在实现最大化的过程中，具有更多的约束条件。

4.融资次序理论

20世纪80年代，迈尔斯（Myers）和马吉夫（Majluf）提出了新优序理论（peaking order）。事实上，优序理论最早出现在20世纪60年代，唐纳森（Donaldson）的研究发现，公司偏好内部融资，除了不可避免的资金需求外，排斥外部融资。如果外部融资是不可或缺的话，则优先考虑债务融资，最后才考虑股票融资。这就是融资的优先顺序。这一融资排序的理由是：首先，内部资金可以避免发行成本；其次，债务融资成本低于股票发行成本。

1984年，迈尔斯和马吉夫首先基于信息不对称理论提出了不同于20世纪60年代的优序理论，为区别起见，该理论称为新优序理论。迈尔斯和马吉夫认为，融资成本的大小还不足以作为融资排序的依据。新优序理论最完整的阐述是由迈尔斯和马吉夫共同完成的，他们根据信息不对称理论提出了理论上的可行方案。

新优序理论的框架有以下几个基本点：第一，股利政策是黏性的，经理人不惜一切代价去维持稳定的股利支付，而且不会因为其当前利益的暂时波动来调增或调减股利。第二，相对于外部融资，无论是股票还是债券，公司更喜欢从内部进行融资，比如，增加留存收益或利用折旧回收额。第三，如果必须进行外部融资，公司会对其能发行的证券作如下排序——最安全的债券、有些风险的债券、可转换债券、优先股和普通股，显然，普通股融资作为最后的融资手段。第四，公司经理人要比外部投资者更了解公司的盈利状况以及投资情况。第五，公司管理者代表现有股东的利益。第六，信息不对称，如果公司的经理人发现了一个非常好的净现值为正的投资机会的话，他们无法将这一信息通过适当的方式传递给外部股东，因为他们的言论不会被相信。

假定ΔN是股票的溢价或折价数，即$\Delta N = N_1 - N$。$\Delta N > 0$表示新股折价发行（即股票发行价低于股票真实价值），$\Delta N < 0$表示新股溢价发行（即股票发行价大于股票真实价值），则当：

$$y \geq \Delta N \tag{5-19}$$

该公司经理将发行股票并投资。

如果$\Delta N < 0$，即公司经理的内部信息不是有利的，公司可以进行股票融资并进行项目投资。但是，从投资者角度看，由于此时的股票价值被高估，投资者将拒绝购买股票，除非公司已经耗尽它的“负债能力”。也就是说，除非公司已经发行足够多的债券，使得再发行更多的债券将面对大量的附加成本。因此，投资者能够有效地促使公司遵循“新优序理论”。

如果$\Delta N > 0$，即公司经理拥有有利的信息，则发行债券比股票好，公司老股东可以独享“好项目”的投资收益。如果此时发行股票，那么，新股东会从折价中获益，并与老股东分享正值净现值项目的投资收益。与之相反，老股东既失去了独享“好项目”的投资收益，其持有的股票真实价值又被投资项目稀释。因此，公司老股东宁愿放弃正值NPV的项目，也不愿折价发行股票。

如果我们能够缩小ΔN，那么，投资项目可在不稀释现有股票的真实价值的情况下融资。而缩小ΔN的方法是发行最安全的证券。事实上，债券的ΔN的绝对值小于股票的ΔN。如果发行的债券为无风险债券，则ΔN趋于零。因此，迈尔斯给出了以下两个重要结论：

第一，债务优于股票发行。如果公司必须利用外部资金，则举债融资优于发行新股融资。如果投资项目为正NPV的项目，那么，公司股东愿意通过举债方式筹集项目所需资金，而不愿意发放新股融资。在举债融资情况下，债权人仅仅以利息的方式对项目有要求权，现有股东独享剩余要求权。在发行新股的情况下，新股东和现有股东一样以投资收益的方式对项目有要求权。因此，如果项目所需的资金一定由发新股解决，公司宁可放弃正净现值的投资项目。

第二，外部融资成本不是融资顺序的唯一决定因素。一般而言，外部融资成本是指管理和承销证券的成本，并且在有些情况下，新证券定价偏低也是一种成本。在信息不对称条件下，折价发行新股为正NPV项目融通资金，可能会导致现有股东遭受净损失。在这种情况下，公司可以选择不发行股票，宁可放弃一个净现值为正的投资机会。如果公司能保留足够由内部产生的自由现金流量去投资于净现值为正的投资机会，那么，就可以弥补这种成本。

§5.3 股利政策与长期投资决策

5.3.1 股利政策

股利政策有狭义和广义之分。狭义的股利政策，即普通股股利的支付比例，而广义的股利政策则包括多个方面，如确定宣布股利日期、确定发放股利的比例、股利资金的筹集等。

不同的股利政策会对公司的股票价格产生不同的影响，因此对于公司而言，需根据企业发展实际情况和未来前景，制定适当、合理的股利政策。具体来说，股利政策类型包括以下4种。

1.剩余股利政策

剩余股利政策是指公司在有着良好的投资机会时，在确定最佳资本结构的前提下，净利润首先应满足公司各项投资的需要，若有剩余，再进行股利分配；如果没有剩余，则不派发股利。这种形式的股利政策主要以满足公司的基本需求为出发点，注重于扩大再生产，主要考虑从收益中获得资金。从本质上讲，这种股利政策实质上是公司的一个筹资决策，现金股利仅仅是一个被动的剩余额。剩余股利政策是MM理论在股利分配实务中的具体应用，是一种投资优先的股利分配政策。

剩余型股利政策的优点在于：可以使上市公司利用最低成本的资金来源，保持合理的资本结构。在二级市场上，虽然投资者根据这种股利政策所取得的股利较少，但由于公司有大量的净收益大于零的机会，发展前景良好，因而其股票价格往往会大幅上升，这同样会给投资者以理想的回报。但是，实行剩余股利政策会使公司每年的股利发放额处于经常变动的状态，即当公司的投资项目多时，股利发放额就少，反之，股利发放额就多。公司的股利发放额与投资项目的多少成反比例变动。因此，实行剩余股利政策的公司无法吸引渴望有稳定股利收入的投资者。

2.固定股利或稳定增长股利政策

这一股利政策要求企业在相当长的一段时期内支付固定的股利（如图5-3所示），只有当企业对利润增长有信心并且会持续增长时，才会增加每股股利水平。实施这种稳定的股利政策，有利于向投资者传递公司经营稳健、风险较小的信息，有利于提高投资者对公司的信心，尤其会受到风险厌恶型、希望每期收到固定收入的投资者欢迎，有利于股票价格的提高。但这种只升不降的股利政策会给公司的财务运作带来压力，要求公司能够对其未来的支付能力做出较准确的判断，如果判断不准确，会使公司面临较大的财务压力，尤其是当公司出现突发的短暂性经营困难时，为了保证股利的支付，会影响公司的经营状况。这种股利政策为国外大部分上市公司所采用，能够较好地保护投资者的利益。

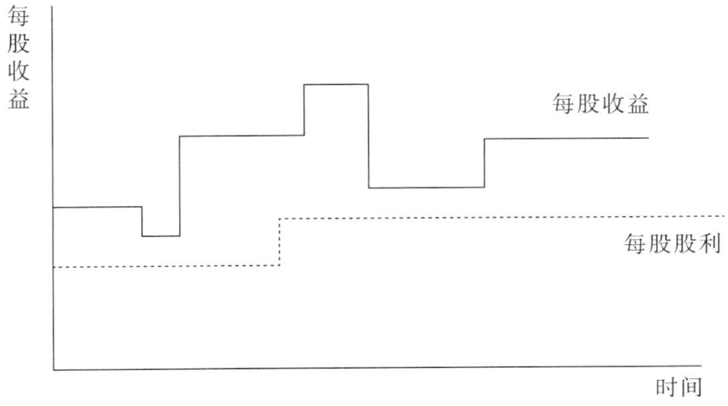

图5-3　固定股利或稳定增长股利政策示意图

3.固定股利支付率股利政策

固定股利支付率政策是公司先确定一个股利占公司税后盈利的比率，并长期按此比率发放股利的政策，如图5-4所示。这种股利政策使股利与企业盈余紧密地结合在一起，各年股利发放额随着企业经营的好坏而上下波动，获得较多盈余的年份就多发放股利；反之，获得盈余少的年份就少发放股利。从企业支付能力的角度看，这是一种真正稳定的股利政策，使公司的财务状况基本上能够保持稳定。但是从投资者的角度来看，却会认为公司股利分配额频繁变化，公司经营不稳定，自己未来收益不明确，投资风险大。另外，这种股利政策比较僵化，不够灵活，当有好的投资项目出现时，公司可能会因为支付股利而缺乏现金流而错失机会。所以，上市公司一般不采用这种股利政策，只有税后利润和财务状况较为稳定的公司才会采用这种政策。

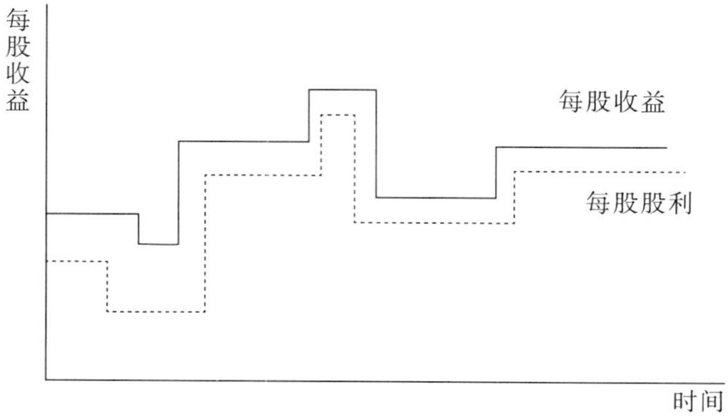

图5-4　固定股利支付率股利政策示意图

4.低正常股利加额外股利政策

低正常股利加额外股利政策是指在一般情况下，企业每年只支付较低的正常股利，只有在企业经营非常好时，才支付正常股利之外的额外股利。在这种股利政策下，通常情况下一般都能稳定发放低正常股利，而且当企业盈利很少或需要多留存盈利时，仍然可以发放固定的正常股利，这样能增强股东对公司的信心。当企业盈利较多时，还可以给股东发放额外股利，有利于公司形象的提升。另外，低正常股利加额外股利政策在股利发放上的灵活性可以使公司具有较大的财务弹性，有利于公司抓住出现的投资机会。但这种股利政策也存在一些缺点：第一，仍然缺乏稳定性，盈利的变化使得额外股利不断变化，时有时无，使得投资者的信心得不到保证；第二，当公司在较长时期一直发放额外股利时，股东可能误认为是“正常股利”，一旦取消额外股利的发放，容易造成“企业财务状况恶化”的误解，从而降低对公司股票的评价，导致股价下跌。

5.3.2　长期投资决策

长期投资决策的主要目标是使原投资额获得最佳报酬，考虑货币时间价值的计算方法是进行长期投资决策的基础。长期投资决策的核心问题是计算和评价长期投资项目的经济效益，而一个投资项目的经济效益取决于该项目的有关收入和支出。长期投资决策标准主要包括净现值方法、内部收益率方法和溢价原理等。

1.净现值方法

净现值方法衡量的是项目所带来的股东财富预期增加值，因此如果项目的净现值大于零，则接受这个项目；项目的净现值小于零，则拒绝这个项目。

折现率又可称为必要收益率，或者资本成本，反映的是在该项目的风险水平下，使用的债务及权益的成本。给定项目的折现率k，预期现金流CF和初始投资，就可以计算净现值，从而决定是接受还是拒绝该项目，计算公式如下：

$$NPV = \sum_{t=1}^{n}\frac{CF_t}{(1+k)^t} - I_0 \tag{5-20}$$

净现值方法的优点包括：①考虑了资金的时间价值；②考虑了全过程的净现金流量；③考虑了投资风险，如果风险较大，则用较高的折现率，如果风险较小，则用较低的折现率。

净现值方法的缺点包括：①很难确定合适的折现率；②当项目的初始投资额度不等时，对于净现值大于零的项目无法准确判断采用哪个项目更加合适。

2.内部收益率方法

由资金的时间价值可知，净现值与资本成本之间存在着反向关系。其他条件不变，随着资本成本的逐渐升高，净现值由较大的值逐渐降低至零，进而变成负数。

项目的内部收益率（IRR）是使净现值等于零的资本成本。

$$NPV = \sum_{t=1}^{n}\frac{CF_t}{(1+IRR)^t} - I_0 = 0 \tag{5-21}$$

由式（5-21）可知，如果项目的内部收益率大于资本成本，则意味着项目的净现值大于零；如果项目的内部收益率等于资本成本，则项目的净现值等于零；如果项目的内部收益率小于资本成本，则项目的净现值小于零。因此，如果项目的内部收益率大于资本成本，则项目可以接受；如果项目的内部收益率小于资本成本，则项目不可以接受。以上是基本的内部收益率法则，内部收益率方法是净现值方法的重要替代。

3.溢价原理

本部分主要介绍基于溢价原理的市盈率（price-earnings ration）方法。股票的市盈率等于股票价格与每股盈利（EPS）的比值。例如，苹果公司股价为450美元，每股盈利为15美元，则苹果公司的市盈率为30。

在股票的估值中，有：

$$price\ per\ share = \frac{EPS}{r} + NPVGO$$

两边同除以每股盈利可得：

$$PE = \frac{price\ per\ share}{EPS} = \frac{1}{r} + \frac{NPVGO}{EPS} \tag{5-22}$$

上式表明，市盈率与增长机会的净现值（net present value of growth opportunity,

NPVGO）有关。例如，两个公司的每股盈利均为1元，一个公司具有许多价值增长机会，而另一个公司不具有任何价值增长机会，具有价值增长机会的公司价值更高，因为投资者买入的是当前的收入1元和未来的价值增长机会。此外，根据市盈率计算公式，我们可以知道折现率r和每股盈利也会对市盈率产生影响。公司的市盈率与折现率负相关，而折现率与股票的风险正相关，所以公司的市盈率与股票风险负相关。公司会计方法的选择，如存货的计价方法就有先进先出法（first in first out，FIFO）和后进先出法（last in first out，LIFO），在通货紧缩的环境中，LIFO会低估存货成本而增加盈利，进而影响市盈率。

在增长机会、风险和会计方法这三个影响市盈率的因素中，增长机会对市盈率的影响最重要。例如，高科技公司的市盈率比增长机会较低的公司（如公用事业公司）的市盈率高，尽管公用事业公司一般具有较低的风险。在行业内部，增长机会的不同同样是造成市盈率差异的重要原因。谷歌公司具有高市盈率是因为其增长机会，而不是因为低风险或保守的会计方法。事实上，因为成立年限较短，谷歌公司的风险比其行业内竞争者要高。微软公司的市盈率比谷歌公司的市盈率低得多，是因为其增长机会仅占其业务收入的很小一部分，但是，不容忽略的是，微软公司的市盈率在过去十年中都很高。

5.3.3 公司兼并与收购

1.公司兼并与收购的内涵

并购的英文包含两个词merger and acquisition（M&A），即兼并（merger）与收购（acquisition）。尽管兼并与收购两个词经常同时出现，但两者还是有所区别。

（1）兼并。

在Gaughan（2010）的Mergers，Acquisitions，and Corporate Restructurings一书中，他对兼并的解释是：**兼并就是两家公司的联合，其中一家公司保存下来，另一家公司丧失法人资格。**在兼并中，兼并公司承接被兼并公司的资产和负债。有时将这一类型的商业交易称为法定兼并（statutory merger），法定兼并不同于附属兼并（subsidiary merger），附属兼并也是两个公司的兼并，其中目标公司变成主并公司的附属机构或附属机构的一部分。Gaughan还指出，兼并不同于吸收合并（consolidation），吸收合并是两家或两家以上的公司联合组成为一家全新的公司，所有参加联合的公司自动解散，只有新公司继续运营。尽管兼并和吸收合并存在区别，但它们有时也被交换使用，一般而言，当两个规模相当的公司联合时，我们用吸收合并一词，而当两个规模相差很大的公司联合时，更多是用兼并一词。在实践中，经常不加区分，兼并既指两个规模相近又包括两个规模不同的公司的联合。

（2）收购。

“收购”一词在《布莱克法律大词典》的定义为：获取特定财产所有权的行为，一方由此取得或获得某些财产，尤其是通过任何方式获取实质上的所有权。收购方通过购买被收购企业的全部或者部分股权或资产，以实现控制被收购企业的目的。

一般来说，被收购企业成为收购方的全资子公司或业务分部，其法人地位存续。

兼并收购虽然经常共同使用，但它们之间仍然是有区别的：第一，兼并是两家公司之间的行为，是一家公司与另一家公司之间合作的结果，与自然人没有关系；而收购则可能是一家公司，也可能是某个自然人与另一家公司股东之间的交易。第二，兼并体现的是双方平等协商、自愿合作，兼并行为完全出于主并公司和被并公司的真实意愿，不存在“敌意”；而收购则分为善意和敌意，当被收购公司管理层拒绝收购公司的收购意向时，就会形成收购和反收购的对抗。第三，兼并是在公司与公司达成协议的基础上完成的，双方的权利与义务都通过协议来确定，最终通过签订合同的方式完成；收购的方式则有很多，包括熊式拥抱、要约收购、代理权争夺等。第四，兼并意味着被并公司全部资产或股权的转让；收购分为部分收购和全面收购。第五，兼并会导致被并公司实体消失，两个公司合二为收购中被收购公司不一定消失，如果收购公司只是收购其部分股权，则被收购公司仍会继续经营下去。

专栏5-2

微软意图收购雅虎

2008年2月，微软总裁鲍莫尔宣布，以总价446亿美元、每股31美元、现金加股票的方式向雅虎董事会发起要约收购，比当时雅虎的收盘价溢价62%。微软采取的是直接向雅虎董事会传达收购意向，并强势地宣称若双方意向不和，微软将直接与雅虎的股东联系，给雅虎董事会施加了巨大的压力。在接到微软要约收购的当天，雅虎董事会就回应称，“将审慎考虑，迅速采取措施，并认真评估雅虎的综合战略计划，做出最大化股东利益的决策”。市场上大多投资者都十分看好这次收购的前景。而两天后，雅虎却发布消息称，“评估过程存在不确定性，因此可能持续较长的时间”。消息一出，立刻在市场中激起阵阵波澜。

2月11日，也就是微软收购意向公告的10天后，雅虎正式发布公告拒绝微软的要约收购，称微软公司“极大地低估了雅虎的价值，包括我们的全球品牌、庞大的全球受众、在广告平台方面的大量投入、未来的发展前景、自由现金流、潜在的盈利能力以及在全球的投资等”。而微软的反应则是一如既往地强势，称将直接联系雅虎的股东，“确保雅虎股东有机会实现因微软并购出现的价值”。由于微软的股东在雅虎交叉持股的情况十分普遍，这让微软的威胁并不是空穴来风。

为了应对微软可能发动的代理权争夺，雅虎发动了所有资源进行反并购。首先，雅虎引入白色骑士，它陆续和一些潜在的收购者进行了接触，如Google、My Space、美国在线等公司，探讨了合并与收购的可能性。而随后，Google、美国在线纷纷发布，称将考虑和雅虎的并购事项，白色骑士浮出水面。然后，雅虎实施了“金色降落伞”，它颁布一项员工保障措施，一旦雅虎的控制权发生转让，所有员工将获得两年的保障，这两年不但不能对员工裁员，而且必须支付大笔的各项福利补贴。这一项典型的“金色降落伞”政策，很大程度上降低了微软收购雅虎的价值。另外，雅虎为了应对微软可能发动的代理权斗争、董事会改选，还特意推迟了股东大会。由于雅虎董事会对自身发展前景的良好预期，雅虎坚称微软严重低估了自己的价值，并坚持收购价格要调高至每股37美元。由于双方对雅虎公司的收购价格僵持不下，虽然微软后来略微调高了收购价格，最后要约收购仍然流产。2008年5月，鲍莫尔宣布放弃收购雅虎。

资料来源：高鹤．并购案例评鉴［M］．北京：中信出版社，2009.

2.公司并购的动机

公司并购的过程往往受各种因素影响，不同时期和不同市场条件下，并购的动因是不尽相同的，但是把企业做大做强、提高竞争力、使企业利润最大化是公司并购的根本性动因。

（1）追求协同效应。

从经济学的角度看，公司需要能够提升效率的激励，而通过并购活动，可以获得某种协同效应。所谓协同效应，是指在并购或收购完成之后，公司的整体绩效表现大于并购前独立的公司绩效之和，即所谓的“1+1>2”的效应。这一效应可能是来自并购完成后公司研究开发能力的提升、销售市场的扩张、管理能力的提高、生产效率的改善以及风险的分散化等方面。协同效应包括经营协同效应、财务协同效应和管理协同效应。

（2）实现公司战略性目标。

公司的并购行为通常是为实现其战略目标服务的，具体可以从以下几个方面来帮助公司趋近战略目标。

①并购有效地降低了进入新行业的障碍。

公司在进入新行业或者新市场寻求发展时，往往会遇到很多障碍，如资金、技术、信息、渠道等，这些障碍很难由直接投资在短期内克服，但却能通过并购来有效地突破。特别是某些关键技术为拥有该种技术的公司所专有，它不属于专利而属于可转让无形资产范畴。收购公司将拥有该项技术的公司作为目标公司，收购成功后就可以获取该项关键技术。

②实现公司战略转移。

由生命周期理论可知，产品和行业都存在各自的生命周期，即萌芽期、成长期、成熟期和衰退期。退出成熟期、衰退期行业或者出售与成熟期、衰退期产品相关的资产，借助并购进入萌芽期、成长期行业是公司战略转移的重要内容。

③推动公司成长。

公司做大做强有两种途径：一种是通过自身的利润积累持续扩大再生产，其好处是稳妥，债务负担轻；另一种是以并购方式向外扩张，其好处是速度快。

（3）基于委托-代理问题的考虑。

由于公司所有权和控制权相分离，代理人和委托人因彼此之间的信息不对称存在利益上的冲突。所谓的代理问题就是代理人和委托人利益并不完全一致，在委托人处于信息劣势、不能对代理人进行完全监督的情况下，代理人有动机为了自身利益做出有损于委托人利益的行为。由此造成的委托人利益受损的现象称为委托-代理问题，有时简称为代理问题。

解决委托-代理问题的一个市场机制就是并购，被并购的危险可能会代替个别股东的努力来对管理者进行监控。并购通过要约收购或代理权之争，可以使外部管理者战胜现有的管理者和董事会，从而取得对目标企业的决策控制权。委托-代理问题理论的一个方面是自由现金流量理论，这种理论认为，有些并购活动的发生是由于管理者和股东间在自由现金流量的支出方面存在冲突。所谓自由现金流量，是指超过公司可进行的净现值为正的投资需求以外的资金，自由现金流量必须支付给股东，以削弱管理层的力量并且使管理者能够更经常地接受公共资本市场的监督。

3.公司并购的类型

国内外公司并购的理论和实践中，公司并购依据不同的划分标准，有以下类型。

（1）按并购涉及的行业角度可划分为横向并购、纵向并购和混合并购。

横向并购，也称为水平并购，发生在竞争对手之间，如两个生产或销售相同、相似商品的公司之间的并购。横向并购的结果是资本和资源在同一生产、销售领域或部门集中，趋近最佳经济规模。在实质上，横向并购的目的在于消除竞争、扩大市场份额、增加垄断实力或形成规模效应。横向并购不涉及并购双方不熟悉的新领域，因此并购后的风险最小，并购后比较容易整合双方的资源，彼此融合，进而形成生产或销售的规模经济。它是早期并购运动最主要的形式。19世纪末到20世纪初，美国历史上的第一次并购浪潮主要就是以横向并购为主要特征。

纵向并购是处于生产同一产品的不同生产阶段的公司之间的并购，以形成纵向生产一体化。纵向并购可分为向后并购和向前并购，前者指并购供应厂商获取原材料供应来源，后者指并购自身客户。纵向并购主要集中在加工制造业和与其相联系的原材料供应、运输、贸易等部门。纵向并购主要优点是并购双方彼此熟悉，容易融合；生产过程各环节密切配合，缩短生产周期，减少运输、仓储成本，节约资源、能源等。纵向并购在20世纪上半期逐渐成为公司并购浪潮中的主要形式。

混合并购指既非竞争对手又非现实中或潜在的客户或供应商的公司间的并购，可分为三种形态：产品扩展型（a product extension merger）、市场扩张型（a geographic extension merger）和混合型。产品扩张型并购是指当一家公司需要另一家公司生产自己所不能生产但又与自己生产和销售有关的产品时，发生此两家公司的混合并购。市场扩张型并购是指一个公司为了扩大市场份额而对它尚未渗透的地区生产同类产品的公司进行并购。纯混合并购是那些生产和经营毫无关系的若干公司间的并购行为。混合并购的主要目的是减少长期经营一个行业所带来的风险。在现代科技不断发展进步的情况下，一种产品或一个行业的生命周期越来越短，市场需求变化越来越快，公司长期处于一个行业、生产一类产品的风险越来越大，因此许多公司希望通过混合并购实施多角化经营。在20世纪50年代，混合并购开始成为公司并购的主要形式。

（2）按并购是否取得目标企业的管理层同意与合作可划分为善意收购和敌意收购。

善意收购，也称友好收购、协议收购，通常指目标企业管理层同意买方提出的收购条件并承诺给予协助，故双方管理层通过协商来决定并购的具体安排，如收购方式（以现金、股票、债券或其混合来支付对价）、收购价位、人事安排、资产处置等。若目标企业对收购条件不完全满意，双方还可以进一步讨价还价，最终达成双方都可以接受的并购协议，并经双方董事会批准，股东会以特别决议形式通过。由于收购当时双方均有合并意愿，而且对彼此之间情况较为熟悉，故此种收购成功率较高。

敌意收购指买方在目标企业管理层对其收购意图尚不知晓或持反对态度的情况下，对目标企业股东强行进行收购的行为。在此种收购中，买方常用的手段有两种：一种是在公开市场上直接收购股票；另一种是针对股权分散的目标企业，以收购目标企业股东的投票委托书，使收购方投票权超过目标企业的管理层，就可以设法改组目标企业董事会，达到控制公司的目的，这称为委托书收购。敌意收购往往采取突然的手段，提出苛刻的收购条件而使目标企业不能接受，因此目标企业在得知收购公司的收购意图后可能采取一系列的反收购措施，如发行新股以分散股权、回购本公司发行在外的股份等。敌意收购的成功率远远小于善意收购。

（3）按并购中股份的来源可划分为要约收购、市场购买股票和协议收购。

要约收购又称为公开报价收购，指买方公开向目标企业全体股东发出收购要约，承诺在一定期限内按要约披露的某一特定价格收购目标企业一定数量的股份，以求大量获得股票，以股权转让方式取得或强化目标企业的控制权。由于要约收购是买方和目标企业股东之间的直接交易，所以股东是否出让手中的股权完全取决于股东个人的判断，往往收购要约的出价要高于目标企业股票的市场价格才具有吸引力，否则目标企业股东在公开市场上即可出售股票而不必卖给买方。

市场购买股票又称为集合竞价，对在公开市场上交易的上市公司，可以通过直接在市场上收购一定数量的股份达到控制目标企业的目的。早期许多公司并购就是通过这种方式进行的，但在现在的市场实施这种方式越来越困难，因为各国对公司收购都进行了详细的法律规定，如美国的《证券交易法》、我国的《公司法》中都有相关规定，当投资者在股票市场上购得某公司的股票达5%时，必须向监管部门报告并公开，这称为举牌，股价往往加速上涨，因此该方式成本过高，周期过长，不可控因素较多，收购者很难在股票市场上以持续购股的方式取得目标企业的控制权。

协议收购，又称为非公开收购，是指买方在证券交易所之外以协商的方式与目标企业的股东签订收购其股份的协议，从而达到控制该上市公司的目的。收购人可依照法律、行政法规的规定同被收购公司的股东以协议方式进行股权转让。由于在证券交易机构上市的公司的流通股交易必须严格遵守交易所规定，依照价格优先、时间优先的原则交易，因此上市公司的协议收购只能针对非流通股。该方式操作简便、保密性强、成交价格弹性大，是国内证券市场目前主要的收购方式。

（4）按是否利用目标企业本身资产来支付并购资金可划分为杠杆收购与非杠杆收购。

杠杆收购是指一家公司在银行贷款或金融市场借款支持下进行的收购活动，换言之，买方不必拥有巨额资金，只需要准备少量现金（用以支付收购过程中必需的律师、会计师、财务顾问等费用），加上以目标企业的资产及营运所得作为融资担保、还款来源所得的金额，即可兼并任何规模的公司。由于此种收购方式在操作原理上类似杠杆故而得名。杠杆收购的一般做法是由买方成立一家直接收购公司，再以该公司名义向银行借款、发行债券，以借贷资本完成收购。杠杆收购20世纪60年代出现于美国，80年代随着垃圾债券的流行而风行欧美。杠杆收购的突出特点是收购者不需要投入大量资金，一般在收购中所需的全部资金构成中，其资本结构有点像倒置过来的金字塔，在金字塔的顶层是对公司资产有最高级清偿权的一级银行贷款，约占收购资金的40%～80%；金字塔的中间是被统称为垃圾债券（junk bond）的夹层债券（mezzanine layer），约占收购资金的10%～40%；塔基则是收购方自己投入的股权资本，约占收购资金的5%～20%。

非杠杆收购指用主并企业自有资金及营运所得来支付或担保支付并购价金的收购方式，早期并购风潮中的收购形式多属此类。但非杠杆收并购不意味着收购公司不用举债即可负担并购价金，实践中，几乎所有的收购都是利用贷款完成的。不同的只是借贷数额的多少而已。

（5）按买方收购目标企业股份是否受到法律规范强制可划分为强制并购与意愿并购。

强制并购指按证券法律规定，当买方持有目标企业股份达到一定比例、可能操纵后者的董事会并进而对其他股东权益（尤其是小股东）造成影响时，买方即负有对目标企业所有股东发出收购要约，以特定出价购买股东手中持有的目标企业股份的强制性义务。除美国外，大多数国家或地区都有强制要约收购的要求，只是对“临界线”的规定不一，如澳大利亚、加拿大均为20%，我国为30%，中国香港为35%。

强制收购有以下几个特征：首先，要约义务的发生以收购人持有目标企业的股份使其在公司股东大会的表决权达到特定比例为条件。其次，收购人负有法定的发出公开收购要约的义务，非经主管部门依照有关法规予以豁免，收购人不能免除此项义务，收购要约的一些主要条件由法规确定，收购人不得自行加以更改。

意愿收购又称为自由并购，指一家公司根据自己的意愿，认为有实力获得目标企业的控制权，在持有目标企业任何比例股份下提出收购。

4.公司并购的操作过程

企业并购是一项持续时间长、环节众多、设计因素复杂的活动。一般来说要经过三个阶段：选择评估阶段、方案实施阶段以及整合阶段。

（1）选择评估阶段。

①制定公司发展战略。在形成明确的公司发展战略的情况下，公司需要考虑是否通过并购行为来实现发展战略。在经过公司股东大会或董事会通过后，形成初步的并购意见。

②确定并购目标。考虑并购对象的资产规模、行业领域、地理位置等，在此基础上寻找合适的并购目标。在经过初步考察后，基本确定目标公司。

③聘请中介机构。并购涉及政策法规及其他诸多因素，所以需要聘请专业机构为其提供专业性服务，如投资银行、会计师事务所、律师事务所、资产评估所等。

④目标公司调查。了解、核实目标公司的全面价值，发现潜在的问题，降低并购活动的风险，为公司并购方案设计以及交易谈判提供依据等。

⑤估值。对目标公司的估价是并购中非常重要的环节。在并购交易中，价格的高低是并购双方讨价还价的焦点。并购双方需要有一个出发点，也就是目标企业的基本价值。

⑥制定收购方案。中介机构在尽职调查的基础上，协助并购公司制定收购方案。

（2）方案实施阶段。

①确定支付方式。并购需要根据双方的具体情况选择适合的支付方式。一般而言，并购所采用的主要支付方式有：现金支付、股权支付、混合支付。

②签订并购协议。并购双方就并购事项协商一致后，正式签订并购协议。

③报批和信息披露。并购协议签署后，并购双方应履行相应的信息披露技术，并等待公司股东及监管部门的批准。对于涉外并购活动，往往需要得到不同国家监管部门的批准。

（3）并购后的整合阶段。

并购后的整合是指并购行为完成后，在并购战略框架的指导下，并购企业为了提高并购后的公司整体业绩，通过采取一系列战略措施、手段和方法，对并购后企业的诸多要素进行系统化的融合过程，如财务资产、组织和管理、人力资源、企业文化等。

专栏5-3

美团收购摩拜

共享单车已经融入我们的日常生活中，成为人们出行的重要方式之一。可是，2018年对于共享单车来说，好像进入了一个困境。深受大众喜爱的摩拜单车卖给了美团，引发无数人感叹，觉得摩拜单车被贱卖了。可是，当ofo小黄车也开始走下神坛，人们纷纷觉得摩拜的胡玮炜果断抽身才是真正的赢家。那么，对于美团来说，收购摩拜是对是错？

2018年4月，美团用27亿美元的价格，收购了摩拜单车，还承担了美团10亿美元的债务。而摩拜的投资方和创始团队，已经套现出局。王兴说，摩拜是少有的中国原创，难得的有设计感的品牌，将会和美团创造新的辉煌。

在市场一片看好共享单车的前景下，有些经济学家表态，共享单车是一个共享经济伪命题，找不到盈利模式，必然以失败收场。现在来看，这番话还是有道理的，共享单车的迅速崛起，离不开资本的融资，经过“烧钱大战”后，摩拜单车面临资金紧张。在经过股东大会商议后，摩拜单车决定卖给美团，还将10亿美元的债务转移给了美团。

对比坚持融资道路的ofo小黄车，由于没钱，身陷多重困境，负面新闻频出。目前共享单车的前景还不明朗，免押金是大势所趋，经过小黄车的“退押难”，如今的消费者更加愿意使用免押金的共享单车，共享单车也不可能一味地依靠融资烧钱。所以，摩拜团队的“卖身”决定，显然是很明智的，截至目前可谓名利双收。

对于摩拜团队来说，“卖身”是赚到了，摆脱了困境。可是对于美团来说，其实摩拜一直在拖美团的“后腿”。美团收购摩拜，是想要利用摩拜的“超级高频的流量入口”，进行引流，为美团的生活服务平台，进行填补空白区。可是，效果好像并不明显。

截至2017年12月，美团每月的点评活跃用户数量在2.89亿左右，收购摩拜后，每月活跃用户数量为2.9亿，看着是增加了一点点，但未必是摩拜单车引流而来。再者，美团想要实现的高频引流，也不可能只是这么一个数据目标。所以，美团收购摩拜，没有达到想要的预期流量增加效果。

没有引流并不可怕，但是效益没有提高，反而拉低了美团的业绩，才是真正的“拖后腿”。根据2018年11月22日发布的Q3财报数据，美团的净亏损达到了24.64亿元，对比2017年的同期亏损额度，已经扩大了约两倍。财报中还显示，美团收购的新业务是美团净利润亏损的重要原因，摩拜单车也包含在内。

美团的招股书上面，公布了摩拜单车收购成功后，总共26天的业绩，摩拜的收入是1.47亿元，但是折旧费用是3.96亿元，运营成本是1.58亿元，毛利率更是亏损4.07亿元。按照这个比例，摩拜单车每天的亏损额度高达1 560万元。按照这个数值，换算成整年，摩拜一年要亏掉57亿元，这个亏损自然是美团来承担。没有盈利，还要填补亏空，实在不是一笔划算的买卖。

相关数据显示，2018年美团的全年营收是158.2亿元，销售成本为117.9亿元。但是营收的增速远不及销售成本的增速，毛利率同比下降了16%。分析表示，美团摩拜单车等新业务，拉高了销售成本的17%，达到了21.9%。毛利率降低，代表着美团的业绩被拉低了。这些数据证明，摩拜对于美团来说，无疑是一个增加财务负担的“负资产”。

有人认为美团收购摩拜单车，是花钱买了一堆废铁。这个观点有点过于片面。一辆几百块的单车，每天可以骑行几次，可能几个月就能收回成本。但是，摩拜为了争夺用户量，进行“烧钱”，大规模地进行投放，这样平均到每辆车上的成本，自然会增加，可能需要几年的时间才能回本。资本是逐利的，看到项目没有足够的利益，自然会谨慎投资。

对于摩拜来说，不能确保长久的资金源，卖给美团，还可以让摩拜运营下去。

而对于美团来说，虽然摩拜单车没有拉动流量，还在拖业绩的后腿，但是，收益可能在未来。

美团最核心的竞争力还是餐饮外卖等服务项目，流量平台虽然很重要，但是优质的服务和口碑才是消费的源动力。你觉得美团收购摩拜单车，是对还是错呢？

资料来源：聚富财经. 美团收购摩拜是对是错？其实摩拜一直在拖美团“后腿”[EB/OL]. https：//baijiahao.baidu.com/s？id=1621545062270435622&wfr=spider&for=pc.［2019-01-02］.

本章小结

1.权益性融资和债务性融资是两种主要的公司融资决策。权益性融资是公司以自有资本筹集资金的方式，包括吸收直接投资、发行股票融资和留存收益融资三种方式。债务性融资是借款人允诺定期支付利息并到期偿还本金的一种借贷融资方式，包括银行贷款、企业债券、短期融资券、商业信用等多种资金筹集方式。

2.资本成本是指公司筹措和使用资金需要付出的代价，其影响因素主要有总体经济环境、证券市场条件、公司经营风险和财务风险以及公司融资规模等，其按用途可分为个别资本成本、综合资本成本和边际资本成本。杠杆增加了公司利润和现金流的波动性，主要包括经营杠杆、财务杠杆和总杠杆等。

3.股利政策主要包括剩余股利政策、固定股利或稳定增长股利政策、固定股利支付率股利政策和低正常股利加额外股利政策等。长期投资决策标准主要包括净现值方法、内部收益率方法和溢价原理等。

综合训练

5.1 单项选择题

1.下列各项中，能够引起企业自有资金增加的筹资方式是（　　）。

A.发行公司债券　　B.吸收直接投资

C.利用商业信用　　D.留存收益转增资本

2.普通股每股利润变动率相当于营业收入变动率的倍数表示的是（　　）。

A.营业杠杆系数　　B.财务杠杆系数

C.综合杠杆系数　　D.边际资本成本

3.债券成本一般低于普通股成本，这主要是因为（　　）。

A.债券的发行量小

B.债券的筹资费用少

C.债券的利息固定

D.债券利息可以在利润总额中支付，具有抵税效应

4.企业的盈利首先用于满足投资方案的资金需要，在此后如有剩余，再将剩余部分作为股利用于分配的股利政策，属于哪种股利支付类型？（　　）

A.剩余股利政策　　B.固定股利支付率政策

C.稳定增长股利政策　　D.固定股利

5.不存在财务杠杆作用的筹资方式是（　　）。

A.银行借款　　B.发行债券

C.发行优先股　　D.发行普通股

5.2　多项选择题

1.发放股票股利的优点主要有（　　）。

A.可将现金留存公司用于追加投资

B.可以使股权更为分散，有效地防止公司被恶意控制

C.帮助股东避税

D.减轻企业所得税负担

2.间接债务融资工具主要包括（　　）。

A.公开市场债务融资　　B.非公开市场直接融资

C.信用贷款　　D.担保贷款

3.资本成本的决定因素有（　　）。

A.总体经济环境　　B.证券市场条件

C.公司经营风险和财务风险　　D.公司融资规模

4.公司并购的动机主要有（　　）

A.追求协同效应　　B.基于委托-代理问题的考虑

C.实现公司战略性目标　　D.维持股价稳定

5.并购按涉及的行业角度可划分为（　　）。

A.横向并购　　B.纵向并购　　C.杠杆收购　　D.混合并购

5.3　复习思考题

1.公司长期资本的筹集方式有哪些？各具有哪些优缺点？

2.简述MM理论的主要内容。

3.什么是股利政策？股利政策可以分为哪几类？

4.兼并和收购有何区别？公司并购可分为哪几种类型？

5.公司长期投资决策标准有哪些？

第6章

金融体系与金融机构体系

【学习指南】

导读

在经济金融化、金融全球化的背景下，金融机构越来越成为市场经济的重要参与者，各类金融机构有各自的经营特点和优势，它们既相互分工、又相互补充，统一地构成了金融体系。本章首先概括性地介绍了金融体系的相关含义、构成和分类；然后介绍了世界上两种不同的金融体系的历史演化过程，由于不同国家的文化历史背景不同，逐渐演化出两种不同的金融体系；最后概括性地介绍了一般金融机构体系的构成，重点介绍了各类金融机构的各自的运营特点和特征，并进一步介绍了我国改革开放后逐步形成的金融机构体系，以供大家学习和掌握。

关键概念

金融体系　金融体系结构　金融机构　中央银行　商业银行　专业银行 投资银行　投资基金　保险公司

引例

美国的住房按揭机构

1938年之前，美国住房按揭贷款和中国现在的形式类似。商业银行等金融机构，都是自己吸收存款、自己放贷给借款人、自己承担风险。银行的按揭贷款很有限，按揭贷款期限较长降低了银行资金的流动性。贷款供应有限，老百姓买不起房子。为了让更多家庭有能力买房子，美国1938年推出了半政府机构——联邦住房按揭贷款协会（Federal National Mortgage Association，FNMA，英文昵称“Fannie Mae”，即“房利美”），它的作用是买银行想卖掉的按揭贷款，银行可以把按揭贷款卖给联邦住房按揭贷款协会。于是，银行的按揭贷款就成了“活钱”，减轻了银行流动性风险，增加了银行放贷的热情。结果，银行风险小了，愿意多发贷款，普通百姓于是能够买得起房子了。

联邦住房按揭贷款协会的资金有限，为增加按揭贷款资金的供应量，也为分摊联邦住房按揭贷款协会的贷款风险，美国1970年又成立了名为政府国民抵押贷款协会（Government National Mortgage Association，GNMA，英文昵称“Ginnie Mae”，即“吉利美”）的半政府机构，专门将买过来的住房按揭贷款打成包，然后将贷款包分成股份，变成证券向投资者出售。这种“按揭贷款证券”（mortgage backed securities）使得住房按揭贷款的流动性增加、按揭贷款资金的供应量大大增加。按揭贷款风险不再只由银行和联邦住房按揭贷款协会承担，而是分摊到成千上万的投资者手中，分摊到全球各地的投资者手中。

吉利美的担保计划极大地繁荣了住宅抵押贷款二级市场，开创了延续至次贷危机爆发前的资产证券化浪潮。但吉利美担保计划只针对FHA和VA保险或担保的贷款，而20世纪70年代左右占到所有住宅抵押贷款约80%的普通贷款几乎没有二级市场。为此，联邦住宅贷款抵押公司（Federal Home Loan Mortgage Corporation，FHLMC，英文昵称“Freddie Mac”，即“房地美”）应运而生。

后来，住房按揭贷款进一步证券化，华尔街也加入这个金融链条中。华尔街把各种住房按揭贷款打成包之后，再将这些贷款包的“未来收入流”分拆成A、B、C、D四层“子证券”。这样，如果这些按揭贷款出现坏账，那么，最初的5%损失由D层的证券投资者承担，如果损失超过5%，5%至10%间的损失由C层的证券投资者承担，10%至20%间的损失由B层的证券投资者承担，20%以上的损失由A层的证券投资者承担。这样，便分散了风险。

证券收入税率差异很大，不同类型的按揭贷款证券进一步打成包，再以基金或衍生证券的形式把这些衍生证券包分成股份卖出去，就是SIV（structured investment vehicle）。其目的是为不同风险偏好的投资者提供各类风险水平的诱饵、为不同税率的投资者提供避税的诱饵。比如，按揭贷款抵押证券每年的利息收入属普通收入，税率约40%。如果是证券，投资者价格上升的升值收入则属资本收入，其个人所得税的税率约20%。因此，私人投资者不愿要利息，而愿要资本升值收入，就是为了避税；而退休基金、捐赠基金等机构投资者由于不缴所得税，它们更喜欢利息收入。于是，将按揭贷款抵押证券分成两种证券，投其所好：一种证券卖给退休基金类机构投资者，另一种证券卖给私人投资者。

从美国住房贷款的发展进程我们可以看到，金融体系在不断丰富和发展，金融体系实际上就是为上述问题提供一种或几种解决的方法。运转良好的金融体系是一个经济社会健康运行的关键要素，我们需要深入了解其基本结构、演化历史和主要功能。那么，现在金融体系中都包含哪些金融机构呢？其提供的金融服务有哪些特点呢？

资料来源：陈志武．金融的逻辑［M］．西安：西北大学出版社，2015.

§6.1 金融体系

6.1.1 金融体系的含义

金融体系的运作方式并不是能够直接看到的，实际上它是一套十分复杂的体系。**所谓金融体系，就是指实现资金从储蓄者到用资者的融通、流动和转移的系统。**对金融体系的理解有狭义和广义之分，从狭义来看，它是由金融机构、金融市场、金融工具、监管当局和金融制度所构成，与我们通常所说的“金融部门”或“金融系统”大致相当；而从广义来看，金融体系还应包括实体经济部门的金融方面，即家庭和个人的储蓄和非金融性公司的融资方面，以及与公司融资相联系的公司治理结构和行为。一般来讲，经济学家们大多是在狭义的范畴内使用金融体系的概念。

金融体系提供了将资金从储蓄者转移到借款人／投资者的渠道。储蓄者（或借出者）是资金的供给方，他们提供资金给借款人，形成金融资产，是资金运用，并获得在未来得到更多资金偿还的承诺，也就是对借款人未来收入的要求权。而借款人是资金的需求方，将资金用来购买耐用品、住房或者建厂和购买设备，并根据未来较高收入的预期承诺偿还所借资金，形成金融负债，是资金来源，也是对储蓄者未来收入的要求权的承担者。举例而言，汽车贷款是银行的一项资产（资金运用），也是借款人的一项负债（资金来源）。又如，投资者购买了国债，那么，这些债券就是投资者的资产，同时是政府的负债。

6.1.2 金融体系结构及分类

金融体系结构一般是指金融机构和金融市场的相对规模、比例关系和所占地位。金融机构和金融市场是实现资金融通和流转的两种渠道，金融机构一方面吸收储蓄者的资金，另一方面将资金发放给用资者，充当资金融通的中介，资金供应者与资金需求者并不直接进行交易，故称以金融机构为中介的资金融通为间接融资或间接金融。

金融机构被称为金融中介，可以划分为银行和非银行金融机构，前者包括商业银行、专业银行、信用合作社；后者包括证券公司、保险公司、信托投资公司、财务公司、金融租赁公司、资产管理公司、投资基金、养老金和年金等。

金融市场是市场参与主体借助金融工具直接进行货币资金融通或开展金融资产交易的场所或网络。市场参与主体主要是资金供给者和资金需求者，包括企业、金融机构、居民个人。由于资金供求双方直接在金融市场上进行资金融通，所以，经由金融市场的资金融通被称为直接融资或直接金融。此外，中央银行通过参与金融市场的交易活动来对金融市场进行管理，以及对国民经济运行进行宏观调控。金融市场交易的对象一般来说就是货币资金，但通常是以各种各样的金融工具为载体的。金融工具是指代表未来收益或资产要求权的凭证或合约，分为基础性金融工具与衍生性金融工具两大类，前者主要包括债务性金融工具（票据和债券）和权益性金融工具（股票）；后者主要包括远期、期货、期权和互换。当金融工具被持有、贮藏起来，就作为一种静态的金融资产形式而表现出来。金融工具具有期限性、流动性、风险性、收益性等特性。一般来说，金融工具的期限越长，收益就越高，流动性就越差，风险也就越大，反之同理。此外，某些金融工具越来越脱离实物交易，成为一种获得收益的权利符号，具有虚拟性特征，尤其是金融衍生工具交易，以本身就具有虚拟性的证券、指数等作为基础资产，更是具有了双重虚拟性。随着衍生工具的普及和衍生交易的扩大，整个金融业日益呈现出独立于实物交易而独立运动的趋势，虚拟性越来越强，风险越来越高。

按照银行和金融市场在金融体系中的相对重要性，可以把各国金融体系分为两类，即银行主导型金融体系和市场主导型金融体系。银行主导型的代表性国家有德国、日本、法国、比利时、葡萄牙、西班牙、意大利、新西兰、印度、阿根廷等；市场主导型的代表性国家有英国、美国、加拿大、荷兰、澳大利亚、瑞典、南非、韩国、泰国、新加坡、马来西亚等。在每一类里面都有发达国家和发展中国家。

6.1.3　金融机构的分类

在经济金融化、金融全球化的背景下，金融机构越来越成为市场经济的重要参与者，尤其在银行主导型金融体系中，金融机构的作用更是不可替代的。**所谓金融机构，也常常称作金融中介或者金融中介机构，就是指专门从事各种金融活动的组织。**金融市场上的各种金融活动都要借助于一定的金融机构来完成，金融机构是金融市场不可缺少的中介主体。现代金融机构种类繁多，各种金融机构组成相互联系、分工协作的统一体便构成了金融机构体系。一国社会经济条件对该国金融机构体系的构成具有制约作用，各国经济发展状况不同，便形成了不同的金融机构体系。

因此，从不同的角度可以将金融机构分为不同的类别。一般来讲，比较常见的分类有以下几种。

按照融资方式的不同，可以将金融机构划分为直接金融机构和间接金融机构。所谓直接金融机构，是指在直接融资领域中为资金盈余者和用资者提供中介服务的金融机构，其主要业务一般包括证券的发行、经纪、保管、登记、清算、资信评估等，它一般不发行以自己为对象的融资工具，只是协助将筹资者发行的金融工具销售给投资者；而间接金融机构是指一方面以债务人的身份从资金盈余者借入资金，同时又以债权人的身份向用资者提供资金的金融机构，商业银行就是典型的间接金融机构。

按照金融机构是否经营存款业务，可以将金融机构划分为银行和非银行金融机构。其中，银行可以接受活期存款，具有信用创造功能，可以发挥中介和支付手段的作用，资产业务则是承做短期贷款，以存款负债为基础进行资产运作。非银行金融机构也称为其他金融机构，其资金来源是通过发行股票和债券等渠道筹集起来的，资产业务则主要是以非贷款类金融业务为主，如经营证券承销与经纪、各类保险、信托投资以及融资租赁等金融业务。

按照是否以利润最大化为经营目标，可以将金融机构划分为商业性金融机构和政策性金融机构。商业性金融机构经营以利润最大化为目标，一般不承担国家的政策性融资任务，受到市场竞争规律的支配，如商业银行、证券公司和保险公司等。政策性金融机构是指那些由政府或政府机构发起、出资创立、参股或保证的，不以利润最大化为经营目的，在特定的业务领域内从事政策性融资活动，以贯彻和配合政府的社会经济政策或意图为目的的金融机构。

现实中的金融机构体系是一个非常多样、复杂的体系，想要明确、细致地逐一分门别类比较困难。联合国统计署统计分类处曾经制定国际标准产业分类法(ISIC)，按经济活动类型的分类，把现今世界上的经济活动分成17个大类。金融机构就是其中一大类，这一大类包括：

（1）不包含保险和养老基金的金融中介活动。①货币中介，主要包括中央银行的活动和其他货币中介，其他货币中介主要是指存款货币银行性质的活动。②其他金融中介，主要包括金融租赁活动、其他提供信用的活动（主要指如农业信贷、进出口信贷、消费信贷等专业信贷的活动）、其他金融中介活动。

（2）保险和养老基金（不包括强制性社会保障）的活动。这方面主要包括生命保险活动、养老基金活动、非生命保险活动。

（3）辅助金融中介的活动。其主要包括金融市场组织和与金融中介有关的其他辅助活动。金融市场组织的一个例子是证券交易所的活动。

除按经济活动类型的分类外，还有按中心产品的分类，共分为9个大类。金融产品属于服务性质的产品。“金融中介、保险及辅助服务”包括的内容是：

（1）金融中介服务——不包括投资银行服务、保险和养老基金服务。其具体包括：中央银行服务，存款、贷款服务，中间业务的服务，金融租赁，等等。

（2）投资银行服务。其具体包括：投资银行服务，证券买卖服务，证券承销、包销服务，等等。

（3）保险和养老基金服务（不包括强制性社会保障）。其具体包括：生命保险和养老基金服务，意外伤害和健康保险服务，非生命保险服务，等等。

（4）再保险服务。

（5）金融中介辅助服务。其具体包括：与投资银行有关的服务，如合并与收购服务、公司理财和风险投资服务；经纪服务、证券交易的处理和结算服务；金融资产管理、信托、委托服务；与金融市场有关的营运服务和管理服务。

（6）保险和养老基金辅助服务，等等。

国民核算体系（SNA）对金融业从交易主体或资金收支角度作为划分标准，将金融机构划分为：中央银行；其他存款公司；不是通过吸纳存款的方式而是通过在金融市场上筹集资金并利用这些资金获取金融资产的其他金融中介机构，如投资公司、金融租赁公司，以及消费信贷公司等；金融辅助机构，如证券经纪人、贷款经纪人、债券发行公司、保险经纪公司以及经营各种套期保值的衍生工具的公司等；保险公司和养老基金。

§6.2　金融机构体系

由于各国国情不同，其金融机构体系结构也各异。西方国家的银行机构组成主要分为中央银行、商业银行和专业银行三大类。关于非银行金融机构，其构成相当庞杂，有保险公司、退休养老基金、投资基金、财务公司、租赁公司等。

6.2.1　银行机构

1.中央银行

中央银行也称货币当局，是在西方国家银行业发展过程中，从商业银行中独立出来的一种银行。在当代经济社会当中，几乎所有的国家或地区都有中央银行或类似中央银行的金融机构。中央银行是各国金融机构体系的中心和主导环节，对内它代表国家对整个金融体系实行领导和管理，维护金融体系的安全运行，实施宏观金融调控，是统制全国货币金融的最高机构；对外它是一国货币主权的象征。

各国中央银行的制度形式有4种：①单一的中央银行制度，即在一国范围内单独设立一家统一的中央银行，通过总分行制，集中行使金融管理权，多数西方国家是这种制度。②二元的中央银行制度，即在一国范围内建立中央和地方两级相对独立的中央银行机构，分别行使金融管理权，如美国、德国。③跨国中央银行制度，即几个国家共同组成一个货币联盟，各成员国不设本国的中央银行，而由货币联盟执行中央银行职能。例如，1962年3月成立的西非货币联盟，该联盟中央银行设在达喀尔，在各成员国设有代理机构，总行负责制定货币政策，管理外汇储备，各代理机构负责经办地区性业务。又如，1998年6月欧盟在法兰克福成立的欧洲中央银行，要求成员国的中央银行接受其领导，并逐步摆脱本国政府的干预。④准中央银行制度，即一个国家或地区只设类似中央银行的机构，或由政府授权某个或某几个商业银行行使部分中央银行职能，如新加坡、中国香港。

2.商业银行

商业银行，也称为存款货币银行，一般以经营工商业存贷款为主要业务，并为顾客提供多种服务，通过办理转账结算实现着国民经济中的绝大部分货币周转，起着创造存款货币的作用。在西方国家，商业银行以机构数量多、业务渗透面广和资产总额比重大而成为金融机构体系中的重要力量，它是最早出现的现代银行机构，居于其他金融机构不能代替的重要地位。

3.专业银行

专业银行是指专门经营指定范围业务和提供专门性金融服务的银行。其特点有：①专门性。专业银行是社会分工发展在金融业的表现，其业务具有专门性，其服务对象是某一特定部门或领域。②政策性。专业银行的设置往往体现了政府支持和鼓励某一地区、某一领域发展的政策指向，其中开发银行、进出口银行等专业银行的贷款，具有明显的优惠性，如政府贴息和保险，以及借款期限和还款限期较长等。③行政性。专业银行的建立往往有官方背景，有的就是政府的银行或政府代理银行。专业银行种类甚多、名称各异，这里仅介绍其中主要的几种。

（1）储蓄银行。

储蓄银行是指专门办理居民储蓄，并以储蓄存款为主要资金来源的专业银行。储蓄银行的名称各国有所不同，有的甚至不以银行相称，如在美国称为互助储蓄银行、信贷协会、储蓄贷款协会等，英国称之为信托储蓄银行，日本称之为储蓄银行等，但功能基本相同。由于储蓄银行直接服务于广大居民，因而其数量在各国都较多。储蓄银行既有私营的，也有公营的。

这类银行的服务对象主要是居民消费者，资金来源主要是居民储蓄存款，储蓄存款的金额虽比较零星分散，但存款期限比较长、流动性较小。资金运用主要是为居民提供消费信贷和其他贷款等，由于储蓄存款余额较为稳定，因此主要用于长期信贷和长期投资，如发放抵押贷款，投资政府债券、公司债券、股票等。有些国家明文规定储蓄银行须投资于政府债券的比例。在过去，储蓄银行的业务活动受到诸多限制，如不能经营支票存款、不能经营一般工商贷款。但随着金融管制的放松，储蓄银行的业务不断扩大。例如，1982年美国的加恩·圣吉曼法案就扩充了储蓄贷款协会（S&L）可投资的资产类型。

（2）抵押银行。

抵押银行是“不动产抵押银行”的简称，是指专门从事以土地、房屋和其他不动产为抵押办理长期贷款业务的银行。抵押银行的资金来源，主要是发行不动产抵押证券募集。其长期贷款业务可分为两类：一类是以土地为抵押品的长期贷款，贷款的对象主要是土地所有者或农场主；另一类是以城市不动产为抵押品的贷款，贷款的对象主要是房屋所有者或经营建筑业的投资者。抵押银行有不同的名称，如法国的房地产信贷银行、美国的联邦住房放贷银行、德国的私人抵押银行和公营抵押银行。抵押银行有公营、私营和公私合营三种形式。由于不动产抵押品常因处理时不易出售，易造成资金占压，因而专门的抵押银行不多。因此，商业银行正大量涉足不动产抵押贷款业务，而不少抵押银行也开始经营一般信贷业务。这种混业经营呈加强趋势。

（3）农业银行。

农业银行是指在政府指导和资助下，专门为农业、畜牧业、林业、渔业的发展提供金融服务的银行。农业银行在不同国家也有不同的名称，如美国的联邦土地银行、联邦中期信贷银行、合作社银行，法国的土地信贷银行、农业信贷银行，德国的农业抵押银行，日本的农林中央金库、农（渔）业协同组合联合会、农林渔业金融公库等。由于农业受自然条件影响大；农户分散，对资金需求数额小，期限长，利息负担能力有限；抵押品集中管理困难，担保和收益能力低、资本需求期限长且具有季节性，大多数贷款者只凭个人信誉，故农业信贷风险大、期限长、收益低，一般商业银行和其他金融机构不愿经营农业信贷。为此，西方许多国家专门设立以支持和促进农业发展为主要职责的农业银行，并对农业银行贷款给予贴息或税收优惠，以满足农业产业融资需要。其资金来源主要有政府拨款、吸收存款、发行各种股票和债券，贷款业务范围比较广泛，几乎包括农业生产过程中的一切资金需要。近年来，不少农业银行的业务范围逐渐超出单纯农业信贷业务的界限。有些国家已准许农业银行办理商业银行业务。

（4）开发银行。

开发银行是指专门为经济开发提供投资性贷款的专业银行。这类银行是专门为满足经济社会发展长期投资需要而设立的银行。这类投资具有投资量大、见效慢、周期长、风险大等开发性特点，一般商业银行不愿意承担。开发银行多为国家或政府创办，不以营利为目的。开发银行是一种重要的专业银行，可分为国际性、区域性和本国性三种。国际性开发银行由若干国家共同设立，其中最著名的是国际复兴开发银行，简称世界银行。区域性开发银行主要由所在地区的成员国共同出资设立，如泛美开发银行和亚洲开发银行。本国性开发银行由政府在国内设立，为国内经济的开发和发展服务，其资金来源主要是在国内发行债券。

（5）进出口银行。

进出口银行是指专门为对外贸易提供结算、信贷等国际金融服务的银行。创建进出口银行的宗旨是推动本国进出口贸易，特别是大型机电设备的出口贸易，加强国际金融合作，广泛吸引国际资本，搜集国际市场信息。进出口银行一般是政府的金融机构，如日本的输出入银行、美国的进出口银行等。有些国家的进出口银行属半官方性质，如法国的对外贸易银行。由于进出口银行在经营原则、贷款利率等方面都带有浓厚的官方色彩，因而本质上是一种政策性银行。进出口银行的主要业务是提供各种出口信贷。出口信贷通常有两种方式：一种是卖方信贷，即出口商所在地银行对出口商提供的信贷；另一种是买方信贷，即出口商所在地银行给国外进口商或进口商银行提供贷款，以购买本国设备。一个国家国际贸易的发展，常常是与进出口银行的支持分不开的。

（6）住房信贷银行。

住房信贷银行是指专门为居民购买住房提供金融服务的金融机构。美国称其为住房信贷体系，与农业信贷体系和进出口银行一样同属于联邦代理机构，具体包括联邦住房贷款银行委员会及其所属银行、联邦住宅抵押贷款公司、联邦住宅管理局、联邦全国抵押贷款协会等机构。日本称之为住宅金融公库，属于政府的金融机构。英国称之为住房协会，其资金来源主要是协会会员交纳的股金和吸收存款（美国和日本的这类金融机构可以发行债券和接受政府资金），住房协会吸收的股金和存款一律付息，利息通常高于银行，且有减免税优惠，这就使得住房协会对小额储蓄者具有很大的吸引力。另外，住房协会所吸收的存款和股金的利息按日计算，每年付息两次，但有许多利息并不支付现金，而是把应付利息加到原来的投资上，这等于自动增加资金流入。其资产90%用作购买新旧住房的抵押贷款，10%用作土地担保贷款和无担保贷款。这类贷款的偿还期可长达15年至25年，由借款人偿还。其偿还本金和利息有两种形式：一种形式是借款人按月偿付利息，本金则分期偿付，一般是最初几年只付利息，剩余期限偿付本息，但利息按本金递减计算；另一种形式是抵押贷款与借款人的定期人寿保险相结合，借款人在借款期间按月支付利息，同时缴纳人寿保险费，人寿保险到期时，借款人就用其到期的保险收入偿还抵押贷款本金。

此外，还有专门为中小企业服务的银行、抵押银行、海外银行等专业银行。

专栏6-1

“两房”国有化

“两房”即房利美（Fannie Mae）和房地美（Freddie Mac）。房利美设立于1938年，旧名联邦国民抵押贷款协会，是由政府出资创建的，1954年发展成为股份制公司。房地美即联邦住房抵押贷款公司，1970年由国会批准成立，商业规模仅次于房利美。房利美和房地美的主要业务是在美国房屋抵押贷款二级市场中收购贷款，并通过向投资者发行机构债券或证券化的抵押债券，以较低成本集资，赚取利差。房地美和房利美成为美国住房抵押贷款的主要资金来源，所经手的住房抵押贷款总额约为5万亿美元，几乎占了美国住房抵押贷款总额的一半，也因此成为美国最大的两家政府赞助企业（Government Sponsored Enterprise，GSE）。

受美国房地产市场泡沫破裂冲击，房利美和房地美2008年陷入全面危机。美国政府2008年9月7日宣布，从即日起接管房利美和房地美。根据接管方案，美国财政部向房利美和房地美注资，并收购相关优先股；两大机构的首席执行官被限令离职，同时任命新领导人，原直接监管单位为联邦住屋企业督察局（Office of Federal Housing Enterprise Oversight，OFHEO），改为新成立的联邦住房金融局（Federal Housing Finance Agency）。时任美国财政部长保尔森表示，房利美和房地美的问题使金融市场面临系统性风险，接管这两大机构是当前保护市场和纳税人的“最佳手段”。

资料来源：陈杰. 解读“两房国有化”[N]. 经济观察报，2008-09-22.

6.2.2　非银行金融机构

1.投资银行

投资银行的称法流行于美国和一些欧洲大陆国家，除此之外它还有许多名称，如英国称为商人银行、法国称为实业银行、日本称为证券公司。**所谓投资银行，是专门经营长期投资业务的银行，投资银行虽称为“银行”，但并不能办理商业银行的传统业务，也不同于信托公司或投资公司。**

投资银行的资金来源主要靠发行自己的股票和债券。投资银行不得吸收存款，在一些国家虽准许投资银行吸收存款，但也主要是吸收定期存款。此外投资银行也可从其他金融机构或其他融资渠道获取借款，但这并不构成其主要的资金来源。投资银行主要是作为证券发行公司和证券投资者的中介，其具体的业务主要有：①承销证券的发行；②经纪业务，即以经纪人身份代理客户进行证券交易；③自营业务，即以自有资金进行证券交易；④收费的银行业务，即从事并购顾问、证券经济研究和其他形式的金融咨询活动。此外，有些投资银行也兼营中长期贷款、黄金与外汇买卖及租赁业务等。

2.投资基金

世界上最早的投资基金是英国于1886年成立的海外殖民信托基金。投资基金，在美国称为共同基金，在英国称为单位信托基金，在日本称为证券投资信托。**所谓投资基金，就是指通过发行基金股票或基金受益凭证将众多投资者的资金集中起来，直接或委托他人将集中起来的资金投资于各类有价证券或其他金融商品，并将投资收益按原始投资者的基金股份或基金受益凭证的份额进行分配的一种投资金融中介机构。**

投资基金的组织形式有契约型和公司型两种。契约型投资基金是指基金的设定人（基金经理或基金管理公司）设计特定类型的基金，以信托契约的形式发行受益凭证，募集投资者的定期资金，进行运营和投资。基金的募集、保管、利润分配、收益及本金的偿还支付等业务，则委托银行具体办理。契约型基金成立的重要依据是信托契约，它包括委托人（基金经理公司）、受托人（基金保管银行或公司）、投资人（受益人）三个当事人。日本、韩国、新加坡等国家的投资基金多属于这种类型。公司型投资基金是指通过组建基金股份公司来发行基金股票、募集投资者的资金，由公司投资经理部门或委托其他投资管理公司操作投资，并以基金股息、红利形式，将收益分配给投资者，基金资产的保管与业务处理可以由公司本身负责，也可以委托银行办理。公司型投资基金的最大特点是基金与投资者之间的关系是股份公司与股东的关系。美国绝大部分投资基金属于此类型。根据交易方式的不同，投资基金还可以分为开放型投资基金和封闭型投资基金两种。所谓开放型投资基金，就是基金股权是开放的，投资者随时可以购买基金（即申购），持股人也随时可卖出基金（即赎回）。而封闭型投资基金，是指一次发行一定数量股份，以后不再追加，一般不允许退股，只能在二级市场上转让。

3.保险公司

保险公司是专门经营保险或再保险业务的专业性金融机构。西方国家的保险业十分发达，各类保险公司甚至已经成为各国最重要的非银行金融机构。保险公司的业务范围分为两大类：一是财产保险业务，具体包括财产损失保险、责任保险、信用保险等业务；二是人身保险业务，具体包括人寿保险、健康保险、意外伤害保险等业务。

按照保险种类分，有形式多样的保险公司，如人寿保险公司、财产保险公司、灾害和事故保险公司、老年和伤残保险公司、信贷保险公司、存款保险公司、再保险公司等。其中，人寿保险公司的规模最大，并且兼有储蓄银行的性质。这是因为，人寿保险金就像流向储蓄机构的储蓄一样，成为人寿保险公司的资金来源，并且人寿保险单对于其所有者来讲，实际上是一项固定面值的潜在资产，因而，可以认为人寿保险公司是一种特殊形式的储蓄机构。

由于保险公司获得的保费收入经常远远超过它的保费支付，因而聚集起大量的货币资本。这些货币资本往往比银行存款更稳定，是西方国家金融体系长期资本的重要来源。保险公司的资金运用业务，主要是长期证券投资，如投资于公司债券和股票、市政债券、政府公债，以及发放不动产抵押贷款、保单贷款等。

4.退休或养老基金会

这类机构是指雇主或雇员按期缴付工资的一定比例，在退休后，可取得一次付清或按月支付的退休养老金。退休或养老基金会是第二次世界大战后迅速发展起来的，目前普遍存在于市场经济国家。其资金来源，一方面来自于雇员工资一定比例的扣缴及雇主的相应比例缴款，另一方面来自于积聚资金的投资收益。20世纪80年代以前，该类基金投资运营比较简单，一般用于购买国债和存放银行。后来，由于西方国家的人口老龄化问题突出，完全依靠增加企业和个人负担来筹集足够的养老基金越来越困难，因而养老基金运营开始转向证券市场，进行资本运作，并且出现了国际化的趋势，投向海外证券市场的资金比例在不断上升。

5.邮政储蓄机构

邮政储蓄机构是一种与邮政部门关系密切的非银行金融机构，主要经营小额存款，其吸收的存款一般不用提缴准备金，其资金运用一般是存入中央银行或购买政府债券。这种金融机构的设立最初是为了利用邮政部门广泛的分支机构，提供廉价有效的邮政汇款服务，提高结算速度，加速资金周转，因此在各国发展比较普遍。近年来，邮政储蓄机构在朝两个方向发展，一种是逐步回归到商业银行性质；另一种是在政府支持下，变成一种公共事业，为社会提供各种服务，便利人们的生活。西方典型的邮政储蓄机构是英国在1861年创立的国民储蓄银行。目前，该银行提供两种储蓄账户，一种是“普通账户”，存款数额不得超过1万英镑，利率随货币借贷利率的总水平而变动；另一种是1966年后增设的“投资账户”，该账户的利率主要根据在国债市场进行投资后所获得的收益来确定，但通常比普通账户的利率高。如果要提取投资账户的存款，须提前1个月通知银行。此外，瑞典邮政总局的划拨银行是专门的邮政银行，独立核算，可办理全面的银行业务；法国国家邮政总局的国家储蓄银行是邮政金融业务局，可办理部分银行业务。这两类邮政金融机构都办理种类繁多的邮政储蓄业务。

6.信用合作社

信用合作社是一般由个人集资联合组成，以简便的手续和较低的利率向社员提供信贷服务，是以互助为主要宗旨的合作金融组织。它们的资金来源于合作社成员缴纳的股金和吸收存款，贷款主要用于解决其成员的资金需要。起初，信用合作社主要发放短期生产贷款和消费贷款。现在，一些资金充裕的信用合作社已开始为解决生产设备更新、改进技术等提供中长期贷款，并逐步采取了以不动产或有价证券为抵押的贷款方式。

7.信托投资公司

信托投资公司是一种以受托人的身份代人理财的金融机构。它的业务非常广泛，通常包括办理信托存款、信托贷款和投资、代理发行企业股票和国家债券、代理买卖和出租房地产、代管财产、办理遗产转让和代理保管业务等。其资金来源是客户委托存款、委托贷款、委托投资所集聚的资金和经济联合体的投资，其投资对象一般是股票、债券和不动产抵押证券。信托投资公司业务具有收益高、责任重、风险大、管理复杂等特点。目前，国际上信托投资公司的投资业务大多分为两类：一是以某公司的股票和债券为经营对象，通过证券买卖和股利、债息获取收益；二是以投资者身份直接参与对企业的投资。

8.金融公司

金融公司，也叫财务公司，是指通过发行商业票据、股票、中长期债券或从银行借款获取资金，对个人或企业发放小额贷款，满足借款人特定融资需要的金融机构。金融公司主要有三种：

（1）销售金融公司。

销售金融公司主要为企业产品的销售提供融资，包括向消费者发放贷款，以便使他们能够从特定的零售商或制造商那里购买商品，或者为向购买这些产品的零售商提供融资。此类金融公司往往与大企业结合在一起，或者为融资标的商品的制造厂商所拥有，或者为想购买这些商品的零售商所拥有，为促进销售这些商品而提供融资。

（2）消费者金融公司。

消费者金融公司，也叫小额贷款公司，主要为消费者提供购买家具、家用电器及房屋维修等的小额贷款，或者为消费者提供已到期的小额债务再融资。消费者金融公司发放的大多数贷款一般是针对那些在商业银行无法得到贷款的消费者，所以其利率也通常高于商业银行利率。

（3）企业金融公司。

企业金融公司主要是通过购买或保管应收账款而向企业提供融资。这种金融公司也从事设备租赁业务，它们应企业的要求购买设备，并以事先商定的租金和租期将设备租给客户，为企业提供融资服务。

9.金融租赁公司

金融租赁公司是专门经营租赁业务的公司，是租赁设备的物主，通过提供租赁设备而定期向承租人收取租金。金融租赁公司开展业务的过程是：租赁公司根据企业的要求，筹措资金，提供以“融物”代替“融资”的设备租赁；在租期内，作为承租人的企业只有使用租赁物件的权利，没有所有权，并要按租赁合同规定，定期向租赁公司交付租金。租期届满时，承租人向租赁公司交付少量的租赁物件的名义货价（即象征性的租赁物件残值），双方即可办理租赁物件的产权转移手续，至此，租赁物件即正式归承租人所有，称为“留购”；或者办理续租手续，继续租赁。由于租赁业具有投资大、周期长的特点，在负债方面，我国允许金融租赁公司发行金融债券、向金融机构借款、进行外汇借款等，作为长期资金来源渠道；在资金运用方面，限定其主要从事金融租赁及相关业务。这样，金融租赁公司成为兼有融资、投资和促销多种功能，以金融租赁业务为主的非银行金融机构。金融租赁在发达国家已经成为设备投资中仅次于银行信贷的第二大融资方式。

金融租赁公司的主要业务有：用于生产以及科、教、文、卫、旅游、交通等方面的动产、不动产的租赁、转租赁、回租租赁业务；前述租赁业务所涉及的标的物的购买业务；出租物和抵偿租金产品的处理业务；向金融机构借款及其他融资业务；吸收特定项目下的信托存款；租赁项目下的流动资金贷款业务；外汇及其他业务。

§6.3　我国的金融机构体系

我国自1978年党的十一届三中全会以来，逐步实现了由计划经济体制向社会主义市场经济体制的过渡，相应地，我国金融机构体系在部门设置和功能上都发生了巨大的变化。概括地讲，我国目前形成了以中国人民银行为领导，商业银行为主体，多种金融机构并存、分工协作的金融机构体系。

6.3.1　银行机构

1.中国人民银行

作为我国中央银行的中国人民银行，是在国务院领导下制定和实施货币政策并对金融业实施监督管理的国家机关，它是我国的发行银行、银行的银行和政府的银行，也是在国务院的领导下制定和执行货币政策、维护金融稳定、提供金融服务的宏观调控部门。

根据《中华人民共和国中国人民银行法》的规定，中国人民银行的具体职责是：依法制定和执行货币政策；发行人民币，管理人民币流通；按照规定审批、监督管理金融机构；按照规定监督管理金融市场；发布有关金融监督管理业务的命令和规章；持有、管理、经营国家外汇储备、黄金储备；经理国库；维护支付、清算系统的正常运行；负责金融业的统计、调查、分析和预测；作为国家的中央银行，从事有关的国际金融活动；履行国务院规定的其他职责。

中国人民银行的分支机构根据履行职责的需要而设立。作为派出机构，它们根据中国人民银行的授权，负责其辖区内的金融监督管理，承办有关业务。

由于目前我国实行金融分业管理体制，所以中国人民银行同中国证券监督管理委员会和中国保险监督管理委员会共同承担金融监督管理业务。按分工，这两个委员会分别履行中国证券业和保险业的监督管理职责。21世纪初，为加强协调监管和信息沟通，增强监管合力，提高效率，促进金融业的稳健发展，人民银行、银监会、证监会、保监会决定建立三方监管联席会议制度，通过不定期召开会议形式协调有关监管政策。2018年3月，这一历时已久的监管框架迎来了变革，银监会和保监会合并为银保监会。加上2017年成立的国务院金融稳定发展委员会，“一行三会”成为历史，“一委一行两会”的新格局形成。

2.商业银行

中国工商银行、中国农业银行、中国银行和中国建设银行四家国有控股银行在我国金融机构体系中占据了主体地位。长期以来，四大国有控股商业银行无论在人员和机构网点数量上，还是在资产规模及市场占有份额上，在我国整个金融领域中均处于举足轻重的地位，即便是在世界上的大银行排序中，也处于较前列的位置。

按照《中华人民共和国商业银行法》的规定，国有商业银行的业务经营范围包括：吸收公众存款；发放短期、中期和长期贷款；办理国内外结算；办理票据贴现；发行金融证券；代理发行、代理兑付、承销政府债券；买卖政府债券；从事同业拆借；买卖、代理买卖外汇；提供信用证服务及担保；代理收付款项及代理保险业务；提供保管箱服务；办理经中国人民银行批准的其他业务。

随着市场经济体制改革的不断深化，我国陆续组建和成立了一批新型的股份制商业银行。1986年，国家决定重新组建股份制商业银行——交通银行。在这前后，陆续建立了一批全国性商业银行，如中信实业银行、中国光大银行、华夏银行、中国民生银行、广东发展银行、深圳发展银行、招商银行、福建兴业银行、上海浦东发展银行等。这些商业银行，在筹建之初绝大多数是由中央政府、地方政府、国有企业集团或公司出资支持创建的，即以国有资本为主，而且大多没有采取股份公司的组织形式。后来则先后实行了股份制改造。交通银行筹建伊始即明确为股份银行，原定国家股份50%、公开招股50%，由地方政府、企事业单位、个人认购入股。章程中，个人股在资本总额中限定不得超过10%，但个人股一直未征集。应该说有股份制之名，无股份制之实。例外的有2家，一是深圳发展银行（后来被平安银行收购），一开始就明确实行股份制，在初建的股本中，国有资本金的比例也较低；二是中国民生银行，组建较晚，是我国第一家民营银行，其股份构成最初主要来自民营企业、集体企业、乡镇企业或公司等，服务对象也以民营企业为主。

随着金融改革的深化，除地区性的住房储蓄机构外，所有区域性银行的经营地界均已越出原来的指定范围，在全国大城市设置了经营性分支机构。这些商业银行是日益依照国际通行规则和市场原则开展各项银行业务活动和进行自身经营管理的，尽管它们在资产规模、机构数量和人员总数等方面，难以和四大国有控股商业银行相比，但在资本、资产及利润的增长速度方面已经高于四大国有控股商业银行，呈现出较强的经营活力和良好的经营效益。

3.政策性银行

政策性银行是由政府投资设立的、根据政府的决策和意向专门从事政策性金融业务的银行。它们的活动不以营利为目的，并且根据具体分工的不同，服务于特定的领域，所以也有政策性专业银行之称。政策性银行在从事业务活动中，均贯彻不与商业性金融机构竞争、自主经营与保本微利的基本原则。其资金来源主要有以下渠道：一是财政拨付；二是由原来的各专业银行划出的资本金；三是发行金融债券。目前，我国的政策性银行有3家：国家开发银行、中国进出口银行和中国农业发展银行。

（1）国家开发银行。

中国国家开发银行，成立于1994年，总部设在北京，是直属国务院领导的、政府全资拥有的国家政策性金融机构，经批准可在国内外设置必要的办事机构。

国家开发银行的主要任务是：按照国家法律、法规和方针、政策，筹集和引导境内外资金，向国家基础设施、基础产业和支柱产业的大中型基本建设和技术改造等政策项目及其配套工程发放贷款，从资金来源上对固定资产投资总量进行控制和调节，优化投资结构，提高投资效率。其业务范围主要包括：管理和运用国家核拨的预算内经营性建设基金和贴息资金；向国内金融机构发行金融债券和向社会发行财政担保建设债券；办理有关的外国政府和国际金融机构贷款的转贷，经国家批准在国外发行债券，根据国家利用外资计划筹借国际商业贷款等；向国家基础设施、基础产业和支柱产业的大中型基建和技改等政策性项目及其配套工程发放政策性贷款；办理建设项目贷款条件评审、咨询和担保等业务，为重点建设项目物色国内外合资伙伴、提供投资机会和投资信息。

2008年12月16日，国家开发银行转为国家开发银行股份有限公司，当日在京挂牌，转型为商业银行，但在中国银监会的管理序列中，国开行仍归口于政策性银行管理部门。2015年3月20日，国务院批复国家开发银行深化改革方案。国开行深化改革的目标是，紧紧围绕服务国家经济重大中长期发展战略，建立市场化运行、约束机制，努力把国开行建设成为资本充足、治理规范、内控严密、运营安全、服务优质、资产优良的开发性金融机构。国开行的深化改革进一步明确了国开行的开发性金融机构的功能定位。

（2）中国进出口银行。

中国进出口银行，成立于1994年7月1日，总部设在北京，其主要任务是：执行国家产业政策、对外经贸政策、金融政策和外交政策，为扩大机电产品和成套设备等资本性货物出口提供政策性金融支持。其经办的主要业务包括：办理与机电产品和成套设备有关的出口信贷业务；办理与机电产品和成套设备有关的政府贷款、混合贷款、出口信贷的转贷、国际银行间及银团贷款业务；办理短期、中长期出口信用保险，进出口保险，出口信贷担保，国际保理等业务；经国家批准，在境外发行金融债券；办理与本行承担的各类贷款、担保、对外经济技术合作等项目的评审，为境内外客户提供有关本行筹资、信贷、担保、保险、保理等业务的咨询服务。

（3）中国农业发展银行。

中国农业发展银行的主要任务是：按照国家的法律、法规和方针、政策，以国家信用为基础，筹集农业政策性信贷资金，承担国家规定的农业政策性金融业务，代理财政性支农资金的拨付，为农业和农村经济发展服务。其主要业务范围是：办理粮、棉、油等主要农副产品的国家专项储备贷款；办理粮、棉、油等主要农副产品的收购、调销、加工贷款；办理国务院确定的扶贫和农业综合开发贷款；办理国家确定的小型农、林、牧、水利基本建设和技术改造贷款；办理业务范围内开户企事业单位的存款和结算；发行金融债券；办理境外筹资。

在贷款拨付等业务的具体经办方面，国家开发银行、中国进出口银行主要委托国有商业银行为其代理，一般不再设经营性分支机构。中国农业发展银行的业务则是以自营为主、代理为辅，所以在各省、自治区、直辖市设立分行，在计划单列市和农业大省的地（市）设立分行的派出机构，在农业政策性金融业务量大的县（市）设立支行。

6.3.2　非银行金融机构

目前，随着我国金融改革的不断推进和深化，非银行金融机构得到较为迅速的发展，不仅在数量上日益增多，而且在种类上也更加多样，使得金融机构体系分工不断细化和丰富。

1.保险公司

1988年以前，保险业由中国人民保险公司独家经营。后来，我国保险业发展迅速，保险市场主体逐步增加。例如，中国太平洋保险公司、中国平安保险公司、华泰财产保险有限公司、新华人寿保险有限公司、泰康人寿保险有限公司等多家保险公司先后加入保险系统。其间，地方也有组建寿险公司的。1996年7月，中国人民保险公司改建为中国人民保险（集团）公司，简称中保集团，下设中保财产、中保人寿和中保再保险三家保险有限公司，实行产、寿险分业经营。根据《中华人民共和国保险法》确立的商业保险与社会保险分开经营的原则，17家地方寿险公司全部并入中保人寿保险有限公司。1998年10月，为进一步促进我国保险事业健康发展，撤销了中国人民保险（集团）公司，其上述三家子公司分别更名为中国人民保险公司、中国人寿保险公司、中国再保险公司；中保集团所属的其他海外经营性机构全部划归香港中国保险（集团）有限公司管理。根据《中华人民共和国保险法》的规定，保险公司积聚的资金，除用于理赔给付外，其余只限于银行存款、政府债券、股票、金融债券及证券投资基金。

2.证券公司（投资银行）

证券公司又称券商，是由证券主管机关批准设立的以经营证券业务为主的非银行金融机构。在我国，没有投资银行的称谓，为数众多的证券公司实际是金融机构体系中投资银行这一环节的主要力量。

我国证券公司的业务范围一般包括：代理证券发行业务；自营、代理证券买卖业务；代理证券还本付息和红利的支付；证券的代保管和签证；接受委托代收证券本息和红利；接受委托办理证券的登记和过户；证券抵押贷款；证券投资咨询业务等。1999年7月1日开始实施的《中华人民共和国证券法》明确了综合类证券公司和经纪类证券公司的分类管理原则。前者可从事证券承销、经纪、自营业务，而后者只能从事证券经纪类业务。截至2015年12月31日，125家证券公司总资产为6.42万亿元，净资产为1.45万亿元，净资本为1.25万亿元，客户交易结算资金余额（含信用交易资金）2.06万亿元，托管证券市值33.63万亿元，受托管理资金本金总额11.88万亿元，可以说，证券业在我国获得了快速的发展。

3.投资基金

我国的投资基金最早产生于20世纪80年代后期，1987年，中国银行和中国国际信托投资公司共同推出面向海外投资者的基金。1991年，武汉成立我国第一家面向国内投资者的“武汉证券投资基金”。1992年9月，中国国际信托投资公司与英国KB银行联合发起中国投资发展基金；10月，香港中银集团发起成立中银中国基金；11月，经中国人民银行批准，在淄博成立了淄博乡镇企业投资基金。

我国较为规范的证券投资基金产生于1997年11月《证券投资基金管理暂行办法》出台之后，根据要求，中国证监会对老基金进行了清理规范，同时审批新基金的设立。1998年，6家规模均为20亿元的第一批试点证券投资基金（均为封闭式基金）陆续发行上市。此后又不断有新的、规模更大的封闭式证券投资基金推出。2000年10月，证监会发布《开放式投资基金试点办法》，对开放式基金的公开募集、设立、运作及相关活动做出规定。这标志着我国进入开放式基金试点的阶段。截至2016年9月底，我国境内共有基金管理公司107家，其中中外合资公司44家，内资公司63家；取得公募基金管理资格的证券公司或证券公司资管子公司共12家，保险资管公司1家。以上机构管理的公募基金资产合计8.83万亿元。

我国近些年来，出现了一些名称形形色色带有私募基金性质的投资基金，它们所控制的资金实力估计达数千亿元。这类基金的出现和发展实质上反映了集合投资的客观需要。但它们的合法地位尚在讨论过程之中。

风险投资基金在我国也有较大发展。风险投资主要服务于创业型的企业，传统上，其退出的机制有两种：一是所投资的企业完成IPO；二是所投资的企业被收购。最早从事风险投资的机构是成立于1985年的中国新技术创业投资公司。过去，中国的创业企业要实现IPO有着较大的困难，原因在于深圳中小板市场对企业上市也是限制重重，随着深圳创业板的推出，我国风险投资基金获得了退出渠道，但对于大量的风险投资基金，出路依然狭窄。

我国于2007年9月29日正式成立了自己的主权财富基金——中国投资有限责任公司。主权财富基金是国家、特别是拥有大量外汇储备的国家设立的一种基金组织形式，主要投资于境外的各种金融资产。受2008年国际金融危机的影响，2009年，花旗、美林等多家美国金融巨头都接受了主权财富基金的注资。中投公司也参与到这一行动中，向摩根士丹利注入了50亿美元的资金。但是我国主权财富投资基金的投资活动受到了更多的非商业歧视，使其作用的发挥受到了限制，而且，还存在事实上的投资收益不佳甚至巨额亏损的问题。中投公司下设三个子公司，分别是中投国际有限责任公司（2011年9月设立，简称“中投国际”）、中投海外直接投资有限责任公司（2015年1月成立，简称“中投海外”）和中央汇金投资有限责任公司（2003年12月成立，简称“中央汇金”）。

4.金融资产管理公司

1999年3月至10月，我国先后建立了四家由国家投资的特定政策性金融资产管理公司——华融、长城、东方、信达，分别收购、管理和处置从工、农、中、建四家国有独资商业银行剥离出来的不良资产。组建金融资产管理公司是为了达到三个目的：一是改善四家国有独资商业银行的资产负债状况，化解潜在的金融风险，提高其国内外资信；二是运用特殊的法律地位和专业化优势，通过建立资产回收责任制和专业化经营，实现不良贷款价值回收最大化，以最大限度保全资产、减少损失；三是通过金融资产管理，对符合条件的企业实施债权转股权，支持国有大中型亏损企业摆脱困境，并按照现代企业制度的要求转换经营机制，建立规范的法人治理结构。

5.信托投资公司

我国的信托投资公司是在经济体制改革后开始创办起来的。1979年，设立了中国国际信托投资公司，现已发展为金融、投资、贸易、服务相结合的综合性经济实体。后又陆续设立了一批全国性信托投资公司，如中国光大国际信托投资公司、中国民族国际信托投资公司、中国信息信托投资公司、中国教育信托投资公司等，以及为数众多的地方性信托投资公司与国际信托投资公司。

信托投资公司中有相当一部分是由银行系统出资创办，也有由国务院或国务院各部委创办的，更多的则是由各级地方政府出资组建。我国信托投资公司的建立之初，虽以“信托”为名，但实际却是经营一般的商业银行业务。之后，我国多次对信托行业进行整顿规范。

2007年，《信托公司管理办法》和《信托公司集合资金信托计划管理办法》出台，将原来的“信托投资公司”统一改称为“信托公司”，对信托公司自有资金的投资范围、信托业务的发展方向、信托资金的管理模式等涉及信托业发展、定位的核心问题做出了新的规定。

6.信用合作社

信用合作社是农村信用合作社和城市信用合作社的统称。它们是群众性的合作制金融组织，是对我国银行体系的必要补充和完善，对我国城乡集体企业、个体工商业户和居民个人之间的资金融通起了很好的作用。

信用合作社是合作制金融组织，是与股份制不同的产权组织形式。不同之处在于：首先，入股方式不同。股份公司一般自上而下控股，下级为上级所拥有；合作制则自下而上参股，上一级机构由下一级机构入股组成，并被下一级机构所拥有，基层社员是最终所有者。其次，经营目标不同。股份制企业以利润最大化为目标；而合作组织的主要目标是为社员服务。再次，管理方式不同。股份制实行一股一票，大股东控股；合作制实行一人一票，社员不论入股多少，具有同等权利。最后，分配方式不同。股份制企业的利润主要用于股东分红，积累要量化到某一股份；而合作组织盈利主要用于积累，积累归社员集体所有。

我国的农村信用合作社是在20世纪50年代中期组建起来的，改革开放后，中国农业银行建立，农村信用合作社隶属于农行，不具有合作的性质。1996年下半年，国家对农村信用合作社进行了改革：一是与农业银行脱离隶属关系，农业银行不再领导、管理农村信用合作社，而由农村信用合作社的县联社负责业务管理；二是要求按合作制原则重新规范农村信用合作社，使其恢复合作制的性质。在经营方面的基本要求则是贯彻自主经营、独立核算、自负盈亏、自担风险的原则。在近些年的发展中，在经济比较发达地区。一些信用合作社实质上已发展成为小型商业银行。在经济发展比较落后的地区，大量信用合作社的处境相当困难，难以自负盈亏。

实践中，绝大部分城市信用合作社同样存在名不副实的问题。而且其中不少由于靠高息揽存——以高于法定的利率吸收存款——支持证券、房地产投机，纷纷陷入难以为继的困境。20世纪90年代中期之后，政府着手进行整顿，除对少数违法违规经营的城市信用合作社实施关闭或停业整顿外，先是合并组建“城市合作银行”，随即在1998年完成了将约2 300家城市信用合作社纳入90家城市商业银行的组建工作。

7.财务公司

我国财务公司始于由企业集团组建的第一家企业集团财务公司，建立于1987年5月，为东风汽车工业财务公司。财务公司的宗旨和任务是，为本企业集团内部各企业筹资和融通资金，促进其技术改造和进步。财务公司在业务上受中国人民银行领导、管理、监督与稽核，在行政上则隶属于各企业集团，是实行自主经营、自负盈亏的独立企业法人。我国财务公司的业务有：存款、贷款、结算、票据贴现、融资性租赁、投资、委托以及代理发行有价证券等。从今后规范要求的角度看，财务公司的特点就是为集团内部成员提供金融服务，其业务范围、主要资金来源与资金运用都应限定在集团内部，而不能像其他金融机构一样到社会上去开拓生存空间。截至2016年第三季度，财务公司资产合计40 206.8亿元，负债合计33 901.7亿元，所有者权益合计6 305.1亿元，实现扣除资产减值损失后利润总额584.4亿元。

8.金融租赁公司

我国的融资租赁业起源于1981年4月，最早的租赁公司以中外合资企业的形式出现，其初始动机是引进外资，1981年7月成立了首家由中资组成的非银行金融机构——中国租赁有限公司。金融租赁公司的创建，大都是由银行、其他金融机构以及一些行业主管部门合资，如中国租赁有限公司、东方租赁有限公司等。

2007年，银监会修订《金融租赁公司管理办法》，重新允许合格金融机构参股或设立金融租赁公司。随后，工行、建行、交行、民生银行和招商银行先后向银监会提交设立金融租赁公司的申请。2007年11月，由工行独资设立的工银金融租赁公司开业，这是在商业银行退出租赁行业10余年后的再次进入，其他4家商业银行筹建金融租赁公司的申请已通过银监会批准，并获准开业。允许商业银行开办融资租赁业务，有助于推动我国商业银行综合化经营，它有利于商业银行提升核心竞争力。商业银行的介入，也有助于提升融资租赁行业的整体发展水平。截至至2017年底，全国共有57家金融租赁公司，总资产规模约为2.10万亿元。

9.邮政储蓄机构

为了更有效地利用遍及全国城乡的邮政机构的现有基础设施，并发挥它们点多、面广、相关业务联系密切和四通八达的电信网络等优势，1986年2月，全国开办邮政储蓄业务，并在邮政总局下设立邮政储汇局。依照规定，邮政网点吸收的储蓄全部缴存中国人民银行；邮政储蓄存款成为中国人民银行的一项信贷资金来源。2007年3月20日，中国邮政储蓄银行正式挂牌成立。2015年，邮储银行引入十家境内外战略投资者，进一步提升了综合实力。在“2016年全球银行1 000强排名”中，邮储银行总资产位居第22位，经营范围已由初期的人民币储蓄和汇兑业务，发展成本外币负债类业务、代理类中间业务和以债券投资和协议存款为主的资产类业务以及经营商业银行法规定的各项业务，拥有营业网点超过4万个，服务个人客户超过5亿人，拥有优异的资产质量和显著的成长潜力。2016年，邮储银行在香港交易所主板上市，2017年，邮储银行发行境外优先股，进一步优化资本结构，拓宽资本补充渠道。

专栏6-2

“一委一行两会”格局落定

“一委一行两会”的金融监管框架包括国务院金融稳定发展委员会（金稳委）、中国人民银行（央行）、中国银行保险监督管理委员会、中国证监会。

从2003年银监会成立算起，中国“一行三会”的金融监管格局已走过15个春秋。2018年3月，这一历时已久的监管框架迎来了变革。3月中旬，国务院发布金融监管改革方案，合并银监会和保监会为银保监会。加上2017年新成立的国务院金融稳定发展委员会（以下简称“金融委”），“一行三会”成为历史，“一委一行两会”的新格局就此形成。

在行业壁垒逐渐消融的现状下，金融机构间跨行业合作频繁，行业乱象滋生，旧体制的弊端日益明显。“一行三会”的旧体制存在着监管职责不清晰、交叉监管和监管空白等问题，而对于此次监管框架的调整，业内普遍认为这能够在统一监管标准、减少沟通成本、杜绝监管套利等方面发挥积极作用。

“机构改革之后，央行负责制定一些政策，而中国银行保险监督管理委员会负责具体的执行，看执行的效果可以判断，到底是政策的问题还是执行的问题。”复旦大学经济学院副院长孙立坚告诉时代周报记者。

一、银保监会

我国金融监管格局的改革历程主要分为三个阶段：计划经济下的混业监管、市场经济逐步活跃后的分业监管、市场经济进一步发展下重归混业监管。金融框架由合至分，又由分至合，监管政策始终随着金融发展模式进行着相应的动态改变。

改革开放后，随着市场经济不断发展，金融业各种公司、交易所如雨后春笋涌现，央行的统一监管开始显得力不从心。1992年，国务院证券委员会和证监会成立，分业监管初现雏形。随后，1998年保监会成立，开始负责对保险业的统一监管。直至2003年，银监会正式组建，标志着我国“一行三会”分业监管的金融监管体制正式确立。

2003年至今，“一行三会”的金融监管体制已走过15载岁月。这15年时间里，各行业间交往密切，业务关联性日益增强，而监管协调却一直处于“九龙治水”的状态，这就造成了监管区域的重复与真空，分业监管的弊端逐渐暴露。

在分业监管体制下，监管部门通常奉行“谁家的孩子谁抱走”的原则，这有一定道理，但也存在一定弊端，其中就包括监管盲区阶段性凸显。因此，金融监管格局迫切需要重新厘定。

本次改革中，最引人瞩目是银监会和保监会的合并。两会合并前，银监会职责在于监督管理银行、金融资产管理公司、信托投资公司及其他存款类金融机构；保监会履行行政管理职能，依法监督管理保险市场。合并后，银保监会继承了银监会和保监会原有职能，对银行业及保险业进行统一管理。

银监会和保监会的合并，填补了旧的监管格局的不足。“银监会和保监会的合并，从短期看，符合防范风险、服务实体经济的主基调；从中长期来看，也为我国金融业真正走向市场化、国际化打下了坚实基础。”国家发改委国际合作中心首席经济学家万喆对时代周报记者分析称。

二、金融监管与改革

除银监会保监会合并外，成立于2017年的金融委加入到了金融监管框架。金融委为国务院统筹协调金融稳定和改革发展重大问题的议事协调机构，其宗旨在于强化人民银行宏观审慎管理和系统性风险防范职责，及强化金融监管部门监管职责，以确保金融安全与稳定发展。

可以说，金融委的成立，是我国从分业监管回归混业监管的标志。金融委的成立意味着金融监管和金融改革等方面更能够“全国一盘棋”，能够统筹各方面的利益和职能，而非目前的分业监管、各部门分别推进改革等现状。

在本次改革中，央行虽在机构设置上没有变化，但承接了原属于银监会及保监会关于重要法律法规草案和监管基本制度的拟定权，由此央行统筹监管的职能愈发凸显。

央行的权力与职责较此前有较大提升。“央行除了货币政策职能外，还担负起了宏观审慎管理的工作，央行作为控制总需求的一个操作者是最合适的，央行负担了金融稳定的责任。”中银国际研究公司董事长曹远征告诉时代周报记者。

证监会在本次改革中并无明显变动。之所以证监会未动，与证券市场的特殊性有关。相对于银监会和保监会，证监会的监管对象更为繁杂，除金融机构外，还有上市公司和投资者。证监会主要负责监管信息披露的真实性，更偏重对投资者的保护。

中国新监管未来职责划分主要在于以下几方面：金融委加强宏观审慎保障金融稳定并负责监管协调；央行通过货币政策保障币值稳定，同时进一步加强宏观审慎保障金融稳定；银保监会通过加强微观审慎以保障个体金融机构稳定，保障消费者权益保护。补监管短板空白让不该混业的交叉金融回归本业，合并分业监管体系适应正常的混业经营趋势。

资料来源：曾令俊．“一委一行两会”格局落定［N］．时代周报，2018-11-14．

本章小结

1.本章主要介绍了金融体系的相关含义、历史演变和功能等三部分内容。金融体系是指实现资金从储蓄者到用资者的融通、流动和转移的系统，包括金融机构、金融市场、金融工具、货币监管当局和金融制度等。金融体系经历了漫长的历史演变过程，由于不同国家的不同经济、文化、历史背景，金融体系逐渐演化出两大不同类型的金融体系，即银行主导型金融体系和市场主导型金融体系。虽然金融机构和金融市场的形态发生了巨大的变化，但金融体系的功能则一直相对比较稳定，其功能则主要包括了清算和支付结算、资源配置、风险管理、财富储藏和分割股份、提供流动性和信息、解决激励问题等。

2.专门从事各种金融活动的经济组织为金融机构，各种金融机构组成相互联系、分工协作的统一体，即金融机构体系。本章首先概括性地描述了金融机构体系及其分类，进而重点介绍了西方国家金融机构体系的构成，其中，金融机构体系主要分为银行机构和非银行金融机构，银行机构主要包括为中央银行、商业银行和专业银行三大类，非银行金融机构主要包括保险公司、退休养老基金、投资基金、财务公司、租赁公司等。本章的第三部分介绍了在改革开放以后我国金融机构体系的发展状况，我国目前已经形成了以中国人民银行为领导，商业银行为主体，多种金融机构并存、分工协作的金融机构体系。

综合训练

6.1　单项选择题

1.世界上第一家股份制银行是1694年成立的（　　），它的成立标志着现代商业银行的诞生。

A.德意志银行　　B.法兰西银行　　C.英格兰银行　　D.日本银行

2.在一个国家或地区的金融监管组织机构中居于核心位置的机构是（　　）。

A.社会性公律组织　B.行业协会

C.中央银行或金融管理局　D.分业设立的监管机构

3.在我国，执行中央银行职能的是（　　）。

A.中国银行　B.中国人民银行

C.中国建设银行　D.中国工商银行

4.2003年，随着（　　）的成立，银行、证券、保险——中国金融业“分业经营，分业监管”的框架最终完成，新中国成立50多年来中国人民银行集货币政策与银行监管于一身的“大一统”时代也宣告结束。

A.中国人民银行　B.保监会　C.证监会　D.银监会

5.1986年，国家决定重新组建股份制商业银行：（　　）。

A.交通银行　B.中国银行　C.中国农业银行　D.中国工商银行

6.2 多项选择题

1.银行类金融机构按其在经济中的功能可分为（　　）。

A.国有银行　B.中央银行　C.商业银行

D.专业银行　E.政策性银行

2.不以营利为目的的银行是（　　）。

A.商业银行　B.投资银行　C.开发银行

D.抵押银行　E.政策性银行

3.非银行金融机构的构成庞杂，其中包括（　　）。

A.保险公司　B.投资公司　C.信用合作组织

D.基金公司　E.财务公司

4.投资银行的主要业务包括（　　）。

A.为居民提供消费信贷和其他贷款

B.代理证券还本付息和红利的支付

C.证券抵押贷款

D.代办发行或包销工商企业的股票和债券

E.参与企业并购、证券经济研究和其他形式的金融咨询活动

5.1994年，为适应金融机构体系改革的需要，使政策性金融与商业性金融相分离，我国相继成立了（　　）政策性银行。

A.国家开发银行　B.中国进出口银行

C.中国农业发展银行　D.交通银行

E.光大银行

6.3 复习思考题

1.金融体系的构成与分类是怎样的？

2.金融体系是如何实现清算和支付结算功能的？

3.金融体系是如何实现资源配置功能的？

4.如何理解金融体系的风险管理功能？

5.金融体系是如何提供信息的？
6.金融体系是如何解决激励问题的？
7.金融机构体系一般由哪些金融机构构成？
8.投资银行的主要业务是什么？
9.试述我国当前金融机构体系的构成。
10.我国的政策性金融机构的主要内容是什么？

第7章

国际货币体系与国际金融

【学习指南】

导读

本章介绍货币体系如何产生，从而引出国际货币体系的性质，并按照历史顺序介绍了国际货币体系的发展及当今趋势。本章重点阐述了国际货币体系的主要内容，并强调其在世界经济发展中所发挥的重要作用。货币体系的演变和发展也是本章的重要内容，随着经济社会的发展，国际货币体系也在演变和发展，经济危机的频频爆发，更是对国际货币体系改革提出了新的要求。通过本章的介绍，读者可深入地理解国际货币体系与国际金融之间的关联。

关键概念

国际货币体系　国际金本位制　金币本位制　金块本位制　金汇兑本位制　布雷顿森林体系　特里芬悖论　牙买加体系　欧洲货币一体化

引例

人民币加入SDR

2015年11月30日，国际货币基金组织（IMF）执行董事会讨论并全票通过了特别提款权（SDR）审查报告，认定人民币已经满足了出口和“可自由使用”标准，决定将人民币纳入SDR货币篮子，SDR货币篮子相应扩大至美元、欧元、人民币、日元、英镑5种货币。新的SDR篮子于2016年10月1日生效。人民币入篮之后，在SDR篮子中的比重为10.92%。其他4种货币的权重则相应减少：美元比重从41.9%降至41.73%，欧元从37.4%降至30.93%，日元从9.4%降至8.33%，英镑从11.3%降至8.09%。人民币的权重超越日元和英镑，成为SDR货币篮子中的第三大货币。

2016年10月1日，纳入人民币的国际货币基金组织特别提款权新货币篮子正式生效。人民币从此跻身国际权威机构认可的国际储备货币和“可自由使用货币”俱乐部，这是中国与世界的双赢。

IMF总裁拉加德说，这反映了人民币在国际货币体系中不断上升的地位，有利于建立一个更强劲的国际货币体系。

那么，国际货币体系究竟是怎样的制度、规范？它与国际金融发展之间有着怎样的联系呢？这正是本章讲解所要解决的问题。

§7.1 国际货币体系概述

7.1.1 国际货币体系的概念

国际货币体系是指各国对货币的兑换、国际收支的调节、国际储备资产的构成等问题共同做出的安排所确定的规则、采取的措施及相应的组织机构形式的总和。有效且稳定的国际货币体系是国际经济极其重要的环节，是调节各国货币在国际支付、结算、汇兑与转移等方面所确定的规则、惯例、政策、机制和组织机构安排的总称。

国际货币体系是随着国际经济交往的不断扩大而产生与发展的。由于各国之间商品劳务往来、资本转移日趋频繁，速度也日益加快，这些活动最终都要通过货币在国际上进行结算、支付，因此，就产生了在国际范围内协调各国货币关系的要求。国际金融体系正是在协调众多国家货币制度、法律制度及经济制度的基础上形成的。

7.1.2 国际货币体系的主要内容

1.国际收支及其调节机制

国际收支及其调节机制致力于有效地帮助与促进国际收支出现严重失衡的国家

通过各种措施进行调节，使其在国际范围能公平地承担国际收支调节的责任和义务。

2.汇率制度的安排

由于汇率变动可直接地影响各国之间经济利益的再分配，因此，形成一种较为稳定的、为各国共同遵守的国际汇率安排，成为国际金融体系所要解决的核心问题。一国货币与其他货币之间的汇率如何决定与维持，一国货币能否成为自由兑换货币，是采取固定汇率制度，还是采取浮动汇率制度，或是采取其他汇率制度，等等，都是国际金融体系的重要内容。

3.国际储备资产的选择与确定

国际储备资产的选择与确定，即采用什么货币作为国际支付货币；在一个特定时期中心储备货币如何确定，以维护整个储备体系的运行；世界各国的储备资产又如何选择，以满足各种经济交易的要求。

4.国际金融事务的协调与管理

各国实行的金融货币政策会对相互交往的国家乃至整个世界经济产生影响，因此如何协调各国与国际金融活动有关的金融货币政策，通过国际金融机构制定若干为各成员国所认同与遵守的规则、惯例和制度，也构成了国际金融体系的重要内容。

7.1.3 国际货币体系的发展与作用

从历史的发展过程来看，现代国际货币体系大致经历了三个发展阶段，每个阶段均有主体金融体系。

第一阶段是国际金本位制时期，从1816年英国实行金本位制开始，到第一次世界大战爆发而结束。

第二阶段是布雷顿森林体系时期，起始于二战结束后的1945年，终止于1973年。

第三阶段是牙买加体系时期，始于1976年1月IMF临时委员会的《牙买加协议》的正式签订。

国际货币体系的目标是：保障国际贸易和世界经济稳定、有序地发展，使各国的资源得到有效的开发与利用。

不同历史时期的国际货币体系，有它产生的背景，同时也有它重要的作用：

（1）确定了国际收支调节机制与各国可遵守的调节政策，为各国纠正国际收支失衡状况提供了基础；

（2）建立了相对稳定的汇率机制，很大程度上防止了不公平的货币竞争性贬值；

（3）创造了多元化的储备资产，为国际经济的发展提供了足够的清偿力，同时借此抵御区域性或全球性金融危机；

（4）促进各国经济政策的协调，在统一的国际金融体系框架内，各国都要遵守一定的共同准则，任何损人利己的行为都会遭到国际上的指责，因而各国经济政策在一定程度上可得到协调与相互谅解。

当然，任何一个国际金融体系都有它的缺陷，因此，国际金融体系仍然需要改革，在此基础上寻求发展。

§7.2　国际金本位制

7.2.1　国际金本位制定义

所谓国际金本位制，是指以一定量的黄金作为本位货币的一种货币制度。英国政府于1816年率先颁布了黄金本位法案，发行金币，规定1盎司黄金等于3英镑17先令，银币作为辅币。随后，德国、法国、美国纷纷效仿。这使金本位制度有了国际性，发展成为国际金本位制。

7.2.2　国际金本位制类型

依据黄金与货币的联系标准，国际金本位制可划分为：金币本位制、金块本位制和金汇兑本位制。

1.金币本位制

这是金本位货币制度的最早形式，亦称为古典的或纯粹的金本位制，盛行于1880—1914年间。

自由铸造、自由兑换及黄金自由输出入是该货币制度的特点。

（1）由黄金来规定货币所代表的价值，每一货币单位都有它法定的含金量，各国货币因其所含黄金重量而有一定的比价。

（2）金币可以自由铸造，任何人都可按本币的含金量将金块交给国家造币厂铸成金币。

（3）金币具有无限的支付能力。

（4）各国的货币储备是黄金，国际结算也使用黄金，黄金可以自由输入与输出。

在该制度下，各国政府以法律形式规定货币的含金量，两国货币含金量的对比即为决定汇率基础的铸币平价。黄金可以自由输出或输入国境，并在输出入过程形成铸币-物价流动机制，对汇率起到自动调节作用。这种制度下的汇率，因铸币平价的作用和受黄金输送点的限制，波动幅度不大。金币本位制是一种相对比较稳定的汇率制度，不会发生货币贬值现象，在一定程度上，限制了汇率的变动，有利于调节国际收支，缺陷是受黄金供给变化的影响较大。

2.金块本位制

金块本位制是以金块办理国际结算的变相金本位制，亦称金条本位制。在该制度下，由国家储存金块，作为储备；流通中各种货币与黄金的兑换关系受到限制，不再实行自由兑换，但在需要时，可按规定的限制数量以银行券（纸币）向本国中央银行无限制兑换金块。可见，这种货币制度实际上是一种附有限制条件的金本位制。

金块本位制的特点是：（1）单位货币仍有法定的含金量，但国家禁止自由铸造金币。（2）人们仍可自由买卖和贮藏黄金。（3）银行券代替金币且是主要的流通工具，并具有无限清偿权。（4）限制黄金的输出入。

金块本位制实行的条件是保持国际收支平衡和拥有大量的平衡国际收支的黄金储备。一旦国际收支失衡，大量的黄金外流或黄金储备不敷支付时，这种金本位制就难以维持，1929年，全球性经济危机爆发，英国、法国、比利时、荷兰、瑞士等国先后被迫放弃该制度。

3.金汇兑本位制

金汇兑本位制是在金块本位制或金币本位制国家保持外汇，准许本国货币无限制地兑换外汇的金本位制。在该制度下，国内只流通银行券，银行券不能兑换黄金，只能兑换实行金块或金本位制国家的货币，国际储备除黄金外，还有一定比重的外汇，外汇在国外才可兑换黄金，黄金是最后的支付手段。实行金汇兑本位制的国家，要使其货币与另一实行金块或金币本位制国家的货币保持固定比率，须通过无限制地买卖外汇来维持本国货币币值的稳定。

金汇兑本位制的特点是：（1）国家仍规定单位货币的含金量，但禁止金币自由铸造。（2）金币不流通，纸币具有无限的法偿权。（3）纸币不能兑换黄金，只能兑换外汇，用外汇可在国外兑换黄金。（4）禁止黄金输出。

这种货币制度的特点集中表现为本国货币“钉住”别国货币，因此实际上是一种附庸的货币制度。实行这种货币制度的国家多为殖民地或附属国。例如，第一次世界大战前的印度、马来西亚以及拉美一些国家，伴随着1929年国际金本位制的瓦解，金汇兑本位制也随之消失。

7.2.3 国际金本位制的主要特点

1.黄金充当了国际货币

黄金充当国际货币是国际货币制度的基础，当时各主要工业国家的货币都规定了含金量。

2.黄金成为各国间最后清偿手段

金币自由铸造，黄金成为各国间最后的清偿手段。

3.外汇汇率由各国货币含金量确定

在金本位制度下，各国货币都规定了含金量，其货币间的含金量之比就构成了决定汇率的铸币平价，外汇市场上的实际汇率以铸币平价为基础围绕着黄金输送点上下波动。

4.各国国际收支自动调节

在国际金本位制度下，国际收支的自动调节机制，由大卫·休谟在1752年提出，在国际上普遍实行金本位制的条件下，一个国家的国际收支可通过物价的涨落和现金的输出入自动恢复平衡。休谟机制调节国际收支的具体过程可如图7-1所示：

一国国际收支逆差⟶本国货币汇率下跌⟶黄金外流⟶货币流通量减少⟶物价下跌⟶出口增加进口减少⟶国际收支恢复平衡

图7-1 休谟机制（逆差）

顺差则相反。

休谟机制实现的条件是：（1）货币或者货币发行量与黄金储备量保持一致。（2）充分就业。（3）假定货币流通速度不变。

7.2.4 国际金本位制的崩溃

1914年第一次世界大战爆发后，各国为了筹集数额庞大的军费，纷纷发行不兑现的纸币，禁止黄金自由输出，金本位制随之告终。接着建立起来的是没有金币流通的金块和金汇兑本位制，这两个制度由于不具备金币本位制的一系列特点，因此，也称为不完全或残缺不全的金本位制。该制度在1929—1933年的世界性经济大危机的冲击下，也逐渐被各国放弃。第二次世界大战后，建立了以美元为中心的国际货币体系，这实际上是一种金汇兑本位制，美国国内不流通金币，但允许其他国家政府以美元向其兑换黄金，美元是其他国家的主要储备资产。但其后受美元危机的影响，该制度也逐渐开始动摇，至1971年8月美国政府停止美元兑换黄金，并先后两次将美元贬值后，这个残缺不全的金汇兑本位制也崩溃了。

7.2.5 对国际金本位制的评价

金本位制度的崩溃，对国际金融乃至世界经济产生了巨大的影响，为各国普遍货币贬值、推行通货膨胀政策打开了方便之门。这是因为，废除金本位制后，各国为了弥补财政赤字或扩军备战，会滥发不兑换的纸币，加速经常性的通货膨胀，不仅使各国货币流通和信用制度遭到破坏，而且加剧了各国出口贸易的萎缩及国际收支的恶化。这导致汇价的剧烈波动，冲击了世界汇率制度。在金本位制度下，各国货币的对内价值和对外价值大体上是一致的，货币之间的比价比较稳定，汇率制度也有较为坚实的基础。但各国流通纸币后，汇率的决定过程变得复杂了，国际收支状况和通货膨胀引起的供求变化，对汇率起着决定性的作用，从而影响了汇率制度，影响了国际货币金融关系。

1.国际金本位制的作用

（1）在国际金本位制度下，各国货币之间的汇率非常稳定。

（2）国际金本位制对供求失衡的调节主要依靠市场的力量，从而使政府的干预减少到最低程度，避免了人为的政策失误。

（3）由于国际金本位制具有内在的自动调节机制，各国政府就没有必要在为国际收支失衡而实行贸易管制和外汇管制，这无疑有利于商品和资本的国际自由流动，使世界范围内的生产要素配置组合更具有效率。

（4）在国际金本位制下，“物价与现金流动机制”对国际收支不平衡的调节是渐进的。

（5）国际金本位制通过国家收支不平衡所产生的压力，对那些偏好于膨胀国内经济的政府施加了外部约束。

2.国际金本位制的缺陷

（1）黄金的增长速度远远落后于各国经济贸易增长的速度，由此造成的清偿手段不足，严重制约了各国经济的发展。

（2）国际金本位体系的规则难以为各国接受，各国不可能忽视本国经济发展对货币的需求而保持充分的黄金准备，或听任国际金本位体系的自动调节，它们通常利用国际信贷、利率及公开市场业务等手段解决国际收支困难，而不愿意黄金频繁流动，所以，国际金本位体系的自动调节机制是有限的。

（3）为了实现投放货币的目的，需要花费大量的人力和资源，将黄金挖掘出来，窖藏在严密看守的国库中，这是不必要的资源浪费。

§7.3　布雷顿森林体系

7.3.1　布雷顿森林体系的创建

国际金本位制彻底瓦解后，整个货币市场陷入一片混乱，各国国际收支深陷危机当中，汇率极其不稳定，国际金融市场更是动荡不安。此时，第二次世界大战刚刚结束，战败国德国、意大利、日本的国民经济陷入崩溃境地，虽然英国和法国等国家取得了战争的胜利，但是付出了惨痛的代价，经济实力大大削弱。两次世界大战期间，尤其金本位制崩溃后的异端时期，国际货币制度极其混乱和动荡，严重破坏了国际上正常的贸易和货币金融关系，尤其是一些国家为了各自的政治经济利益，竞相实行以邻为壑的货币贬值、外汇管制等政策，对世界经济和金融关系产生了极其不利的影响。这一切都使人们增强了对以往金本位制和固定汇率制的向往，希冀重建统一的国际货币体系，实现有效的国际经济合作及改变受战争影响的动荡不安的国际货币金融关系。为了重建国际金融市场新秩序，抚平各国的战争创伤，世界经济迫切需要新的国际货币制度出现。

在第二次世界大战中，美国靠大量提供军火给盟军，大发战争横财，经济实力大大提升，对外贸易额占当期世界贸易额的1/3以上，跃居英国之上，成为最大的债权国。此时，英国虽然身受战争重创，但经济实力仍不容小觑，于是英美两国都希望在新的国际金融体系中占主导地位，以谋求更多的经济利益。在1943年4月7日英美两国各自在伦敦和华盛顿同时公布了英国财政部顾问凯恩斯提出的“国际清算同盟计划”（后称为“凯恩斯计划”）和美国财政部长助理怀特拟定的“联合国平准基金计划”（后称为“怀特计划”）。尽管两国对外都宣称新的货币计划的主要目的是战后各国的经济重建和复兴、为了促进国际经济合作奠定良好的基础，但究其本质都是为了在新的国际金融领域占统治地位。

“凯恩斯计划”和“怀特计划”提出后，在经济学界引起了激烈讨论，英美两国也就此展开了旷日持久的争辩。最终美国以强大的经济与军事实力做后盾，迫使英国同意了“怀特计划”。**1944年7月1日至22日，44个国家的300多位代表出席在美国新罕布什尔州布雷顿森林镇召开的“联合国和联盟国家国际货币金融会议”，史称布雷顿森林会议。在这个会议上，通过了以“怀特计划”为基础的《国际复兴开发银行协定》，总称布雷顿森林协定，所形成的国际货币制度体系，即为布雷顿森林体系。**根据协定成立的国际货币基金组织（IMF）是布雷顿森林体系赖以维持的基本运行机构。由于美国的“怀特计划”对布雷顿森林体系行程发挥了主导作用，形成了美国居主导统治地位的、具有浓厚的金融垄断色彩的新的国际货币体系。

7.3.2　布雷顿森林体系的主要内容

布雷顿森林体系的内容是以《国际货币基金协定》这一国际协定的形式规定下来的，主要有以下几个方面：

1.建立了一个永久性的国际金融机构，以促进国际货币合作

根据布雷顿森林协定，设立“国际货币基金组织”和“国际复兴开发银行”。前者的宗旨在于稳定汇率，协助成员国改善国际收支，并成为战后国际货币体系的核心，是该体系赖以维持的基本运行机构，并在一定程度上起到了维持国际金融秩序稳定的作用。后者的宗旨在于以低利长期贷款协助推动成员国的经济发展。时至今日，国际货币基金组织作为调节国际货币、贸易和投资的三大国际经济机构之一，其协作功能不断增强，在全球范围协调和治理国际金融危机、经济危机等方面发挥了愈益重要的作用。

2.规定以美元为主要的国际储备货币的双挂钩为基础的、可调整的固定汇率制

在该体系下，美元取代了黄金成为国际储备货币，美元直接与黄金挂钩，其他各国货币与美元挂钩。协定规定，每盎司黄金等于35美元，各国政府或中央银行可随时用美元向美国政府按这一比价兑换黄金。在汇率机制上，布雷顿森林体系采取了固定汇率制。IMF规定，成员国的货币含金量一经确定，就不得随意变动。成员国在进行即期外汇交易及黄金买卖时，汇率和金价的波动幅度不得超过法定汇率和金价的上下各1%（超过该界限，有关政府有义务进行干预），使汇率始终保持在一个较为稳定的水平上。只有当国际收支发生根本性不平衡时，才允许贬值或升值，亦即平价经IMF同意后才能加以改变。这种体系下的固定汇率制度，亦称可调整的钉住汇率制度。

3.国际收支调节的安排

《国际货币基金协定》规定，每个成员国向国际货币基金组织缴纳的份额的25%为黄金，后改为可兑换货币或特别提款权缴纳，其余部分则以本币缴纳。当成

员国国际收支发生困难时，IMF通过三种方式帮助成员国渡过难关：一是敦促成员国广泛协商，促进国际货币合作。二是为成员国提供融通资金的便利，发生国际收支逆差的国家需要储备时，可用回购方式取得短期信贷，来弥补逆差，即逆差国以本币向基金组织购买一定数额的外汇，并在规定的期限内用所借的外汇购回本币，以此方式来偿还所借的款项。三是规定各成员国实行多边支付与清算，不得限制经常项目的支付，亦不许采取歧视性的货币措施，由此创造平衡国际收支的外在条件。

4.取消对经常账户的外汇管制

《国际货币基金协定》规定，成员国不得限制经常项目的支付，不得采取歧视性货币政策，在可兑换的基础上实行多边支付。

总之，美元与黄金挂钩，其他国家货币与美元挂钩，保证了二战以后的较长时间里国际货币制度有了一个较为有效和稳定的基础，同时也促进了国际贸易、国际投资和国际经济的迅速发展。

7.3.3 布雷顿森林体系的解体

布雷顿森林体系的建立对世界经济的恢复与发展起到了至关重要的作用，但由于其自身存在着无法克服的缺陷，最终布雷顿森林体系还是走上了解体的道路。其主要缺陷表现为：

首先，该体系是以美元为中心的国际货币制度，其存在的先决条件是美国经济占绝对优势和美元地位的稳固，把国际货币体系建立在美国经济地位的基础上，一旦美国经济发生变化，国际货币体系必然会动荡不安。因此，当美国国际收支不断恶化和短期对外债务不断增加时，国际上对美元作为主要国际储备货币的信心也就会不断降低。

其次，由于固定汇率制的限制，汇率缺乏弹性。成员国政府大多不愿以改变汇率的方法来应对“基本失衡”，待到非改不可时，投机者早已闻风而动，在外汇市场及黄金市场上掀起投机的浪潮，加剧金融危机。

再次，虽然IMF规定赤字国家和盈余国家都有调整国际收支失衡的责任，但事实上，采取纠正措施的多是赤字国家，盈余国家往往不愿以及时升值的举措来减少盈余，这就加大了调节国际收支的困难。

最后，在该体系下，大多数货币与美元保持固定汇率，而美元又与黄金挂钩，因此，其他国家可用本币对美元贬值来调节赤字，但美国却无法体面地使其货币贬值。从美国立场上看，这是美元作为国际储备所付出的代价，也就是难解的“特里芬悖论”。**所谓“特里芬悖论”，即美国耶鲁大学教授罗伯特·特里芬在20世纪50年代末所指出的：基准通货国家美国的国际收支无论是出现顺差或者逆差都会给这一国际货币体系带来困难。**而其他国家的看法是：美国尽可用美元直接支付其对外债务而不受外汇的约束，运用发行本币的方法，获取铸币利差。美国和其他主要工业国家对美元问题和国际金融问题，既然各怀成见，在财经政策执行方面也就无法真诚合作。

到了20世纪60年代初，这一以美元为中心的固定汇率制度便开始呈现不稳迹象。美国国际收支开始出现逆差，短期对外债务增加，“美元匮乏”逐渐被“美元过剩”所取代。另一储备货币——英镑，亦因英国国力的衰落而摇摇欲坠。这些酝酿已久的内在不稳定性，终于触发了1967年的英镑危机和1968年的黄金危机。1968年3月，美国黄金储备损失了14亿美元，1961年成立的“黄金总库”被迫解体，七国中央银行宣布实行“黄金双价制”，即官方黄金交易仍以每盎司35美元进行，私人黄金交易则由市场供求关系决定。然而，美国国际收支逆差不断扩大，国际社会对美元信心也大幅降低，成员国中央银行继续以剩余美元兑换黄金，使美国穷于应付。1971年8月尼克松政府宣布实行“新经济政策”，停止美元兑换黄金，同年12月在华盛顿史密森博物馆举行国际金融会议，决定美元对黄金贬值7.9%，即将黄金官价从每盎司35美元提至38美元，其他国家货币纷纷改变对美元和黄金的平价，这就是“史密森协议”下的美元第一次正式贬值。1973年2月，美元实行了第二次贬值，黄金官价提高到每盎司42美元。同年3月，欧共体、日本、加拿大等国宣布本区或本国货币对美元实行浮动。布雷顿森林体系就这样在一系列美元危机与1971年至1973年的国际金融危机中解体了。

7.3.4　对布雷顿森林体系的评价

布雷顿森林体系对战后的20世纪50、60年代世界经济的恢复和发展发挥了极其重要的作用。在它解体之前，世界经济发展处于人类历史上少有的黄金时代，国民生产总值增长很快，物价相对稳定，国际贸易和国际投资的发展速度都超过了世界生产速度，国际经济一体化程度显著提高。

1.布雷顿森林体系对世界经济的积极作用

布雷顿森林体系对世界经济的积极作用主要表现为：

（1）战后的世界黄金产量停滞，以美元为世界货币，客观上起到了弥补黄金不足的作用，扩大了国际清偿的手段和世界购买力，大大促进了世界经济的发展。

（2）布雷顿森林体系建立了新的统一的国际货币秩序，把几乎所有的资本主义国家都囊括于这个新的国际货币制度之下，给世界经济发展创造了稳定的外部环境。

（3）布雷顿森林体系运行期间，各国汇率相对稳定，便利了国际贸易的发展和国际资本流动。

（4）国际货币基金组织在促进国际货币合作和建立多边支付体系等方面做出了积极贡献，在一定程度上促进了国际货币合作与世界经济的发展。

2.布雷顿森林体系对世界经济的消极作用

布雷顿森林体系发展过程中的很多实际情况与设计者的初衷大相径庭。

（1）布雷顿森林体系难以调整世界经济失衡的局面。

该体系的建立是由于美国战后取得了资本主义世界经济的支配地位，当时美国为了维护其利益，长期对外进行大量的援助和投资，一方面延缓了美国国内的资本投资和设备更新，另一方面对资本输入国的经济发展注入了有生力量，使美国经济和技术优势逐渐丧失，劳动生产率的增长落后于德国、日本、荷兰等国家。这种不平衡在国际金融领域表现为美元的霸权地位不断衰落，以美国国际收支赤字为主要矛盾的国际收支大面积失衡。各个资本主义国家出于各自的利益，不可能真正进行全面的政策协调。

（2）各国经济政策自主性受到削弱。

布雷顿森林体系削弱了各国国内财政政策，导致通货膨胀的发生，各国通过国内财政政策和货币政策调整国际收支、稳定汇率。各国经济政策自主性受到削弱的表现为，逆差国的货币趋于贬值，为了维持与美元的固定汇率，中央银行必须在外汇市场抛出美元购进本国货币，等同于公开市场业务缩减了国内货币供给，导致衰退和失业；盈余国的货币趋于升值，为了维持与美元的比价，必须在外汇市场上抛售本币大量购买美元，这实际上是采取了扩张性的货币政策，往往导致通货膨胀。

（3）成员国货币通过美元与黄金间接挂钩。

布雷顿森林体系中，每个成员方都按本币与美元的平价汇率，再通过美元与黄金间的固定比价间接地与黄金挂钩，进而决定各国货币之间的比价关系。国际货币基金组织有关条款规定，各成员方货币与美元的汇率如果发生波动，波动不得超过平价的1%，否则各成员方有义务在外汇市场上买卖美元或本国货币，来维持本币与美元间的汇率稳定。而且，当一国国际收支发生根本性失衡时，可以向国际货币基金组织申请调整其货币与美元的平价，而不必紧缩或者膨胀国内经济。然而，在汇率机制的运行中，难以按照实际情况进行调整，美元是基准货币，即使美元汇率偏高或偏低，也不便调整。而其他国家往往也是盈余国不愿意升值，赤字国不愿意贬值，所谓的可调整的汇率制度形同虚设。

§7.4　牙买加体系

7.4.1　牙买加体系的建立

布雷顿森林体系崩溃以后，国际金融秩序又复动荡，国际社会及各方人士也纷纷探析能否建立一种新的国际金融体系，并提出了许多改革主张，如恢复金本位、恢复美元本位制、实行综合货币本位制及设立最适货币区等，但均未能取得实质性进展。**直至1976年1月，经过激烈争论，IMF理事会“国际货币制度临时委员会”在牙买加首都金斯敦达成了《牙买加协议》，同年4月，IMF理事会通过了《IMF协定第二修正案》，从而形成了新的国际货币体系，即牙买加体系。**

7.4.2　牙买加体系的主要内容

牙买加体系是一个以美元为中心，国际储备多元化的浮动汇率体系。

1.实行浮动汇率制度的改革，承认浮动汇率制度合法化

牙买加协议正式确认了浮动汇率制的合法化，承认固定汇率制与浮动汇率制并存的局面，成员国可自由选择汇率制度。同时IMF继续对各国货币汇率政策实行严格监督，并协调成员国的经济政策，促进金融稳定，缩小汇率波动范围。在牙买加体系下，浮动汇率制与固定汇率制并存。一般而言，发达工业国家多数采取单独浮动或联合浮动，但有的也采取钉住自选的货币篮子浮动。对发展中国家而言，多数是钉住某种国际货币或货币篮子，单独浮动的很少。不同汇率制度各有优劣，浮动汇率制度可以为国内经济政策提供更大的活动空间与独立性，而固定汇率制则降低了本国企业可能面临的汇率风险，方便生产与核算。各国可根据自身的经济实力、开放程度、经济结构等一系列相关因素权衡得失利弊去选择。

2.推行黄金非货币化

协议做出了逐步使黄金退出国际货币的决定，并规定：废除黄金条款，取消黄金官价，成员国中央银行可按市价自由进行黄金交易；取消成员国相互之间以及成员国与IMF之间须用黄金清算债权债务的规定，IMF逐步处理其持有的黄金。

3.增强特别提款权的作用

牙买加体系一个重要的内容就是提高特别提款权的国际储备地位，国际货币基金组织在计算成员国份额和贷款上，使用特别提款权计值，扩大其在IMF一般业务中的使用范围，并适时修订特别提款权的有关条款。

4.增加成员国基金份额，扩大信贷额度，以增加对发展中国家的融资

成员国的基金份额从原来的292亿特别提款权增加至390亿特别提款权，增幅达33.6%。IMF以出售黄金所得收益扩充“信托基金”，用优惠条件向不发达国家提供贷款，帮助它们解决国际收支困难。同时扩大信用贷款部分的总额，由占成员方份额的100%增加到145%，并放宽出口波动补偿贷款，由50%提高到75%。

5.多种渠道调节国际收支

（1）运用国内经济政策。

国际收支作为一国宏观经济的有机组成部分，必然受到其他因素的影响。一国往往运用国内经济政策，改变国内的需求与供给，从而消除国际收支不平衡。比如在资本项目逆差的情况下，可提高利率，减少货币发行，以此吸引外资流入，弥补缺口。需要注意的是：运用财政或货币政策调节外部均衡时，往往会受到“米德冲突”的限制，在实现国际收支平衡的同时，牺牲其他的政策目标，如经济增长、财政平衡等，因而内部政策应与汇率政策相协调，才不至于顾此失彼。

（2）运用汇率政策。

在浮动汇率制或可调整的钉住汇率制下，汇率是调节国际收支的一个重要工具，其原理是：经常项目赤字→本币趋于下跌→本币下跌、外贸竞争力增加→出口增加、进口减少→经济项目赤字减少或消失。相反，在经常项目顺差时，本币币值上升会削弱进出口商品的竞争力，从而减少经常项目的顺差。实际经济运行中，汇率的调节作用受到“马歇尔、勒纳条件”以及“J曲线效应”的制约，其功能往往

令人失望。

（3）国际融资。

在布雷顿森林体系下，这一功能主要由IMF完成。在牙买加体系下，IMF的贷款能力有所提高，更重要的是，伴随石油危机的爆发和欧洲货币市场的迅猛发展，各国逐渐转向欧洲货币市场，利用该市场比较优惠的贷款条件融通资金，调节国际收支中的顺逆差。

（4）加强国际协调。

这主要体现在：①以IMF为桥梁，各国政府通过磋商，就国际金融问题达成共识与谅解，共同维护国际金融形势的稳定与繁荣。②新兴的七国首脑会议的作用。西方七国通过多次会议，在多个方面达成共识，多次合力干预国际金融市场，虽然主观上是为了各自的利益，但客观上也促进了国际金融与经济的稳定与发展。

7.4.3 对牙买加体系的评价

自从1976年1月牙买加体系开始形成至今已近50年了。在评价这一国际货币体系时，首先应该肯定其对维持国际经济运转、推动世界经济继续发展的积极作用。

1.牙买加体系的积极作用

（1）摆脱了布雷顿森林体系的一些弊端。

牙买加体系基本上摆脱了布雷顿森林体系时期基准通货国家与依附国家相互牵连的弊端，并在一定程度上解决了“特里芬悖论”。布雷顿森林体系是一种国际金汇兑本位货币制度，这种制度的一种弊端是各国货币与美元挂钩，从而使基准通货国家与依附国家相互牵连。而在形成牙买加体系后，实现了国际储备多元化和浮动汇率制，即使发生美元贬值，也不一定会影响各国货币的稳定性。由于美元早已与黄金脱钩，即使发生美元可能贬值的预兆，各国也不可能用自己的美元储备向美国联邦银行挤兑黄金，所以可以说已经基本上摆脱了基准通货国家与依附国家相互牵连的弊端。这对于世界经济的发展是比较有利的。布雷顿森林体系的致命弊端是“特里芬悖论”，而在牙买加体系形成之后，实现了国际储备多元化，美元已经不是唯一的国际储备货币和国际清算及国际支付手段，即使美国的国际收支不断出现顺差、即使美国不向外投放美元，仍旧会有其他国际储备货币和国际清算及支付手段来缓解国际清偿力的不足。由于美元早已与黄金脱钩，即使美国的国际收支不断发生逆差、各国的美元储备超过美国的黄金储备，各国也不可能用美元储备向美国挤兑黄金，从而不会加重美国的经济困难。

（2）有利于国际经济运行和世界经济的发展。

牙买加体系比较灵活的复合汇率体制能够灵敏地反映不断变化的客观经济状况，有利于国际经济运行和世界经济的发展。具体表现为：①各个主要国家货币的汇率可以根据市场供求状况自发调整，可以灵敏地反映瞬息万变的客观经济状况，这便使各国货币的币值得到充分体现和保证，有利于国际贸易与金融及其他经济交往的进行。②灵活的复合汇率体制可以使一国的宏观经济政策更具有独立性和有效性。一方面，与过去的固定汇率制不同，当国际收支出现严重逆差时，不一定必须采取紧缩的宏观经济政策来维持本国货币的汇率，因而不会引起国内严重失业的问题。另一方面，在这种汇率体制下，一国的宏观经济政策往往易于取得较好的效果。例如，由于汇率比较灵活，一国往往可以实行宽松的货币政策，通过降低利率促使资本外流，导致本国货币的对外汇率向下浮动，进而起到促进出口、改善国际收支的效应，并通过乘数作用增加国民收入。③在以浮动汇率为主导的混合汇率体制下，各国还可以减少为了维持汇率稳定所必须保留的应急性外汇储备，可以减少由于这部分资产脱离生产而造成的损失。

（3）缓和了布雷顿森林体系调节机制失灵的困难。

牙买加体系采取多种调节机制相互补充的办法来调节国际收支，因而在一定程度上缓和了布雷顿森林体系调节机制失灵的困难。布雷顿森林体系调节成员国国际收支失衡的机制主要包括以下两条渠道：①当成员国发生暂时性国际收支失衡时通过基金组织来调节；②当成员国的国际收支出现根本性失衡时通过改变货币平价、变更汇率来调节。事实证明，由于调节渠道有限、调节机制失灵，曾长期出现全球性国际收支失衡现象。而在牙买加体系形成之后，除了依靠基金组织和汇率变动外，还能通过利率机制及国际金融市场的媒介作用、国际商业银行的活动、有关国际外汇储备的变动以及债权债务、投资等因素来调节国际收支。这样，多种调节机制结合起来相互补充，便在一定程度上缓和了布雷顿森林体系调节机制失灵的困难，从而对世界经济运转和发展起到一定的积极作用。

2.牙买加体系的弊端

然而，也必须看到，这种被人们称作“无体制的体制”的牙买加体系弊端很多，随着复杂多变的国际经济关系的发展与变化，这一国际货币体系的弊端便日益明显地暴露出来。

（1）浮动汇率体系日益复杂、混乱和不稳定。

随着美元地位的不断下降，这一以美元为中心的国际储备多元化和浮动汇率体系日益复杂、混乱和不稳定。近年来，由于美国的经济实力相对削弱，财政赤字和贸易逆差得不到缓解，甚至增大，美元汇率不断下浮，已经不能很好地执行国际货币的各种职能。因此，国际货币多元化趋势日益增强；而多元化国际货币缺乏统一的稳定的货币标准，这本身便是一种不稳定因素。这种国际货币格局的错综复杂往往造成外汇市场的动荡混乱，无论是对于国际贸易与信用的正常运行，还是对于世界经济的健康发展，都会带来非常不利的影响。目前，国际金融剧烈变动，国际贸易障碍重重，债务纠纷不断发生，世界经济动乱加剧，绝不是偶然的。

（2）汇率波动频繁而剧烈。

在牙买加体系以浮动汇率为主的混合汇率体制下，对世界经济有重大影响的主要工业国家全都采用浮动汇率制，汇率波动频繁而剧烈。例如，据美国联邦储备银行统计，美元汇率从1980年至1985年第一季度上升60%以上，从1985年2月至

1987年底下跌50%以上，波动幅度之大，实属惊人。这便带来以下弊端：汇率波动频繁猛烈，使进出口商很难核算成本和利润，难免蒙受外汇风险损失，因而往往影响贸易成交额和世界贸易的发展。

（3）产生了新的问题，影响国际贸易和世界经济的发展。

汇率变动不定，在国际借贷关系上不是债权方蒙受损失，便是债务方负担加重，甚至引发债务危机，因而势必影响国际信用的发展，而国际信用关系的缩小会影响期货贸易，从而影响国际贸易和世界经济的发展。一般说来，汇率下浮经过一定时期后，商品出口将会增加，商品进口将会减少，国内物价将会上涨；牙买加体系的汇率体制以浮动汇率为主，汇率可以比较自由地向下浮动，因而比较容易导致通货膨胀，事实上确实加剧了世界性通货膨胀。在汇率频繁剧烈波动的情况下外汇投机商才有机可乘，有机会通过倒卖外汇谋取暴利，因而这一汇率体制助长了外汇投机活动，加剧了国际金融市场的动荡和混乱。

（4）国际收支调节机制不健全。

正如前面分析，在牙买加体系的调节机制中，汇率机制运转失灵，利率机制有副作用，国际货币基金组织又无力指导并监督顺差国与逆差国双方对称地调节国际收支等，以致使逆差国储备锐减，债台高筑，有的成为重要资本输出国，甚至是最大债权国，全球性国际收支失衡现象日益严重。国际收支调节机制并不健全，各种现有的渠道都有各自的局限，牙买加体系并没有消除全球性的国际收支失衡问题。国际货币基金组织并未对国际收支调节机制做出明确的规定，没有相应的制裁措施。各国都采取一些不利于国际收支平衡的经济政策，从而使整个国际货币体系无法形成一个有效的国际收支调节机制。发达国家为了实现本国经济目标，使本币汇率偏离均衡汇率而剧烈波动，严重影响了国际货币体系，发展中国家不得不采取各种贸易保护手段强制实现国际收支的平衡。

近年来，由于牙买加体系的弊端明显暴露，给世界经济带来不利的影响，在国际首脑会议上，在基金组织历届年会及其他会议上都曾讨论过国际货币制度改革问题。显然，进一步改革国际货币制度，建立合理而稳定的国际货币新秩序，已被提到议事日程上来。

§7.5 欧洲货币体系

7.5.1 欧洲货币一体化的概念

欧洲货币一体化，是布雷顿森林体系崩溃后国际金融一体化的突出表现与勇敢尝试。1999年1月1日，欧洲货币一体化结出硕果，推出了统一的货币——欧元，这是20世纪70年代以来国际金融领域最为重要的事件之一，其作用与意义十分重大而深远。

所谓欧洲货币一体化，是指欧洲经济共同体各成员国在货币金融领域进行合

作，协调货币金融关系，最终建立一个统一的货币体系，其实质是这些国家集团为了货币金融领域的多方面合作而组成的货币联盟。这种货币一体化有三个典型象征：

（1）汇率的统一，即货币联盟成员国之间实行固定汇率制，对外则实行统一的浮动汇率；

（2）货币的统一，即货币联盟发行单一的共同货币；

（3）机构的统一，即建立统一的中央货币机关，发行共同的货币，规定有关货币联盟的国家以及保管各成员国的国际储备。

欧洲货币一体化对本区域的国际收支、汇率制度、国际货币管理乃至经济贸易的发展都产生了重大影响。

7.5.2　欧洲货币一体化的进程

欧洲货币一体化大致经历了以下几个演变阶段：

1.魏尔纳计划

1970年10月，以卢森堡首相兼财政大臣魏尔纳为首的一个委员会，向欧共体理事会提交了专门报告，即魏尔纳计划。该计划建议从1971年到1980年分三个阶段实现欧洲货币一体化。然而，70年代动荡的金融形势以及欧共体国家发展程度的巨大差异，使得魏尔纳计划几乎完全落空。70年代一体化取得的唯一的重大成果是创设了欧洲计算单位（European Unit of Account，EUA）

2.欧洲货币体系（European Monetary System，EMS）

为了制止汇率剧烈波动，促进共同体国家经济的发展，在法、德两国推动下，1978年12月欧共体各国首脑在布鲁塞尔达成协议，决定建立欧洲货币体系。1979年3月，欧洲货币体系正式启动。其主要内容有：

（1）继续实行过去的联合浮动汇率机制。除了维持原有的±2.25%波动幅度以外，还规定了汇率波动的警戒线，一旦货币波动超出此线，有关国家就要进行联合干预。

（2）创设欧洲货币单位（European Currency Unit，ECU），即埃居。ECU实际上是EUA演变而来的，是欧洲货币体系的中心。在欧共体内部，ECU具有计价单位和支付手段的职能。

（3）成立了欧洲货币基金（European Monetary Fund，EMF），以增强欧洲货币体系干预市场的力量，为共同货币ECU提供物质准备以及给予国际收支困难的成员国更多的信贷支持。

3.德洛尔计划与《马斯特里赫特条约》

1989年6月，以欧共体委员会主席雅克·德洛尔（J.Delors）为首的委员会向马德里峰会提交了德洛尔计划。该计划与魏尔纳计划相似，规定从1990年起，用20年时间，分三阶段实现货币一体化，完成欧洲经济货币同盟的组建。1991年12月，欧共体在荷兰马斯特里赫特峰会上签署了《关于欧洲经济货币联盟的马斯特里赫特条约》，简称《马斯特里赫特条约》、《马约》。

《马约》的目标是：最迟在1999年1月1日前建立“经济货币同盟”（Economic and Monetary Union，EMU）；届时将在同盟内实现统一货币、统一的中央银行（European Central Bank）以及统一的货币汇率政策；EMU的形成分为三个阶段。

经过不懈努力，欧共体各成员国议会于1993年10月底通过了《马约》，1993年11月1日，欧共体更名为欧盟。1995年芬兰、奥地利、瑞典加入欧盟，欧盟成员国增至15个。同年的《马德里决议》将单一货币的名称正式定为欧元（EURO）。欧洲货币一体化自此开始进入了稳定的发展阶段。

4.《马约》签订后的一体化进程与欧元的产生

《马约》规定，EMU应分三阶段实现：

第一阶段，从1996年到1998年底。该阶段为准备阶段，其主要任务是确定首批有资格参加货币联盟的国家，决定发行欧元的合法机构，筹建欧洲中央银行。

第二阶段，从1999年1月1日起到2002年1月1日。该阶段为过渡阶段。“欧元”一经启动，便锁定各参加国货币之间的汇率。各国货币仅在本国境内是合法支付手段。在此阶段，没有有形的欧元流通，但新的政府公债可以用欧元发行。另外，将由欧洲中央银行制定统一的货币政策。

第三阶段，从2002年1月1日起，欧元开始正式流通。欧洲中央银行将发行统一货币的硬币和纸钞，有形的欧元问世，《马约》规定，并且各参加国原有的货币退出流通，欧元成为欧洲货币联盟内唯一的法定货币。届时，欧盟数十年的夙愿也将最终实现。

1996年底，欧洲货币联盟的发展取得了重大的突破。12月13—14日，欧盟首脑会议在爱尔兰首都都柏林举行。经过各国财长的反复磋商，终于打破僵局，欧元国与非欧元国之间就建立新汇率机制、欧元使用的法律框架、货币稳定与经济增长的原则及主要内容等达成妥协，并原则同意了欧洲货币局提供的欧元纸币的“样币”。至此，都柏林首脑会议获得成功，欧洲单一货币机制框架基本形成。

欧盟首脑会议第1103号条例正式对过渡期结束后的欧元的法律地位作了规定，明确指出，1999年1月1日作为成员国范围内一种具有独立性法定货币地位的超国家性质的货币，开始启用。2002年7月1日，创始国货币全部退出流通领域；欧元正式成为唯一的法定货币。在这三年半的过渡期内，欧元以记账单位、银行贷款、债券、旅行支票、信用卡和股票等形式使用，同时，发票、工资、单据、商品目录将实行欧元和本国货币的双重标准。

1997年10月2日，欧盟15国代表在荷兰首都正式签订了6月达成的《阿姆斯特丹条约》，这是一个在《马约》基础上修改而成的新欧盟条约。新条约及先前已获批准的《稳定与增长公约》、《欧元的法律地位》和《新的货币汇率机制》等文件，为欧元与欧洲经济货币联盟于1999年1月1日的如期启动，又奠定了坚实的基础。

1998年5月2日，欧盟15国在布鲁塞尔召开特别首脑会议，决定接受欧盟委员会和欧洲货币局的推荐，确认比利时、德国、西班牙、法国、爱尔兰、意大利、卢森堡、荷兰、奥地利、葡萄牙和芬兰等符合《马约》条件的11个国家为欧元创始国，首批加入欧洲单一货币体系。欧盟的其余4个国家，即英国、丹麦、瑞典和希腊，因暂时不愿加入欧元体系或未能达标，没有成为首批欧元国家。同时决定在原有的欧洲货币局基础上成立欧洲中央银行。1998年12月3日，首批加入欧元体系的11个国家宣布联合降息，除意大利（利率3厘半）外，其余10国均把利率降至3厘，此举显示了这些国家准时启动欧元的决心和强烈的政治意愿。

1999年1月1日，欧元准时启动。欧洲货币单位以1：1的比例转换为欧元，欧元与成员国货币的兑换率锁定，欧洲中央银行投入运作并实施统一的货币政策，欧元可以以支票、信用卡等非现金交易的方式流通，各成员国货币亦可同时流通，人们有权选择是否使用或接受欧元。2002年1月1日起，欧元纸币和硬币开始全境流通，欧洲中央银行和成员国将逐步回收各国的纸币和硬币，届时人们必须接受欧元。2002年7月1日，各成员国货币完全退出流通，欧盟货币一体化计划完成，欧元国际化启动，欧洲货币一体化的完成与欧元的产生，是世界经济史上一个具有里程碑意义的事件，它不仅对欧盟内部成员国的经济活动，而且对世界其他国家的经济往来以及国际金融市场、国际货币体系的运作与发展等方面，均产生重大而深远的影响。

7.5.3　欧元的特点及对现行国际货币体系的挑战

1.欧元的特点

1999年1月1日起正式启动，并于2002年6月30日之后成为欧洲货币联盟范围内唯一合法通货的欧元，其特点可以概括为以下两点：

（1）跨主权国家创造的信用本位货币。

其信用将来自于人们对欧洲货币联盟内高效率的协调能力、经济实力和经济增长潜力所赋予的信心。

（2）货币政策与财政政策的分离造成欧元的缺陷。

一国范围内的货币政策与财政政策是有矛盾情形的，该矛盾对于具有上述第一个特点的欧元来讲显得更加突出，因为其统一的欧洲中央银行与分离的各国主权政府之间，并不能保证在必要时能够完全协调一致。因此分离的财政政策和货币政策也可能从内部动摇欧元的生命所在，即币值稳定。

2.欧元对现行国际货币体系的挑战

欧元对现行国际货币体系的挑战具体表现在三个方面：

（1）对国际货币基金组织协调能力的挑战。

从历史上看，IMF在协助其成员国缓解1973年与1979年两次石油危机对世界经济的危害、救援1982年拉美债务危机、帮助发展中国家进行结构性改革并促进其经济稳定增长方面，表现出较强的协调能力。但在特别提款权问题、南北货币关系问题以及IMF的贷款条件等问题上，其协调能力却引人质疑。可以肯定的一点是，欧洲货币联盟作为同样的跨主权国家的国际货币机构，尽管它也将面临许多困难，但在保证欧元稳定方面将发挥出更完善的协调能力。另一方面，在货币问题上以一个声音说话的欧洲，代替原发达国家内部美、日、德三极上德国的位置，并大大增强这一极的力量，从而使IMF在协调西方发达国家内部立场的问题上难度更大。

（2）对国际储备体系的挑战。

欧元诞生前的多元化国际储备体系可以概括为美元主导下的美元、日元、德国马克、SDR及其他硬货币并存的体系。欧元的产生与运作，对美元在国际储备体系中的主导地位及SDR作为国际储备货币的地位，无疑带来严峻的挑战。从经济实力来看，统一货币后的欧盟国家GDP在1996年占经合组织的38.3%，而美国只占32.5%，日本则占20.5%，因此，以这种经济实力为基础的欧元，在一定时期内有望在国际储备体系中挤占美元所占的一部分份额，并可能在中长期内动摇美元作为国际储备货币的主导地位，从而形成未来国际储备体系中非对称三级（美、欧两极强，日本一极弱）的局面。

（3）挑战所谓的“非体系”，为世界货币的发展起到示范作用。

汇率制度安排多样化、黄金非货币化以及国际政策协调艰难，是牙买加体系之所以被称为“非体系”的重要原因。欧元将以其汇率稳定、跨国界的协调及统一的中央银行对这一“非体系”直接提出挑战。并且统一的欧元将是人类历史上第一次可用于非官方结算的跨国界信用本位货币的一种创造，它的诞生及发展，将为未来统一世界货币的创造提供宝贵的经验，也将为其他区域性经济合作组织货币一体化起到示范作用。

许多学者已经预言，世界货币最终的统一将建立在几大区域性国际货币基础之上，并在广泛的国际协调上与制度框架内执行其世界货币的职能。我们认为，未来IMF货币的改革进程将和区域内国际货币一体化发展进程相交织，并最终创造出一种完善的世界货币。尽管这个过程是漫长的，但这或许是未来国际货币体系演化的最终趋势。

§7.6 国际货币体系的改革

自牙买加体系建立以来，各国政府、经济界和理论界一直在寻求更好的改革方案，但是，由于发达国家从牙买加体系中获得利益较多，对此一直保持漠然态度。直到1994年的墨西哥金融危机、1997年的东南亚金融危机以及之后的俄罗斯、巴西、阿根廷金融危机爆发，以及由美国次贷危机引发的全球性金融危机，使得全世界再次清醒地认识到现今的国际货币体系存在着缺陷和弊端，因此，很多经济学家笑称，国际货币体系的改革是金融危机逼迫出来的。但国际货币体系改革是世界新经济秩序中的核心问题，涉及汇率、国际储备的选择以及各个国际国际收支的调节，各国之间在国际货币体系改革中，存在着国与国的巨大经济、政治利益，这些都使得国际货币体系的改革举步维艰。

7.6.1 国际货币体系改革中的障碍

国与国之间存在的矛盾是国际金融体系改革的最大障碍，这些矛盾既存在于国家之间，也存在于发达国家与发展中国家之间。

1.美国与日本、欧盟之间的矛盾

发达国家之间在国际金融体系改革上的矛盾，主要是美国与日本、欧盟国家之间的矛盾。美国主张汇率的任意变动，并坚持美元的贮备货币地位。日本和欧盟持反对意见，希望改革后的国际金融体系能以固定的、可调整的汇率制度为基础，认为改革应该达到的目标之一是，保证对国际收支失衡的调节，有国际收支赤字的国家应该努力削减其赤字。并且取消美元享有“关键货币”的特殊地位，赞成实行国际收支失衡的资产结算和使特别提款权最终取代其他储备资产。

2.发达国家与发展中国家之间的矛盾

对于国际货币制度改革，发达国家和发展中国家存在重大分歧，发展中国家提出了24国集团“蓝皮书”计划和《阿鲁沙协议》等，要求彻底改革国际货币制度。

发展中国家的基本要求是：（1）在汇率制度改革方面，支持各国宏观经济政策的协调和建立波动幅度较小的汇率目标区。发达国家应加强对外汇市场的干预，基金组织应加强对发达国家货币政策的监督。（2）在国际储备制度改革方面，主张通过国际集体运动来创设国际储备资产，使特别提款权成为增加国际清偿能力的主要手段，并改进特别提款权的分配方式。（3）在国际收支调节方面，主张实行对称、有效和公平的国际收支调解原则。逆差和顺差是相互联系的，不能让发展中国家单独承担调节责任。顺差的发达国家应该支持发展中国家进入其商品市场和金融市场，来分担国际收支失衡的调节责任。（4）增强国际货币基金组织的地位和发展中国家在该组织的发言权，新的国际货币体系应考虑特别提款权的创造与发展援助之间的联系，增加对发展中国家储备的供应。

部分发达国家反对发展中国家对国际货币制度的改革要求，宣称国际货币基金协定体现的线性货币制度的基本结构没有必要进行重大改革，但认同发展中国家的一些建议，如保持汇率和金融市场的相对稳定，需要各国控制通货膨胀，取消对资本市场的限制和采取共同行动干预外汇市场，同时加强国际合作和国际监督。认同特别提款权是今后必要的储备资产，但要对特别提款权的作用进行全面检查，支持基金组织向逆差国提供资金，但是融通资金的额度应当根据成员方缴纳的份额确定。

发展中国家与发达国家在国际货币体系改革问题上的矛盾与冲突，正是国与国之家利益争夺的表现。随着经济全球化和知识化趋势不断强化，国际贸易和国际金融的不断发展，在亚洲金融危机等一系列国际金融危机的冲击下，在欧元启动后，现行货币体系的改革已经势在必行，但改革方案不统一，直至2008年的全球性金融危机爆发后，才出现转机。

7.6.2 国际货币体系的改革方案

1.金融危机暴露出国际货币体系的根本性制度缺陷

由美国次贷危机引发的国际金融危机，暴露出当前经济全球化的根本性制度缺陷，即全球治理结构和国际货币体系的缺失。首要的是国际货币体系的制度缺失。从1976年《牙买加协议》正式承认浮动汇率制度以来，作为世界上最重要的、承担国际储备货币角色的主权货币，如美元、欧元、日元等，一直发生着长周期的不稳定性波动。地缘政治、大国博弈、衍生机制、战略性资源成为影响这些承担国际货币功能的主权货币价值波动的主因。经济因素，如国际贸易、国际投资、国际金融中的实体经济因素，反而成为次要因素，发展中国家成为货币危机、金融危机、债务危机频繁发生的最大受害者。国际社会通过对第二次世界大战以前的国际货币体系的反思，成立了布雷顿森林体系和国际货币基金组织，前者因为美国的短视而在20世纪70年代初解体了，后者基本上没有发挥应有的功能。

国际货币体系是否完善决定着经济全球化的基本态势，目前，美元、欧元、日元等货币汇率的不可预见性波动，反映出大国在全球化中的利益追逐和较量。但它们不会考虑全球失衡和金融动荡对发展中的第三方，如对发展中国家的发展可能造成的严重损害。

2.现代国际货币体系的改革方向

目前，对于国际货币体系的改革方案，国际组织和学术界一直争论不休。国际货币基金组织、发达国家集团、发展中国家集团、各国经济政治组织和著名学者都提出了改革货币体系的方案，新兴市场国家一般希望拥有比较稳定的汇率制度，在这个过程中，欧元会成为东欧国家的一个自然的锚货币，美元会成为拉美国家自然的锚货币。亚洲国家汇率制度的选择相对不清晰，因为过去一些亚洲国家曾经因为将货币钉住美元而陷入经济困境，而区域内的中国和日本又没有在本区域内贸易中占据足够的份额，难以使其货币成为显而易见的锚。因此，预计亚洲将在很长时期内由各国保留各自选择汇率钉住程度的自由，并有可能朝建立某种地区性货币框架的方向发展。

（1）国际收支调节机制的改革。

当前的全球性国际收支失衡，是经济全球化条件下的结构性失衡，其主要根源在于美国日益严重的“双赤字”问题，以及由此导致的全球经济失衡和资本流动可能出现突发性逆转的风险。国际收支调节机制改革是当前国际货币体系改革的一项重要内容。

20世纪90年代以后“特里芬悖论”再度出现，即：国际货币体系的稳定取决于美元的稳定，美元的稳定取决于美国的国际收支平衡，但全球清偿力供应依赖于美国的国际收支逆差，美国的“铸币税特权”又推动美国的经常账户逆差不断扩大，从而形成了所谓的“新特里芬悖论”。最早提出“新特里芬悖论”的是马克·麦考利（McCauley），他在国际清算银行2003年第一季度的经济评论中，从美国与东亚国家资本流动关系出发，考察了在美国经常账户赤字不可持续条件下，美国国际金融中介地位与其吸收国际投资头寸状况恶化之间的冲突。他认为，美国通过相对安全的负债来吸引东亚资本，弥补美国的国际收支逆差，使得东亚成了美国实际意义上的“准银行”。但是这种“准银行”的货币（美元）供给有赖于美国对东亚地区的直接投资和美国的经常账户逆差。所以当美国的经常项目赤字不可持续时，“准银行”的“货币供应”就会收缩，这又反过来影响美国的金融市场，对美国的国际金融中介地位造成威胁。

国际货币体系要解决“特里芬悖论”有三种选择：一是通过国际合作成立国际中央银行，发行国际货币，一劳永逸地解决国别货币充当国际本位货币的矛盾。1968年特别提款权（SDR）的设立实际上就是朝这一方向变化的尝试，但由于世界经济一体化的水平和货币发行国的利益，这一尝试目前实际上已经停止。二是恢复黄金本位，恢复美国的国际收支平衡，缩减美元的供应，以通货紧缩维持国际货币体系的稳定。这种由自然物控制人类经济发展的体制不符合全球经济发展的要求，经过20世纪80年代的调研和论证，这一方案被最终放弃。三是实行“无规则的规则”，由国际货币的市场竞争机制解决国际货币和国别货币的矛盾，其结果，信用货币和浮动汇率制度成为解决“特里芬悖论”的权宜之计。理想状态下，如果汇率浮动能起到调节各国国际收支失衡的作用，则外部平衡的实现就不必以牺牲内部平衡为条件，国际货币体系的竞争性均衡就能实现，“特里芬悖论”也就不复存在。

但是，当今发达国家间的“国际本位货币竞争市场”发生了本质性变化：一方面，美元的垄断程度不断提高，即使在美国经常账户逆差占GDP5%的情况下，美元储备占全球外汇储备的比重仍然上升到70%以上，国际货币制度似乎又回到了以国别货币作为国际货币的老路；另一方面，国际货币体系的合作和制约基础受到了破坏，各大国之间不愿意或没有能力相互吸收国际收支调节的冲击，也无法对美国的国内经济政策进行制约，国际货币市场成为一个“无政府规制的高度垄断性市场”，其稳定完全依赖于对美国经济的信心。在这种体制下，汇率调节国际收支的功能下降，美元汇率高估不可避免，也只有通过美元高估，新兴市场国家才能获得国际收支顺差和美元储备，才能稳定经济。同时，国际收支失衡在技术革命和全球化的推动下，进一步导致发达国家和发展中国家、实体经济和虚拟经济的不均衡。

因此，在当前国际货币体系中，缓解“新特里芬悖论”，首先，要求作为主要储备货币国家的美国，必须主动承担起国际收支调节的主要责任，采取相对紧缩的财政政策，减少财政赤字；积极扩大高新技术产品出口，减少国际收支逆差。只有美国的国际收支实现基本平衡，才有可能保证美元汇率的稳定，进而促进国际货币体系的稳定。其次，主要储备货币国家应建立一定的合作机制，加强在国际收支调节领域的合作，共同解决由于一国国际收支失衡对全球货币稳定可能造成的影响。最后，广大发展中国家应该对短期资本流入采取有效的监督和管理，减少债务风险，保持国内金融的安全和稳定。

（2）多种储备货币体制的改革。

现行国际货币体系中的储备货币多元化，一方面克服了单一货币作为储备货币的局限性，解决了国际清偿力不足的问题；另一方面也存在着不稳定因素，因为历史经验证明，依靠主权国家货币来充当国际清偿能力的货币体系必然会走向崩溃。因此，国际货币体系改革的核心问题之一就是作为国际储备基础的本位币选择问题。目前国际金融界在储备货币选择问题上有几种主要建议，即：恢复美元本位制；恢复金本位制；建立商品储备本位制；以SDR作为储备基础等。实践证明，前三种改革方式都是无法实现的，因为美国在世界经济中的唯一霸主地位已经不复存在，恢复美元本位不切实际；黄金本位将会受到黄金存量有限供给的制约；以某种初级商品作为储备篮子同样是不现实的。我们认为，SDR的思路可以作为未来国际储备体系改革的一个参考。以某种为世界各国普遍接受的一篮子货币取代多种货币储备体系，才有可能从根本上解决由某一国家货币作为储备资产的局限性。

特别提款权作为主要储备资产已取得了国际社会的共识，并已在一定程度上发挥着特殊的“世界货币”的作用。以SDR作为储备资产不仅可以杜绝多种货币储备体系带来的种种弊端，更重要的是能使国际货币兑换过程大为简化，而且其币值相对稳定，可以为世界经济的发展提供较有利的环境。但是，以SDR作为主要储备资产还需要一些条件。从理论层面讲，SDR的生命力取决于两大因素：一是SDR作为篮子货币要合理综合权衡全球贸易权重；二是国际协调要加强，因为SDR不是建立在主权基础上的，而是建立在多边协调基础上的，国际货币基金组织作为国际多边机构的功能和作用应进一步加强。从技术层面讲，要使SDR体系取代多种货币储备体系，首先要扩大SDR的使用范围，对于某些SDR限制使用和交易的法规应予废除，鼓励社会各方特别是私人部门扩大使用SDR，使之成为可以直接用于对外支付的交易媒介。其次，要增强SDR的流动性，应该允许官方部门持有和使用SDR，可以建立SDR的远期市场，以促进其流动性。如果SDR能在经济交易中自由广泛使用，它就能逐步过渡为准法定货币。最后，可以通过强制性的资产结算规定，要求储备货币国家以SDR换回本币，这需要增加SDR的数量，以抑制国际储备货币的数量增长，使其减少甚至退出储备货币的职能。当然，由于货币发行国的巨大利益，SDR真正取代美元成为主要储备货币，还需要经历比较漫长和艰难的过程。

（3）“布雷顿森林机构”的改革。

当今国际货币体系的失衡和无序，对“布雷顿森林机构”的职能提出了直接的挑战，因为IMF所代表的国际货币体制和世界银行所代表的国际发展援助机制都表现出某种程度的失效，主要表现为：布雷顿森林体系崩溃后，IMF稳定汇兑的职能无从发挥，资本账户的开放使IMF调节国际收支的职能减弱，决策的政治化使IMF难以承担最后贷款人的责任，美国对特别提款权的抵制使IMF无法调控国际支付手段的供给；世界银行的发展援助机制存在很大缺陷等。

从目前国际社会对IMF和世界银行两机构的改革要求看，发达国家侧重于要求两机构收缩战线，提高救援和援助的有效性，重视政府治理，强化对两机构业务的各种监督和约束；而发展中国家则要求两机构放弃教条主义的政策条件，尊重发展中国家的自主权，动员更多的优惠资金支持减贫和千年发展目标的实现等。我们认为，“布雷顿森林机构”的改革目标应该是：在新的历史条件下提供一种国际制度安排，缓解国际经济体系中的失衡和无序，促进全球经济的平衡和有序发展。为此，IMF应该重建稳定国际货币金融体系的制度安排；世界银行应该更有力地发挥调节全球资源转移和利益协调的作用。这些制度安排和作用具体包括如下几点：

首先，实现治理机制的改革，是推进“布雷顿森林机构”实质性改革的基础和前提。IMF的份额和投票权的分配是两机构决策机制的基础，世界银行在投票权的分配上也与IMF遵循同样的原则。目前两机构在治理方面存在的主要问题是，基础投票权的作用名存实亡，金钱决定投票权成为两机构决策机制的基本原则。从IMF成立至今，其投票权的总量增加了37倍，而基础投票权在总投票权中的比重从当年的11.3%下降到2002年的2.1%，基础投票权已经失去了其原来的职能。同时，作为两机构投票权分配基础的基金“份额”已经不能准确反映当前的国际经济格局，发达国家在国际经济中的分量被夸大，发达国家在决策机制中占主导地位（60%以上），而中国、巴西等发展中国家经济实力的增长却未能在基金份额中得到应有的体现。因此，重新审核基金份额，扩大基础投票权，增加发展中国家投票权比重，废止少数发达国家事实上的否定权等，是推动两机构进行实质性改革的基础和前提。2006年IMF年会在此方面出台的改革措施可以说是沿着此方向迈出了重要的一步。

其次，进一步加强IMF对主要储备货币国家经济政策的监测职能，在项目援助方面发挥准中央银行的专业职能。目前IMF的第4条款磋商尽管包括了主要发达国家，但对这些国家政策方向的实际影响力和约束力十分有限。IMF有义务对各成员国的国内经济、国际收支状况以及国际资本流动进行监督，及时对成员国及公众提出忠告或建议，以便有关当事方警觉，做出正确的风险判断。同时，IMF在提供贷款的决策过程中应服从履行准中央银行职能的专业准则，力戒政治化，应将危机国走出经济衰退的需要列入计划予以考虑，并将重点放在危机防范而不是补救上，从而使计划更易于被受援国接受并能经受较长时间的考验，减少IMF与受援国不融洽状态。

再次，扩大SDR的发行和使用范围，使之成为国际储备与支付的重要补充手段。这方面的主要障碍是主要储备货币国家缺少政治意愿，认为扩大SDR的发行和使用将使其得到的铸币税收入被分流。但实际上，扩大SDR的发行和使用范围，将更能够增加IMF分担和调节全球货币供应的责任，避免主要国际储备货币汇率发生过大幅度的波动，有利于主要国际储备货币的稳定，是一种双赢的方案。

最后，改革世界银行的根本是改革当前的国际发展援助机制，有效调整全球利益分配。当前国际发展援助机制的主要缺陷是总量水平低和结构不合理。世界银行

2003年对发展中国家的发展援助计划为690亿美元，仅占发达国家国民总收入的0.25%，而要实现千年发展目标，需要在现有的基础上每年再增加500亿美元；从结构上看，在2001—2003年新增加的166亿美元的发展援助资金中，在来源上以双边为主，多边发展援助只占11%；在用途上以减债和紧急救援为主，真正用于长期发展目的的实际资金流入微乎其微。要改变这种现状，世界银行负有特殊的责任，应当创新发展理念，大力发展多边融资，综合考虑经济增长与社会发展，通过向发展中国家转移资金、智力和制度资源，促进全球生产要素全面充分合理流动，实现全球经济的平衡有序发展。

包括中国在内的发展中国家参与“布雷顿森林机构”改革有重要意义，尽管短期内两个机构改革的进展只能是各方力量平衡的结果，成效有限，但发展中国家主张的充分表达将使两机构的发展方向更接近符合全球发展的共同利益。

专栏7-1

中国在亚投行中的一票否决权

亚投行是由我国倡议并主导的区域性多边开发金融机构，全称为亚洲基础设施投资银行。亚投行自从提出就受到国内外的广泛关注，尤其是亚投行与世行、IMF、亚行不同的投票制度和决策规则。亚投行的投票结构意味着，作为该行最大的股东，中国将可能有机会否决重大决策。同时，亚投行也将赋予发展中国家更大的发言权。和国际货币基金组织以及世界银行相比，发展中国家的地位有所转变。

一、亚投行的投票制度和决策机制

1.我国基于GDP份额公式在亚投行享有主导位置

2015年6月，57个亚投行的意向创始成员方在北京签订了《亚洲基础设施投资银行协定》。按照协定的规定，亚投行的投票权将考虑各成员国的出资额、经济规模，根据复杂的公式进行分配。在基本投票权之外，另加600票分配给每个创始成员国。亚投行1 000亿美元的创始法定股本中，将域内和域外国家的投资比例规定为4∶3，亚太地区国家将拥有至少75%的投票权，和其他全球性组织相比，这令较小的亚洲国家拥有更大的话语权。根据协定和中国目前的出资额来看，中国占到了大约27%的投票权，居亚投行各国股权占比与表决权权重之最。中国在亚投行是第一大股东，根据协定与出资规则同时也就拥有了一票否决权。

2.亚投行灵活的决策机制

理事会采用简单多数、特别多数和超级多数原则进行决策。简单多数指投票权的半数以上；特别多数指理事人数占理事总人数半数以上、且所代表投票权不低于成员总投票权一半的多数通过；超级多数指理事人数占理事总人数三分之二以上、且所代表投票权不低于成员总投票权四分之三的多数通过。

亚投行中中国拥有一票否决权，这并不意味着中国会随便利用这种一票否决权，相反，对中国而言，一方面要担负起在亚投行最大股东的责任与义务，另一方面还要避免诸如“美国式”一票否决权带来的弊端。

二、中国的一票否决权

笔者认为，中国作为亚投行的提出者和组织者，享有主导权也是情理之中，而且作为提出者，有理由充分相信中国不会滥用一票否决权，一定会综合考虑。

1.中国会更加珍惜亚投行带给自己更多的发言权

中国从加入WTO以来，虽然经济得到了飞速发展，也为世界经济做出了突出贡献，但是中国主要是作为国际规则的参与者，近年来呼吁加强亚洲等新兴经济体发言权的呼声并没有得到落实。亚投行的应运而生既表明了中国愿意承担与我们国家地位相匹配的更大的国家责任，同时也表现了中国开始从规则的参与者逐渐变为国际规则的创设者。中国不会错失这次机会，更不会让滥用一票否决权成为西方发达国家抨击中国的筹码。

2.中国在亚投行的一票否决权只是暂时的

在规则制定上，亚投行的投票权由股份投票权、基本投票权以及创始成员国享有的创始投票权三部分组成；其中，股份投票权等同于每个成员的股份数，持股越多，股份投票权越高；基本投票权占总投票权的12%，由全体成员平分，包括新纳入的成员。“这样的组合意味着投票权是动态的，基本投票权和创始成员投票权在总投票权中的占比也是协定磋商过程中各方争议的焦点之一。”由此可见，中国的一票否决权并不是中国刻意追求的，而且随着新成员的不断加入，中国以及其他创始成员国的投票权是会被稀释掉的。

3.中国一票否决权对改革国际经济秩序起到了促进作用

亚投行的建立本身就是中国在国际组织中独立掌握主导权的一次实验与锻炼。在投票权方面，亚投行规定亚洲国家和域外国家的出资比例大致为3∶1，这就决定了域外国家在亚投行事物中行使权利受到很大程度的限制。而与此同时，中国享有事实上的一票否决权。这对促进国际经济格局和治理结构有积极的促进作用。例如，长期以来，美国主导着世界银行；IMF由欧洲国家掌控；亚行处在日本的控制之下，这些金融组织皆处在以美国为首的西方发达国家手里。虽然近年来，一些增加发展中国家和新兴经济体的发言权的呼声逐渐增加，也达成了一些改革的协议，但是对提升整个发展中国家的发言权来讲只是杯水车薪。

资料来源：樊建菲. 浅论中国在亚投行中的一票否决权［J］. 法制博览，2017（12）. 此处有改动.

本章小结

1.本章主要介绍了国际货币体系的主要定义及性质，并按照历史时间发展的顺序介绍了国际货币体系的不同类型及各自的特点、优缺点。

2.结合当今世界格局，介绍了欧洲货币体系产生的背景及欧洲货币体系的主要内容及其欧洲货币一体化进程。更重要的是，结合目前世界各国对于国际货币体系提出的新主张，分析了各自利弊的同时，指出要想解决国际金融危机，国际货币体系改革势在必行，发展中国家必然在国际货币体系中起到更加重要的作用。

综合训练

7.1 单项选择题

1.历史上第一个国际货币体系是（　　）。

A.国际金汇兑本位制　　B.国际金本位制

C.布雷顿森林体系　　D.牙买加体系

2.第一次世界大战前的国际货币体系是（　　）。

A.国际金汇兑本位制　　B.国际金块本位制

C.国际金本位制　　D.严重削弱的金本位制

3.第二次世界大战后的国际货币体系称为（　　）。

A.金汇兑本位制　　B.金本位制

C.布雷顿森林体系　　D.牙买加体系

4.布雷顿森林体系实际上是以（　　）为中心的国际货币体系。

A.美元　　B.黄金

C.特别提款权　　D.多种储备资产

5.特别提款权的创立是（　　）。

A.第一次美元危机的结果　　B.第二次美元危机的结果

C.第三次美元危机的结果　　D.以上都不是

7.2 多项选择题

1.国际货币制度的基本内容有（　　）。

A.国际本位货币的确立　　B.汇率制度及各国的汇率安排

C.国际储备资产的确定　　D.国际收支的调节方式

E.确定国际货币制度

2.国际金本位制经历的发展阶段有（　　）。

A.金铸币本位制　　B.金银复本位制

C.金块本位制　　D.英镑本位制

E.金汇兑本位制

3.《牙买加协议》的要点是（　　）。

A.浮动汇率制合法化　　B.黄金非货币化

C.提高SDR的国际储备地位　　D.扩大对发展中国家的资金融通

E.增加成员方的基本份额

4.区域货币一体化的特征包括（　　）。

A.汇率统一　　B.货币统一

C.货币管理机构和货币政策统一　　D.国际储备资产构成统一

E.以上都对

5.在现行国际货币体制下，国际收支不平衡的调节方式主要有（　　）。

A.汇率机制调节　　B.利率机制调节

C.国际金融市场调节　　　　D.IMF调节

E.世界银行调节

7.3　复习思考题

1.国际货币体系的主要内容是什么?

2.金币本位制度主要内容、特点、缺陷是什么?

3.金本位制度下汇率是由什么决定的?

4.布雷顿森林体系主要内容、特点、缺陷是什么?

5.布雷顿森林体系下汇率是由什么决定的?

6.牙买加体系主要内容、特点、缺陷是什么?

7.欧洲货币体系主要内容、特点、缺陷是什么?

8.当今国际货币体系的缺陷是什么?

第8章

商业银行

【学习指南】

导读

一般而言，在整个金融体系中，商业银行居于主导地位，对一个地区乃至一个国家的经济发展起到重要的推动作用。作为从个人和企业接受存款并发放贷款的金融中介机构，商业银行在微观金融领域，为资金短缺方和资金盈余方搭建了资金融通的桥梁，提升了资金配置功能，提高了资金的使用效率。商业银行在宏观金融领域发挥着信用创造功能，成为宏观经济调控和微观经济调节中不可或缺的环节。本章重点介绍商业银行的职能、商业银行的主要业务以及商业银行的经济管理。

关键概念

商业银行　单一银行制　总分行制　持股公司制　商业银行的负债业务　商业银行的资产业务　表外业务

引例

美国关闭多家银行

美国金融监管部门2009年10月30日宣布关闭9家银行，创自金融危机爆发以来单日银行倒闭最多纪录。至此，全美2009年有115家银行倒闭。分析人士指出，一天之内9家银行倒闭，显示源自次贷危机的不良贷款问题仍在继续削弱美国银行业实体部分。被关闭的9家银行包括加州国民银行和其他8家较小的私人银行。这9家银行分布在加州、伊利诺伊州、得克萨斯州和亚利桑那州。截至2009年9月，这些银行总资产为194亿美元，总存款额为154亿美元。美国银行公司分支"明尼阿波利斯美国银行"同意接管这些银行的全部存款及大部分资产。9家银行全部153个分支机构10月31日起将在"明尼阿波利斯美国银行"招牌下重新营业。这9家银行中，加州国民银行规模最大，拥有超过70亿美元资产和68家分支机构，是洛杉矶市第四大商业银行，也是今年以来美国倒闭的第四大银行。在金融危机中倒下的最大存贷款机构是全美最大存贷款机构华盛顿互助银行。这家银行资产一度膨胀至3 070亿美元，但2008年9月遭摩根大通公司收购。这9家最新倒闭的银行均隶属于美国FBOP银行控股公司。FBOP公司成立于1990年，至2007年共并购28家银行，是全美最大私人银行控股公司之一，但大量不良贷款和投资失败导致这家公司举步维艰。

美国的商业银行为什么会破产倒闭？它们与一般企业相同吗？这类的银行机构有哪些职能？商业银行主要经营哪些业务？商业银行的经营管理与经济发展有没有关系？针对经营中可能出现的风险，如何保证银行经营的安全性？这些都是本章要讨论的问题。

§8.1　商业银行概述

近代银行起源于中世纪的欧洲，1580年设立的威尼斯银行第一次在名称中使用"银行"称谓。威尼斯曾是欧洲的航运和商贸中心，1330年时有人口11万，为当时伦敦人口的3倍。各国商贩带来了五花八门的金属货币，不同的货币由于品质、成色、大小不同，兑换起来有些麻烦。于是就出现了专门为别人鉴别、估量、保管、兑换货币的人。"坐长板凳的人"就是最早的银行家。威尼斯的兴起是由于优越的地理位置，更主要的是由于自由开放的经济政策。

8.1.1　商业银行的概念和性质

1.商业银行的概念

商业银行是以追求利润最大化为经营目标，以多种金融资产和金融负债为经营对象，具有综合性服务功能的金融企业。

商业银行的经营目标是追求利润最大化，获取最大利润既是商业银行经营与发展的基本前提，也是商业银行发展的内在动力。商业银行经营的对象是金融资产和金融负债，包括存贷款业务和各种票据类业务等。除此之外，商业银行还提供综合性的金融服务，满足客户多样化的金融需求。

2.商业银行的性质

从商业银行的概念中，我们可以看到，商业银行的性质具体表现在以下几个方面。

（1）商业银行是企业。

商业银行具有一般企业的特征，拥有业务经营所需要的自有资本，依法经营，照章纳税，自负盈亏，具有独立的法人资格，拥有独立的财产、名称、组织机构和场所。与一般企业一样，追求利润最大化是其经营与发展的基本前提和内在动力。

（2）商业银行是特殊的企业。

商业银行具有一般企业的特征，但又不同于一般企业，而是一种特殊的企业。一般企业经营的是具有一定使用价值的商品，而商业银行经营的对象是一种特殊商品——货币和货币资本。

这种特殊性表现在以下3个方面：①商业银行经营的对象特殊。一般企业从事的是一般商品的生产和流通，而商业银行是以金融资产和金融负债为经营对象，从事包括货币收付、借贷以及各种与货币有关的或与之相联系的金融服务。②商业银行与一般工商企业的关系特殊。一般工商企业通过到商业银行办理存、贷款和日常结算业务，为商业银行增加资金来源，同时又成为商业银行业务经营的主要对象，它们的经营和发展会彼此影响，尤其是企业的经营发展会影响与其有业务往来的商业银行的生存发展。③商业银行对社会的影响特殊。一般工商企业经营的好坏只影响一个企业的股东和这一企业相关的当事人，而商业银行的经营好坏可能影响整个社会的经济稳定，所以很多国家对商业银行的监管要远远严于对企业的管理。

（3）商业银行是特殊的金融企业。

商业银行不同于一般的金融企业。与中央银行相比，商业银行面向工商企业、公众、政府以及其他金融机构，所从事的金融业务以营利为主要目的。而中央银行是发行的银行、政府的银行和银行的银行，不从事金融零售业务，所从事的金融业务也不以营利为目的。与其他金融机构相比，商业银行提供的金融服务更全面、业务更综合、功能更齐全，是“万能银行”或者“金融百货公司”。其他金融机构，如政策性银行、保险公司、证券公司、信托公司等都属于特种金融机构，只能提供一个方面或几个方面的金融服务。

8.1.2 商业银行的职能

商业银行的性质决定了其职能作用，作为现代经济的核心，现代商业银行具有信用中介、支付中介、信用创造、金融服务、调节经济等基本职能。

1. 信用中介

信用中介职能是商业银行最基本的职能。信用中介职能是指，商业银行通过负债业务将社会上各种闲散资金集中起来，通过资产业务将所集中的资金运用到国民经济各部门中去。商业银行充当资金供应者和资金需求者的中介，实现资金的顺利融通。

商业银行的这种中介职能没有改变货币资本的所有权，但改变了货币资本的使用权。商业银行通过信用中介职能形成对经济过程多层次的调节关系。在不改变社会资本总量的条件下，改变货币资本的实际使用量，从而扩大生产规模，实现资本增值。商业银行的信用中介职能具体表现为：商业银行通过信用中介职能，积少成多，将社会闲置的小额货币资金汇集成巨额资本，将大部分用于消费的货币转化为生产建设资本，加速社会生产的增长；通过信用中介职能，借短贷长，把短期货币资本转化为长期资本。

2. 支付中介

支付中介职能是商业银行最传统的职能。它是指商业银行利用活期存款账户，为客户办理各种货币结算、货币支付、货币兑换和转移存款等业务活动。借助于这一职能，商业银行成为工商企业、政府、家庭个人的货币保管者、出纳人和支付代理人，成为社会经济活动的出纳中心和支付中心，并成为整个社会信用链的枢纽。通过商业银行的支付中介职能，可以减少现金的使用，节约社会流通费用，增加生产资本的投入。

虽然商业银行的支付中介职能先于信用中介职能产生，但是当银行的信用中介职能形成后，支付中介职能发挥作用就要以信用中介职能为前提了。在商业银行产生的最初，货币经营者主要从事货币的保管和兑付业务，在这一过程中积累了大量的货币。为使货币增值，货币经营者开始对外放款，信用中介职能产生。当银行的信用中介职能形成后，银行客户一般要在有存款的基础上，才能要求银行为其办理支付业务。至此，支付中介职能和信用中介职能相互联系、相互促进，两者共同构成商业银行借贷资金的整体功能。

3. 信用创造

信用创造职能是在信用中介职能和支付中介职能的基础上派生出来的职能。信用创造是指商业银行利用其吸收的各种存款，通过发放贷款，从而衍生出更多的存款，扩大了整个社会的货币供给数量。商业银行的信用创造职能具体表现为：商业银行利用其吸收的各种存款来发放贷款，在转账结算的基础上，贷款转化为新的存款，在这种新的存款不提现或部分提现的条件下，又可用于发放贷款，贷款又会形成新的存款……如此循环往复，在整个银行体系中，形成了数倍于原始存款的派生存款。必须指出的是，整个信用创造过程是中央银行和商业银行共同完成的。中央银行运用创造货币的权力调控货币供应量，而具体经济过程中的货币派生是在各商业银行体系内形成的。

商业银行的信用创造受到以下因素的制约：原始存款数量、银行客户的贷款需求、法定存款准备金率、超额准备金率、现金漏损率等。

4.金融服务

随着社会经济生活日益现代化和工商企业经营环境日益复杂，银行间的业务竞争日趋激烈，因此从各方面对商业银行提出了较为广泛的金融服务要求。而商业银行在国民经济活动中具有特殊的地位，它联系面广，信息灵通、丰富，特别是广泛应用了计算机和网络技术，使其更具备了为客户提供金融服务的物质条件。商业银行为客户提供的服务主要有财务咨询、代理融通、信托、租赁、代收代付等，这些业务扩大了商业银行的业务份额，加强了银行和客户之间的联系。因此，在现代化的经济生活中，金融服务已成为商业银行新的盈利渠道和重要职能。

5.调节经济

调节经济职能是前四种职能的归纳和统一。它是指商业银行通过其业务活动，调剂社会各部门的资金余缺，调节投资与消费的比例关系，引导资金的流向，从而调节经济结构，实现产业结构的调整。

中央银行可以通过制定货币政策，利用货币政策工具，通过商业银行的信贷业务调节流通中的货币数量，达到货币政策效果。商业银行的基本业务可以引导资金流向，实现产业结构调整，扶持行业发展，发挥消费对生产的引导作用。商业银行还可以通过在国际市场上的融资活动，来调节本国的国际收支状况。

8.1.3 商业银行的组织制度

商业银行的组织制度，就是指一个国家用法律形式所确定的商业银行体系结构以及组成这一体系的原则的总和。现代市场经济体系中的商业银行制度，一般实行的是以中央银行为监督机构、商业银行为核心、各类金融机构并存、宏观上注重调控、微观上鼓励竞争的制度。商业银行的产生要早于中央银行和其他金融机构，并且现代商业银行是中央银行执行货币政策的重要传导渠道，因此商业银行制度的形成对一个国家的银行制度具有十分重要的影响，它是各国银行制度的核心。

1.商业银行组织制度建立的原则

商业银行组织制度是社会、经济、文化发展到一定阶段的产物。虽然各国依据本国的政治体制、文化传统和经济发展水平而选择的银行制度存在差异，但各国商业银行组织制度的建立均遵循一些相近的原则，这些原则归纳起来主要有以下3个。

（1）公平竞争原则。

公平竞争是商业银行组织制度建立的首要原则。竞争是企业生产经营活动的一个基本原则，商业银行作为特殊的金融企业，需要开展公平合理的竞争。公平竞争、优胜劣汰有利于促进商业银行改善金融服务质量、提高服务效率、创新金融工具，推动整个社会经济和金融业的快速健康发展。所以，国家在建立商业银行组织制度时，应当建立和完善商业银行的进入和退出机制，鼓励各家银行按照优胜劣汰的市场规律进行竞争，防范集中垄断给社会和经济发展带来的负面影响。

（2）安全稳健原则。

安全稳健经营是现代商业银行所必须遵循的重要原则之一。由于商业银行业务经营的风险性和商业银行在整个社会经济中的地位，商业银行组织制度要有利于保护商业银行的安全，实现安全稳健经营。

安全稳健与公平竞争看起来是一对相互矛盾的原则，但是它们也有统一的一面。因为商业银行之间公平竞争可以提高银行的经营效率，增加银行的收入，有利于增强商业银行抵御风险的能力，实现安全稳健经营。而过度和无序的竞争会导致一些银行铤而走险，采用高息揽存或从事高风险投资项目，造成商业银行经营成本上升，坏账增多，严重的甚至会导致银行的倒闭。由于商业银行特殊的社会经济地位，一家银行破产有可能会造成银行客户的恐慌，引起连锁反应，触发全面的金融危机，甚至是严重的经济危机。

（3）规模适度原则。

规模适度是指商业银行的业务经营要达到规模效益。规模效益就是说在一定规模下，每单位的产品成本最低，而获得的利润又最大。商业银行作为一种特殊的企业，当然也要受到规模经济的制约。如果银行规模过大，会导致经营成本上升、管理混乱，甚至形成垄断，不利于银行业之间的自由竞争，有违商业银行的竞争原则。如果银行规模过小，可能会导致服务质量下降，管理等各项费用和成本上升，最终削弱银行的竞争能力和风险抵御能力。在经济动荡时期，小银行往往最容易受到打击而倒闭。因此，商业银行规模要合理适度，其管理费用和其他成本才会最低，其服务质量才能达到最优，有利于提高银行资金使用效率，有利于经济发展。

2. 商业银行的外部组织形式

商业银行的外部组织形式，是指商业银行在社会经济活动中存在的形式，它是银行制度的重要组成部分。商业银行自产生以来，已经形成了多种类型的外部组织形式，无论是何种类型，都帮助商业银行积极地发挥其自身的职能作用，提高了商业银行的经营效率。一般来讲，西方各国商业银行产生和发展的经济条件不同，因而已逐渐形成了具有代表性的银行外部组织形式。这里按照商业银行经营组织架构来对外部组织形式进行分类。

（1）单一银行制。

单一银行制，又称单元银行制，是指商业银行不设立或不能设立分支机构，银行业务完全由总行经营的制度。单一银行制以美国最为典型，是美国最古老的银行形式之一。因为美国是一个各州具有较高独立性的联邦制国家，早期由于东西部经济发展不平衡，为了使经济平衡发展，保护地方中小企业与小银行，一些比较落后的州，政府就通过颁布州银行法，禁止或者限制银行设立分行，尤其是跨州设立分支机构。近年来，开设分支行的限制有所放松，但南部和中西部的一些州仍不允许银行开设分支行。

这种单一银行制的优缺点都很明显。单一银行制的优点是：①可以防止垄断，有利于自由竞争；②有利于银行与地方政府和工商企业协调关系，集中全力为本地经济服务；③银行独立性和自主性较大，业务经营比较灵活；④银行管理层次少，便于管理和控制。单一银行制的缺点是：①不利于银行业的发展，采用新技术和新设备的成本高，不利于业务发展和金融创新；②单一银行制使银行业务过度集中于某一个地区或某一行业，使经营风险过分集中，同时由于其自身实力相对较弱，难以有效地抵抗较大的风险；③单一银行制本身与经济的横向开放性发展存在矛盾，削弱了银行的竞争能力。

（2）总分行制。

总分行制也称为分支行制，是指法律上允许在总行以外，在本地或外地设有若干分支机构的一种银行制度。这种银行的总部一般都设在大的中心城市，下设分支机构由总行统一领导。总分行制银行按管理方式的不同，又可进一步分为总行制和总管理处制。总行制是指商业银行的总行除了管理控制各分支行外，本身也对外经营业务。总管理处制是指商业银行的总行只负责控制管理分支行，本身并不对外营业，在总管理处所在地另设对外营业的分支行或营业部。目前，世界上大多数国家实行的都是总分行制，它已经成为当代商业银行的主要组织形式。英国就是该结构形式的典型代表，我国也采用了这种银行组织形式。

和单一银行制相比，总分行制的优点十分明显：①有分布广泛的分支机构，便于商业银行吸收存款、扩大经营规模、获得规模经济；②便于资产在地区和行业上分散，从而也有利于风险的分散，提高银行的安全性；③便于促进现代化管理手段和技术设备的推广应用，提高服务质量，加快资金周转速度；④总行数量少，国家金融管理当局只要对较少数目的总行管理控制，就可以对整个银行业进行管理控制，便于宏观管理和提高管理水平。总分行制虽然存在上述优点，但是也存在一定的缺陷：①银行规模大，容易形成垄断，不利于自由竞争；②银行内部层次多，机构庞杂，加大了银行内部的控制难度。

（3）持股公司制。

持股公司制又称集团银行制，是指由某一集团成立股权公司，再由该公司控制或收购若干独立的银行而建立的一种银行制度。从法律角度来看，这些独立银行的业务和经营决策统属于股权公司控制。持股公司对银行的有效控制权是指能控制一家银行25%以上的投票权。这种持股公司在集团内部可以实行单一银行制，也可以实行总分行制，因而可以成为回避限制开设分行的一种策略。这种形式在美国最为流行。它的产生是美国商业银行和金融监管之间“管制-逃避-再管制”斗争的结果。

根据控制主体的不同，持股公司制可以分为非银行性持股公司和银行性持股公司。前者是指由非银行的其他企业通过控制银行的大部分股权而组织起来的；后者是指大银行通过控制小银行的大部分股权而组织起来的。例如，著名的花旗集团就是银行性持股公司，它已经控制了300多家银行。一般把控制一家银行的持股公司称为单一银行持股公司，把控制两家以上银行的持股公司称为多银行持股公司。

持股公司制的优点是：能有效地扩大资本总量，更好地进行风险管理和收益管理，增强银行的实力，提高银行抵御风险和竞争的能力；它集单一银行制和总分行制的优点于一身。其缺点是容易形成银行业的集中和垄断，不利于银行业的自由竞争，阻碍银行业的发展。

除了上述3种主要的外部组织形式之外，学者们还提出了跨国联合银行制和连锁银行制。这两种制度本质上可以归入集团化模式体制，因此不再单独介绍。

3.商业银行内部组织结构

商业银行既有外部组织结构，也有内部组织结构，它们的具体作用略有差别，但都服务于商业银行的职能，目的是更好地帮助商业银行发挥自身的作用，提高经营效率，增强自身的发展实力。商业银行的内部组织结构是指就单个银行而言，银行内部各部门及各部门之间相互联系、相互作用的组织管理系统，是经营机制和管理架构的总和。现代商业银行主要是股份制形式，它的内部组织结构可以分为4个系统：决策系统、执行系统、监督系统和管理系统。

（1）决策系统。

决策系统由股东大会、董事会以及董事会下设的各种委员会构成。股东大会是商业银行的最高权力机构，凡是购买银行股票的投资者都是银行的股东。银行每年召开几次股东大会，对银行的经营方针、管理决策和各种重大议案进行投票表决。董事会是由股东大会选举产生的日常性决策管理机构，具体人数依银行规模大小而定。在股东大会休会期间，由董事长召集董事会，做出各项决策。董事会下设各种专门委员会，这些委员会主要针对特殊经营事件而建立，直接并独立地向董事会负责。

（2）执行系统。

执行系统由总经理（行长）和副总经理（副行长）以及各业务职能部门组成，他们依据董事会决策，具体从事银行经营管理业务。总经理是银行的行政首脑，他的职责是执行董事会的决定，组织银行的业务活动。在总经理的领导下，商业银行一般设置若干个副总经理以及业务职能部门，分管不同的业务。一般把商业银行的贷款、信托与投资、营业、会计等部门称为业务部门，而把商业银行人事、公共关系等部门称作职能部门。

（3）监督系统。

监督系统由股东大会选举产生的监事会及银行的稽核部门组成，主要职责是按照银行的章程，对内部利益公平关系、决策关系、制度关系、业务经营的各个环节进行监督和检查。监事会的检查比稽核委员会的检查更具有权威性。

（4）管理系统。

商业银行的管理系统由5个方面构成：全面管理、财务管理、人事管理、经营管理和市场营销管理。商业银行的全面管理由董事长、总经理负责，制定主要政策，指导、控制业务部门和职能部门的工作。通常财务管理由负责财务工作的副总经理担当，进行财务控制、审计、税收和风险管理。人事管理由人事部门负责，主要是招募培训员工、进行工资审评、处理劳资关系。经营管理由总经理负责，主要是安排银行各项业务，分析经营过程中出现的问题，保证银行经营安全。市场营销管理由总经理、副总经理及有关业务部门、职能部门负责人共同参与，主要对消费者行为及市场变动情况进行分析，开展广告宣传，确定营销战略。

8.1.4 商业银行的产生和发展

商业银行是历史发展悠久的金融机构，它是商品经济发展到一定阶段的必然产物，并且随着商品经济的发展不断完善。现代的商业银行业务已经全能化，是一种提供综合性服务的特殊金融企业。

1.商业银行的产生

商业银行是商品经济发展到一定阶段的产物，它的产生与货币兑换、保管、借贷都是分不开的。几个世纪以来，商业银行作为金融体系的主体组成部分，在资本主义市场经济的成长和发展过程中，发挥了重大作用。英文中“银行”一词（bank）来源于意大利语“banca”，“banca”的原意是指商业交易用的长凳，后来就泛指专门从事货币存、贷和办理汇兑、结算业务的金融机构。汉语中的“银行”是指专门从事货币信用业务的机构。鸦片战争以后，外国金融机构随之侵入，由于中国货币业务主要以白银为主，“银行”就成为与英文对应的中文翻译。

商业银行历史悠久，它的原始形态可以追溯到公元前古巴比伦时期。早期银行的萌芽则产生于文艺复兴时期的意大利。14、15世纪的欧洲，由于优越的地理环境和社会生产力的较大发展，各国与各地之间的商业往来也渐渐扩大起来，尤其是意大利的威尼斯、热那亚等当时著名的贸易中心城市，商业贸易十分繁荣。由于当时的封建割据，不同国家和地区之间所使用的货币在名称、成色、形状等方面存在着很大差异，进行商品贸易十分不便，于是就出现了专门的货币兑换商，从事货币兑换业务，实现了商品的顺利交换。随着货币兑换和收付的规模不断扩大，各地商人为了避免长途携带大量金属货币带来的不便和风险，便委托货币兑换商对货币进行保管，后来又发展到委托货币兑换商办理支付和汇兑。货币兑换商借此集中了大量货币资金，当货币兑换商发现这些长期大量积存的货币余额相当稳定，可以用来发放贷款，获取高额利息收入时，货币兑换商便开始了授信业务。当货币兑换商由原来被动接受客户委托保管货币转而变为积极主动揽取货币保管业务，并且通过降低保管费或不收保管费，后来还给委托保管货币的客户一定好处时，保管货币业务便逐步演变成了存款业务。由此，货币兑换商逐渐开始从事信用活动，商业银行的萌芽开始出现。但是，早期银行办理放款的对象主要是政府、封建贵族，放款利率过高，属于高利贷的性质。从历史上看，最早的近代银行产生于意大利，以后普及到欧洲其他国家。1580年，第一家以银行命名的金融机构——威尼斯银行建立，其后相继出现米德兰银行、阿姆斯特丹银行、汉堡银行等近代银行。

17世纪末到18世纪初，现代商业银行产生。它是资本主义生产方式的产物。随着社会生产力的发展、社会劳动分工的扩大，资产阶级工业革命兴起，资产阶级登上了历史的舞台。资本主义工业发展对资金有巨大的需求，但是原有的高利贷性质的银行不能满足其要求，所以能够服务、支持和推动资本主义生产方式发展的资本主义银行建立。1694年，英国政府为了同高利贷作斗争，以维护新生的资产阶级发展工商业的需要，成立了一家股份制银行——英格兰银行，并规定英格兰银行向工商企业发放低息贷款。英格兰银行的成立，标志着现代商业银行的诞生。

同西方国家相比，中国银行业产生得较晚。虽然南北朝时期出现了寺庙典当业、唐代出现了类似汇票的飞钱、宋代在四川发行了我国最早的纸币交子，但是一直没有形成真正的银行业。我国近代的银行业是在外国资本主义列强入侵之后产生的。19世纪中叶，英商东方银行成为近代最早进入我国的外国银行机构，此后资本主义列强纷纷来华设立银行分支机构。为了摆脱外国银行的支配，清政府于1897年在上海成立了中国通商银行，这标志着中国近代银行的产生。

2.商业银行的发展

（1）商业银行形成的途径。

西方国家商业银行产生的社会条件和发展环境各不相同，但归纳起来主要有两条途径：从旧的高利贷银行转变而来或者按资本主义原则新设立的股份制商业银行。早期的高利贷性质银行随着资本主义的发展，面临着贷款需求锐减的困境和关闭的威胁，为了自身的利益，高利贷银行顺应时代的变化，降低贷款利率，转变为商业银行。而大多数商业银行是采用新设立股份制银行这一方式建立的，最早建立的资本主义股份制银行英格兰银行就是代表。

（2）商业银行发展的模式。

经过几个世纪的发展，商业银行经营业务和服务领域发生了巨大变化，但商业银行发展基本遵循两种模式：

①英国式传统模式的商业银行。这一传统模式深受“真实票据论”的影响，资金融通有明显的短期商业性质。该理论认为，由于商业银行的资金来源主要是流动性很强的活期存款，因此资产业务应主要集中于短期的自偿性贷款。银行通过贴现票据发放短期、周期性贷款，一旦票据到期或承销完成，贷款就可以自动收回。这种贷款由于与商业活动、企业产销相结合，所以期限短、流动性高，使得资金运用特征和高流动性的资金来源相对应，商业银行可以保证一定安全性下的稳定利润。但是，这种传统的模式使商业银行的业务发展受到一定的限制，不利于银行的发展和风险分散。

②德国式综合式的商业银行。与传统模式的商业银行相比，综合式的商业银行不仅提供短期商业性贷款，还提供长期贷款，甚至可以直接投资股票和债券，帮助公司包销有价证券，参与企业的决策与发展，并为企业提供必要的财务支持和咨询服务。至今，不仅德国、瑞士、奥地利等少数国家采用这种模式，而且美国、日本等国的商业银行也在向综合式商业银行转化。这种综合式的商业银行有“金融百货公司”之称，它有利于银行开展全方位的业务经营活动，更好地满足客户的业务需求，充分发挥商业银行在国民经济中的作用。但是，这种模式会加大商业银行经营风险，对银行的经营管理提出了更高的要求。

3.现代商业银行的发展趋势

20世纪90年代以来，由于国际经济环境的不断变化、经济全球化浪潮席卷全球，以及以信息技术为核心的现代网络技术和电子计算机技术的普及推广，现代商业银行在业务种类、管理方式、体制等方面发生了根本的变革，表现出以下几个趋势：

（1）银行业务全能化。

以美国为首的西方国家在20世纪30年代的世界性经济危机中吸取了经验教训，普遍推广了较为严格的分业经营管制，将银行业务、证券业务、保险业务和信托租赁业务分别由不同的金融机构经营。这种模式被许多国家效仿，一直到20世纪70年代以后，分业经营管制才有所放松。为了增强商业银行的竞争力，各国的法律相继放松了对分业经营的监管，不仅允许商业银行经营投资银行业务，还允许其开办信托、保险、租赁、保管、代理咨询等多种业务，混业经营模式又流行起来。1999年，美国国会通过了《金融服务现代化法》，标志着美国进入全面混业经营。一些原本实行分业经营的国家银行业现在已出现明显的综合化特征，尤其表现在传统商业银行业务与证券业务的结合上。

商业银行业务全能化的主要原因：一是由于近年来商业银行存款结构的变化。近年来商业银行存款中，定期存款和储蓄存款的比重有所上升，这一变化为商业银行发放中长期贷款和证券投资业务提供了稳定的资金来源。二是商业银行经营观念的改变和经营管理理论的发展。随着商业银行的竞争日益加剧，开拓新业务已经十分必要，而且金融管制的放松已经为之提供了便利的条件。商业银行的经营管理理论经历了从资产管理理论到负债管理理论再到资产负债综合管理理论的演变过程，为商业银行全能化、综合化的发展提供了理论依据，而且对商业银行全能化、综合化的发展产生了极大的推动作用。

2008年，美国爆发的次贷危机引发了全球金融危机，这又一次挑战了金融领域的混业经营模式。在此次金融危机中，大量的商业银行破产倒闭，信贷规模缩减，企业面临资金紧张的局面，整个社会的经济发展呈现停滞状态甚至出现衰退趋势。这次危机由美国的银行信贷危机波及整个金融业，很大程度上与美国的混业经营模式有关。因此，美联储采取措施加强对证券业和银行业的监管。很多受危机影响较大的国家陆续采取相应措施，加强了对本国商业银行业务的管制，防止金融风险进一步扩散，力图阻止经济的进一步衰退。

（2）银行业务经营证券化。

20世纪80年代以来，商业银行业务经营出现了证券化发展趋势。商业银行业务经营证券化的趋势主要表现在：①国际金融市场融资方式的证券化，各种传统的银行信贷越来越多地被各种各样的证券融资所取代。在国际金融市场上，国际债券的发行总额已经超过信贷总额。②商业银行更多地把贷款资产转换为证券出售给投资者，以此来扩大资产业务的规模。商业银行将某笔贷款或一组贷款汇集起来，以此作为抵押发行证券，使其在市场上流通转让，可以大大提高商业银行资产的流动性。这种方式已经成为商业银行转移风险、创新业务、提高流动性的主要业务工具之一。

通过商业银行资产证券化业务，银行不仅可以很快收回抵押贷款的资金、加速资金的周转、降低资产风险、调整资产结构，而且改变了商业银行的资产负债管理方式和银行与贷款客户固定的债权债务关系，使银行更多地涉足直接融资领域，转变被动的经营方式，有利于开辟新的业务领域和盈利渠道。另外，商业银行资产证券化创造了大量金融市场工具，活跃了国内金融市场，加快了国际金融市场一体化进程。但是，银行资产证券化也有一些缺点，它可能会把银行信贷风险传导到投资者手中，甚至扩大到整个金融领域，美国的次贷危机就是一个典型的例子。

（3）银行资本越来越集中，国际银行业出现新竞争格局。

由于银行业竞争的加剧以及金融业风险的提高，还有产业资本不断集中的要求，商业银行出现了合并的浪潮。近几年来，商业银行集团化有进一步加强的趋势。不仅中小银行纷纷合并组成银行集团与大银行抗衡，即便是大银行也主动合并，组成超级大银行，称霸国内国际金融市场。例如，日本东京银行与三菱银行合并、美国化学银行与大通银行合并等。特别是在发生金融危机的情况下，国际银行业合并的个案层出不穷。在亚洲金融危机时，美国、瑞士、日本，以及亚洲金融危机的受灾国，都出现了大量的银行合并案。例如，韩国商业银行和韩一银行合并成为韩国友利银行。2008年，全球金融危机爆发后，为抵御信贷危机的冲击，很多银行机构也纷纷进行合并洽谈、签署合并协议。例如，美国第二大投资银行摩根士丹利与美国第四大投资银行美林银行曾进行了合并洽谈，澳大利亚的圣佐治银行和西太平洋银行签署了合并协议，等等。

并购本身能为新机构带来直接或间接的效益：一是节约经营成本，提高服务质量；二是扩大业务范围和市场份额；三是增强抗风险能力；四是提高新机构在金融体系中的地位，并借助于这种特殊地位受到中央银行或政府的特殊照顾。但是，超级大银行同时也存在一些弊端：第一，由于银行规模巨大，其本身管理难度增大，政府对其监管的力量被削弱，可能会由某些问题引发较大的金融风险。第二，大银行的信用创造能力强，有可能干扰中央银行货币政策实施。

（4）金融工具不断创新。

金融创新对商业银行来讲既是机遇，也是挑战。在各种各样的金融创新中，金融工具创新是最主要、最突出的金融创新。金融工具创新主要是指金融机构为了避免汇率、利率风险，降低业务经营成本，拓展业务经营领域以及追求新的盈利机会而推出的各种新的业务品种与金融衍生产品。金融工具的大量创新又产生了基金管理公司、证券清算与保管公司等大量新的金融机构，并相应推动了金融市场的各种创新，促进金融创新的全方位发展。

商业银行可以利用多种金融工具调整资产负债结构，规避经营风险，并利用衍生工具交易扩大业务领域，降低银行成本，增加盈利。并且，商业银行为了逃避各国严格的金融管制，在竞争中占有优势，也加速了金融工具的创新。与此同时，金融工具的创新也对商业银行加强风险管理、保持经营的安全性提出了更高的要求。

（5）商业银行业务经营科技化。

随着国际贸易的发展、银行业竞争的加剧以及高科技的快速发展，国际银行业的业务经营出现科技革命。商业银行不得不采用更为有效的电子化设备来代替以前成本较高的手工经营系统，从而在经营管理手段、方式方面发生了巨大的变化。业务处理已经采用了电脑自动化，各种自助终端实现了方便快捷的24小时服务，银行的综合信息管理方式体现了较强的科学性，网上银行的出现满足了从事网上商品买卖的企业和个人对资金收付的结算需要。

§8.2 商业银行业务

尽管各国商业银行的组织形式、经营内容和重点不同，但其经营的主要业务不外乎负债业务、资产业务以及表外业务。负债业务和资产业务体现着银行经营的资金来源和资金运用。表外业务则是现代银行重要的收入来源，是当代银行业利润新的增长点。随着银行业国际化的发展，上述业务超越一国范围，还可以延伸为国际业务。表8-1是招商银行2017年的资产负债概况。

表8-1　　招商银行资产负债表（2017年12月31日）　　单位：人民币万元

资产		负债	
现金资产	61 641 900.00	向中央银行借款	41 483 800.00
现金及存放中央银行款项	7 691 800.00	同业存入及拆入	71 185 200.00
存放同业款项	15 462 800.00	其中：同业存放款项	43 911 800.00
拆出资金	930 900.00	拆入资金	27 273 400.00
贵金属	6 479 600.00	衍生金融工具负债	2 185 700.00
交易性金融资产	1 891 600.00	交易性金融负债	2 661 900.00
衍生金融工具资产	25 255 000.00	卖出回购金融资产款	12 562 000.00
买入返售金融资产	2 872 600.00	客户存款（吸收存款）	406 434 500.00
应收利息	356 504 400.00	应付职工薪酬	802 000.00
发放贷款及垫款	—	应交税费	2 670 100.00
代理业务资产	38 310 100.00	应付利息	3 650 100.00
可供出售金融资产	55 821 800.00	应付账款	—
持有至到期投资	507 900.00	代理业务负债	—
长期股权投资	57 224 100.00	应付债券	29 647 700.00

续表

资产		负债	
应收投资款项	4 918 100.00	递延所得税负债	107 000.00
固定资产合计	725 500.00	预计负债	—
无形资产	995 400.00	其他负债	8 034 600.00
商誉	5 012 000.00	负债合计	581 424 600.00
递延税款借项	161 200.00		
投资性房地产	2 400 300.00		
其他资产	629 763 800.00		
资产总计	61 641 900.00		

资料来源：根据招商银行网站（http：//www.cmbchina.com）2017年第四季度报告整理。

8.2.1　商业银行的负债业务

商业银行的负债业务是形成商业银行资金来源的业务，是商业银行资产业务的前提和条件，是其最基本、最主要的业务。在商业银行的全部资金来源中，90%以上来自于负债。广义上，商业银行的负债主要包括自有资本、存款和借款三大部分。

1.商业银行自有资本

商业银行的自有资本是其开展各项业务活动的初始资金，是商业银行经营发展的根本，主要包括发行股票所筹集的股份资本、经营过程中逐步形成的公积金以及未分配利润。自有资本一般只占其全部负债业务很小的一部分。银行自有资本的大小，体现了银行的实力和信誉，也是银行吸收资金的基础。一般来讲，银行自有资本越多，其所能推动的业务量也就越大，其所能带动的资产规模和负债规模也就越大。但是，这并不意味着银行自有资本越多越好，当自有资本与总资产之比超过一定限度时，追加资本而产生的边际收益会下降，这也是银行股东难以接受的。此外，各国的银行监管当局也将商业银行自有资本对资产的比率即资本充足率作为衡量其经营稳健性的一个重要指标。目前各国普遍采用《巴塞尔协议》所规定的银行自有资本充足率标准，即银行资本与其风险资产总额之比不低于8%。具体来说，银行自有资本主要包括股本、盈余、债务资本和其他来源。

（1）股本。

股本是银行自有资本中最基本、最稳定的部分，包括普通股和优先股，是银行股东持有的股权证书，代表一种所有权。银行普通股是银行一种股权证书，它构成银行自有资本的核心部分，它具有永久性质。银行普通股股东享有3个方面的主要权利：一是享有对银行经营的决策管理权，即股东通过股东大会对各项决策有投票权，并选出董事会；二是对银行资产和利润有分享权，股东有权分配或处置银行的税后利润，在银行破产时，还可以分享银行的剩余财产；三是对银行发行新股有优先认购权。优先股兼有普通股与债券的特点。一般而言，银行优先股的持有人按固定利率取得股息，股东收入与银行经营状况没有关系，对银行清算的剩余资产的分配权优于普通股股东，对银行的业务经营没有决策管理权。

（2）盈余。

银行盈余包括资本盈余和留存盈余。资本盈余主要由投资者超缴资本和资本增值所组成。留存盈余是银行尚未动用的税后利润部分，是银行所有者权益的一个项目。留存盈余的大小取决于银行的盈利情况，同时股息政策和税率的高低也是影响留存盈余的重要因素。

（3）债务资本。

债务资本是20世纪70年代起被西方发达国家的银行广泛使用的一种外源资本。按《巴塞尔协议》的要求，债务资本只能作为补充资本。债务资本的求偿权仅次于存款者，而且期限较长。债务资本主要有两类，即资本债券和资本票据。

（4）其他来源。

其他来源主要是指准备金。准备金是为了防止意外损失而从收益中提留的资金，包括资本准备金和损失准备金，损失准备金是银行资本的重要组成部分。准备金作为资本的比重不会太大，银行收益、股息政策以及金融管理部门的管制对银行准备金作为资本都有约束，因此银行不能大量筹集该类资本。

2.各类存款

各类存款包括传统存款和创新存款。传统存款主要有3种，即活期存款、定期存款和储蓄存款。创新存款包括可转让支付命令账户、货币市场存款账户、自动转账账户、大额定期存单等，主要是由美国的商业银行创新出来的存款品种。

（1）活期存款。

活期存款主要是指没有确切的期限规定，可由存款户随时存取和转让的存款，银行也无权要求客户取款时作事先的书面通知。持有活期存款账户的存款者可以用各种方式提取存款，如开出支票、本票、汇票、电话转账、使用自动柜员机或其他各种方式。在各种取款方式中，最传统的是支票取款，即见票即付，因此活期存款也叫支票存款。由于活期存款流动性大、存取频繁、手续复杂，因此很多国家的商业银行对活期存款较少支付或不支付利息。我国商业银行是为活期存款支付利息的少数国家之一。活期存款是银行成本最低的资金来源，它曾经是银行最重要的资金来源，但是随着创新金融工具的出现，它占银行资金来源的比重不断缩小。

（2）定期存款。

定期存款是指客户与银行预先约定存款期限的存款。存款期限通常有3个月、6个月和1年不等，期限最长的可达3年、5年甚至更长。利率根据期限的长短不同而存在差异，期限越长利率越高，且都高于活期存款。定期存款利率高、风险小，存单可以作为抵押品取得银行贷款。定期存款要凭银行所签发的定期存单来提取，一般要到期才能提取存款，银行根据到期存单计算应付本息。如果持有到期存单的存户要求续存，银行则另外签发新的存单。对于到期末提取的存单，按惯例不对过期的部分支付利息，但我国银行按照活期存款的利率支付该部分利息。未到期而提前提取时，银行按制度不予提取或应提前一定时间通知银行。我国则规定未到期提前支取定期存款的，支取部分按活期存款利率计息。

（3）储蓄存款。

储蓄存款主要是指居民个人为了积蓄货币和取得一定的利息收入而开立的存款。储蓄存款也可分为活期存款和定期存款。活期储蓄存款无一定期限，只凭存折或卡便可提取。存折一般不能转让流通，存户不能透支款项。定期储蓄存款类似于定期存款，有约定期限，利率较高。如果要提前支取定期储蓄存款，储户必须预先通知银行。

（4）可转让支付命令账户和超级可转让支付命令账户。

可转让支付命令账户（NOWs）是一种对个人和非营利机构开立的计算利息的支票账户，也称付息的活期存款。它以支付命令书取代了支票，直接提现或直接向第三者支付，经背书也可以转让，对其存款余额可取得利息收入。它产生于1970年，是美国马萨诸塞州的一家互助储蓄银行为了绕开“Q条例”的限制而进行的金融工具创新。

超级可转让支付命令账户（Supper-NOWs）是可转让支付命令账户的进一步创新。它规定法定最低开户余额和平均余额为2 500美元，签发支票可以不加限制；对保持2 500美元或更大余额的账户，利率不受管制；但如账户余额降到最低限额以下，则只能支付5.5%的最高利率。由于该账户作为转账账户要交纳存款准备金，银行为吸引客户通常还提供一定的补贴和奖励，因此该账户成本较高。

（5）货币市场存款账户。

货币市场存款账户（MMDA）的出现是商业银行抗衡非银行金融机构推出的货币市场基金的结果。该账户的主要特点是：有2 500美元的最低限额；存款利率没有上限限制，并可以浮动，一般按市场规定的每日利率为基础计算利息，10万美元的存款额可得到联邦存款保险公司的保险；对存款不规定最短期限，但银行规定客户提取存款应在7天前通知银行；存户使用该账户进行收付，每月不得超过6次，其中用支票付款不得超过3次；储户对象不限，个人、非营利性机构、工商企业都可开户。

（6）自动转账账户。

自动转账账户（ATS）在1978年以后开始出现，是由早期的电话转账服务发展而来的。在自动转账服务账户下，储户同时在开户银行开立储蓄账户和活期存款账户，活期存款账户的余额始终保持1美元，其余存款存入储蓄账户可取得利息收入。当需要签发支票付款时，银行可随时将支付款项从储蓄账户转到活期账户上自动转账，及时支付支票上的款项。开立自动转账服务账户银行需交纳存款准备金。对于银行提供的转账服务，存户要支付一定的服务费。

（7）大额可转让定期存单。

美国的花旗银行为了规避“Q条例”和“D条例”的管制，在1961年创设出大额可转让存单定期存单（CD）。它是指资金按某一固定期限和一定利率存入银行并可在市场上买卖的票证，是商业银行执行负债管理政策的主要金融工具。美国国内的可转让存单由美国的银行机构发行，美国境外的美元存单叫作欧洲美元定期存单，外国银行在美国发行的可转让存单叫作扬基定期存单。其主要特点有：①可转让定期存单可以自由流通转让，可以在二级市场上买卖，不用记名，流通性仅次于国库券；②面额大，最低10万美元，利率高于同期的储蓄存款；③存款期限为3个月、6个月、9个月和1年。总体来说，它具有定期存款和有价证券的特点，平均收益高于同期国库券。

3.商业银行的长、短期借款

虽然存款构成银行的主要资金来源，但当吸收的存款无法满足贷款和投资增长的需求时，银行还需要寻求存款以外的其他资金来源，这主要就是指对外借款。商业银行对外借款根据时间不同，可分为短期借款和长期借款。

（1）短期借款。

短期借款是指期限在1年以内的债务，包括同业拆借、向中央银行借款和其他渠道的短期借款。短期借款主要用于短期头寸不足的需要。

①同业拆借。

同业拆借是指金融机构之间的短期资金融通，主要用于支持日常性的资金周转，它是商业银行为解决短期余缺、调剂法定准备金头寸而融通资金的重要渠道。由于同业拆借一般是通过中央银行的存款账户进行的，实际上是超额准备金的调剂，因此又称为中央银行基金，在美国则称为联邦基金。同业拆借一般是短期的，如日拆或隔夜拆借，利息按日计算，利率根据市场资金供求状况而决定。同业拆借一般不需要抵押品，全凭银行信誉。

②向中央银行借款。

向中央银行借款是中央银行向商业银行提供的信用，主要有两种形式：再贴现和再贷款。再贴现是经营票据贴现业务的商业银行将其买入的未到期的票据向中央银行再次申请贴现，也叫间接借款。再贷款是中央银行向商业银行提供的信用放款，一般采取有价证券抵押借款的方式，也叫直接借款。再贷款和再贴现不仅是商业银行筹措短期资金的重要渠道，同时也是中央银行重要的货币政策工具。我国由于票据市场不发达，则主要采取再贷款的方式；西方发达国家由于商业票据和贴现业务广泛流行，则主要采用再贴现的借款渠道。

③其他渠道的短期借款。

商业银行还可以采用转贴现、回购协议、大额定期存单和欧洲货币市场借款等方式筹集短期借款。转贴现是指商业银行将其贴现收进的未到期票据再向其他商业银行或金融机构进行贴现的资金融通行为。回购协议是指商业银行在出售证券等金融资产时签订协议，约定在一定期限后按约定价格购回所卖证券，以获得即时可用资金的交易方式。

回购协议常见的交易方式有两种：正回购和逆回购。融资人是正回购方，出资人是逆回购方。回购协议大多以政府债券做担保，在相互高度信任的机构间进行，并且期限一般很短。目前回购协议不仅成为商业银行负债管理的主要工具之一，而且也成为中央银行公开市场操作的重要工具。

除了在本国货币市场上取得借款外，商业银行还可以从国际金融市场筹资来补充银行资金的不足，最典型的就是欧洲货币市场借款。欧洲货币市场是一个不受任何国家管制与纳税限制，完全自由开放的市场，借款银行凭借其在国际金融市场中的资信取得借款。短期借款一般不签协议，无须提供担保品，借款利率有固定的，也有浮动的，浮动利率主要由交易双方根据伦敦同业拆借利率具体商定。因此，欧洲货币市场借款对各国的商业银行有很强的吸引力，成为银行在国际金融市场融资的重要渠道。商业银行在欧洲货币市场借款，主要通过发行固定利率的定期存单、欧洲美元存单，浮动利率的欧洲美元存单、本票等筹资工具进行。

（2）长期借款。

商业银行的长期借款是指偿还期限在1年以上的借款，主要采取发行金融债券的形式筹集。金融债券可分为资本性债券、一般性金融债券和国际金融债券。资本性金融债券是为了弥补银行资本不足而发行的、介于存款负债和股票资本之间的一种债务，《巴塞尔协议》称之为附属资本或长期次级债务。很多资本金不足的商业银行常常采用这一手段筹集资金。一般性金融债券指主要是为商业银行筹集用于长期贷款与投资的中长期资金而发行的债券。国际金融债券是指在国际金融市场上发行的面额以外币表示的金融债券，包括外国金融债券、欧洲金融债券和平行金融债券。外国金融债券是指债券发行银行通过外国金融市场所在国的银行或金融机构发行的以该国货币为面值的金融债券。欧洲金融债券是指债券发行银行通过其他银行和金融机构，在债券面值货币以外的国家发行并推销的债券。平行金融债券是指发行银行为筹措一笔资金，在几个国家同时发行债券，债券分别以各投资国的货币标价，各债券的筹资条件和利息基本相同。通过发行金融债券融资可以拓宽商业银行负债渠道，促进负债来源多样化，增强负债的稳定性，但是发行金融债券融资筹资成本较高，债券的流动性受市场发达程度的制约，管理当局的限制也较严格。

8.2.2　商业银行的资产业务

商业银行的资产业务是其资金运用业务，主要分为现金资产业务、贷款业务和投资业务三大类。资产业务是商业银行筹集资金的目的，是商业银行盈利的主要来源。商业银行吸收的存款除了留存部分准备金以外，全部可以用来贷款和投资。

1.商业银行的现金资产业务

商业银行现金资产是指库存现金及等同于现金、随时可用于支付的存放在中央银行的准备金、同业存款和托收未达款等货币性资产。库存现金，是指商业银行保存在金库中的现钞和硬币。库存现金的主要作用是银行用来应付客户提现和银行本身的日常零星开支。商业银行存放在中央银行的存款由两部分构成：一是法定存款准备金；二是超额准备金。法定存款准备金是按照法定比率向中央银行缴存的存款准备金，是中央银行调节信用的一种政策手段，在正常情况下一般不得动用，缴存法定比率的准备金具有强制性。超额准备金则是指在存款准备金账户中，超过了法定存款准备金的那部分存款，这些存款可以直接提取使用。存放同业存款是指商业银行存放在代理行和相关银行的存款。在其他银行保持存款的目的，是便于银行在同业之间开展代理业务和结算收付，它属于活期存款性质，可以随时支用。托收中的现金是指在银行间确认转账过程中的支票金额，它是一家银行对另一家银行的资金要求权。在日常经营活动中，商业银行为了保持清偿力，必须持有一定比例的现金等高流动性资产来保证自身的安全性。但是，这部分资产不仅不能给商业银行带来盈利，还会增加商业银行的经营成本。

2.商业银行的贷款业务

贷款是商业银行作为贷款人按照一定的贷款原则和政策，以还本付息为条件，将一定数量的货币资金提供给借款人使用的一种借贷行为。贷款是商业银行最主要的资产业务，也是银行取得利润的主要途径。

（1）贷款分类。

贷款业务按照不同的分类标准，有以下几种分类方法：一是按贷款期限划分，可分为活期贷款、定期贷款和透支贷款三类。活期贷款，也称通知贷款，银行在发放这一类贷款时不确定偿还期限，银行可以根据自己资金调配的情况随时通知收回贷款。定期贷款，是指具有固定偿还期限的贷款。透支是指活期存款户依照合同向银行透支的款项，它实质上是银行的一种贷款。二是按照贷款的保障条件分类，可分为信用贷款、担保贷款和票据贴现。信用贷款是指银行完全凭借客户的信誉、无须提供抵押物或第三者保证而发放的贷款。担保贷款是指具有一定的财物或信用作还款保证的贷款。根据还款保证的方式不同，具体分为抵押贷款、质押贷款和保证贷款。票据贴现是贷款的一种特殊方式，它是指银行应客户的要求，以现款或活期存款买进客户持有的未到期的商业票据的方式发放的贷款。三是按贷款用途划分，则非常复杂。若按行业划分有工业贷款、商业贷款、农业贷款、科技贷款和消费贷款；按具体用途划分又有流动资金贷款和固定资金贷款。四是按贷款的偿还方式划分，可分为一次性偿还贷款和分期偿还贷款。五是按贷款质量划分有正常贷款、关注贷款、次级贷款、可疑贷款和损失贷款。正常贷款是指借款人能够履行借款合同，有充分把握按时足额偿还本息的贷款。关注贷款是指贷款的本息偿还仍正常，但是存在一些可能对偿还贷款产生不利的因素。次级贷款是指借款人的还款能力出现明显问题，依靠正常的经营收入已无法保持足额偿还本息的贷款。可疑贷款是指借款人无法足额偿还本息，即使执行抵押或担保，也肯定要造成一部分损失。损失贷款是指采取了所有可能的措施和一切必要的法律程序之后，本息仍无法收回，或只能收回极少部分。

（2）贷款的办理程序和定价方法。

①贷款办理程序。

对于任何一笔贷款，都必须遵循以下基本程序，即贷款的申请、贷款的调查、对借款人的信用评估、贷款的审批、借款合同的签订和担保、贷款发放、贷款检查、贷款收回。对于借款人的信用评估采用打分法，并利用资信公司等机构提供的信用资料加以分析。当贷款发放后出现违约现象时，商业银行由专门的催收部门采取相应的措施，防止贷款损失的进一步扩大。

②贷款定价方法。

在商业银行贷款过程中，对于借贷双方来说最关心的就是贷款的定价。商业银行在贷款定价时，一般要考虑六大因素，即资金成本、贷款风险程度、贷款费用、借款人的信用及与银行的关系、贷款的目标收益和贷款的供求状况。贷款的价格构成包括贷款利率、贷款承诺费、补偿余额和隐含价格。贷款承诺费是指银行对借款人申请的贷款额度内可使用而未使用的部分收取的一定比例的费用。补偿余额是指银行要求借款人必须在本银行开设账户并存入一定资金后，才可以获得贷款。隐含价格是指商业银行对借款人使用贷款做出的非货币性的限制，增加了借款人的借款成本。

可以采用的贷款定价方法包括成本加成定价法、价格领导模型定价法、成本收益定价法、目标收益率定价法、账户利润定价法等。

第一，成本加成定价法。这是根据银行贷款的成本来确定贷款价格的方法。这种方法认为，任何商业性贷款均应包括4个部分：银行筹集可贷资金的成本；银行的非资金性经营成本（包括贷款人员的工资以及发放和管理贷款时使用的设备、工具等成本）；对银行由于贷款可能发生的违约风险做出必要的补偿；为银行股东提供一定的资本收益率所必需的每一贷款项目的预期利润水平。我国商业银行主要采用该定价法。成本加成定价法的公式如下：

贷款利率=筹集放贷资金的边际成本+非资金性银行经营成本+预计补偿违约风险的边际成本+银行预计利润水平

第二，价格领导模型定价法。价格领导模型定价法是以若干大银行统一的优惠利率为基础，考虑到违约风险补偿和期限风险补偿后的贷款所制定的利率。对于某个特定的顾客来说，其贷款的利率公式为：

贷款利率=优惠利率（包括各种成本和银行预期利润）+加成部分

=优惠利率+违约风险溢价+期限风险溢价

第三，成本收益定价法。在成本收益定价法下，需考虑的因素有3个：贷款产生的总收入；借款人实际使用的资金额；贷款总收入与借款人实际使用的资金额之间的比率为银行贷款税前收益（税前收益率）。利用下面的公式，保证在一定收益水平的基础上确定贷款价格：

税前收益率=贷款总收入/实际使用贷款额×100%

第四，目标收益率定价法。在为一笔贷款定价时，贷款主管人员必须考虑发放贷款的预期收益、给借款人提供资金的成本、管理和收贷费用及借款风险等。目标收益率定价法公式为：

税前股本收益率=（贷款收益-贷款费用）/本笔贷款应摊的股本×100%

第五，账户利润定价法。这种方法强调了银行与客户的整体关系。在贷款定价前，银行首先需要分析该客户的所有账户成本、收入和银行的目标利润，然后在此基础上，根据不等式“账户总收入≥账户总成本+目标利润”，账户总成本包括资金成本、服务营业费用、管理费用及违约成本，账户总收入包括客户存款的投资收入、手续费收入、贷款利息收入。

3.商业银行的证券投资业务

商业银行的证券投资业务是商业银行将资金用于购买有价证券的活动，主要是通过证券市场买卖股票、债券进行投资的一种方式。商业银行的证券投资业务有分散风险、保持流动性、合理避税和提高收益等意义。商业银行投资业务的主要对象是各种证券，并且以债券为主，包括国库券、中长期国债、政府机构债券、市政债券或地方政府债券以及公司债券。在这些证券中，由于国库券风险小、流动性强、变现成本低而成为商业银行重要的投资工具。由于公司债券的差别较大，风险较高，西方很多国家都从法律上禁止商业银行投资公司债券，只有德国、奥地利、瑞士等少数国家允许。我国商业银行不能直接从事股票投资业务，是为了防止股市风险扩散到银行领域中。

8.2.3 商业银行的表外业务

1.表外业务的含义

表外业务是指商业银行从事的按会计准则不列入资产负债表内，不影响其资产负债总额，但能影响银行当期损益，改变银行资产报酬率的经营活动。表外业务有狭义和广义之分。狭义的表外业务指那些没有列入资产负债表，但同资产业务和负债业务关系密切，并在一定条件下会转为资产业务和负债业务的经营活动，也称为有风险的表外业务。广义的表外业务则除了狭义的表外业务外，还包括结算、代理、咨询等无风险的经营活动，这些无风险的表外业务称为中间业务。在金融自由化的推动下，为了规避资本管制、适应金融环境变化，商业银行在生存压力与发展需求的推动下，纷纷利用自己的优势大量经营表外业务，以获取更多的非利息收入。随着表外业务的大量增加，商业银行的非利息收入迅速增加，现已成为西方商业银行最主要的盈利来源。

2.表外业务的分类

（1）结算业务。

结算业务指通过银行账户的资金转移来实现经济主体之间货币收付的行为，即银行接受客户委托代收代付，从付款人存款账户中划出款项，转入收款人的存款账户，以此完成经济主体之间债权债务的清算或资金的调拨。它是在商业银行的存款负债业务基础上产生的一种业务。结算业务涉及各种结算工具和结算方式，主要有本票、汇票、支票、背书转让、贴现、汇兑等。

（2）信托业务。

信托业务是指商业银行作为受托人接受客户委托，代为经营、管理或处理有关受托的资财或其他事项，为信托人谋取利益的业务。它是一种将合同、所有权与收益权分离、信托财产独立性等融为一体的特殊财产管理制度。它包括委托人、受托人和受益人三方的关系，委托人和受益人可以是同一人，也可以是不同的人。银行信托按其服务对象分为个人信托和公司信托两种；按信托财产的形态，可分为实物财产信托、货币资金信托和无形财产信托。

（3）代理业务。

代理业务是指银行接受单位和个人的委托，以代理人的身份，代表委托人办理一些经双方议定的有关业务的行为。银行可以收到相应的手续费用，包括代理收付款业务、代理融通业务、代理行业务、保付代理业务、基金托管业务和其他代理业务。一般需要事先由银行和需要办理代理业务的客户签订委托收付款协议。

（4）金融租赁业务。

金融租赁业务是指商业银行作为出租人向承租人提供某种设备（或其他物件）的使用权并收取租金的一种业务，这是以融通资金为目的的租赁。其特点是设备的所有权与使用权分离，承租人定期付租金，而在整个租赁期内拥有设备的使用权，设备的所有权仍归出租人所有。租赁期满，由出租人收回，也可作价由承租人留购。金融租赁业务的主要形式包括单一投资租赁、转租赁、售后回租和杠杆租赁。金融租赁的租金由取得贷款的本金、利息和出租人赚取的利差构成。金融租赁租金的计算方法有两种：等额年金法和等额本金法。

（5）咨询顾问业务。

咨询顾问业务是指银行应客户的要求，利用自己的知识、技术、信息和经验，运用科学方法和先进手段进行调查、分析和预测，客观公正地为客户提供经济和金融信息及情况，或对某个方面的决策提供一种或多种可供选择的优化方案的服务业务。咨询顾问业务具体包括评估类信息咨询业务、委托中介类信息咨询服务、综合信息类咨询服务和投资银行业务。

（6）信用卡业务。

信用卡业务是由经授权的金融机构向社会发行的具有消费信用、转账结算、存取现金等全部或部分功能的信用支付工具。信用卡和借记卡都属于银行卡。早在第二次世界大战以前，信用卡就已经存在了，当时许多百货公司向消费者提供信用卡用于赊购商品。第二次世界大战后，信用卡业务开始推广到餐饮等多种服务领域，银行家看到了信用卡未来广阔的利润空间，开始推出银行信用卡业务并取得了极大的成功。现在国际上的信用卡组织主要有VISA国际组织、万事达卡国际组织两大组织和美国运通国际股份有限公司、大来信用卡有限公司、JCB日本国际信用卡公司三家专业信用卡公司。在各地区还有一些地区性的信用卡组织，如欧洲的Europay、我国的银联等。简单来说，信用卡业务的开展会面临信用风险、操作风险、技术风险。

3.狭义表外业务的分类

（1）承诺类业务。

承诺类业务指商业银行在未来某一日期按照事前约定的条件向客户提供约定信用的业务，主要有贷款承诺、票据发行便利等。贷款承诺指银行承诺客户在未来的一定时期内，按照双方事先确定的贷款利率、贷款方式、贷款期限及贷款的使用方向等，应客户的要求，随时提供不超过一定限额的贷款。票据发行便利是一种中期的具有法律约束力的循环融资承诺。根据这种承诺，客户可以在协议期限内用自己的名义以不高于预定利率的水平发行短期票据筹集资金，银行承诺购买客户未能在市场上出售的票据或向客户提供等额银行信贷。

（2）担保业务。

担保业务指商业银行为客户债务清偿能力提供担保，承担客户违约风险的业务，主要有商业信用证、备用信用证、银行保函、票据承兑等。商业信用证是一种重要的国际结算方式，是指进出口双方签订合同以后，进口商请求当地银行开出的一种证书，授权出口商所在地的另一家银行通知出口商，在符合信用证规定的条件下，愿意承兑或付款承购出口商交来的汇票单据。备用信用证是一种特殊形式的信用证，是开证行对受益人承担一项义务的凭证。银行保函是银行应委托人的要求作为担保人向收益人做出的一种书面保证文件。票据承兑是一种传统的银行担保业务，是指银行在汇票上签章，承诺在汇票到期日支付汇票金额的一种票据行为。

（3）其他表外业务。

这是指与利率或汇率有关的创新金融工具，主要有互换业务、远期利率协议、金融期货和金融期权等工具。互换业务是指交易双方商定在一段时间内，就各自所持金融商品相关内容进行互换的交易活动。远期利率协议是一种远期合约，买卖双方商定将来一定时间段的协议利率，并指定一种参考利率，在将来清算日按规定的期限和本金数额，由一方向另一方支付协议利率和届时参照利率之间差额利息的贴现金额。金融期货是指以各种金融工具作为标的物的期货交易方式，包括外汇期货、利率期货和股票指数期货。金融期权是指以金融商品或金融期货合约为标的物的期权交易形式，金融期权是期权的一种。

8.2.4 商业银行的国际业务

商业银行的国际业务从广义上讲是指所有涉及外币或外国客户的活动，包括银行在国外的业务活动以及在国内所从事的有关国际业务。商业银行的国际业务实际上是其国内业务的对外延伸，它起源于国际贸易的发展。自20世纪70年代以来，各主要发达国家相继放宽了金融管制，国际金融市场逐步完善并趋于一体化，再加上先进技术如计算机的广泛应用，商业银行的国际业务便成为各国商业银行逃避本国管制、寻求更大发展空间、追逐更高利润的重要手段。

商业银行的国际业务经营范围相当广泛，可概括为3个主要方面，即国际负债业务、国际资产业务和国际中间业务。国际负债业务是指商业银行外汇资金来源的业务，主要有两项内容：外汇存款和境外借款。国际资产业务是指商业银行外汇资金的运用业务，主要包括3项内容：外汇贷款、国际投资和外汇投机。国际中间业务的主要内容是指商业银行的国际结算业务。此外，还包括外汇信托存放款和投资业务、国际融资租赁业务、代理客户外汇买卖业务、外汇咨询业务、担保和信用卡业务等。

专栏8-1

取消纸质银行承兑汇票

2016年2月1日，A银行北京分行39亿元票据案爆发，还牵涉M银行和N银行。M银行是实际的委托行或直贴行，再由重庆的票据中介撮合N银行作为M银行和A银行的“过桥行”完成买入返售；N银行是A的交易对手，双方开展买入返售业务。

通常是票据中介主导这个过程，由他们提供票源、套取流动性，或者管理某些城商行、农商行、农信社的同业户在贴现业务中实行截留利差。银行不会对票据中介正式授信，正是由于对手方是银行同业（城商行等），才会在验票等环节较为松懈。在这个链条上委托行（M银行）和过桥行（N银行）之间签署了买断卖断协议，过桥行和出资行（A行）之间签署了买入返售协议，而中介起到穿针引线的角色。

对此M银行表示，报道所称的该单业务，系M银行与N银行开展的同业间正常的票据交易，所涉交易也仅是其中一部分，没有通过票据中介。M银行是实际的委托行或直贴行，再由重庆的票据中介撮合N银行作为M银行和农行的“过桥行”完成买入返售；N银行则是A银行的交易对手，双方开展买入返售业务。

但受此风波和银监会加强票据监管的影响，M银行总行要求，票据转贴现业务授信占用规则，从以前“占用票据中间背书人转贴现授信额度”，调整为“全额占用票据承兑行或交易对手授信额度”。同时，加强交易对手准入及交易限额管理。另外，根据总行风险管理部制定的交易对手名单和票据交易限额进行票据交易系统改造。票据交易限额由票据交易系统实时控制，买入时额度即时占用。在系统未开发完成前，由总行票据部人工台账控制。

在票据交易过程中，由于M银行可以和农业银行、中国银行、工商银行等进行授信交换，同时又可对农信社、村镇银行授信，其起到连接出资金的大行和收资金的小行之间的桥梁作用。业内人士也表示，西南地区很多票据交易背书里都能找到M银行重庆分行的影子，南京、武汉、北京、济南等地票据业务量也比较大。

自从2000年工行华信支行票据案爆发至今，有关票据市场的重大新闻似乎总与案件或违规相连。甚至一位国有大行从事票据业务多年的人士总结：“一般来说，涉及票据业务的新闻通常是发生了三种事情，要么银行发生票据诈骗案，要么警方查处了非法票据融资，要么监管部门出台了整顿票据业务新规定。”

近年一些银行为了完成全年信贷任务，会主动去找这些资金丰厚的票据掮客，来帮他们完成信贷任务。

具体做法是，银行让企业存入一笔保证金，银行为其开立承兑汇票。企业拿到票当天再去银行办理贴现，这样一进一出，企业可以从中套利，因此愿意去做。对银行来说，这相当于拉了一笔定期存款，如果贴现，则放了一笔一年期流动贷款。同时中间业务收入考核也完成了。

一些银行正是利用上述资金空转的方式，来完成考核任务的。这种行为套的是国家的利，是银行的利，是体内和体外的利。

从银行的角度来说，为虚假贸易背景的企业提供票据融资便利，其实也是变相服务一些其认为风险较低客户的办法。银行没有办法自己解决形式上的贸易背景，票据掮客的出现，为银行节省操作成本同时大幅提高了效率和收益。票据市场发展这么多年下来，许多的商业银行就是在这样的竞争中逐渐放低了审核要求，以及放宽准入门槛的。

2018年5月9日，银保监会发布《关于规范银行业金融机构跨省票据业务的通知》，要求通过电子商业汇票系统和中国票据交易系统开展跨省电子票据和纸质票据电子化交易，通知印发起6个月后，停止开展跨省纸质票据交易。

此外，根据央行要求，自2018年1月1日起，单张出票金额在100万元以上的商业汇票全部通过电票办理。

资料来源：蒋柠潞. 某大行39亿票据大案真相曝光［EB/OL］.［2016-03-07］. http://finance.ce.cn/rolling/201603/07/t20160307_9309841.shtml.

本章小结

1.商业银行是市场经济发展的产物，它是为适应市场经济发展和社会化大生产而形成的一种金融组织，它在整个经济领域中处于主导地位。商业银行是由货币兑换或保管商演变而来的，商业银行产生的途径主要有两条：一是旧式高利贷银行转化而来；二是以股份公司形式组建起来。经过几百年的发展和完善，现代的商业银行向全能化“金融百货公司”的方向发展。特别是20世纪70、80年代以来，商业银行的发展出现了许多新趋势。

2.商业银行是一种特殊的金融企业，它既有一般企业的特征，又区别于一般企业，它不仅经营着特殊商品，而且商业银行本身经营的好坏影响整个经济体系和社会的稳定。商业银行的性质决定了其职能，商业银行最基本的职能是信用中介和支付中介，在这两个基本职能的基础上，又衍生出了信用创造和金融服务等职能。

3.世界各国商业银行组织制度的基本原则相同，但表现出来的组织形式和组织结构略有不同。商业银行的组织形式大致有单一银行制、总分行制、持股公司制。股份制商业银行的组织结构由四个系统构成。

4.商业银行的业务包括负债业务、资产业务、表外业务和国际业务。其中负债业务是其资金来源业务，包括自有资本、各项存款和长、短期借款等，这些负债业务都有各自的特点。资产业务是商业银行经营收益的主要来源。商业银行所经营的主要资产业务有现金资产、贷款、证券投资业务等。广义的表外业务是指商业银行从事的按会计准则不列入资产负债表内、不影响其资产负债总额但会影响银行收益的业务。广义的表外业务包括狭义的表外业务和中间业务。近年来，表外业务发展非常迅速，已经成为各大银行竞争的重要手段。国际业务是商业银行国内金融业务的延伸，国际业务的发展水平反映一个国家参与国际金融竞争的程度。

5.商业银行业务经营的一般原则是盈利性、流动性和安全性。商业银行作为一个企业，利润最大化是其最终目标。“三性”原则相互间是有矛盾的，对“三性”原则的协调是商业银行经营管理者所追求的目标。商业银行的经营管理理论经历了三个阶段的发展：资产管理理论、负债管理理论、资产负债综合管理理论。

6.在金融体系中，商业银行最重要的特征是能以派生存款的形式创造和收缩货币，从而非常强烈地影响货币供应量，也就是发挥它的信用创造职能。

综合训练

8.1 单项选择题

1.商业银行通过负债业务把社会上闲散的资金集中起来，然后通过资产业务将其投向国民经济的各个环节，这体现了商业银行的（　　）职能。

A.信用中介　　B.支付中介　　C.信用创造　　D.金融服务

2.现代商业银行的发展方向是（　　）。

A.控制大部分股权的并购　　B.控制少部分股权的并购

C.贷款为主　　D.金融百货公司

3.商业银行的主要负债和经常性的资金来源是（　　）。

A.活期存款　　B.定期存款　　C.存款　　D.储蓄存款

4.商业银行灵活调度头寸的最主要的渠道或方式是（　　）。

A.贷款　　B.同业拆借　　C.存款　　D.证券回购

5.下列属于商业银行正常贷款程序的是（　　）。

A.①贷款调查 ②对贷款人的信用评估 ③贷款审批 ④借款合同的签订

B.①贷款调查 ②贷款审批 ③对贷款人的信用评估 ④借款合同的签订

C.①贷款审批 ②贷款调查 ③对贷款人的信用评估 ④借款合同的签订

D.①贷款审批 ②对贷款人的信用评估 ③贷款调查 ④借款合同的签订

8.2 多项选择题

1.商业银行经营的“三性”原则是指（　　）。

A.流动性　　B.盈利性　　C.风险性

D.安全性　　E.高负债

2.下列属于商业银行短期借款渠道的是（　　）。

A.同业借款　　B.向中央银行借款　　C.回购协议

D.欧洲货币市场借款　　E.发行股票

3.银行证券投资的主要功能是（　　）。

A.保持流动性，获得收益　　B.分散风险，提高资产质量

C.合理避税　　D.为银行提供新的资金来源

E.以上都对

4.商业银行贷款按保障条件分类可以分为（　　）。

A.信用贷款　　B.担保贷款　　C.抵押贷款

D.票据贴现　　E.票据承兑

5.商业银行的表外业务可以分为（　　）。

A.担保类业务　　B.承诺类业务　　C.金融衍生交易类业务

D.结算类业务　　E.信用卡业务

8.3 复习思考题

1.当代商业银行是怎样发展、形成的？

2.现代商业银行的发展趋势如何？

3.如何理解商业银行的性质？

4.商业银行的主要职能有哪些？

5.商业银行制度的建立应遵循哪些原则？

6.简述商业银行的经营原则。

7.商业银行主要经营哪些业务？

8.普通股和优先股有什么异同？

9.创新存款业务有哪些种类？

10.狭义的表外业务有哪些具体品种？

11.请简述资产负债管理理论的发展过程和管理方法。

12.请简述商业银行信用创造的过程。

第9章

中央银行

【学习指南】

导读

从宏观视角研究现代经济社会运行的规律，探讨经济与金融稳健发展机制的中央银行会越来越重要。特别是在金融全球化的背景下，如何更好地发挥中央银行的作用，已经成为各国金融管理者重点考虑的问题。本章主要介绍了中央银行制度产生和发展的历史过程、中央银行的各项职能与各项业务、中央银行的制度类型、中央银行的独立性。

关键概念

中央银行　单一式中央银行制度　复合式中央银行制度　准中央银行制度　跨国中央银行制度　中央银行相对独立性

引例

英格兰银行

1694年7月27日，伦敦城的1 268名商人创立了一家名叫英格兰的商业银行，创立之初的目的是集资120万英镑按年息8%贷款给英国国王威廉三世，以支持其在欧洲大陆的军事行动。当时，正值英法战争时期，英国政府庞大的战争开支使英政府入不敷出，加上英国当时贪污盛行，税收短绌，英国财政陷入困境。为了弥补财政支出缺口，英国皇室特许英格兰人威廉·彼得森（William Paterson）等人的提议，由本来已是政府债权人的金匠们募集120万英镑作为股本，建立银行，对政府放款。这一倡议于1694年7月27日由英国议会制定法案同意实行。到1746年止，英格兰银行已经借给政府1 168.68万英镑。除此之外，英格兰银行还代理国库并全权管理国家债券。1844年英国议会通过《银行特许条例》（又称《比尔条例》），逐渐取消除英格兰银行以外的其他银行的货币发行权。直到1928年英国通过了《通货与银行钞票法》，英格兰银行最终成为英国唯一的货币发行银行。1946年《英格兰银行法》将英格兰银行国有化，使它变成了公营公司，该法案还终止了英格兰银行在名义上的独立性，使其成为国家机器的一个组成部分。至此，一个完整意义上的中央银行正式形成。

中央银行与商业银行之间到底存在哪些区别和联系呢？问题的解决需要从中央银行的产生与发展、性质与职能等方面进行研究与探讨。

§9.1　中央银行的产生与发展

9.1.1　中央银行的产生

现代商业银行是从货币兑换业发展起来的，而中央银行是从现代商业银行中分离出来的，并由此演变出一种新的银行制度，几百年来在世界各国的经济与社会发展中发挥着重要作用。

在银行业发展的初期，商业银行只要拥有足够的金银准备就可以发行银行券。随着商品经济和社会生产力的迅速发展，特别是18世纪初工业革命开始以后，商业银行机构数量猛增，贷款需求旺盛，许多银行为了追求盈利，利用银行券的发行来增加自己的资金。随着经济的发展和银行业竞争的加剧，其弊端也日益暴露出来。首先，为数众多的小银行信用能力薄弱，因经营不善而无法兑现银行券的情况时有发生，尤其在危机时期不能兑现的情况更加普遍，从而使货币流通陷入混乱的状态。其次，各银行独自发行的银行券的被接受程度和流通范围不同，不利于跨地区交易的进行，给社会生产和流通带来困难。同时，这也是同货币的本质——固定地充当一般等价物的特殊商品相违背的。资本主义经济的发展要求有更加稳定的通货，也要求银行券成为能在全国市场上流通的具有一般等价物性质的信用工具，而这样的银行券只能由资本实力雄厚、信誉卓著、业务遍及全国的大银行集中发行。随着商品经济的发展和银行业务的不断扩展，银行每天收受票据的数量也迅速增长，各银行之间的债权债务关系日益复杂。不仅异地结算的时间延长，即使同城结算也难以在当日完成，阻碍了商品生产和贸易的发展。这表明，由单个银行或少数银行自行处理结算和清算业务，已不能满足商品经济活动和银行业务发展的要求。因此，客观上需要建立一个全国统一的、权威公正的清算机构，作为金融支付体系的核心来快速清算各银行间各种票据，使结算资金顺畅流通，以满足商品经济快速发展的需要。于是，许多商业银行逐渐把现金准备存入发行银行，它们之间的清算也就通过发行银行来办理，使发行银行逐渐成为公认的清算中心和现金保管者。

随着资本主义经济的发展，商业银行仅靠吸收存款已经远远不能满足社会经济发展对借贷资金的需要。贷款的过度发放，使一些资本实力薄弱的银行丧失清偿力，由于挤兑而破产的情况也时有发生，于是迫切需要把各家银行的准备金集中起来，当某家银行发生支付困难时给予支持，避免其在危机中破产。这样，一些大的发行银行就依靠自己的威望和充足的财力在吸收商业银行存款的同时，对某些在金融危机中资金周转困难的银行和金融机构给予信用上的支持。例如，英格兰银行由于自身具有良好的信誉，并且拥有众多银行的同业贷款准备，因而在19世纪的历次经济危机中都能安然无恙，而且还能为其他一般银行提供贷款，为本国的宏观经济调节发挥了重要作用。

随着商品经济和货币信用关系的发展，银行业在社会经济中的地位和作用越来越突出，金融稳定日益成为经济健康发展的重要条件。为了促使银行业公平有序地竞争，减少银行业运行的风险，保证各种金融业务和金融市场的健康发展，维持金融稳定，客观上需要政府制定一系列有利于金融业发展的规章制度，并设立一个特殊机构依法对各种金融机构和市场来进行监督、管理和协调。

由于统一银行券发行、票据清算、最后贷款人和监管的需要，一些大的商业银行逐渐从商业银行体系中分离出来，演化成为中央银行。

从中央银行的产生过程来看，最早的雏形是1656年由私人创立的瑞典银行和成立于1694年的英格兰银行，它们在成立之初都是商业银行。1668年，瑞典银行改组为国家银行，但实际上，直到1897年它才独占货币发行权。英国则是在1844年通过《银行特许条例》（又称《比尔条例》），为英格兰银行独占货币发行权奠定了法律基础，标志着中央银行制度的建立。因此，人们通常把英格兰银行称为现代中央银行的鼻祖。

在英格兰银行成为英国唯一的发行银行以后，中央银行制度在世界上特别是欧洲的一些国家受到重视。例如，成立于1800年的法兰西银行，于1848年垄断了全国的货币发行权；成立于1829年的西班牙银行，于1874年垄断了货币发行权；日本银行和德国国家银行也分别于1889年和1912年统一或独享了货币发行权；1913年，一向崇尚自由竞争的美国也终于建立了适合本国国情的中央银行制度——联邦储备系统。

9.1.2 中央银行制度的发展

中央银行制度基本建立以后，其发展大致可分为两个阶段：

一是中央银行的普遍推行时期，即从第一次世界大战结束到第二次世界大战结束为止。由于第一次世界大战爆发后金本位制开始动摇，并被主要资本主义国家先后放弃，由此导致世界范围内的通货膨胀和币制混乱。在这一背景下，各国政府都意识到只有利用中央银行来加强对货币信用的控制才可补救。1920年，在布鲁塞尔召开的国际金融会议更是明确提出：凡未设立中央银行的国家应尽快建立中央银行，中央银行应脱离各国政府政治上的控制，按照稳健的金融政策活动。因此，在这一时期世界上又有40多个国家建立了中央银行。1924年，孙中山领导的国民革命政府在广州成立中央银行，中国历史上第一次出现了“中央银行”这一称谓。1928年，南京国民政府在上海重新成立了中央银行，后与中国银行、交通银行组成“法币集团”，共同享有货币发行权。1932年2月1日，中国共产党在江西瑞金成立中华苏维埃共和国国家银行，除经营一般银行业务外，还发行钞票。

二是中央银行的强化时期，即20世纪中叶到现在。进入20世纪中叶，特别是第二次世界大战后，各国政治、经济发生了重大变化。大多数参战国受到严重的破坏，经济困难，通货膨胀。为了医治战争创伤、恢复本国经济、稳定货币、筹集资金，各国都将货币信用政策用来作为干预生产和调节国民经济的主要杠杆。与此同时，产生于20世纪30年代大危机后的凯恩斯经济理论受到重视，这种理论认为经济不能自动实现充分就业的均衡，从而强调国家干预经济的必要性。在这种理论的指导下，中央银行逐渐成为政府调控宏观经济的重要工具之一，制定与执行货币政策成为中央银行的突出职能。与此相关，这一时期中央银行制度的新变化是，许多原有的中央银行开始了国有化进程，而新建的中央银行则更多地直接由政府出资设立。尽管有的国家仍维持私有或公私混合所有，但也都在中央银行相对独立的情况下加强了国家的控制。

新中国的中央银行始于1948年12月1日在石家庄成立的中国人民银行。1948年12月1日，在合并解放区华北银行、北海银行和西北农民银行的基础上，在石家庄成立了中国人民银行。1949年中国人民银行迁入北京。20世纪50年代，所有制的社会主义改造完成以后，我国建立起了大一统的国家银行体系。这种中国人民银行“一统天下”的格局直至1978年基本上没有改变。

1979年，我国先后恢复设立了中国农业银行、中国银行和中国人民保险公司，同时全国广泛设立了信托投资公司，多元混合性金融机构体系基本建立。在这种情况下，中国人民银行“一身二任”的弊病日渐暴露出来，金融业“群龙无首”的问题亟待解决。

1983年9月17日，国务院发布了《关于中国人民银行专门行使中央银行职能的决定》。1984年1月1日，中国工商银行设立，承担了原来由中国人民银行经办的城镇居民储蓄存款和城市工商信贷业务，中国人民银行成为我国专门的中央银行。中国人民银行专门行使中央银行职能，对于集中资金进行重点建设、加强宏观经济调控、进一步搞活经济和稳定货币流通、健全和完善社会主义金融体系等多方面具有重要的意义。

1992年，党的十四大明确了我国经济体制改革的目标是建立社会主义市场经济体制。1993年11月，党的十四届三中全会做出了《中共中央关于建立社会主义市场经济体制若干问题的决定》，随后明确的市场取向的各项经济体制改革全面启动。1993年12月，国务院发布了《关于金融体制改革的决定》，确立了我国金融体制改革的目标，其中明确提出要“建立在国务院领导下独立执行货币政策的中央银行宏观调控体系”、要“把中国人民银行办成真正的中央银行”。以此为指导，以完善宏观调控、强化金融监管为重点，我国逐步对中国人民银行的机构组织体系和职能操作体系进行了改革与调整。1995年3月18日，第八届全国人民代表大会第三次会议通过了《中华人民共和国中国人民银行法》，中国人民银行作为我国的中央银行开始走上了法制化轨道。1998年，根据国务院关于机构改革的决定，中国人民银行分支机构管理体制进行了重大改革——撤销了原来的31家省级分行，跨省区设立了9家分行，对其他各级分支机构及其职能也作了调整，进行了改革尝试。这些改革标志着中国人民银行正在积极稳妥地朝着规范化、法制化的新型现代中央银行体制迈进。

为了进一步加强金融宏观调控和金融监管，根据第十届全国人民代表大会审议通过的国务院机构改革方案的规定，2003年我国将中国人民银行对银行、金融资产管理公司、信托投资公司及其他存款类金融机构的监管职能分离出来，并和中央金融工作委员会的相关职能进行整合，于4月28日正式成立了中国银行业监督管理委员会。中国人民银行不再承担上述监管职能，有利于其在国务院领导下更好地制定和执行货币政策，更好地发挥货币政策在宏观调控和防范与化解金融风险中的作用，进一步改善金融服务。随着社会主义市场经济体制的不断完善，中国人民银行作为中央银行在宏观调控体系中的作用越来越突出。为适应职能调整，2003年12月27日，第十届全国人民代表大会常务委员会第六次会议通过了《中华人民共和国中国人民银行法》的修改决定，将中国人民银行的职责调整为制定和执行货币政策、维护金融稳定和提供金融服务三个方面。2018年8月，中国人民银行工作会议再次提出，推进人民银行机构按省分设。2018年11月，据财新网报道，中央编办调研组已于2018年10月下旬对央行大区行恢复省分行体制进行调研，主要内容涉及履职、级别以及将来的职责范围，初步定于2020年完成改革。

专栏9-1

美国的中央银行——美联储简介

20世纪以前，美国政治的一个主要特征是对中央集权的恐惧。这不仅仅体现在宪法的制约与平衡上，也体现在对各州权利的保护上。对中央集权的恐惧，是造成美国人对建立中央银行抱有敌意的原因之一。除此之外，传统的美国人对于金融业一向持怀疑态度，而中央银行又正好是金融业的最突出代表，美国公众对中央银行的公开敌视，使得早先旨在建立一个中央银行以管辖银行体系的尝试先后两次归于失败：1811年，美国第一银行被解散；1832年，美国第二银行延长经营许可证期限的要求遭到否决，随后，因其许可证期满在1836年停业。

1836年美国第二银行停业后，由于不存在能够向银行体系提供准备金并使之避免银行业恐慌的最后贷款人，因此美国金融市场遇到了麻烦。19世纪和20世纪早期，全国性的银行恐慌已成为有规律的事情。1837年、1857年、1873年、1884年、1893年和1907年，都曾爆发过银行恐慌。1907年银行恐慌造成了广泛的银行倒闭和存款人的大量损失，这终于使美国公众相信需要有一个中央银行来防止将来再度发生恐慌。

不过，美国公众基于对中央银行的敌意，对建立类似英格兰银行的单一制中央银行还是大力反对的。他们一方面担心华尔街的金融业（包括最大的公司和银行）可能操纵这样一个机构，从而对整个经济加以控制；另一方面也担心联邦政府利用中央银行过多干预私人银行的事务。所以，在中央银行应该是一家私人银行还是一个政府机构的问题上，存在着严重的分歧。由于争论激烈，国会只能妥协。依据美国传统，国会便把一整套精心设计的带有制约和平衡特点的制度写入了1913年的《联邦储备法》，从而创立了拥有12家地区联邦储备银行的联邦储备系统。

当初建立联邦储备系统，首先是为了防止银行恐慌并促进商业繁荣，其次才是充当政府的银行。但是第一次世界大战结束后，美国取代英国，成为金融世界的中心，联邦储备系统便成为一个能够影响世界货币结构的独立的巨大力量。20世纪20年代是联邦储备系统取得重大成功的时代。当经济出现摇摆的迹象时，联邦储备系统就提高货币的增长率；当经济开始以较快的速度扩张时，联邦储备系统就降低货币的增长率。它并没有使经济免于波动，但它的确缓和了波动。不仅如此，它是不偏不倚的，因而避免了通货膨胀。货币增长率和经济形势的稳定，使经济获得了迅速发展。

资料来源：陈中原. 美联储如何调控经济［J］. 国际市场，1998（10）.

§9.2　中央银行的职能

9.2.1　中央银行的特性及职能划分

中央银行职能是中央银行性质的具体体现。当代中央银行是代表政府调控经济、管理金融的特殊的金融机构。这种特殊性首先表现在它与商业银行相比有其自己的特点：第一，中央银行的经营活动主要是宏观金融活动，它通过运用货币政策工具对经济进行调节、管理和干预；而商业银行则主要从事微观经济活动，充当信用中介，直接经营货币信用业务。第二，中央银行的业务对象主要是政府、商业银行和其他金融机构；商业银行则主要向企业和居民提供服务。第三，中央银行的业务活动不以营利为目的，而是以稳定货币、发展经济作为目标；商业银行则完全是求利经营、趋利而动、追逐利润最大化的金融企业。第四，中央银行在一国金融体系中居于核心地位，与商业银行和其他金融机构之间是调控与被调控、管理与被管理的关系。第五，中央银行有货币发行的特权和维护币值稳定的责任，而商业银行和其他金融机构则没有这种特权和责任。

另外，中央银行与一般的政府机关也有明显的区别，主要表现为：第一，中央银行的业务仍具有一般商业银行业务的特征，在办理存贷款及清算等业务的过程中，虽然不以营利为目的，但客观上可能产生盈利，这与完全依靠国家财政拨款的政府机关有很大不同。第二，中央银行对经济的宏观调控主要是通过其金融业务活动即经济手段实现的，而一般政府机关主要依靠行政手段。第三，中央银行与政府的关系是一种相对独立的关系，而一般政府机关在行为决策上必须与政府的意愿相一致。

中央银行的职能可以从不同角度来划分。从中央银行业务对象出发，可以划分为发行的银行、银行的银行、政府的银行三大职能，一般称之为中央银行的基本职能；从中央银行业务性质来分析，又可划分为服务职能、调节职能和管理职能；此外，也有“五大职能”“八大职能”等划分方法。上述各种表述中，最为普遍的还是“发行的银行、银行的银行、政府的银行”，这三大职能是对中央银行职能的典型概括。尽管随着中央银行制度的演化，现代中央银行的职能有了更加丰富的内容，但这种表述还是揭示了中央银行最基本的职能。

9.2.2 中央银行的基本职能

1.发行的银行

在现代银行制度中，中央银行首先是货币发行的银行。垄断货币发行特权，成为全国唯一的货币发行机构（在有些国家，硬辅币的铸造与发行由财政部门负责），是中央银行不同于商业银行及其他金融机构的独特之处。到目前为止，在实行中央银行制度的国家中，除了极少数特殊情况外，其货币发行权基本上都是由中央银行一家独占，其他银行和金融机构都无权发行货币。中央银行集中与垄断货币发行权是其自身之所以成为中央银行的最基本、最重要的标志，是国家赋予中央银行的最重要特权之一，是所有授权中首要的也是最基本的特权。

中央银行独占货币发行权，是中央银行发挥其职能作用的基础。中央银行通过掌握货币发行，可以直接地影响整个社会的信贷规模和货币供给总量，作用于经济过程，从而实现中央银行对经济的控制。在当代，控制货币供应量成为各国中央银行的基本职能。货币如同经济中的“血液”，中央银行控制着货币供应量，也就掌握着经济“血液”的输入和输出，从而成为经济体系运行的“心脏”，如图9-1所示。

图9-1 中国人民银行人民币发行及回笼流程

2.政府的银行

所谓中央银行是政府的银行，并不是指中央银行的资本所有权属于国家，而是指中央银行与政府关系密切，既作为政府的代表监督管理金融业及制定和实施货币政策，又作为服务者，在法律允许的范围内为政府提供信用、代理国库、代理政府债券发行、持有和经营国际储备等。政府的银行的职能有利于中央银行在控制货币市场和对其他银行进行借贷方面处于更强、更有力的地位。作为政府的银行，中央银行的具体职能包括：

（1）代理国库。

国家财政收支一般不另设机构，而是通过财政部在中央银行系统内开立的各种账户进行。中央银行代理国库实质上是执行国库出纳的职能，管理政府资金，为政府服务。其工作具体包括：代财政税收部门收缴库款；按财政支付命令划拨资金；随时向财政部门反映预算收支执行情况；经办其他有关国库事务。

（2）对政府提供信贷。

中央银行作为政府的银行，负有对政府融通资金、解决政府临时资金需要的义务。但中央银行仅对政府提供短期贷款，用以弥补财政收支的临时性差额，这种信贷对货币流通总的影响一般不大。

在财政赤字长期化的时候，政府如果利用中央银行的信用弥补自己的支出，就会破坏货币发行的独立性，从而使这部分政府贷款成为威胁货币稳定的因素。所以，许多国家为了稳定货币流通，对中央银行向财政贷款的数量及期限都有法令加以规定，限制财政向中央银行的无限制借款。

（3）代理政府债券发行。

一国政府通常发行债券筹集资金，以调剂政府收支或弥补政府收入，扩大公共支出，刺激经济增长。中央银行代理政府债券发行具体包括：发行规模的预测、规定价格的幅度、制定竞投标的规则以及办理债券到期时的还本付息等。

（4）持有和经营管理国际储备。

世界各国的国际储备都由中央银行持有并进行经营管理。在经营管理国际储备方面，中央银行的主要职责是：①通过增加或减少其储备资产，实现货币发行与国际收支相适应、国际收支平衡、物价和汇率稳定的目的；②通过管理储备资产的结构，实现保值增值的目的；③合理地运用储备资产，促进内外均衡。

（5）管理金融活动，调节国民经济。

作为政府的银行，中央银行不以营利为目的，不受某个经济利益集团的控制，处于一个比较超脱的地位，这样就可以较好地保证一国的各种金融货币政策的制定与实施符合国家的最高利益。中央银行除了是国家货币政策的制定和执行者之外，还是管理金融机构和金融市场的最高当局，负责监督和管理各金融机构和境内金融市场的业务活动。

（6）代表政府参加国际金融活动，进行国际金融事务的协调、磋商等。

随着经济一体化和金融国际化步伐的加快，国际性的金融协调显得越来越重要。中央银行作为政府的金融代理人，除了代理政府保存和管理国家黄金、外汇储备或办理买卖黄金、外汇业务外，还代表政府参加国际金融组织和活动，与其他国家的中央银行就金融与贸易进行谈判和协商，并管理政府之间金融往来的债权债务。

3.银行的银行

中央银行一般不与工商企业和个人发生往来，只与商业银行和其他金融机构直接发生业务关系，在业务和政策上对所有金融机构进行指导、管理和监督，同时也为金融机构提供各种服务。因此可以说，银行的银行这一职能，是与中央银行的产生与发展紧密相连的，是中央银行之所以成为中央银行的另一重要标志，它最能体现中央银行作为特殊金融机构的性质。作为银行的银行，中央银行的职能主要体现在以下3个方面：

（1）保管商业银行的存款准备金。

为了保证存款人的存款安全，利用信用杠杆调节经济，中央银行规定商业银行吸收的存款必须按一定比例向中央银行交存准备金，这使中央银行能够通过各种手段影响商业银行的现金准备数量，从而控制全国信贷规模和货币供应量。

（2）对商业银行提供信贷。

商业银行需要补充资金时，可将其持有的票据向中央银行请求再贴现，或以有价证券抵押申请贷款。中央银行对商业银行的贷款，其资金主要来源于国库存款和商业银行交存的准备金，如果中央银行资金不足，则可发行货币。中央银行成为商业银行的“最后贷款者”。通过对商业银行提供信用，中央银行加强了对它们的监督和管理。

（3）办理商业银行之间的清算业务。

商业银行在中央银行开立账户，并在中央银行拥有存款。这样，它们可通过其在中央银行的存款账户划拨款项，办理结算，从而清算彼此间的债权债务。这一方面节约了资金的使用，减少了清算费用，解决了单个银行资金清算所面临的困难；另一方面也有利于中央银行通过清算系统对商业银行体系的业务经营进行全面及时的了解、监督和控制，强化了中央银行对整个银行体系的监管职能。

9.2.3　我国中央银行的职能

职责是职能的具体化。2008年7月10日，国务院批准并印发了《中国人民银行主要职责内设机构和人员编制规定》。在这份文件中，中国人民银行的主要职责被调整为：

（1）拟定金融业改革和发展战略规划，承担综合研究并协调解决金融运行中的重大问题、促进金融业协调健康发展的责任，参与评估重大金融并购活动对国家金融安全的影响并提出政策建议，促进金融业有序开放。

（2）起草有关法律和行政法规草案，完善有关金融机构运行规则，发布与履行职责有关的命令和规章。

（3）依法制定和执行货币政策；制定和实施宏观信贷指导政策。

（4）完善金融宏观调控体系，负责防范、化解系统性金融风险，维护国家金融稳定与安全。

（5）负责制定和实施人民币汇率政策，不断完善汇率形成机制，维护国际收支平衡，实施外汇管理，负责对国际金融市场的跟踪监测和风险预警，监测和管理跨境资本流动，持有、管理和经营国家外汇储备和黄金储备。

（6）监督管理银行间同业拆借市场、银行间债券市场、银行间票据市场、银行间外汇市场和黄金市场及上述市场的有关衍生产品交易。

（7）负责会同金融监管部门制定金融控股公司的监管规则和交叉性金融业务的标准、规范，负责金融控股公司和交叉性金融工具的监测。

（8）承担最后贷款人的责任，负责对因化解金融风险而使用中央银行资金机构的行为进行检查监督。

（9）制定和组织实施金融业综合统计制度，负责数据汇总和宏观经济分析与预测，统一编制全国金融统计数据、报表，并按国家有关规定予以公布。

（10）组织制定金融业信息化发展规划，负责金融标准化的组织管理协调工作，指导金融业信息安全工作。

（11）发行人民币，管理人民币流通。

（12）制定全国支付体系发展规划，统筹协调全国支付体系建设，会同有关部门制定支付结算规则，负责全国支付、清算系统的正常运行。

（13）经理国库。

（14）承担全国反洗钱工作的组织协调和监督管理的责任，负责涉嫌洗钱及恐怖活动的资金监测。

（15）管理征信业，推动建立社会信用体系。

（16）从事与中国人民银行业务有关的国际金融活动。

（17）按照有关规定从事金融业务活动。

（18）承办国务院交办的其他事项。

§9.3　中央银行的业务

9.3.1　负债业务

中央银行的负债业务是形成资产业务的基础，主要包括资本业务、货币发行业务和存款业务。

1.资本业务

中央银行的资本业务实际上就是筹集、维持和补充自有资本的业务。中央银行和其他银行一样，要保证正常的业务活动，就必须拥有一定数量的自有资本。中央银行自有资本主要有3个来源：政府出资、地方政府或国有机构出资、私人银行或私人部门出资。

2.货币发行业务

货币发行业务是指中央银行向流通领域投放货币的活动。中央银行所发行的货币主要是中央银行券，即信用货币。中央银行享有垄断货币发行的特权，货币发行是中央银行的一项重要负债业务。

中央银行实现货币发行的主要渠道有3个：一是中央银行向商业银行或其他金融机构提供贷款；二是中央银行对商业银行或其他金融机构进行商业票据再贴现；三是中央银行收购金银和外汇。

为了使货币发行适应国民经济发展的客观要求，各国都规定了货币发行制度。从历史发展过程看，货币发行制度大致经历了3个阶段：

第一阶段：金银准备制度。在金属货币制度下，曾规定中央银行发行银行券必须有百分之百的准备金，因为那时的银行券可以随时兑换黄金或白银。

第二阶段：保证准备制度。不兑现信用货币制度代替了金属货币制度后，允许中央银行的货币发行由证券、外汇甚至其他资产作保证。

第三阶段：管理通货制度。为了防止中央银行滥发钞票，不少国家通过法律控制纸币发行量，实行钞票发行的最高限额制，控制包括钞票和银行存款在内的货币供应量管理，而且现在已发展到通过中央银行货币政策来调节货币供应量，从而调控宏观经济的运行。

3.存款业务

中央银行的存款业务完全不同于商业银行和其他金融机构的存款业务。中央银行的存款业务主要来自两个方面：一是来自金融机构；二是来自政府和公共部门。

在现代存款准备金制度下，中央银行集中商业银行和其他金融机构的存款准备金。最初，中央银行集中存款准备金只是为了应付商业银行和其他金融机构的存款人大量挤兑存款的需要，以保证银行业的清偿能力和金融业的稳定。后来中央银行通过提高或降低存款准备金率来调节商业银行的放款能力，从而使法定存款准备金率和法定准备金存款成为中央银行的货币政策工具。此外，商业银行和其他金融机构通过中央银行办理它们之间的债务清算，所以为了满足清算需要也必须把一定数量的存款存在中央银行。

政府和公共部门在中央银行的存款包括：财政金库存款；政府和公共部门经费存款。由于中央银行代理国家金库和财政收支，所以国库的资金以及财政资金在收支过程中形成的存款也属于中央银行的存款。

9.3.2 资产业务

中央银行的资产是指中央银行所持有的各种债权。中央银行的资产业务是指中央银行运用其资金的业务，主要包括贷款业务、再贴现业务、证券买卖业务和金银外汇储备业务。

1.贷款业务

能够取得中央银行贷款的，只有商业银行和经过特殊批准的其他金融机构以及政府。在特定情况下，经过批准，中央银行可以向特定的非金融机构提供贷款。

中央银行对商业银行的贷款，主要是用于解决其短期资金周转的困难。为了加强宏观金融调控，各国中央银行对商业银行的贷款都作了具体的规定。《中国人民银行法》规定，中国人民银行根据执行货币政策的需要，可以决定对商业银行贷款的数额、期限、利率和方式，但贷款的期限不得超过1年。

在特殊情况下，中央银行也对财政进行贷款或透支，以解决财政收支困难。中央银行对政府的贷款，也要给予限制，否则就会削弱中央银行的宏观金融调控能力。

2.再贴现业务

再贴现又叫“重贴现”，是指商业银行为取得资金，将尚未到期的已贴现商业票据提交中央银行以融通资金的行为。与再贴现相关的且易混淆的概念还有两个：贴现和转贴现。贴现是个人或者企业在需要资金时，将未到期票据转让给商业银行以融通资金的行为；转贴现是将未到期的已贴现票据由贴现银行再次转让给其他商业银行或金融机构的行为。从形式上看，再贴现与贴现、转贴现并无区别，都是一种票据和信用相结合的融资方式。但从职能上看，再贴现是商业银行和其他金融机构向中央银行融通资金的重要方式。更为重要的是，作为中央银行执行货币政策的重要手段之一，再贴现能直接扩张或收缩社会信用，并及时将货币政策的意图传递给社会，影响市场利率，引导人们的投资和消费行为。再贴现也是中央银行向商业银行的一种贷款方式，不过中央银行办理再贴现业务时，以真实商业票据作为保证。作为一种贷款形式，再贴现的数量也要加以限制，限制的手段是中央银行规定的再贴现率。

3.证券买卖业务

中央银行证券买卖业务是指中央银行作为市场主体，在公开金融市场上进行证券买卖。中央银行之所以拥有证券资产，并不是中央银行证券投资的结果。中央银行为了调节货币流通，通常要在金融市场上从事有价证券的买卖业务。各国中央银行买卖有价证券的具体品种都由法律规定，但主要是政府债券，尤以国库券为主，因为国库券流动性强、发行数量大，便于市场操作。

4.金银、外汇储备业务

目前各国政府都赋予中央银行掌管全国国际储备的职责。所谓国际储备，是指具有国际性购买能力的货币，主要有：黄金，包括金币和金块；白银，包括银币和银块；外汇，包括外国货币、存放外国的存款余额和以外币计算的票据及其他流动资产。此外，还有特别提款权和在国际货币基金组织的头寸等。中央银行执行这一职责的意义如下：

（1）有利于稳定币值。

不少国家的中央银行对其货币发行额和存款额都保持一定比例的国际储备，以保证币值的稳定。当国内物资不足、物价波动时，可以使用国际储备进口商品或抛售黄金，回笼货币，平抑物价，维持货币对内价值的稳定。

（2）有利于稳定汇价。

在浮动汇率制度下，各国中央银行在市场汇率波动剧烈时，可运用国际储备进行干预，以维持货币对外价值的稳定。

（3）有利于保证国际收支的平衡。

当外汇收支发生逆差时，中央银行可以使用国际储备抵补进口外汇的不足；当国际储备充足时，中央银行可以减少对外借款，用国际储备清偿债务或扩大资本输出。由此可见，金银、外汇不仅是稳定货币的重要储备，而且也是用于国际支付的国际储备，因而成为中央银行的一项重要资产业务。当代世界各国国内市场上并不流通和使用金银币，纸币也不兑换金银，而且多数国家实行不同程度的外汇管制，纸币一般也不与外汇自由兑换，在国际支付中发生逆差时一般也不直接支付黄金，而是采取出售黄金换取外汇的方式来支付。这样，各国的金银、外汇自然要集中到中央银行储存。需要金银、外汇者，一般向中央银行申请购买，买卖金银、外汇是中央银行的一项业务。目前世界各国的黄金储备分布很不均衡，世界黄金协会2018年公布的数据显示，美国的官方黄金储备量居世界第一，达8 133.5吨，德国3 371吨，意大利2 451.8吨，法国2 430.6吨，俄罗斯1 909.8吨，中国1 842.6吨。

9.3.3　中间业务

中央银行的中间业务是指中央银行为商业银行和其他金融机构办理资金划拨清算和资金转移的业务。由于中央银行集中了商业银行的存款准备金，因而商业银行彼此之间由于交换各种支付凭证所产生的应收应付款项，就可以通过中央银行的存款账户划拨来清算，从而使中央银行成为全国清算中心。各国中央银行都设立专门的票据清算机构，处理各商业银行的票据并结清其差额。参加中央银行票据交换的银行均须遵守票据交换的有关章程，并在中央银行开立往来账户，缴纳清算保证金并支付清算费用。只有清算银行可以参加中央银行的票据交换，非清算银行要办理票据清算只能委托清算银行办理。

中央银行的清算业务大体可分为五项：组织票据交换和清算；办理异地跨行清算；为私营清算机构提供净额清算服务；提供证券及金融衍生工具交易清算服务；提供跨国支付清算服务。

9.3.4　中央银行的资产负债表

在国际经济一体化的背景下，为了使各国之间相互了解彼此的货币金融运行状况，并使其数据具有可比性，国际货币基金组织定期编印《国际金融统计》刊物，以相对统一的口径公布各成员国的货币金融和经济发展的主要统计数据，其中包括中央银行的资产负债表（称为“货币当局资产负债表”）。中央银行资产负债表是对一定时期内中央银行资金来源与资金运用的综合会计记录。中央银行在一定时点的资产负债业务开展情况及其种类、规模和结构等，最终都反映在资产负债表中。中国人民银行从1994年起根据国际货币基金组织规定的基本格式编制“货币当局资产负债表”并定期向社会公布。表9-1就是2018年1月中国的货币当局资产负债表。

表9-1　**2018年1月中国人民银行资产负债表**　单位：亿元人民币

报表项目 Items	金额
国外资产（foreign assets）	220 677.03
外汇（foreign exchange）	214 833.15
货币黄金（monetary gold）	2 541.50
其他国外资产（other foreign assets）	3 302.38
对政府债权（claims on government）	15 274.09
其中：中央政府（of which: central government）	15 274.09
对其他存款性公司债权（claims on other depository corporations）	97 888.52
对其他金融性公司债权（claims on other financial corporations）	5 986.62
对非金融性部门债权（claims on non-financial sector）	99.03
其他资产（other assets）	17 874.92
总资产（total assets）	357 800.20
储备货币（reserve money）	307 499.28
货币发行（currency issue）	81 557.19
其他存款性公司存款（deposits of other depository corporations）	224 704.52
非金融机构存款	1 237.57
不计入储备货币的金融性公司存款（deposits of financial corporations excluded from reserve money）	4 492.57
发行债券（bond issue）	
国外负债（foreign liabilities）	1 024.71
政府存款（deposits of government）	38 144.22
自有资金（own capital）	219.75
其他负债（other liabilities）	6 419.66
总负债（total liabilities）	357 800.20

资料来源　中国人民银行网站。

§9.4　中央银行的制度类型

9.4.1　单一式中央银行制度

单一式中央银行制度是指国家单独设立中央银行机构，并由其全面行使中央银行全部职能的制度。因各国的政治体制不同，这种单一式中央银行制度在机构设置上又分为两种类型：

一是一元式中央银行制度（unit central bank system）。在这种体制下，国内只设立一家中央银行，其机构设置采取总分行制。总行一般设在首都或经济金融中心城市，根据需要在全国范围内设立若干分支机构。一元式中央银行制度的特点是权力集中、职能齐全、分支机构较多。目前，世界上大多数国家实行这种制度，如英国、日本、法国等，我国目前的中央银行制度也属此类。

二是二元式中央银行制度（dual central bank system）。在这种体制下，国家在中央和地方两级设立中央银行机构，按规定分别行使金融管理权。中央一级机构享有最高决策和管理权力，而地方一级机构也拥有一定的独立性。这些机构组成中央银行体系，共同履行中央银行职能。其特点是权力和职能相对分散，分支机构不多。一般的，实行联邦政治体制的国家大多采用这种组织形式。美国和德国的中央银行就是二元式中央银行制度的典型。

美国的中央银行称为联邦储备体系，该体系既包括设在中央一级的联邦储备委员会、联邦公开市场委员会和联邦顾问委员会，也包括设在地方一级的12家联邦储备银行。美国联邦储备委员会设在华盛顿，负责管理联邦储备体系和制定全国性的金融决策，对外代表美国中央银行。美国联邦储备体系将50个州和哥伦比亚特区划分为12个联邦储备区，每一个区设立一家联邦储备银行。联邦储备银行在各自的辖区内履行中央银行职责。德国中央银行在中央一级设立中央银行理事会和为其服务的若干业务职能机构，在地方一级设立了9个州中央银行。

9.4.2 复合式中央银行制度

复合式中央银行制度（compound central bank system）是指把中央银行职能与商业银行职能集于一体的一种中央银行制度，即一家很大的国家银行既履行中央银行职能，又开展一般商业银行的业务。这种体制主要存在于实行计划经济体制的国家，苏维埃俄国在十月革命胜利之后，最早建立了大一统的复合式中央银行制度。受其影响，社会主义阵营的其他国家在其经济体制改革之前也都不同程度地采用这种中央银行制度。我国在1984年中国工商银行成立之前也一直实行这种制度。复合式中央银行制度是与当时国家实行的高度集中的计划经济体制相适应的。严格意义上讲，该制度下的国家银行并不是真正意义上的中央银行，充其量也仅仅充当实施计划的工具而已。

9.4.3 准中央银行制度

准中央银行制度（quasi central bank system）是指在一个国家或地区还没有建立通常意义上的中央银行制度，只是由政府授权一个或几个商业银行行使部分中央银行职能，或者设置类似中央银行的机构。其特点是一般只有发行货币、为政府服务、提供最后贷款援助和资金清算等职能。新加坡和中国香港是实行这种制度的典型代表。新加坡设有金融管理局和货币局两个机构来共同行使中央银行的职能。其中，金融管理局负责制定执行货币政策，管理和监督银行及其他金融机构，行使除货币发行以外的中央银行一切职能；而货币局主要负责发行货币、保管发行准备金。中国香港现行的中央银行职能有以下几个机构来承担：成立于1993年4月的金融管理局，集中行使货币政策、金融监管和支付体系管理等中央银行职能；成立于1981年的银行公会参与协调货币和信贷政策；港币发行由汇丰银行、渣打银行和中国银行负责，辅币则由香港特区政府自己发行；汇丰银行独家管理票据交换所。此外，斐济、卢森堡、沙特阿拉伯、阿拉伯联合酋长国、马尔代夫、利比里亚、莱索托等国也都实行准中央银行制度。

9.4.4 跨国中央银行制度

跨国中央银行制度（multinational central bank system）是指两个以上主权独立的国家共同拥有一个中央银行的制度。其主要职能有：发行统一货币，为成员国政府服务，执行共同的货币政策及有关成员国政府一致决定授权的事项。这些国家一般在地域上相邻，经济状况比较接近，联系密切。这种中央银行制度的最初出现是与特定的世界政治经济背景相联系的。20世纪60年代，一些国家摆脱殖民统治取得了民族独立，在经济发展水平较低、金融制度落后的情况下根据地区的特点共同组成了以货币联盟形式为主的跨国中央银行，主要有成立于1962年的西非货币联盟（7个成员国）、中非货币联盟（5个成员国）以及成立于1965年的东加勒比海通货管理局（6个成员国）。

1998年7月欧洲中央银行（European System of Eentral Bank，ESCB）的成立再次使跨国中央银行制度受到世人的关注。由于欧洲中央银行成立的背景与原有的跨国中央银行大不相同，引起了人们对中央银行制度的新思考，而欧元的出现更是对传统的货币制度提出了挑战。

1999年1月1日，欧洲货币同盟中的11个国家开始使用欧盟单一货币——欧元（EURO）；2002年初，欧元纸币和硬币进入流通，半年后，成员国各自的通货逐步收回。货币联盟的支持者们指出：单一货币具有消除各国之间在互换货币时发生交易成本的好处。其更深层次的动机是希望以此推动欧洲国家的经济一体化。

传统的货币制度都与国家的主权不可分割地结合在一起，但欧元是超越欧洲各国传统边界的货币，欧洲中央银行是超越各国货币主权的统一的中央银行。

§9.5 中央银行的相对独立性

9.5.1 中央银行相对独立性的含义

中央银行的独立性主要是指中央银行履行自身职责时法律赋予或实际拥有的权力、决策和行动的自由程度，其实质是中央银行与政府之间的关系。所谓“相对独立”，实际包括两层含义：一是中央银行应与政府保持一定的独立性，能够独立地制定和执行货币政策，避免来自政府的干预和控制；二是中央银行不能完全脱离政府，其活动不能背离国家总体经济发展目标。

首先，为了保证中央银行独立地制定和实施货币政策，不受政府过多的干预、影响和控制，必须保证中央银行具有一定的独立性。这是因为：（1）中央银行与政府关心问题的重点存在差异。政府偏重于通过扩张性政策来刺激需求，拉动经济增长，增加就业，这种做法往往造成通货膨胀；而中央银行则更关心币值稳定，维护正常的金融状况和秩序，遏制过高的通货膨胀。（2）政府因过于注重短期利益，特别容易出现“政治交易周期”，即在选举之前，政府倾向于采取过度扩张的货币政策，以便正好在选举前夕出现较低的利率和较低的失业率，由此导致的通货膨胀和名义利率上升将出现在选举之后，那时政府再采取限制性政策，并指望公众在下届选举时会忘记这一政策。（3）由于中央银行可能被用来通过购买财政债券从而为弥补巨大的预算赤字提供方便，因此，中央银行须保持独立，以避免中央银行无限购买财政债券而导致货币基数的提高以致货币供给的增加，抵制来自财政部门要求中央银行“帮助摆脱困境”的压力。（4）中央银行的业务具有较强的专业性和技术性，把这些事情交给政治家们去做不太合适。（5）中央银行的独立性有利于有效、及时和统一地实施货币政策，避免来自各级政府的干预，维护整个金融体系的健康运行，防止政府为地方的局部利益而破坏整个经济大局。

其次，中央银行作为国家的金融管理当局，是政府实施宏观调控的重要部门，中央银行不可能完全独立于政府，而要接受政府的管理和监督，在国家总体经济政策指导之下履行自己的职责，因此，中央银行的独立性只能是相对的。这不仅因为货币政策是整个国家宏观经济政策的一部分，中央银行的政策目标不能背离国家总体经济发展目标，而且中央银行的业务活动和监管都是在国家授权下进行的，有些国家的中央银行就是政府的组成部门，中央银行的主要负责人也大都由政府委任。因此，中央银行的职责履行需要政府其他部门的协作与配合，不能完全脱离政府。

9.5.2　中央银行相对独立性的表现

中央银行的相对独立性主要表现在以下几个方面：

第一，从法律赋予中央银行的职责看，多数国家从法律角度赋予中央银行以法定职责，明确规定其在制定和执行货币政策上享有相对独立性。但是，中央银行在制定货币政策，承担稳定货币金融、实现政府经济目标和社会职责的同时，不能脱离国家经济发展的总政策和总目标。

第二，从中央银行主要负责人的任命和任期看，政府作为中央银行唯一的或主要的股东，或者甚至在私人全部持有中央银行股票的情况下，政府一般拥有任命央行的理事和总裁的权力。这说明，政府在人事上对中央银行有一定的控制权，可以通过人事的任免来影响中央银行的活动。至于中央银行理事会中是否应有政府的代表及其权限大小，各国有较大差别。一般有两种情况：一是中央银行理事会中没有政府代表，政府对中央银行政策的制定不过问，如英国、美国、荷兰等；二是在中央银行决策机构中有政府代表，但政府代表的发言权、投票权、否决权以及暂缓执行权各有不同。

第三，从中央银行与财政部门的关系来看，很多国家严格限制中央银行直接向政府提供长期贷款，以防止央行用货币发行来弥补财政赤字，但又要通过某些方法在一定限度内对政府融资予以支持。这表现在以下两点：一是在财政筹资遇到困难时，可为财政提供短期贷款；二是为财政筹资创造有利条件，如通过各种信用调节措施为政府公债的发行创造条件。但为了防止中央银行对政府过度融资引起通货膨胀，许多国家对融资方式、额度和期限都从法律上严加限制，禁止财政部门向中央银行透支。

第四，从中央银行的利润分配和资金来源来看，中央银行不是企业，不以营利为目的，但它有盈利，且盈利很高。央行不需财政拨款，这是央行不同于其他政府机构的地方。但央行的收入扣除必要的支付与积累外，全部上交政府，这又是它作为政府部门性质的体现。

第五，从中央银行的资本所有权看，它的发展趋势是归政府所有。目前许多西方国家的央行资本归国家所有，如英国、法国、德国、加拿大、澳大利亚、挪威、荷兰等；有些国家央行的股本是公私合有的，如比利时、墨西哥、奥地利等；另外有一些国家的央行虽归政府管辖，但资本仍归个人所有，如美国和意大利等。凡允许私人持有央行股份的国家，一般都对私人股权作了一些限制，以防止私人利益在央行占有特殊地位，如美联储在争取私营银行合作的同时，又对私营银行的权力加以限制，以防被私营银行操纵。

9.5.3 国外中央银行独立性的典型模式

1.美国模式

美国中央银行是由12家联邦储备银行组成的联邦储备系统，它也是独立性较强的中央银行的范例。法律规定，联邦储备系统直接对国会负责，独立制定和执行货币政策。联邦储备系统理事会理事经参议院认可和同意后，由总统任命，但理事任期14年，比总统任期长得多，且每两年改选一人，这便避免了总统直接操纵理事会的可能。在与财政部门的资金往来上，法律禁止财政透支，禁止美联储直接购买财政债券。美联储的资本来自会员银行和公众，但持股者没有表决权。美联储的收入主要来自为进行公开市场业务而持有的政府债券的利息收入，美联储的所有管理费用开支由其自行解决，完全不依赖于财政拨款。

但是，美联储的独立性在历史上和法律上是不彻底的。例如，在1935年银行法实施之前，财政部长和货币总监是联邦储备系统理事会的当然理事。即使在现在，当《联邦储备法》赋予美联储理事会或美联储代理人的任何权力与财政部长的权力有矛盾时，则此项权力须在财政部长的监督和管制之下执行。美国司法部长对此的解释是，在财政部长与联邦储备委员会的权力发生交叉或冲突时，法律的目的是保证财政部长既存权力的维持和至上。由此可见，美联储的独立性和权威性仍是不充分的。

2.德国模式

欧洲中央银行成立之前，德国的中央银行是独立性很高的中央银行的典型。根据《联邦银行法》(即德国中央银行法)，它不受总理领导，不受政府监督，同时也不受议会控制，而是依法享有完全的自主权。联邦政府与联邦银行不存在行政上的隶属关系，联邦政府在任何时候都无权向联邦银行发布命令。法律规定，货币政策的目标是稳定货币，当货币政策可能与政府的其他政策发生冲突时，保卫货币的任务是第一位的，政府只能要求中央银行理事会最多推迟两周做出决议，但不得要求中央银行理事会改变其决议。联邦银行的最高决策机构正是中央银行理事会，执行理事会是其执行机构，行长、副行长及执行理事会的其他成员由联邦政府提名、联邦总统任命。其任期与联邦总统任期不一致，致使政府无法随时撤换他们。联邦政府成员有权出席中央银行理事会会议，但无表决权。在德国，法律禁止政府向联邦银行透支，政府机构虽然可以向联邦银行借款，但必须保证归还，并且在数额上也有限制。尽管法律赋予联邦银行相当大的独立性，但仍然要求联邦银行在其职责的执行不受侵犯的条件下支持联邦政府的一般经济政策，并就重大的货币政策问题向联邦政府提供咨询，应政府要求提供有关信息。

3.日本模式

日本银行是日本的中央银行，其资本的55%由政府提供，其余部分由民间出资者提供，但民间出资者对日本银行的决策几乎没有任何影响。日本银行的经费自理，不依赖财政拨款。其最高决策机构是日本银行政策委员会，在委员会的7名委员中，有大藏省和经济企划厅代表各1人，但他们无表决权。其他委员在取得参众两院同意的情况下由内阁任命，任期4年，可以连任，日本银行总裁、副总裁由内阁任命，理事由总裁推荐、主管大臣任命，任期4年。主管大臣是大藏大臣，他对日本银行的决策拥有很大的权威，一些重大决策（如存款准备金率的决定、变更和废止）须经其认可。大藏大臣除依法对日本银行进行管理和监督外，还拥有对日本银行的命令权。由此可见，日本银行在法律上的独立性并不高,《日本银行法》也被日本著名金融专家铃木淑夫博士批评为落后于时代的立法。

4.英国模式

英格兰银行原是私人银行，1946年国有化后，由财政部门持有其全部股份。英格兰银行总裁、副总裁和理事由政府建议、英王任命，任期分别为5年和4年。英格兰银行是货币政策的主要执行者，但决定者是政府。在履行法定职能时英格兰银行要遵从财政部门的指导，财政部门不轻易行使命令权，两者的分歧通常在内部协商解决，英格兰银行很少公开反对政府的政策。英格兰银行一般向财政大臣负责，财政大臣再为英格兰银行向议会负责。英国前首相卡拉汉曾宣称，有关货币事务的政策应由唐宁街制定而不是由穿针街制定。由此可见，英格兰银行的独立性是较低的。

上述美、德、日、英四国乃当今世界金融执牛耳者，金融业最为发达。以上的分析说明，在中央银行独立性问题上并不存在统一的模式，采取哪种中央银行制度是各国政治决断和利益平衡的结果，与各国的国情密切相关。

9.5.4 中国人民银行的独立性

中国人民银行专门行使中央银行的职能开始于1984年1月1日，与此同时，中国人民银行的独立性问题也开始逐步受到关注。1995年3月18日，全国人民代表大会通过《中华人民共和国中国人民银行法》（以下简称《中国人民银行法》），首次以国家立法形式确立了中国人民银行作为中央银行的地位，标志着中央银行体制走上了法制化、规范化的轨道，成为中国人民银行独立性建设的重要里程碑。《中国人民银行法》在中央银行独立性方面的规定大致体现在以下几个方面。

1.中国人民银行与中央政府的隶属关系

《中国人民银行法》第二条规定："中国人民银行在国务院领导下，制定和执行货币政策，防范和化解金融风险，维护金融稳定。"在我国现行法律框架下，中国人民银行是国务院的一个职能部门，但与财政部平级，不受财政部的节制。

2.制定和实施货币政策的自主程度

《中国人民银行法》第五条规定："中国人民银行就年度货币供应量、利率、汇率和国务院规定的其他重要事项做出的决定，报国务院批准后执行。""中国人民银行就前款规定以外的其他有关货币政策事项做出决定后，即予执行，并报国务院备案。"可见，在决定有关货币政策的重大事宜方面，相对于国务院而言，中国人民银行缺乏自主性，完全受制于中央政府，只是在非重大事宜的决策方面享有自主权，而这种重大与非重大事宜的划分也完全取决于国务院的意志。但是，中国人民银行在执行货币政策、履行职责、开展业务时，不受地方政府、各级政府部门、社会团体和个人的干涉（《中国人民银行法》第七条），故中国人民银行只服从于国务院，只对国务院负责，国务院对中央银行拥有最高权威。

3.组织机构方面的规定

中国人民银行行长由国务院总理提名，全国人大决定；全国人大闭会期间，由全国人大常委会决定，国家主席任免。副行长由总理任免（《中国人民银行法》第十条）。中国人民银行设立货币政策委员会，其职责、组成和工作程序，由国务院规定（《中国人民银行法》第十一条）。可见，在中国人民银行领导人的任免方面，国务院居主导地位。需要指出的是，中国人民银行的分支机构是总行的派出机构，总行对其实行集中统一领导和管理，这便从组织上割断了分支机构与地方政府的关系，以使其免受地方政府的影响。

4.有关经济与财务的规定

中国人民银行是国有中央银行，其全部资本由国家出资，属于国家所有（《中国人民银行法》第二条、第八条）。由于中央银行资本中没有任何私人份额，故中央银行不代表任何私人利益。法律规定，中国人民银行不得对财政透支，不得直接认购、包销国债和其他政府债券（《中国人民银行法》第二十九条）；不得向地方政府、各级政府部门提供贷款（《中国人民银行法》第三十条）；实行独立的财务预算管理制度，依法提取总准备金后的净利润全部上缴中央财政，亏损由中央财政拨款弥补（《中国人民银行法》第三十八、三十九条）。由此可见，中国人民银行在与政府的资金往来及财务方面享有较大的独立性。

综上所述，中国人民银行的独立性比日本银行和英格兰银行要高，比原德意志联邦银行和美国联邦储备系统要低，它仍具有一定的独立性，即它独立于财政，独立于地方政府，资金和财务独立，但是，它的独立性在中央政府面前便几乎消失得干干净净。因此，这种独立性本身不是绝对的，而是相对的。

专栏9-2

人民币跨境银行间支付清算系统的发展

一、人民币跨境银行间支付清算系统发展阶段

人民币跨境银行间支付清算体系（CIPS）的发展大致可划分为以下阶段：

1.前CIPS的混合模式阶段

在2015年跨境银行间支付系统CIPS运作之前，主要有两种模式：

（1）清算行模式。境外人民币清算行通过人行现代化支付系统（CNAPS）的大额支付系统（HVPS）与境内行传递清算信息，并通过其开立的人民币结算账户与境内行进行跨境人民币清算结算。由于除中银香港外其他境外清算行未与CNAPS链接，所以仍需通过中银香港接入CNAPS系统。中国近几年在香港以外多个金融中心指定清算中心行是在缺乏跨境清算系统条件下的过渡性选择。

（2）代理行模式。境外人民币业务参加行可在境内代理行开立清算账户，通过SWIFT系统跨境传递信息，境外参加行经由境内代理行通过CNAPS完成最终清算结算。代理行模式相对普遍。

这种模式的特征及弊端是：第一，境内和跨境支付清算都由央行系统集中整合，缺少统一的跨境支付清算系统。第二，特别是代理行模式支付经由复杂的路径及程序，银行需维持多个境外代理账户。第三，境外清算行模式虽相对优化，提高了资金效率，降低了风险，但清算中心可能流动性短缺，中心之间运营时间不同，境内外系统间缺乏通用标准及资金控制，无法进行净额结算，资金效率仍较低。并且各家行为争夺清算行地位不得不升级系统，各自成为相对独立的中心。进而言授权特定银行为清算行也导致了市场垄断问题，使清算业务风险高度集中，不为监管者赞同。

2.从混合模式向以CIPS为核心系统的过渡阶段

（1）CIPS系统的建设。中国CIPS系统的建设选择了美国的Fedwire与CHIPS作为参照，于2012年开始建立，CIPS系统作为人民币跨境银行间支付清算主渠道。2015年CIPS（1期）正式运行。该系统启用后CNAPS主要从事境内清算，境外清算结算由CIPS完成。境内中资和外资银行可作为CIPS直接或间接参与者，境外银行可作为间接参与者。截至2017年底CIPS直接参与者31家，间接参与者677家，已覆盖了87个国家和地区。并且CIPS已涉入证券跨境交易的资金清算，上海清算

所和中央结算公司已成为CIPS直接参与者。

（2）CIPS系统的特征。不同于由央行拥有和运作的CNAPS，CIPS是企业拥有和运作的经营性机构，受央行监管。这和美国的Fedwire与CHIPS关系类似。CIPS直接成员限于境内中资和外资银行。CHIPS直接成员也限于境内美资和外资银行。

CIPS与CNAPS相互独立，境内机构可作为这两个系统的直接参与者，而境外机构将不再与CNAPS直连，只作为CIPS间接参与者。这和美国的Fedwire与CHIPS关系类似。

两个系统间通过账户紧密联系，由CNAPS为CIPS提供最终清算结算，CIPS在CNAPS的大额支付系统开立清算账户，账户资金属CIPS直接参与者，直接参与者通过大额支付系统向其CIPS账户注入清算资金，并在日内调增和调减资金，管理其CIPS账户流动性，确保账户余额充足，日末余额归零。CHIPS也通过Fedwire在成员账户间贷/借记完成最终结算，CHIPS成员需通过Fedwire账户向CHIPS账户注入和增减资金，作当日支付指令结算，日末资金转回Fedwire，账户余额归零。

（3）CIPS的优势。CIPS克服了人民币跨境支付清算的诸多问题。它允许境内外银行参与，将跨境清算整合，为参与者提供一点接入和集中清算，并提供直接接入CNAPS的权限，缩短和简化了支付路径，比传统模式降低了成本。特别是外资银行可通过其在中国境内的机构直接接入CIPS，为其全球客户提供人民币清算，改变了过去所有人民币跨境资金都须通过人行指定的中资银行在境外清算。

CIPS采用国际通用的ISO20022标准，发送的信息可同时用中英文，便于跨境业务直通式STP处理，其STP处理率已达90%左右，接近CHIPS的94%。CIPS上线至今连续稳定运行，系统可用率100%。2017年CIPS处理业务笔数与金额较2016年分别增长了99%和234%。目前各直接参与者已将绝大部分，有些则已将全部跨境业务迁至CIPS。

（4）CIPS的弊端。

①清算结算模式。CIPS和CNAPS大额系统目前都采用实时总额RTGS方式完成清算结算，对成员流动性占用和成本都很高。而CHIPS则是采取实时净额RTNS方式，通过对支付指令连续撮合、轧差，在参与者余额账户上用借记/贷记方式达到日内实时终结结算，只对日内未能完成结算的指令在日末通过多边轧差对净额头寸终结结算。这种方式大幅降低了流动性占用，其清算资金效率乘数（清算额/清算资金比）最高可达600。

②清算资金支持。CIPS和CNAPS均暂不对成员提供日内透支，成员需通过银行间或回购市场融资。而CHIPS的清算模式虽大幅降低了流动性及日内透支需求，但Fedwire仍为成员提供透支额度，CHIPS也允许成员间互相提供信用额度。

二、人民币跨境银行间支付清算系统的未来发展

CIPS发展迅速但尚不具备一统天下的能力，目前它与原有模式并存，形成了新局面。

从美元跨境清算看，CHIPS出现后美元境外清算行的角色迅速消失，CHIPS在全球美元跨境清算中长期维持95%的市场份额。关于人民币跨境清算是否必要且可能达到CHIPS水平，未来的跨境支付清算大格局将会怎样，可做以下分析。

1.多种清算模式并存的状态仍有合理性并会延续

首先，与美元相比人民币国际化是在资本项目未开放，不能完全自由兑换的前提下展开，这注定了境内外人民币之间互通性较差。其次，美元是先实现了国际化而后才产生境外美元市场，相应地它是先建立了完整的境内跨境清算系统CHIPS并与各系统连接，在此基础上才有了境外中心如香港等作补充；人民币则是在尚未完全国际化之前就开始离岸化，并且其离岸系统借助了香港这个市场，在正规跨境清算系统建立之前已开始运作，并成为主要清算渠道。人民币国际化进展虽快，但在未来一段时间内这一特殊模式会延续，从而现有的跨境清算模式并存的状态也仍有其合理性并会延续。相比之下代理行模式由于银行普遍缩减代理行关系及业务，其作为跨境清算的渠道会更快减少；而清算行由于其特殊优越性而会相对稳定。

2.长期人民币跨境银行间支付清算会走向大一统

2018年即将启用的CIPS（2期）在以下方面对未来的人民币跨境银行间支付清算有较大影响：其一，扩大覆盖范围，增加参与者数量。最为关键的是它可能远程接受境外直接参与者，允许境外行成为一级清算行。这一功能将是跨境本币清算的一大改进，领先于包括美元、欧元在内的主要清算系统。其二，采用更为复杂的算法，在现有RTGS基础上，进一步参照CHIPS引入实时净额清算方式RTNS，在维持实时结算的同时大幅减少流动性占用。其三，延长运营时间到接近每天24小时，彻底消除时区差别。其四，扩展与人民币证券登记结算系统的链接，提高人民币债券跨境交易的效率，扩展境外人民币资产系列。其五，使用SWIFT网络及报文服务，将SWIFT全球用户社群接入CIPS，进一步提高信息传递便利性。

随着CIPS（2期）启用并逐渐成熟，人民币境内市场可实现24小时跨境服务，将能更有效促进人民币跨境流通，全球各时区人民币清算中心间能够无缝完成人民币交易，CIPS也将逐渐取代其他渠道，成为跨境银行间清算的主导甚至唯一系统。

就外汇交易相关的人民币清算看，人民币迟早会成为CLS合格货币，这将更彻底消除清算风险，进一步提升跨境清算效率。

资料来源：朱广娇．人民币跨境银行间支付清算系统的发展［J］．金融博览，2018（5）．

本章小结

1.中央银行是不以营利为目的的特殊金融机构，是一国金融体系的领导与核心。中央银行传统的三大职能是：发行的银行、银行的银行和政府的银行。新修订的《中国人民银行法》将中国人民银行的主要职责调整为“在国务院领导下，制定和执行货币政策，防范和化解金融风险，维护金融稳定”。

2.中央银行各项职能的履行以及货币政策目标的实现，都要通过其业务活动来完成。中央银行不同于普通的商业银行和其他金融机构，其业务活动有着自己特殊的原则和种类。根据是否计入资产负债表以及资产负债表的结构，中央银行的业务可分为资产业务、负债业务、中间业务。

3.虽然世界各国基本上都实行了中央银行制度，但由于各国的经济、政治、历史文化习俗发展情况不同，中央银行的制度类型也存在着很大差异。归纳起来大致可分为单一式中央银行制度、复合式中央银行制度、准中央银行制度和跨国中央银行制度四种形式。

4.中央银行独立性问题的实质就是中央银行与政府关系的问题，主要表现在组织上的独立、经济上的独立和职能上的独立三个方面。中央银行的独立性是相对的，既要保持一定的独立性，也不能完全脱离政府。

综合训练

9.1 单项选择题

1.中央银行是国家的银行，它代理国库，集中（　　）。

A.国库存款　　B.企业存款　　C.团体存款　　D.个人存款

2.中央银行在经济衰退时，（　　）法定存款准备率。

A.调高　　B.降低　　C.不改变　　D.取消

3.在中央银行的初创时期，最早设立的中央银行是（　　）。

A.英格兰银行　　B.美国联邦储备体系

C.东京银行　　D.德意志联邦银行

4.在下列银行中，（　　）不同于其他三者。

A.英格兰银行　　B.东京-三菱银行

C.中国银行　　D.花旗银行

5.下列中央银行的行为和服务中，体现其“银行的银行”职能的是（　　）。

A.代理国库　　B.对政府提供信贷

C.集中保管商业银行现金准备　　D.发行货币

9.2 多项选择题

1.中央银行的综合职能包括（　　）。

A.发行的银行　　B.调控职能　　C.服务职能

D.管理职能　　E.监管职能

2.中央银行的基本职能包括（　　）。

A.发行的银行　　B.银行的银行　　C.政府的银行

D.调控职能　　E.监管职能

3.从央行独立性强弱看，其与政府的关系主要有（　　）三种类型。

A.独立性较强的中央银行　　B.独立性较弱的中央银行

C.独立性居中的中央银行　　D.完全独立的中央银行

E.完全依赖于政府的中央银行

4.中央银行独立性的具体内容包括（　　）。

A.享有独立的货币发行权　　B.独立制定和执行货币政策

C.独立监督、监测金融市场　　　　D.完全独立于政府之外

E.独立于商业银行之外

5.下列属于中央银行“政府的银行”的职能的是（　　）。

A.持有、管理、经营国家外汇储备、黄金储备

B.依法制定和执行货币政策

C.经理国库

D.指导、部署金融业反洗钱工作，负责反洗钱的资金监测

E.集中存款准备金

9.3 复习思考题

1.市场经济国家的金融体系中为什么需要一个中央银行？

2.中央银行与商业银行有何区别？为什么说中央银行是一国金融体系的核心？

3.阐述中央银行的基本职能。

4.为什么目前各国政府都赋予中央银行掌管国际储备的职责？

5.中央银行的资产负债表包含哪些主要项目？

6.中央银行存款业务具有哪些特点？

7.中央银行的独立性表现在哪些方面？为什么说中央银行的独立性是相对的？

8.我国的中国人民银行在金融体系中的地位如何概括表述？

9.试分析和评价我国中央银行的独立性。你认为是否应该通过改革增强其独立性？谈谈你的建议。

第10章

金融监管

【学习指南】

导读

金融监管作为经济活动的一种重要形式，其主要作用在于保障金融体系安全高效运行，依法维护金融市场公开、公平、有序竞争，防范系统性金融风险，保护存款人、投资者和被保险人的合法权益。金融监管的必要性在于金融市场存在着诸如垄断、外部性以及信息不对称等市场失灵现象，作为政府提供的一种纠正市场失灵的金融制度安排，金融监管的目的就是最大限度地提高金融体系的效率和稳定性。本章首先概述了金融监管的定义以及理论基础，介绍了金融监管的意义；之后，对金融监管的目标与原则进行了初步的总结；最后，着重介绍了金融监管的具体内容。

关键概念

金融监管　公共利益论　特殊利益论　社会选择论　经济监管论　市场准入　日常监管　风险处置　市场退出

引例

屡屡爆发的金融危机

20世纪90年代以来，瑞典、芬兰、挪威等北欧国家相继发生银行危机，1991年卢森堡国际商业信贷银行倒闭，1995年2月有233年历史的英国巴林银行因破产而被收购，1994年墨西哥发生金融危机。1997年7月，从泰国开始，又相继爆发东南亚、东亚、俄罗斯、巴西金融危机。2008年9月，由美国次贷危机引起的全球性金融危机，在全世界全面爆发，全球金融系统面临着自1929年以来最大的危机与挑战，世界各国无一幸免，这一系列金融危机使金融监管和金融风险问题受到世界各国前所未有的关注。特别是这次由次贷危机引起的全球金融动荡，使得加强金融监管、防范和化解金融风险这一问题变得更加突出和紧迫。

那么现阶段全世界金融监管的现状如何？存在哪些问题？针对上述问题，本章将对金融监管的一些基本问题进行介绍与阐述。

§10.1　金融监管概述

10.1.1　金融监管的定义

金融监管是金融监督和金融管理的总称。

金融监管是指政府通过特定的机构（如中央银行）对金融交易行为主体进行的某种限制或规定，金融监管本质上是一种具有特定内涵和特征的政府规制行为。综观世界各国，凡是实行市场经济体制的国家，无不客观地存在着政府对金融体系的管制。

从词义上讲，金融监督是指金融主管当局对金融机构实施的全面性、经常性的检查和督促，并以此促进金融机构依法稳健地经营和发展。金融管理是指金融主管当局依法对金融机构及其经营活动实施的领导、组织、协调和控制等一系列的活动。

金融监管有狭义和广义之分。狭义的金融监管是指中央银行或其他金融监管当局依据国家法律规定对整个金融业（包括金融机构和金融业务）实施的监督管理。广义的金融监管除了上述含义之外，还包括金融机构的内部控制和稽核、同业自律性组织的监管、社会中介组织的监管等内容。

10.1.2　金融监管的理论基础

金融监管的理论基础是管制理论。目前管制理论主要有公共利益论、特殊利益论、社会选择论、经济监管论等。

1.公共利益论

公共利益论源于20世纪30年代美国经济危机，并且一直到20世纪60年代都是经济学家们所接受的有关监管的正统理论。公共利益论认为，监管是政府对公众要求纠正某些社会个体和社会组织的不公正、不公平和无效率或低效率的一种回应。监管被看作政府用来改善资源配置和收入分配的手段。西方20世纪30年代经济危机时期，人们迫切需要政府通过管制来改善自由市场的低效率和不稳定状态，并在金融领域恢复公众对全国存款机构和货币的信心。该理论认为，自由的市场机制不能带来资源的最优配置，甚至由于自然垄断、(正或负)外部效应和不对称信息的存在，将导致自由市场的破产。在这种情况下就需要作为社会公共利益代表的政府在不同程度上介入经济过程，通过实施管制以纠正市场失灵，避免市场崩溃。

2.特殊利益论

特殊利益论认为政府管制为被管制者留下了“猫鼠追逐”的余地，从而仅仅保护主宰了管制机关的一个或几个特殊利益集团的利益，对整个社会并无助益。政府在施行管制的过程中为特殊利益集团所“俘虏”了。

3.社会选择论

社会选择论是从公共选择的角度来解释政府管制的，政府管制作为政府职能的一部分，是否应该管制、对什么进行管制、如何进行管制等，都属于公共选择问题。管制制度作为产品，同样存在着供给和需求的问题，但其作为一种公共产品，只能由代表社会利益的政府来供给和安排，各种利益主体则是管制制度的需求者。管制者并不只是被动地反映任何利益集团对管制的需求，它应该坚持独立性，努力使自己的目标促进一般社会福利。

4.经济监管论

经济监管论又叫监管经济学，是目前为止较为确切的一种理论，它提出了可检验的假设和一系列合乎逻辑的推理。根据监管经济学的观点，之所以会存在着监管的需求，是因为国家可以通过监管使利益集团的经济地位获得改善。企业可以从政府监管那里获得至少三个方面的利益：直接的货币补贴、控制竞争者的进入、获得影响替代品和互补品的定价能力。监管的供给则来自于千方百计谋求当选的政治家，他们需要选票和资源。由于愿意接受监管的利益集团十分明白通过监管能够从政治家那里获得好处，因此，他们就愿意承担相应的成本。监管就是在这种供求关系的相互作用下产生的一种产品。

10.1.3 金融监管的意义

金融稳定与否，将对国民经济发展产生深刻的影响。其作用主要体现在以下几个方面：

1.维护信用、支付体系的稳定

金融是现代市场经济的核心，经济决定金融，金融反作用于经济，金融的发展影响着经济的发展。在市场经济中，金融机构作为信用中介、支付中介，其根本功能是发挥间接融资、直接融资的作用，调节资金余缺，促进资源的合理配置。因此，对金融机构进行监督和管理，防范和化解金融机构的风险，维护金融机构的安全稳健运行，实际上也就是维护社会信用中介、支付中介制度和货币体系的良好运行，促进商品价值的实现，保障国民经济健康发展。

2.保护存款人和投资者的利益

按照信息不对称原理，存款人和银行之间、证券投资者和经营者之间的信息存在差异。存款人和证券投资者对市场信息的了解程度可能不如银行机构和证券经营者，因此，为了维护公平、公正的交易原则，客观上就需要产生一个处于中间位置的监管者。为了保证存款人、证券投资者获得足够的信息，金融监管制度设定了金融机构信息披露的各项规定和要求，使存款人和证券投资者可以全面了解金融机构的资本状况、资产运用、内部控制及管理能力，防止和避免金融机构的过度投资和投机行为，维护存款人和证券投资者的合法权益。

3.保证金融机构依法经营

现代社会的经济活动是通过法律来加以规范和约束的。金融立法为金融活动提供了平等的法律基础，参与金融活动的各方必须按照相应的规则行使权利和履行义务，违反金融法律法规的行为必然给当事人造成损害。金融监管主体依照金融法律进行金融监管，可以约束金融机构按照国家法律法规的规定合法经营。这样才能保证一国的各项金融法律法规得到遵守，促进宏观经济、金融政策的有效施行，维护金融活动各方的合法权益。

4.促进金融机构之间的公平竞争

竞争是市场经济的重要特征之一，但竞争不是无序的，是在符合市场规则下的有序竞争。金融机构之间的无序竞争必然带来金融秩序混乱、金融市场的动荡，从而对整个经济活动产生不利影响。金融监管主体通过一系列的审慎监管法规，可以使金融机构在平等的条件下开展竞争，从而维护金融秩序、金融市场的稳定，促进金融业降低成本、提高效率，为社会公众提供高质量的金融服务。

10.1.4 金融监管的成本

金融监管成本按照性质可分为金融监管的直接成本和间接成本。

1.金融监管的直接成本

金融监管的直接成本主要源自金融监管工作中所投入的硬件设施、组织运作以及监管人才的培训及培养。这类成本是可以计量的，是会计意义上的成本，按照承担主体的不同又可以分为由政府负担的和由金融机构负担的。金融机构负担的成本是执行监管条例过程中产生的费用，包括雇用专人、提供材料、聘请律师等。

2.金融监管的间接成本

金融监管的间接成本主要是指由于金融监管力度的加大，而对被监管金融机构业务人员的激励、金融机构的业务发展以及金融机构的业务创新等方面有所遏制，而产生一定程度的利益损失，如金融机构“惜贷”现象，金融机构的业务创新有所减少等。这类成本很难精确计量。

§10.2 金融监管的目标与原则

10.2.1 金融监管的目标

金融监管的目标是指监管当局对金融机构和金融活动所追寻的理想状态。金融监管的目标可分为总体目标和具体目标。从金融监管的时间及本质需求来看，总体目标应该是促成建立和维护一个稳定、健全和高效的金融体系，保证金融机构和金融市场健康发展，从而保护金融活动各方当事人的利益，推动经济和金融的发展。具体目标一般是指监管当局对金融机构和金融活动所规定的一系列数量标准。具体来讲，金融监管的目标可以分为以下几个层次：

1.保护金融体系的安全与稳定

随着世界金融一体化和自由化的发展，资本流动的范围越来越广，流动速度越来越快，一国金融市场遭受内外冲击而出现危机的可能性也越来越高。同时，金融机构之间的竞争也越来越激烈，金融机构经营风险不断提高。因此，维护本国金融体系的安全与稳定是金融监管当局进行金融监管的首要目标。

2.维护存款人和公众的利益

金融机构作为信用中介，其资金主要来自于广大社会公众，保护金融体系的安全与稳定不仅是维护国家利益，也是维护广大存款人和公众的利益。

3.保证金融机构竞争的有效与公平

竞争是市场经济的基本特征之一，它可以形成一种优胜劣汰的有效机制，但盲目竞争、不公平竞争或者非法竞争都会导致金融机构的破产倒闭，并形成金融业的垄断，从而危害、阻碍经济的平稳发展。因此，金融监管当局有必要通过金融监管为金融机构创造一个合法、公平、高效、有序的竞争环境。

4.保证中央银行货币政策的顺利实施

中央银行在实行货币政策时，是以金融市场上的金融机构特别是商业银行作为传导中介的。由于商业银行以营利为经营目标，因此金融监管当局有必要通过一定的监管措施，限制商业银行与中央银行政策目标不一致的经营活动，促使它们配合中央银行贯彻实施货币政策。

10.2.2 金融监管的原则

由于政治、经济、法律、历史、文化传统乃至特定时期社会体制的不同，各国在金融监管的诸多具体方面均存在着不少的差异。但是，许多一般性原则却始终贯穿在各国金融监管的各个环节与整个过程之中，尤其是在巴塞尔委员会于1997年9月公布了《有效银行监管的核心原则》之后，各国金融监管当局更是将其视为金融监管的指导原则。巴塞尔委员会于2012年9月对《有效银行监管的核心原则》进行了修订。

1.监管主体的独立性原则

《有效银行监管的核心原则》提出："在一个有效的银行监管体系下，参与银行组织监管的每个机构要有明确的责任和目标，并应享有工作上的自主权和充分的资源。同时，促进有效银行监管需创造先决条件，这些条件主要有：稳健且可持续的宏观经济政策；完善的公共金融基础设施；有效的市场约束；高效率解决银行问题的程序；提供适当的系统性保护（或公共安全网）的机制。"

2.依法监管原则

虽然各国金融管理体制和监管风格各有不同，但在依法监管这一点上却是相同的，这是由金融业的特殊地位所决定的。依法监管原则包括两层含义：一是所有金融机构都必须接受国家金融监管当局的监督与管理；二是金融监管当局必须依法行政，以此来保持监管的权威性、严肃性、强制性和一贯性，从而实现监管的有效性。

3.自我约束与外部强制相结合的原则

不同国家有不同的金融监管风格，有的倚重法规管理，有的则倚重道义劝告式的管理和金融机构自律。但要保证监管的及时和有效，客观上需要坚持自我约束与外部强制相结合的原则。显然，金融监管中存在着信息不对称、监管者信息劣势以及金融机构的道德风险等问题，因此，外部强制管理无论多么缜密严格，也只能是相对的，如果监管对象不配合、不协作，不愿意自我约束，而是设法逃避管制，那么外部监督管理也难以收到预期的效果；反之，如果将全部希望放在金融机构自身的"内控"上，则一系列不负责任的冒险经营行为和风险将难以有效避免。因此，最佳的选择应是遵循自我约束与外部强制相结合的原则。

4.安全稳健与经济效益相结合的原则

安全稳健是一切金融监管工作的基本目标，为此而设计的金融法规和一系列指标体系都着眼于金融业的安全稳健与风险防范。例如，《有效银行监管的核心原则》中指出："银行监管者必须掌握完善的监管手段，以便在银行未能满足审慎要求（如最低资本充足率）或当存款人的安全受到威胁时采取纠正措施。"但是，从某种意义上说，金融业存在和发展的终极目标是满足社会经济的需要，促进社会经济的稳定发展。所以，金融监管必须把保证社会经济效益作为终极目标，并将防范风险和提高金融机构经济效益结合起来。

5.母国与东道国共同监管原则

这主要是针对跨国银行的监管。在金融全球化的背景下，跨国银行日趋增多，规模日益扩大，其经营活动超越了一个国家的地域限制，因此有必要协调和加强母国与东道国间的共同监管。跨国银行的母国与东道国对其监管应有明确的责任。《有效银行监管的核心原则》指出，母国监管者的责任是："银行监管者必须实施全球性并表监管，对银行在世界各地的所有业务进行充分的监测并要求其遵守审慎经营的各项原则，特别是其在外国的银行、附属机构和合资机构的各项业务。"东道国监管当局的责任是："银行监管者必须要求外国银行应按东道国国内机构所同样遵循的高标准从事当地业务，而且从并表监管的目的出发有权分享其母国监管当局所需的信息。”

此外，金融监管还应坚持综合监管原则和机构一元化原则。前者是指应将行政、经济、法律等管理手段配套使用；后者则是指行使金融监督管理职能的各级机构应该一元化，避免多元化，这样才能使金融监管的原则、目标、体制、技术手段、管理口径和管理程度符合同一标准。

专栏10-1

资管新规

2018年4月27日，中国人民银行、中国银行保险监督管理委员会、中国证券监督管理委员会、国家外汇管理局四部门联合发布了《关于规范金融机构资产管理业务的指导意见》，此举旨在规范金融机构资产管理业务，统一同类资产管理产品监管标准，有效防控金融风险，更好地服务实体经济。

一、现状：2017年年末资管业务总规模已达百万亿元

资产管理业务是指银行、信托、证券、基金、期货、保险资产管理机构、金融资产投资公司等金融机构接受投资者委托，对受托的投资者财产进行投资和管理的金融服务。

据央行有关负责人介绍，近年来，我国金融机构资管业务快速发展，规模不断攀升，截至2017年末，不考虑交叉持有因素，总规模已达百万亿元。其中，银行表外理财产品资金余额为22.2万亿元，信托公司受托管理的资金信托余额为21.9万亿元，公募基金、私募基金、证券公司资管计划、基金及其子公司资管计划、保险资管计划余额分别为11.6万亿元、11.1万亿元、16.8万亿元、13.9万亿元、2.5万亿元。同时，互联网企业、各类投资顾问公司等非金融机构开展资管业务也十分活跃。

该负责人表示，资管业务在满足居民财富管理需求、增强金融机构盈利能力、优化社会融资结构、支持实体经济等方面发挥了积极作用。但由于同类资管业务的监管规则和标准不一致，导致监管套利活动频繁，一些产品多层嵌套，风险底数不清，资金池模式蕴含流动性风险，部分产品成为信贷出表的渠道，刚性兑付普遍，在正规金融体系之外形成监管不足的影子银行，一定程度上干扰了宏观调控，提高了社会融资成本，影响了金融服务实体经济的质量和效益，加剧了风险的跨行业、跨市场传递。

二、聚焦：明确打破刚性兑付，并做出细化安排

明确打破刚性兑付是此次资管新规很重要的内容。刚性兑付偏离了资管产品“受人之托、代人理财”的本质，抬高了无风险收益率水平，干扰了资金价格，不仅影响发挥市场在资源配置中的决定性作用，还弱化了市场纪律，导致一些投资者冒险投机，金融机构不尽职尽责，道德风险较为严重。打破刚性兑付已经成为社会共识，为此，该指导意见做出了一系列细化安排。

首先，在定义资管业务时，要求金融机构不得承诺保本保收益，产品出现兑付

困难时不得以任何形式垫资兑付。

第二，引导金融机构转变预期收益率模式，强化产品净值化管理，并明确核算原则。

第三，明示刚性兑付的认定情形，包括违反净值确定原则对产品进行保本保收益、采取滚动发行等方式保本保收益、自行筹集资金偿付或委托其他机构代偿等。

第四，分类进行惩处。存款类金融机构发生刚性兑付，足额补缴存款准备金和存款保险保费，非存款类持牌金融机构由金融监督管理部门和中国人民银行依法纠正并予以处罚。

此外，强化了外部审计机构的审计责任和报告要求。

事实上，很多市民总有一种误解，认为只要是银行的产品，就一定会保本保息。理财产品的预期收益比银行存款的利息要高不少，相应的投资风险肯定也会高一些。今后任何金融机构的资管产品都不能承诺保本保收益，投资者必须根据产品情况和自身实际来选择是否承担相应风险。

三、变化：五大方面调整，坚持严控风险的底线思维

事实上，2017年11月，中国人民银行就《关于规范金融机构资产管理业务的指导意见（征求意见稿）》公开征求意见，时隔5个月，指导意见正式稿出台，并自发布之日起实施。

中国人民银行有关负责人介绍说，与征求意见稿相比，正式稿对相关条款进行了五大方面修改完善，包括非标准化债权类资产投资、产品净值化管理、消除多层嵌套、统一杠杆水平和过渡期。

在非标准化债权类资产投资方面，指导意见明确标准化债权类资产的核心要素，提出期限匹配、限额管理等监管措施，引导商业银行有序压缩非标存量规模。

在产品净值化管理方面，指导意见要求资产管理业务不得承诺保本保收益，明确刚性兑付的认定及处罚标准，鼓励以市值计量所投金融资产，同时考虑到部分资产尚不具备以市值计量的条件，兼顾市场诉求，允许对符合一定条件的金融资产以摊余成本计量。

以摊余成本计量的资产需要满足以下条件之一：一是产品封闭式运作，且所投金融资产以收取合同现金流量为目的并持有到期；二是产品封闭式运作，且所投金融资产暂不具备活跃交易市场，或者在活跃市场中没有报价、也无法采用估值技术可靠计量公允价值。

在消除多层嵌套方面，指导意见统一同类资管产品的监管标准，要求监管部门对资管业务实行平等准入，促进资管产品获得平等主体地位，从根源上消除多层嵌套的动机。同时，将嵌套层级限制为一层，禁止开展多层嵌套和通道业务。

在统一杠杆水平方面，指导意见充分考虑了市场需求和承受力，根据不同产品的风险等级设置了不同的负债杠杆，参照行业监管标准，对允许分级的产品设定了不同的分级比例。

在合理设置过渡期方面，经过深入的测算评估，相比征求意见稿，指导意见将

过渡期延长至2020年底，给予金融机构充足的调整和转型时间。

过渡期内，金融机构发行新产品应当符合资管新规的规定；为接续存量产品所投资的未到期资产，维持必要的流动性和市场稳定，金融机构可以发行老产品对接，但应当严格控制在存量产品整体规模内，并有序压缩递减，防止过渡期结束时出现断崖效应。对过渡期结束后仍未到期的非标等存量资产也做出妥善安排，引导金融机构转回资产负债表内，确保市场稳定。

其他调整包括：

1.金融机构类型包括新增金融资产投资公司，银行资管子公司落地可期

资管新规关于资产管理业务的最新定义在银行、信托、证券、基金、期货、保险资管等基础上新增金融资产投资公司类型，或意味着银行资管子公司落地值得期待。

资管业务最新定义为："资产管理业务是指银行、信托、证券、基金、期货、保险资产管理机构、金融资产投资公司等金融机构接受投资者委托，对受托的投资者财产进行投资和管理的金融服务。"

2.私募基金、产业基金另行规定

资管新规第二条新增一段：私募投资基金适用私募投资基金专门法律、行政法规，私募投资基金专门法律、行政法规中没有明确规定的适用本意见，创业投资基金、政府出资产业投资基金的相关规定另行制定。

3.人民币、外币资管产品均适用于资管新规

资管新规第三条新增限定语"人民币或外币形式的"，修订后为"资产管理产品包括但不限于人民币或外币形式的银行非保本理财产品，资金信托计划，证券公司、证券公司子公司、基金管理公司、基金管理子公司、期货公司、期货公司子公司和保险资产管理机构、金融资产投资公司发行的资产管理产品等"。

这意味着，无论资管产品以人民币或外币计价，均适用于资管新规。

4.资管新规不适用于养老金产品

资管新规第三条最后一句话修改为：依据金融监督管理部门颁布规则开展的资产证券化业务，依据人力资源和社会保障部门颁布规则发行的养老金产品，不适用本意见。

5.公募投资范围放宽，支持私募投资债转股

第十条对公募产品、私募产品的投资要求进行了大幅修改。

删除征求意见稿"现阶段，银行的公募产品以固定收益类产品为主。如发行权益类产品和其他产品，须经银行业监管部门批准，但用于支持市场化、法治化债转股的产品除外"。

新增"鼓励充分运用私募产品支持市场化、法治化债转股"。

第十条修改为：公募产品主要投资标准化债权类资产以及上市交易的股票，除法律法规和金融管理部门另有规定外，不得投资未上市企业股权。公募产品可以投资商品及金融衍生品，但应当符合法律法规以及金融管理部门的相关规定。

私募产品的投资范围由合同约定，可以投资债权类资产、上市或挂牌交易的股票、未上市企业股权（含债转股）和受（收）益权以及符合法律法规规定的其他资产，并严格遵守投资者适当性管理要求。鼓励充分运用私募产品支持市场化、法治化债转股。

6.信息披露要求更细致

固定收益、权益类、商品及衍生品类、权益类，均要求“通过醒目方式”告知投资者。

7.合格投资者要求更严格

合格投资者的要求，在原家庭金融资产基础上，新增家庭金融净资产要求，显示监管层对家庭杠杆的考量。

具体为：合格投资者具有2年以上投资经历，且满足以下条件之一：家庭金融净资产不低于300万元，家庭金融资产不低于500万元，或者近3年本人年均收入不低于40万元。

“合格投资者同时投资多只不同产品的，投资金额按照其中最高标准执行”这一规定被删除，改为“投资者同时投资多只不同产品的，不得使用贷款、发行债券等筹集的非自有资金投资”。

8.智能投顾监管明确

对于正在风口上的“智能投顾”，资管新规要求更加细化。要求不得借助人工智能业务夸大宣传资产管理产品或者误导投资者。金融机构应当向金融监督管理部门报备人工智能模型的主要参数以及资产配置的主要逻辑。

资料来源：张寿林．资管新规正式落地［EB/OL］．［2018-04-27］．http：//money.jrj.com.cn/2018/04/27120724464347.shtml.

§10.3　金融监管的主要内容

10.3.1　市场准入管理

1.市场准入的定义

市场准入是指监管当局依据有关规定和程序批准金融机构、业务和高级管理人员进入市场的标准制定和审核的行为及过程。机构准入是指依据法定标准和有关程序，批准金融机构法人或者其分支机构的设立（包括筹建）；业务准入是指按照审慎性标准和有关规定，批准金融企业的业务范围和开办新的业务品种；高级管理人员准入是按照有关规定对金融企业高级管理人员任职资格进行审查和批复。把好市场准入关是保障金融机构稳健运行和金融体系安全的重要基础，批准高质量的金融机构和高级管理人员进入市场，并根据金融机构的功能定位和审慎性标准审批金融机构的业务范围，将有利于降低金融机构的经营风险，提高经营管理水平和服务水平，促进金融机构的稳健发展和金融体系的稳定。

2.市场准入标准

（1）机构准入标准。其具体要求是：符合国民经济发展特别是拟设机构所在地区经济发展（包括经济总量、市场容量和已经设立金融机构及其运营情况）的客观需要；符合金融业发展的政策和方向；符合金融机构布局合理、公平竞争的原则；符合最低资本金及股权结构和股东资格的要求；符合高级管理人员任职资格和金融从业人员比例的要求；符合公司治理和内控制度的要求；符合经济核算的要求，确定的综合运营计划和预期的财务指标水平比较合理；符合办公和营业场所的安全要求。在分支机构准入上，除了没有股权结构、股东资格和公司治理结构要求外（最低资本金改为营运资金），其他的要求与法人机构准入基本相同。

（2）业务准入标准。其具体要求是：符合社会和经济发展的客观需要；符合金融分业经营的法律规定和政策；符合金融机构的功能定位与业务发展能力；根据业务风险特征建立完善的风险控制系统；已制定严格科学的业务操作规程和建立安全保障措施；符合对从业人员专业素质的要求。三是高级管理人员任职资格标准。其具体要求是：能正确贯彻执行国家的经济金融方针政策；熟悉并严格遵守有关经济、金融法律法规；具有与所担任职务相适应的学历和经历；具备与所担任职务相称的专业知识、组织管理能力和业务能力；无违法、违规、违纪等不良记录。

3.市场准入程序

根据金融机构的不同类别和金融监管责任制度，银保监会对金融机构的机构准入、业务准入和高级管理人员任职资格审核，分别规定了具体的审批程序和权限。主要原则是属地管理原则（金融机构的分支机构或者法人机构报所在地银保监会分支机构审核批准）、分级管理原则（根据有关规定，具体地明确了国务院、银保监会及其分支机构的具体审批权限）、业务以法人为对象准入原则（分支机构的业务准入由其法人授权，报所在地银保监会分支机构备案）。

10.3.2 日常监管

由于金融机构的杠杆经营使其天然地具有一种内在脆弱性，而金融机构的外部负效应对金融体系稳健运行也带来了危害，因此有必要对金融机构进行日常监管。日常监管的主要措施有：

1.资本充足性监管

资本在金融机构经营中起着重要作用：一是保证机构的正常经营，以充足的资本维护机构在公众中的信誉；二是在金融机构发生意外损失时可以用资本金弥补流动性的不足。所以，除注册时要求的最低标准以外，商业银行还要保持自有资本与资产总额、存款总额、负债总额以及风险投资之间的适当比例。银行在开展业务时要受自有资本的制约，不能脱离自有资本任意扩大业务。在这方面，1988年《巴塞尔协议》关于核心资本和附属资本与风险资产的4%和8%比率规定已经为世界各国所普遍接受，成为银行监管中最基本、最重要的标准。

2.流动性监管

作为银行生存的前提条件，流动性成为银行监管的一项主要内容。随着金融业竞争的加剧，银行的流动性风险也随着银行或有负债（再回购协议、互换协议、信用证等）的增加而增加。准确测量银行的流动性很复杂，也很困难，很难定出一个具体的流动性比例。流动性比例定得过低可能会引发银行危机，过高则又会影响银行的盈利能力。因此，应以考核银行资产负债和利率结构搭配是否合理为基础对流动性进行系统评价，同时要特别注意每个银行的实际情况和具体特点，提高流动性监管的针对性和灵活性。

3.业务范围限制

这是指银行等金融机构获准经营哪些业务、禁止经营哪些业务。有的国家对各类金融机构规定有不同的业务范围，进行分业经营、分业监管。例如，中国对银行业、证券业、信托业、保险业就实行分业经营、分业监管。1996年基本实现了银行和信托的分离，1999年7月1日《中华人民共和国证券法》的出台又确立了证券和信托的分离格局，1998年3月中国证监会成立，1998年11月中国保监会成立，2003年中国银监会成立，从而形成了我国金融业分业监管的格局。2018年3月，银监会和保监会合并为银保监会。目前信托业尚处于大整顿过程中，其证券业务将被剥离重组，银河证券挂牌成立就是信托业整顿中的一个重大举措。整顿完毕后，原有的200多家信托公司减少至几十家。有的国家对金融机构的业务限制很少，如德国对银行不设业务限制，德国的商业银行属于全能银行，在国际上竞争力较强。美国曾在20世纪30年代大危机之后对其银行和证券进行了业务分离，但随着国际竞争的加剧，美国已于1999年11月出台了《金融服务现代化法案》，取消了对银行和证券分业经营的限制。

4.资产分散化管理

银行资产分散化管理可使银行保持较好的清偿力。高风险、高收益的贷款对银行总是具有吸引力的，因此，有必要对银行的贷款风险进行控制。例如，通过限制银行对单个借款人提供过多贷款以分散风险。意大利规定对单个客户的贷款不得超过银行的自有资本，美国规定不得超过自有资本的10%。要做好对风险的控制，不仅要对银行的整体业务情况有充分了解，对风险集中度做出准确的评价，还要形成一套科学的考核体系和分析方法。

5.外汇管理

外汇管理的目的是保持国际收支平衡，保证本国货币币值的稳定，从而维护本国经济发展的正常金融环境。外汇管理是一国为使其国际收支和汇率在符合本国利益的水平上保持平衡与稳定，指定和授权中央银行运用各种手段，对其境内和管辖范围之内的外汇收支存贷等进行管理。这主要包括贸易项目管理、非贸易项目管理、资本项目管理、汇率管理和对黄金和本币出入境管理等。由于国际短期投机性资本流动对诸多国家的正常金融秩序会造成极大破坏，因此各国都把对资本项目的外汇管理放在首要位置。

6.外债管理

随着一个国家经济开放程度的增强，外债对国际收支和整个国民经济的影响日益扩大，因此外债管理受到各国金融监管当局的普遍重视。我国已将外债管理当作整个国民经济管理的重要组成部分。外债是指在任何给定时刻，一国居民所欠非居民的以外国货币或本国货币为核算单位的具有契约性偿还义务的全部债务。外债管理主要包括借入外债和使用外债两个方面。借入外债管理的关键是将外债规模控制于本国经济的承受能力范围之内，保持合理的外债期限结构；使用外债管理的关键是保证借入外债的投向合理，从而避免外债使用过程中的风险。因此，外债管理的内容可具体分为规模、结构、投向和风险四个方面。

10.3.3 风险处置和市场退出

通过现场检查、非现场监管和综合风险评级后，监管当局要针对金融机构所存在的不同风险及风险的严重程度，及时采取相应的措施，即风险处置。对正常或者基本正常的金融机构，应继续采取持续性措施加强风险控制。

对关注类金融机构，应针对所存在的风险种类及性质，分别采取建议性措施或者强制性纠正措施。

对有问题的金融机构要及时采取救助性措施，包括调整管理层，实施资产和债务重组，外部注资、股东增资，变现资产，冻结大额开支和股息红利分配，停止部分业务，以及实施兼并、合并等。在采取救助性措施的同时，要追究管理层的管理责任和直接责任，要求进一步完善公司治理和内控制度。

对于难以挽救的金融机构，要及时采取市场退出的处置措施，以防止演变为系统性或者地区性金融风险。**金融机构的市场退出是指停止办理金融业务、吊销金融（法人）营业许可证，取消其作为金融机构的资格。**金融机构的市场退出可以分为法人机构退出和分支机构退出，法人机构退出，其分支机构也随之退出。法人机构的市场退出，其资产负债的清算安排要按照有关规定和市场原则进行，金融机构的债权人特别是单位债权人会受到一定程度的损失；而分支机构的市场退出主要是金融机构基于经营策略和市场发展空间、经营成本等方面的考虑而采取的一种市场行为，其资产负债由其法人安排解决方案，金融机构的债权人不会受到损失。

根据金融机构的不同情况和防范金融风险的总体要求，金融机构的市场退出形式多样，一般可以划分为自愿退出和强制退出两种。金融机构自愿退出，是指金融机构根据其章程或者股东大会决议，经监管当局批准，自行终止其金融业务、注销其法人资格的行为。目前，我国金融机构退出的方式主要有：（1）兼并收购，是指两个或者两个以上的金融机构通过订立兼并收购协议，按照《中华人民共和国公司法》及有关法律和法规的规定，组成一个新的金融机构的法律行为。（2）解散，是指已经成立的金融机构，因其章程规定或法律规定的事由发生，致使金融机构丧失了经营能力，经批准登记注销后，金融机构组织消亡的法律行为。（3）撤销（关闭）。2001年11月13日国务院颁布了《金融机构撤销条例》，规定商业银行依法被撤销的，由监管部门组织成立清算组，非银行金融企业依法被撤销的，由监管部门组织或者委托地方政府组织成立清算组。清算组由监管部门、财政、审计等有关部门，地方人民政府的代表和被撤销的金融企业股东的代表及有关专业人员组成。清算期间，清算组行使被撤销的金融企业的管理权限，清算组组长行使被撤销的金融企业的法定代表人职权。(4) 破产。采取破产方式处置金融企业风险可能引发较大的社会震动。

专栏10-2

从美国次贷危机反思现代金融监管

经历了十多年后，美国次贷危机的影响还未完全消除，这次危机以及美国所采取的改革行动，带给我们许多启示和思考。

第一，审慎经营原则仍然是所有金融活动的基本准则。信贷审查、担保和收入证明等是金融机构提供信贷服务、防范信用风险必不可少的环节和根本预防措施。然而，美国次级抵押贷款机构忽视和背离了这些基本的信用风险防范措施，臆想房产价格不断上涨会提高借款人的还款能力、降低借款者的违约风险，并据此向还款能力不足的借款人发放大量贷款。在美国次级房屋抵押贷款过程中，贷款公司往往不要求信用记录就为一般或较次级的借款人提供收入证明，同时不要求提供首付，贷款成数可高达楼价的100%（即零首付），而且可以由经纪商批核，所有这些非审慎的条件和程序的放松酿成了最终的危机。

第二，发达的市场需要更严格的监管。在现代金融体系里，无论风险管理手段多么先进、体系多么完善的金融机构，都不能避免遭受风险事件的影响，这是由现代金融市场和金融机构的高杠杆率、高关联度、高不对称性的特性所决定的，现代金融体系内的风险产生和传递完全呈现出了新的特征。早在2000年，美国联邦储备委员会前委员爱德华·M.葛兰里奇（Edward M. Gramlich）就已经向当时的美联储主席格林斯潘指出了快速增长的居民次级住房抵押贷款可能造成的风险，希望美国有关监管当局能够“加强这方面的监督和管理”，之后也多次提醒美国监管当局次贷中存在的潜在危机。遗憾的是，他的警告并没有得到美国主要货币监管当局高层的重视。究其原因，有很多因素，其中非常重要的一点就是他的绝大多数同事过度相信市场的自我调节作用，相信任何从事放贷的金融机构都有能力控制它们的风险。正如格林斯潘在《动荡年代》里所阐述的那样，“政府干预往往会带来问题，而不能成为解决问题的手段”，“只有在市场自我纠正机制威胁了太多无辜的旁观者的那些危机时期里，监管才是必要的”。他们认为监管往往或者总是会妨碍市场的发展和创新。从这个意义上来说，以格林斯潘为代表的一代美国金融家们所拥戴的“最少的监管就是最好的监管”的典型的自由市场经济思想和主张，确实存在着索罗斯所指出的极端市场原旨主义（market fundamentalism）的缺陷。

第三，监管方式要适应市场的变化。尽管次贷危机的发生不能全部归咎于监管体制的松散，但次贷危机引发美国这次大规模的监管体制改革，适应市场变化、及时调整监管方式是必要的。有效的监管安排应该能够有效避免对融资活动和信贷市场的破坏作用；能够确保泡沫破灭或进行调整时，整个金融体系的核心能够经得住考验；能够确保金融机构的风险管理和内控体系的改进能够与金融创新和市场变革同步；能够有效解决委托代理和激励约束机制问题。任何一个国家的监管体制必须与其经济金融的发展与开放的阶段相适应，不管监管体制如何选择，必须做到风险的全覆盖，不能在整个金融产品和服务的生产和创新链条上有丝毫的空白和真空，从而最大限度地减少由于金融市场不断发展而带来更严重的信息不对称问题。面对日益复杂化的金融创新，金融监管不宜过分依赖具体的规则约束，而应采取更具灵活性的原则导向的监管模式，注重加强同市场主体的沟通，只有这样才能处理好金融创新与风险、自由与管制风险的关系，才能维护金融体系的健康稳定。

资料来源：廖岷．从美国次贷危机反思现代金融监管［J］．国际经济评论，2008（4）．

本章小结

1.所谓金融监管，是指政府通过特定的机构（如中央银行）对金融交易行为主体进行的某种限制或规定。金融监管本质上是一种具有特定内涵和特征的政府规制行为。综观世界各国，凡是实行市场经济体制的国家，无不客观地存在着政府对金融体系的管制。金融监管的理论基础是管制理论。目前管制理论主要有“公共利益论”“特殊利益论”“社会选择论”“经济监管论”等。

2.金融监管的目标是指监管当局对金融机构和金融活动所追寻的理想状态。金融监管的目标可分为总体目标和具体目标。从金融监管的时间及本质需求来看，总体目标应该是促成建立和维护一个稳定、健全和高效的金融体系，保证金融机构和金融市场健康地发展，从而保护金融活动各方当事人的利益，推动经济和金融的发展。具体目标一般是指监管当局对金融机构和金融活动所规定的一系列数量标准。各国金融监管当局在进行金融监管时，主要遵循以下指导原则：监管主体的独立性原则、依法监管原则、自我约束与外部强制相结合的原则、安全稳健与经济效益相结合的原则以及母国与东道国共同监管原则等。

3.随着金融业的发展，金融监管内容也在不断丰富，主要有以下三个方面：市场准入监管、日常监管、风险处置和市场退出等。其中，对金融机构的日常监管又包括资本充足性监管、流动性监管、业务范围限制、资产分散化管理、外汇风险管理、外债管理等。

综合训练

10.1 单项选择题

1.巴塞尔银行监管委员会实施的是审慎监管制度，是以（　　）为标准作为主要的评价指标，主张充分利用市场约束的力量。

A.流动比率　　B.资本充足率

C.次级债比率　　D.核心资本率

2.中央银行在金融市场的监管中，所遵循的原则不包括（　　）。

A.全面性原则　　B.效率性原则

C.效益最大化的原则　　D.公开、公平、公正原则

3.中国目前金融业经营和监管基本格局是（　　）。

A.分业经营、分业监管　　B.混业经营、统一监管

C.分业经营、统一监管　　D.混业经营、分业监管

4.20世纪30年代大萧条后，美国颁布（　　），建立了分业经营和分业监管的体制。

A.《Q条例》　　B.《格拉斯-斯蒂格尔法》

C.《金融服务现代化法》　　D.《商业银行法》

5.以1999年（　　）颁布为标志，美国金融体制正式从分业经营走向混业经营。

A.《Q条例》　　B.《格拉斯-斯蒂格尔法》

C.《金融服务现代化法》　　D.《商业银行法》

10.2　多项选择题

1.银行监管的内容主要包括（　　）。

A.市场准入监管　　B.日常运营监管　　C.市场退出监管

D.金融安全监管　　E.金融效益监管

2.按监管组织体系的设置来分，金融监管模式有（　　）。

A.统一监管　　B.分业监管　　C.不完全统一监管

D.宏观监管　　E.微观监管

3.金融行业的哪些特殊性需要金融监管（　　）。

A.高负债性　　B.垄断

C.信息不对称　　D.内在脆弱性

E.金融风险和金融危机对宏观经济的极大破坏性

4.下列选项属于金融监管的原则的是（　　）。

A.监管主体的独立性原则　　B.依法监管的原则

C.内控和外控相结合的原则　　D.稳健运行与风险预防原则

E.母国和东道国共同监管的原则

5.国际金融监管体制发展趋势（　　）。

A.分业监管向混业监管转变　　B.混业监管向分业监管转变

C.机构性监管向功能性监管转变　　D.各国金融监管模式日益趋同

E.金融监管的国际合作不断加强

10.3　复习思考题

1.论述金融监管的理论基础。

2.分析金融监管的目标与原则。

3.简述金融监管的主要内容。

4.搜集文献与资料，试分析国内外金融监管的发展趋势。

5.讨论我国现行金融监管体制的基本框架。

6.试结合相关资料，分析加强金融监管对保障现代市场经济稳定发展的重大意义。

7.结合历次世界金融危机的相关资料，探讨金融监管体制存在的问题。

第11章

货币供给

【学习指南】

导读

货币供给的目的在于使货币供给量与经济发展对货币的客观需求量保持均衡。在现代信用货币制度下，流通中的货币都是由银行体系创造和提供的，信用货币已完全取代了金属货币，货币供给机制也变得更加复杂，中央银行对货币供给控制的难度越来越大。货币供给的变动会影响利率和整体经济的健康运行，从而影响经济生活中的每个人。由于它对经济生活的深远影响，理解货币供给如何决定就显得非常重要。谁控制了货币供给？什么因素引起它的变化？如何加强对它的控制？在本章中，我们会详细描述货币供给过程——决定货币供给水平的机制，从而回答上述问题。

关键概念

货币供给　货币乘数　原始存款　派生存款　存款准备金制度　现金漏损　超额准备金

引例

央行千亿逆回购

2016年12月1日，中国人民银行进行了1 000亿元7天期、500亿元14天期、200亿元28天期逆回购操作。12月1日，逆回购到期规模为1 650亿元，净投放50亿元。中标利率分别为2.25%、2.4%、2.55%，均与上次持平。

12月2日，央行净投放900亿元，结束了此前连续4日的净回笼操作。自11月24日起，央行公开市场资金投放力度有所减小，受叠加逆回购密集到期影响，公开市场操作之前几日出现连续小额净回笼。

彭博援引交易员透露，部分银行周三（11月30日）向当地中国人民银行分支机构申请了常备借贷便利操作（SLF），并获得了流动性支持。其中一名交易员表示，操作期限根据每家机构的具体情况申请，操作利率与上期持平。根据央行此前公布数据，10月进行了隔夜和7天期SL操作F，利率分别为2.75%和3.25%；9月还进行了1个月期SLF，利率为3.60%。

近期市场流动性紧张，10年期国债期货持续暴跌、银行间市场利率不断上行，市场焦虑“钱荒2.0”来袭。据报道，有市场人士表示，从整体中枢水平看，9月以来货币市场利率较上半年上行40基点左右，这是2015年8月以来的首次资金持续紧张。考虑到现在处于跨月及临近年末的时点，流动性供求压力阶段性加大，预计除常规逆回购操作外，央行通过其他方式释放流动性的可能性也较大。

从央行公开市场操作来看，2016年下半年以来，央行避免采用降准或降息等数量型工具，而采用逆回购和MLF等工具“锁短放长”补充基础货币，促进市场自发去杠杆。其中，8月以来，央行对逆回购和MLF操作期限结构进行调整，相继重启14天、28天逆回购，MLF操作则暂停3个月品种，使得逆回购和MLF操作的期限均有所延长。“在当前形势下贸然收紧货币政策是不利的，为时尚早。”连平表示，虽然10月份CPI重返“2时代”，不过货币政策是否面临调整窗口，还需要进一步观察。

资料来源：佚名．央行今日公开市场净投放50亿与部分银行进行SLF操作［EB/OL］．［2016-12-01］．http：//finance.sina.com.cn/china/2016-12-01/doc-ifxyiayq1886971.shtml?cre=financepagepc&mod=f&loc=4&r=9&doct=0&rfunc=100.

那么什么是货币供给？货币供给机制是什么？货币供给与通货膨胀之间的关系是什么？本章将进行详细阐述。

§11.1　货币供给及其理论

马克思的货币理论认为，货币是固定地充当一般等价物的特殊商品。但是，在西方经济学界，货币的定义却是一个争议颇多的问题，争议的根本原因在于人们对货币的本质和职能有着不同的认识。下面，我们介绍对于货币供给含义的理解。

11.1.1 货币供给的含义

货币供给是指一定时点上为社会经济运转服务的货币量，它由包括中央银行在内的金融机构供应的存款货币和现金两部分构成。

关于货币供给的定义，需要说明以下几点：

首先，货币供给中所指的货币，关系到货币供给的具体内容，但迄今为止，经济理论界对此没有一个统一的认识。由此，许多金融理论和实务问题，如货币供给在整个社会经济活动中的重要性、货币政策对宏观经济的调控作用等，还都存在争议。因此，有必要进一步弄清货币供给的定义和包含的内容。

其次，货币供给是一个存量概念，货币供给量是指一国某一时点上的货币存量。货币供给量是指被财政部门、生产经营单位、家庭个人所持有，由银行体系所供给的存款量和现金发行量。因此，影响和决定货币供给存量大小的是银行的信贷收支。银行是决定和改变货币存量大小的重要机构。

再次，货币需要量虽然也是一个有客观数量界限的存量，但毕竟是一个预测量。货币供给却是实实在在地反映在银行资产负债表上的一定时点上的银行负债总额。具体地说，存款量是商业银行的负债，而现金发行量则是中央银行的负债。

最后，因为中央银行能够按照自身的意图运用货币政策工具对社会的货币量进行扩张和收缩，即货币供给量的大小在很大程度上为政策所左右，所以货币供给首先是一个外生变量。然而，货币供给量的变化又受制于客观经济过程，即除受中央银行货币政策工具的操作左右外，还决定于经济社会中其他经济主体的货币收付行为。它同时又是一个内生变量，即不为政策因素所左右的非政策性变量。由此，中央银行对货币供给量的调控就变得十分困难。

11.1.2 西方货币供给理论的主要内容

1.弗里德曼-施瓦茨（Friedman-Schwartz）模型

弗里德曼和施瓦茨在他们合著的《1867—1960年美国货币史》中使用的货币供给方程，不仅考虑了银行准备金与存款比率，还考虑了公众希望的通货与存款比率。公式推导如下：

$$M=C+D$$
$$H=R+C$$
$$M=C+D=(C+D)/H\cdot H=(C+D)/(C+R)\cdot H$$
$$=((C+D)/(C\cdot R))/((C+R)/(C\cdot R))\cdot H=(1/R+D/R\cdot 1/C)/(1/R+1/C)\cdot H$$
$$=(D/R+D/R\cdot D/C)/(D/R+D/C)\cdot H=(D/R(1+D/C))/(D/R+D/C)\cdot H$$

式中：C为非银行部门所持有的中央银行负债；D为非银行部门所持有的商业银行的存款负债总额；R为商业银行的存款准备金；H为强力货币（基础货币）。

从这一理论模型出发，弗里德曼和施瓦茨认为，假定存款-准备金比率（D/R）和存款-通货比率（D/C）之和为一常数，或它们的变动不大较为稳定，则货币供应量的变动将完全取决于强力货币；如果强力货币完全处在货币当局的控制之下，那么，货币当局就可以控制货币供应量的变动，货币供应量就成为货币当局决定的外生变量。

专栏11-1

货币供给内生性与外生性的讨论

货币供给内生性是指货币供应量是在一个经济体系内部由多种因素和主体共同决定的，中央银行只是其中的一部分，因此，并不能单独决定货币供应量。

货币供给外生性是指货币供应量由中央银行在经济体系之外独立控制。中央银行的资产运用决定负债规模，从而决定基础货币数量，只要中央银行在体制上具有足够的独立性，不受政治因素等的干扰，就能从源头上控制货币数量。

如果认定货币供给是内生变量，就意味着货币供给总是被动地决定于客观经济过程，而货币当局并不能有效地控制其变动。货币政策，特别是以货币供应量作为中介指标的调节作用存在局限性。如果认定货币供给是外生变量，货币当局就能有效地通过货币供给量的调整来影响经济运行。凯恩斯学派认为货币供给是内生的，所以在国内政策运用时倾向于财政政策的使用；而货币学派强调货币供给是外生的，中央银行能控制货币供应量。

2.卡甘模型

为了弥补弗里德曼和施瓦兹的货币供应方程式的缺陷，美国著名经济学家卡甘（P.Cagan）提出了他的货币供应方程式：

$$M = H/(H/M) = H/((H\cdot D)/(M\cdot D)) = H/(((C+R)\cdot D)/(M\cdot D))$$
$$= H/((C\cdot D + R\cdot D)/(M\cdot D)) = H/((C\cdot D + R\cdot(M-C))/(M\cdot D))$$
$$= H/(C/M + R/D - C/M\cdot R/D)$$

$$m=1/(C/M+R/D-C/M\cdot R/D)$$

在卡甘的方程式中，货币供应量M由高能货币H和货币乘数m的乘积所决定。卡甘以准备金-存款比率（R/D）代替弗里德曼和施瓦兹方程式中的存款-准备金比率（D/R）；以通货比率（C/M）（即通货占货币存量的比率）代替存款-通货比率（D/C）。卡甘变动这两个因素的理由是可以更好地反映真实情况，并使方程式更具稳定关系。卡甘认为，他的方程式中货币乘数具有比较稳定的规则可循。因为在货币乘数的分母中，根据定义，C/M、R/D都小于1，因而（$C/M\cdot R/D$）必然总是小于C/M与R/D的任何一项。因此，假定通货比率与准备金-存款比率不变，则高能货币H的增减变化会直接影响货币供应量的增减变化；反之，若高能货币不变，则通货比率和准备金-存款比率的提高或降低必然造成货币紧缩或扩张的结果。这样，卡甘的方程式明确表明：货币供应量的变动与高能货币成正比，与通货比率和准备金-存款比率成反比。

根据卡甘的统计，美国1875—1955年广义的货币量平均每年增长5.7%，从统计分析的结果看，货币存量的长期增长主要依靠追加的高能货币。高能货币的长期变动主要归因于黄金存量的增加，而在1914年以后又可以归因于联邦储备制的作用。高能货币的增长是9/10的货币存量增长的原因。只有1/10的货币存量增长是由通货比率和准备金–存款比率的下降（即货币乘数的扩大）引起的。通货比率在长期中下降的趋势主要是由于收入和财富的增长和城市化引起的；准备金–存款比率的变动则主要由法定准备金率的调整所造成的。根据上述的统计分析，卡甘也认为货币供应量是一个外生变量，因为中央银行操纵高能货币的行为对货币供应量的决定具有支配性的作用，同时由于货币乘数中的各行为参数在短期内变化不大，由此可以推断货币乘数关系明确，性质稳定，因此货币供应量是中央银行可以绝对控制的外生变量。

卡甘模型与弗里德曼–施瓦茨模型都是对美国货币史实证分析的结果，货币的定义都是M_2，两个模型形式不同，但实质相同（因为R/D只是D/R的倒数，而C/M也与D/C一样反映着C和D的相对变动对货币乘数的影响）。但从卡甘模型比从弗里德曼–施瓦茨模型更能直观地看出准备金–存款比率和通货比率对货币乘数的影响。

3.乔顿模型

弗里德曼–施瓦茨模型和卡甘模型是较早提出也是较有代表性的货币供给模型，但这两个模型有着许多缺陷。1969年，美国经济学家乔顿（Jerry L.Jordan）对这两个模型进行了改进和补充，导出了一个比较简洁的货币乘数模型。

（1）M_1货币乘数模型。

模型采用狭义的货币定义M_1，即“$M_1 = D + C$”。其中，D表示商业银行活期存款；C表示通货。

根据现代货币供给理论，货币供给乃是基础货币与货币乘数之积。如以B表示基础货币，以R表示商业银行的准备金，则$B = R + C$。

设m为货币乘数，r_d为活期存款的法定准备金比率，r_t为定期存款的法定准备金比率，T为定期存款，E为超额准备金。

$$M_1 = B \cdot m$$

$$m = M_1 / B = (D + C) / (R + C) = (D + C) / (r_d \cdot D + r_t \cdot T + E + C)$$

为了简化分析，设k为通货比率，t为定期存款比率，e为超额准备金比率，即：

$$k = C/D \rightarrow C = k \cdot D$$

$$t = T/D \rightarrow T = t \cdot D$$

$$e = E/D \rightarrow E = e \cdot D$$

以$k \cdot D$、$t \cdot D$、$e \cdot D$分别代替C、T、E，则得到作为货币供给决定机制的一般模型——乔顿模型：

$$m = (D + k \cdot D) / (r_d \cdot D + r_t \cdot t \cdot D + e \cdot D + k \cdot D)$$

$$= (1 + k) / (r_d + r_t \cdot t + e + k)$$

$$M_1 = B \cdot (1 + k) / (r_d + r_t \cdot t + e + k)$$

由上述乔顿模型可知，决定货币供给的因素共有6个。其中，B、r_d、r_t由货币当局或中央银行所决定；e由商业银行所决定；而k和t则由社会公众的资产选择行为所决定。由此可见，货币当局或中央银行实际上只能对决定货币供给的部分因素而不是全部因素具有直接的控制能力。

根据该模型，货币供给决定于基础货币、活期存款的法定准备金比率、定期存款的法定准备金比率（这一因素现已取消）、超额准备金比率、定期存款比率及通货比率。其中，前3个因素由中央银行决定，超额准备金比率由商业银行决定，最后两个因素则由社会公众决定。这就说明，货币供给并不完全是一个外生变量。

（2）货币定义扩展为M_2的乔顿模型。

$$m_2=(D+C+T)/(r_d\cdot D+r_t\cdot T+E+C)$$
$$=(D+k\cdot D+t\cdot D)/(r_d\cdot D+r_t\cdot t\cdot D+e\cdot D+k\cdot D)$$
$$=(1+k+t)/(r_d+r_t\cdot t+e+k)$$
$$M_2=B\cdot(1+k+t)/(r_d+r_t\cdot t+e+k)$$

定期存款取消法定准备金要求后的乔顿模型为：

$$M_1=B\cdot(1+k)/(r+e+k)$$
$$M_2=B\cdot(1+k+t)/(r+e+k)$$

央行紧缩银根，提高存款准备金率，货币供应量就会减少；或者商业银行感觉到央行的政策指向提高了超额准备金率，货币供应量也会减少。

§11.2 货币供给的形成

11.2.1 货币出自银行

由于货币供给量是存在于流通领域之中被各经济单位（银行系统以外的个人、家庭、企业和机关团体等）所持有的货币存量，如果我们把“经济单位”划分为两个部分：一是个人、家庭为一部分，简称为“个人”；二是企业、机关团体为一部分，简称为“社会各单位”，那么，流通中的货币是从哪里来的问题就转化为个人手中的货币从哪里来和社会各单位的货币从哪里来两个问题。

一是个人手持货币主要来自于：（1）社会各单位发放的工资、奖金、抚恤金、补贴、报酬等。（2）出售商品或提供劳务所得的收入。（3）来自银行等金融机构，这又包括借款所得、金融机构付给的利息、将个人持有的金银和外汇卖给银行。（4）非金融机构借款，包括民间借贷。（5）亲友赠送。

二是社会各单位所持有的货币，在我国通称“货币资金”。如果我们对其加以归类，则它有以下5种情况：（1）通过销售商品从买主那里得来。（2）银行借款。（3）上级拨入。（4）同业拆入（包括对单位和个人借款、预收货款等）。（5）金融市场收入（包括发行股票、债券的发行收入和买卖有价证券的业务收入）。

上述对个人和社会各单位货币收入来源的分析说明，现实生活中的货币都出自银行，财政、企业单位、机关团体及个人等，只是货币的运用者，不得发行货币，货币只能由银行发行，又不断回归银行，所以银行是整个货币流通的中心环节。

11.2.2　出自银行的货币都是信用货币

我们知道，银行作为一个信用媒介的机构，信用创造功能早就为原始银行业所具备，它主要体现在银行的业务活动之中。近代银行作为信用媒介机构和信用创造机构的统一，其本质特征在于信用创造方面，即银行可以在相当范围内通过增加自身的负债去增加货币供给量，由此影响社会各种资源的配置、再生产诸环节的协调、各种经济杠杆的作用发挥以及币值本身的稳定。与此同时，这一信用创造功能还使银行在国民经济中的地位有了根本改变，它一方面大大强化了现代商品经济中的信用经济性质，另一方面使整个经济的运转与金融活动息息相关、不可分离。

§11.3　货币供给的决定机制

11.3.1　由存款派生引出的货币乘数与货币供给模型

在说明存款货币创造机制时，我们常使用原始存款和派生存款这对概念。从一笔存款派生过程而言，即用微观方法剖析存款货币创造的机制，应该说，选定任何一点都是成立的。从这个意义来说，原始存款与派生存款的含义都是相对的。其实货币乘数与信用扩张乘数虽都旨在说明存款派生的量，但是仔细分析，还是有所区别的。

一是货币乘数说明增加一个单位基础货币的供给可相应引起商业银行存款货币增加多少；而信用扩张乘数通常指商业银行存款与法定存款准备金的比率。

二是货币乘数是包括商业银行缴存中央银行的存款准备金和流通中包括现金在内的中央银行对社会总负债的改变量；而信用扩张乘数只反映中央银行对商业银行负债的改变量，是中央银行全部负债数量的一部分。

所谓货币乘数，也称为“信用的扩张倍数”或“存款的扩张倍数”，是指一定量的基础货币发挥作用的倍数，意即银行系统通过对一定量的基础货币运用之后，所创造的货币供给量与基础货币的比值。

在基础货币一定的条件下，货币乘数决定了货币供给的总量。货币乘数越大，则货币供给量越多；反之，货币乘数越小，则货币供给量也就越少。所以，货币乘数是决定货币供给量的又一个重要的甚至是更为关键的因素。

设 Ms 为货币供给量，m 为货币乘数，B 为基础货币，那么，整个货币供给量模型为：

$$Ms = m \cdot B$$

货币乘数模型为：

$$m = Ms / B$$

从动态看，增量基础货币 ΔB 与货币乘数决定着即将增加的货币供应量 ΔM，用公式表示：

$\Delta M = m \cdot \Delta B$

11.3.2 基础货币“质”和“量”的规定性

1.基础货币“质”的规定性

基础货币亦称“高能货币”或“强力货币”，又可称为“货币基数”。把基础货币通俗地定义为金融体系能够以其为基础创造出更多货币的货币。

所以，从“质”的角度看，基础货币具有如下显著特点：(1）它是中央银行的负债。(2）有很强的流动性，即持有者能够自主运用，是所有货币中最活跃的部分。(3）派生性，即它能够产生出数倍于它本身量的货币，具有多倍的伸缩功能。(4）较高的相关度，即它的变化对于货币供给变化起着主要决定作用。(5）可控性，即中央银行能够控制它，并且通过对它的控制来控制总的货币供给量。

2.基础货币“量”的规定性

从大多数西方学者的著述和解释中可以看出，基础货币一般都包括现金和商业银行的准备金两大部分。对于现金，计算口径略有差别，有的是指整个银行体系以外社会公众持有的现金，有的则指中央银行体系以外社会公众与商业银行持有的现金。对于商业银行在中央银行的存款，有人只指商业银行上缴的法定存款准备金，而另一些人则认为包括法定准备金与超额准备金。

从以上对基础货币质和量的分析，我们可以得出，基础货币的完整定义应该是指创造存款的商业银行和金融机构在中央银行的存款准备金与流通于银行体系之外的通货这两者的总和。前者包括商业银行在中央银行的法定存款准备金以及超额存款准备金，用R表示，C表示流通于银行体系之外的现金通货。基础货币“量”的组成通常用以下公式表示：

$B = R + C$

11.3.3 基础货币变动与中央银行控制

基础货币能向社会提供多倍于它的货币量，所以研究影响基础货币变动的因素尤为重要。如前所述，一般认为，基础货币主要由以下两个部分组成：一是存款准备金；二是流通在银行体系以外的现金。那么，影响基础货币变动的因素，具体说就是影响组成基础货币的两个方面的因素。

1.影响商业银行存款准备金变动的因素

(1）存款准备金比率。

如果中央银行提高存款准备金比率，商业银行上缴存款准备金就多，基础货币量就增加；反之，中央银行降低存款准备金比率，商业银行上缴存款准备金就少，基础货币量就减少。

(2）流通中的现金量。

流通中的现金流入银行系统的数量增加，能使商业银行上缴存款准备金随之增加；流通中现金流出银行系统，能使商业银行上缴存款准备金减少。前面已提到，有些国家财政部门有直接向流通中投入现金的权利，所以财政部门直接投入流通中现金量的多少，也会相应地增减存款准备金。

（3）中央银行的行为。

这包括中央银行买卖信用证券的数量以及中央银行对商业银行放款和贴现的松紧。中央银行通过“公开市场业务”买进有价证券，就能使商业银行的上缴存款准备金增加；反之，如果卖出有价证券，商业银行的上缴存款准备金就会减少。中央银行作为“最后的贷款者”，如果它扩大或放松对商业银行的放款和贴现，商业银行在中央银行的存款准备金也能够增加；反之，会使商业银行的上缴存款准备金就会减少。

2.影响流通在银行体系以外现金量变动的主要因素

（1）公众收入增加和消费倾向。

一般来说，公众货币总收入会逐年增加，手持现金量也会有所增加。同时，由消费倾向所决定的支出构成变化也会引起现金量的复杂变动：积蓄和待用部分现金存入银行转化为存款；因购买中高档消费品和大中型生产资料而形成手持现金暂时增加；因劳务供应增加促使实际现金流通量增加。

（2）物价变动状况。

一般来说，在币值和物价比较稳定的情况下，公众的手持现金除了随着季节性的变化有所变动外，基本上是比较稳定的。但是，在币值和物价不稳定，甚至出现持续的严重通货膨胀状况下，往往出现提取存款、手持现金、抢购商品等混乱状况，一时会出现流通中现金增加的现象。

（3）经济发展和体制变动情况。

经济发展和体制变动，如商品交易的发展、就业人数增加、集贸市场扩大、价格调整等因素，往往会使流通中现金量增加。

（4）存款和现金比例的变化。

存款和现金比例变化，如收购农副产品付现比重提高，农业贷款、个人贷款中相当部分的付现等，也会使现金流通量增加。

（5）信用发展程度。

信用发展程度，如银行存款利率的提高、储蓄网点的增多、非现金结算的广泛开展等，这些因素往往会影响流通中的现金量。

从以上分析可看出，中央银行虽对基础货币的决定有重要作用，但是影响基础货币的诸因素并不都是同向推进的关系，而是在错综复杂的联系中呈现相互消长的趋势。所以，对于基础货币来说，并不是受某一因素影响即产生变化，而是最终取决于诸因素（包括来自银行部门和来自非银行部门）的合力和消长作用。

3.中央银行对基础货币的控制

中央银行对基础货币加以控制的重要性在于：中央银行虽可运用法定存款准备金率的变动作为限制专业银行信用扩张的工具，但在具体运用中也有其困难之处。西方国家将调整存款准备金率比喻为“猛药”，必须慎行。例如，美国调整存款准备金率的幅度一般不超过1%。

专栏11-2

M1、M2增速“剪刀差”

继2016年的M1、M2增速“剪刀差”引发热议后，2018年下半年，这一话题再度受到关注。不同的是，2016年的“剪刀差”是M1-M2的“正剪刀差”，当年7月扩大到15.4%，创历史新高，民间投资下降、企业流动性陷阱等备受关注。而2018年下半年，“剪刀差”则是M1-M2的“负剪刀差”，截至11月，已连续第10个月为负。2018年11月，M1创下了1.5%的同比低增速，直追2014年1月的1.2%。

一般而言，中国将货币供应量划分为三个层次：M0、M1、M2。M0=流通中的货币，M1=M0+单位活期存款，M2=M1+准货币（单位定期存款+个人存款+非存款类金融机构存款）。

历史上，M1出现较快增长时往往伴随经济上行。当经济上行，企业的支付结算和投资需求增加，从而增加了活期资金持有，反之亦然。然而，2016年时经济存在下行压力，7月M2增速创下新低，M1-M2“正剪刀差”扩大引发了市场担忧；如今，M1-M2“负剪刀差”持续扩大背后，说明了什么问题？2018年和2016年的经济环境有何不同？

2018年11月，M1创下了1.5%的同比低增速。M1从2014年初的低位开始，慢慢企稳，然后在2015年一飞冲天，并在2016年7月创下25.4%的同比增速，之后掉头向下，一路下行，直到2018年11月创下1.5%的低位。M1持续下行引发担忧。

期间，M2同比增速则处于缓慢下行态势，没有出现大幅波动。M1-M2剪刀差也由正转负。

M1的构成是企业活期存款和流通中的现金，由于可以随时支取，相对来说是流动性更强的货币供应。如果货币供应结构中，M1的占比更高，可以反映出货币在实体的潜在流通速度越快，对实体的促进作用就会更强。如果企业对未来预期谨慎，企业会更倾向于金融投资，将存款定期化，或者买货基、银行理财、大额存单等，这时M1会向M2转化，M1下降。相反，如果企业对未来增长前景乐观，准备补库存或者扩大资本开支，企业就会选择将存款活期化，以随时应对补库存和扩大资本开支所需要的现金，这时企业账户上活期存款的部分占比会相对较高，M1上升。

一方面，如今M1增速持续下行，这背后可能隐含着企业对于中长期增长前景存在不确定性；但另一方面，多位分析师对记者表示，表外融资的持续收缩有着重要影响。

M2的来源包含外汇占款（属基础货币投放）、银行向非金融企业或个人放贷、银行购买非金融企业债券、其他（银行自营非标、银行向金融企业贷款等）。在10月，经历上述流程后，最终表现为M1增加了仅2.7%，新增人民币贷款6 970亿元，相比前一月的1.4万亿元“腰斩”，而11月M1增速进一步降至1.5%。

而表外融资收缩也加剧了“负剪刀差”，这主要是因为金融去杠杆下其他融资渠道被压降，使得M2增速持续下降。银行表内投放的非标、非银、委外等，一大部分最终是投到企业的，分别存在定期、活期账户中。此前，不少贷款投向了平台公司，2017年以来，地方政府违规举债被严格管控，不少地方政府平台公司或城投公司少借钱或偿还一些非标、银行贷款，从而拉低了M1增速。

表外业务维持负增长，M2增速反弹受到了制约。11月委托贷款、信托贷款、未贴现银行承兑汇票三项分别负增长1 310亿元、467亿元、127亿元。这表明，表外融资收缩持续压缩企业部门的融资空间和资金可得性，这也是M1走低的重要原因之一。

从整体信贷结构而言，新增信贷仍大量集中在居民部门，M1增速持续走低反映企业部门融资压力。具体而言，11月新增贷款1.25万亿元，贷款增速保持稳定。其中，居民中长期贷款新增4 391亿元，整个居民部门贷款11月新增6 560亿元，占到全部新增贷款的一半以上。票据融资还占据了2 341亿元，流向企业部门的信贷资源占比就较低了。可以看出，目前银行业金融机构普遍对待风险较为谨慎。

尽管有诸多特殊因素导致“剪刀差”扩大，但企业投资意愿低迷是不争的事实。诸多专家提出，比起降息，减税更有助于刺激中小企业和高新技术企业的投资意愿。

资料来源：佚名. 同样是M1、M2“剪刀差”，现在和2016年大不同［EB/OL］.［2018-12-12］. https://baijiahao.baidu.com/s?id=1619616400487207745&wfr=spider&for=pc.

§11.4　货币供给的运行机制

11.4.1　现金运行机制

我国的现金——人民币（钞票和硬币）由中国人民银行发行，具体是由中国人民银行设置的发行基金保管库（简称发行库）来办理的。在运行过程中，可将其表述为：

中央银行将现金从发行库调至商业银行的业务库，从而进入流通程序。单位或个人从银行提取现金后，进行购买或支付，然后商品的售出者或款项的收受人再将收取的现金存入商业银行。最后，现金由商业银行的业务库回笼到中央银行的发行库。这一机制可如图11-1所示：

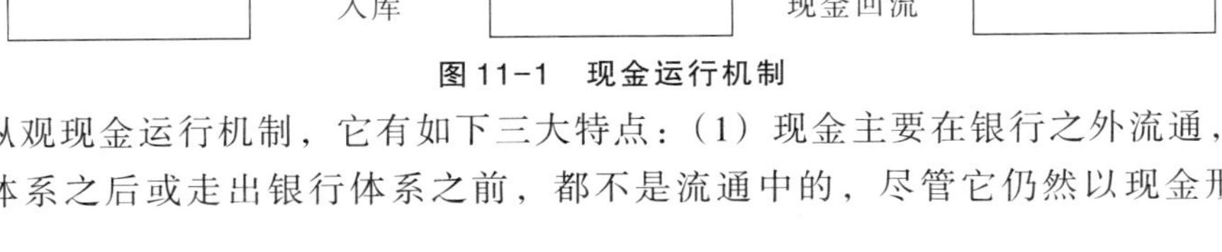

图11-1　现金运行机制

纵观现金运行机制，它有如下三大特点：（1）现金主要在银行之外流通，进入银行体系之后或走出银行体系之前，都不是流通中的，尽管它仍然以现金形态存在。(2)如果银行体系既不增加现金投入，也不组织现金回笼，那么无论现金如何流通，它只会发生持有人结构的变化，而不会有数量上的增减。(3)现金流通一般主要对应于小宗商品即消费品的交易。

11.4.2 原始存款和派生存款

所谓原始存款，是指商业银行吸收的现金存款或中央银行对商业银行贷款所形成的存款，包括商业银行吸收到的增加其准备金的存款。商业银行的准备金以两种具体形式存在：一是商业银行持有的应付日常业务需要的库存现金；二是商业银行在中央银行的存款。这两者都是商业银行持有的中央银行的负债，也是中央银行对社会公众总负债中的一部分。

所谓派生存款，它是相对于原始存款而言的，是指由商业银行以原始存款为基础运用转账方式发放贷款或进行其他资产业务而引申出来超过最初部分存款的存款。派生存款这一定义具体可分以下三点来理解：

(1)派生存款必须以一定量的原始存款为基础。派生存款作为商品经济条件下银行信用活动必然产生的普遍现象，作为银行的经济活动提供信用流通工具的一种机能，并非可以凭空创造，必须具有派生的基础，即有一定量的原始存款作为基础。

(2)派生存款是在商业银行(或称存款货币银行)内直接形成的。在现实的银行信用活动中，凡是在银行具有创造信用流通工具的能力以及实行转账结算的条件下，银行就有创造派生存款的能力。

(3)以原始存款为基础通过商业银行内的存贷活动形成的派生存款，数量界限应是由贷款引出超过最初部分的存款。例如，1万元的贷款，转为1万元的存款，通过存款的派生，形成5万元的存款，这里，派生存款数应是4万元(5万元减1万元)。

11.4.3 存款货币的创造与收缩过程

考察和理解存款货币的创造以及收缩过程，对于认识商业银行的信用创造功能以及对于认识货币供给机制均有极为重要的意义。

1.商业银行信用创造的前提条件

现代银行采用存款准备金制度和部分现金提取制度构成商业银行创造信用的基础，也是商业银行存款创造的前提条件。

(1)存款准备金制度。

存款准备金制度又称部分准备金制度，是指国家以法律形式规定存款机构的存款必须按一定比例，以现金和在中央银行存款形式留有准备的制度。对于吸收进来的存款，银行若是按100%的比例提留存款准备，则银行根本没有发放贷款的款项了，银行就没有创造存款的可能。部分准备金制度的建立，是银行信用创造能力的基础，对一定数量的存款来说，准备金比例越大，银行可用于贷款的资金就越少；

准备金比例越小，银行可用于贷款的资金就越多。

（2）部分现金提取制度。

部分现金提取制度是借款人获得贷款后，会将该款项存入其存款账户，不会以现金的形式把这笔款项全部取走，这样整个银行系统才会产生存款创造。银行向某一借款人发放一笔贷款之后，通常是把该笔资金贷记在该借款人的支票存款账户上，借款人利用这笔款项进行支付时，通常也只是通过票据清算把它转到收款人的账户上或者提取部分现金进行支付。如果借款人把贷款以现金形式提走，不再存入银行，银行就无法使用这笔存款来发放贷款，也就不能创造出新的存款货币，整个银行系统存款和贷款的增加都是一次性的。

2.几个假设

存款货币的多倍扩张和收缩，会受到多种因素的影响。为了分析的简便起见，我们作如下假设：（1）整个银行体系由中央银行及至少两家商业银行所构成。（2）中央银行规定的法定存款准备金率为20%。（3）准备金由商业银行的库存现金及在中央银行的存款组成。（4）商业银行只保留法定准备金，而不持有超额准备金，其余均用于贷款或投资。（5）公众不保有现金，即客户将全部货币收入都存入银行体系。

3.产生多倍存款的过程

存款货币多倍扩张过程实际上就是商业银行通过贷款等行为，引起成倍的派生存款的过程。就整个银行体系而言，一家银行发放贷款，将使另一家银行获得存款，而这家银行也因此发放贷款，从而使第三家银行也获得存款。于是，通过整个银行体系的连锁反应，一笔原始存款将创造出数倍的派生存款。

下面举例进行说明，假设甲银行接受客户A存入的100万元活期存款。由于法定存款准备金率为20%，该银行需要提取20万元的准备金，并将剩余的80万元全部用于发放贷款。当甲银行将80万元贷出后，客户用于购买或其他支付。假设客户手中不得保有现金，故借款人B又将这笔款项存入另一家银行——乙银行。乙银行在得到活期存款并不保留超额准备金的前提下，依照20%的比率提取16万元的法定存款准备金。然后，将其余的64万元贷出去，这个过程不断继续下去，见表11-1。那么，最初由客户存入甲银行的100万元原始存款，经过银行体系的反复使用，存款货币成倍增长。从理论上讲，这种扩张将一直进行到全部原始存款都已成为整个银行体系的存款准备金，从而任何一家银行都已没有任何剩余资金可用于贷款为止。

从这一系列变化过程中，我们能够看到银行之所以能够创造存款货币，是运用原始存款发放贷款的结果。就前面分析而言，法定准备金率的高低，直接影响银行创造存款货币的能力大小。准备金率越高，银行运用原始存款创造信用的能力就越低，存款货币量就越小；反之，准备金率越低，创造存款货币的数额就越大。就个别银行而言，银行只能就超过法定准备金的那部分加以运用，亦即只能创造与其超额准备金相等的存款。但就整个银行体系而言，则能创造大于原始存款若干倍的存款货币。这就是我们在前面分析过的存款货币的创造过程。

表11-1表明，在部分准备金制度下，一笔原始存款，由整个银行体系运用扩张信用的结果，可产生大于原始存款若干倍的存款货币。此扩张的数额，主要决定于两大因素：一是原始存款量的大小；二是法定准备金率的高低。原始存款量越多，创造的存款货币量越多；反之，则越少。法定准备金率越高，扩张的数额越小；反之，则越大。

表11-1　**产生多倍存款的过程**　单位：万元

银行数	存款	法定准备金	贷款
1	100	20	80
2	80	16	64
3	64	12.8	51.2
4	51.2	10.24	40.96
⋮	⋮	⋮	⋮
总计	500	100	400

如以D表示存款总额，R表示存款准备金（本例中为原始存款），r表示法定准备金比率，则存款货币的多倍扩张可用公式表示如下：

$D = R / r$

把表11-1中的数据代入公式，则为：

$D = R / r = 1\,000\,000 \div 20\% = 5\,000\,000$(元)

可见，存款总额由100万元扩张到500万元，其中，100万元是原始存款，400万元为派生存款。在本例中，扩张以后的存款总额是原始存款的5倍。

4.存款货币的多倍收缩过程

存款货币多倍收缩的过程与多倍扩张的过程正好相反。如果说存款货币的多倍扩张是由商业银行的准备金增加所引起的，那么存款货币的多倍收缩就是由商业银行的准备金减少引起的。通常商业银行准备金的减少有两个原因：一是存款人从银行提取存款；二是中央银行向商业银行出售有价证券。

现在假设某存款人从甲银行提取100 000元现金，这就使得在甲银行减少100 000元存款的同时，其准备金也减少100 000元。但是，根据中央银行规定的法定准备金率，甲银行只能减少20 000元（即存款总额的20%）。假定商业银行不持有超额准备金，则甲银行发生准备金短缺，金额为80 000元。它必须通过回收贷款等方式加以弥补，现假设甲银行收回贷款弥补准备金的不足。然而，甲银行收回贷款必然使其他银行因此减少存款，从而引起其他银行的准备金也发生短缺并同样通过收回贷款等方式来弥补。假定因甲银行收回贷款而使得乙银行减少了80 000元存款，并相应减少了80 000元准备金。根据20%的法定准备金率，乙银行只能减少16 000元准备金，于是需要补足64 000元。此时，乙银行也通过收回贷款来补足准备金。

很显然，在准备金制度下，这种存款的减少必然引起准备金的不足，从而也必须收回贷款或证券等。于是，经过整个银行体系的连锁反应，存款总额将会成倍收缩。所以，存款货币的多倍收缩过程实际上是多倍扩张的反向过程。

11.4.4　存款货币创造在量上的限制因素

通过上述分析，我们可以看出乘数（即扩张倍数）与法定存款准备金率之间呈倒数关系，但事实并非如此简单。在以上分析中，我们只考虑了法定准备金率这一个因素，实际上在商业银行存款创造的过程中，还要受诸如超额准备金、现金漏损等因素的影响。下面我们继续考察和理解各种因素对存款创造倍数的限制。

1.现金漏损

前面假设公众将所有货币收入都存入银行而不在手中保有现金，但事实上是不现实的，尤其是对于银行制度不发达的国家来说，人们总会将部分收入以现金形式保留在手中。这样就出现了**现金漏损（c），即银行在扩张信用及创造派生存款的过程中，难免有部分现金会流出银行体系，保留在人们的手中而不再流回。**由于现金外流，银行可用于放款部分的资金减少，因而削弱了银行体系创造存款货币的能力。这种现金漏损对于银行扩张信用的限制与法定存款准备金率具有同等的影响，因而当把现金漏损问题考虑进去后，银行体系创造存款的扩张乘数公式应扩展为：

$$k = 1/(r + c)$$

2.超额准备金

商业银行在实际经营中为了保持流动性，银行实际持有的准备金总是大于法定准备金，这种差额称为超额准备金（e）。不过，为了实现利润最大化，其持有的超额准备金通常较少。从实证分析我们发现，银行的超额准备金同存款在数量之间也保持着某种有规律的关系，故对其可用超额准备金率来表示。这样，银行体系创造存款的扩张乘数公式应为：

$$k = 1/(r + c + e)$$

同法定准备金率及现金漏损率一样，超额准备金率的变化在存款创造时起着同等作用。如果超额准备金率高，则银行信用扩张的能力缩小；如果超额准备金率低，则银行信用扩张的倍数提高。

3.定期存款准备金对存款创造的限制

由于经济行为主体既会持有活期存款，也会持有定期存款。当活期存款被转入定期存款时，尽管不至于使原持有的准备金有所下降，但这种变动会对活期存款乘数k产生影响。因为法律规定，银行对定期存款（D_t）也要按一定的法定准备金率（r_t）提留准备金（定期存款的法定准备金率往往不同于活期存款的法定准备金率）。定期存款（D_t）同活期存款总额（D_d）之间也会保有一定的比例关系，当令$t=D_t/D_d$时，则（$r_t \cdot D_t$）$/D_d=r_t \cdot t$。也就是说，每一个货币单位的活期存款中就会有$r_t \cdot t$作为法定准备漏出（假定对个人定期存款不保持超额准备），考虑到这部分对存款乘数的影响，从而乘数公式进一步扩展为：

$$k = 1/(r + c + e + r_t \cdot t)$$

上面几种情况，是用抽象的方法分别说明r、c、e、$r_t \cdot t$等因素对存款乘数k的影响。在实际情况中，存款货币的扩张究竟能达到多少倍数，还得依整个国民经济情况、所处的经济发展阶段而定。

专栏11-3

中国的货币供给

关于中国的货币供给，先请看图11-2、图11-3两个图：

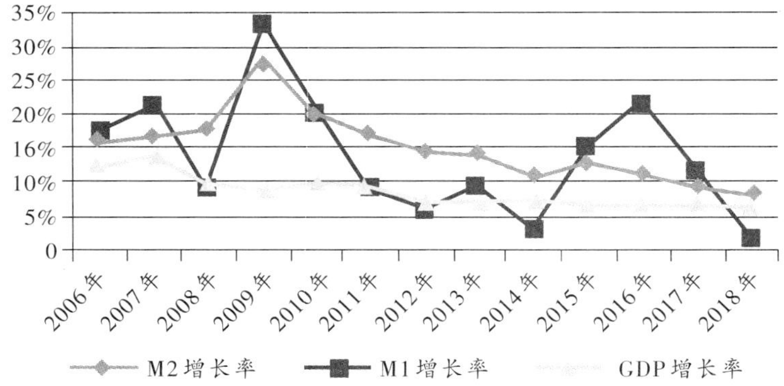

图11-2　2006—2018年中国的M1增长率、M2增长率和GDP增长率

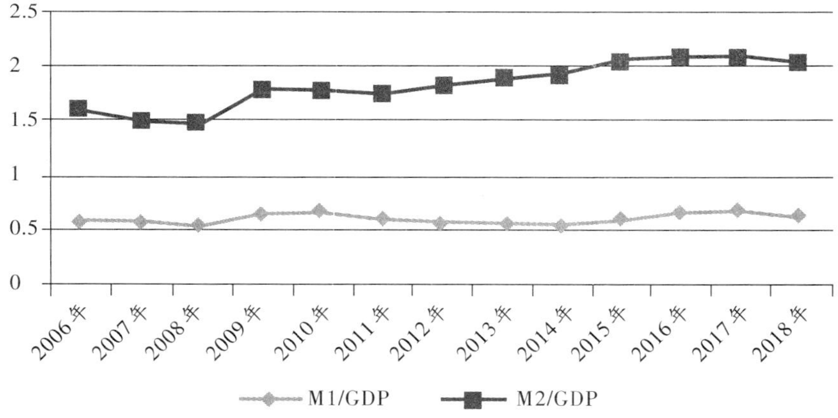

图11-3　2006—2018年中国的金融深化指标M2/GDP和M1/M2

从图11-2可以看到，中国的货币供应量在部分年份超过经济增长的实际需要，表现为货币供应量的增长速度远远高于经济增长速度。其中，2009年货币供应量M1的增长速度是经济增长速度的2.8倍，M2的增长速度是经济增长速度的2.4倍。货币供应量的增长速度超过经济增长速度的结果就是M2/GDP值的不断上升。M2/GDP是常用的衡量金融深化的指标，通常认为，这一指标反映了一个经济体的金融深度。但M2/GDP比例的大小、趋势和原因受到多种不同因素的影响。M2/GDP实际衡量的是在全部经济交易中，以货币为媒介进行交易所占的比重，通常来说，该比值越大，说明该国经济货币化的程度越高。由于构成M2的现金意味着中央银行对公众的负债，构成M2的存款是商业银行对公众的负债。所以，M2/GDP

的比例越高，整体支付风险越大，如果这种局面继续下去，央行的信用创造能力和银行体系的支付能力都将受到影响。相对而言，世界主要发达国家的M2/GDP的比率同期大都在1.0以下（美国长期保持在0.5～0.6）。中国的M2/GDP比率是世界所有国家中最高的，这并不意味着中国经济的货币化程度最高，或者是金融深化程度最高，却恰好反映了中国经济中流动性过度充裕，过于依赖央行的货币投放、居民储蓄和信贷推动经济高速增长的事实。

M1/M2是货币的流动性指标，通常的情况是，如果这一指标趋升，说明经济中的流动性充足，经济活动比较活跃，自然，如果该指标长期剧烈攀升，说明经济承受着通货膨胀压力；反之，则相反。从图11-3来看，总体上中国M1在M2中的比重略有下降的趋势，从2005年近37.8%下降至2012年的31.7%，显示出中国货币结构中现实的购买力不断下降，潜在的购买力不断增大，由此也可以判断经济体中的流动性供给偏大。

本章小结

1.货币供给主要是由中央银行、商业银行和非银行公众三者共同决定的，同时还受到预算赤字、外汇市场等方面的间接影响。因此，要加强中央银行对货币供给的控制，必须加强中央银行对商业银行及非银行公众行为的预测和引导能力，同时尽可能避免预算赤字、外汇市场等因素对基础货币的间接影响。从来源上看，基础货币是金融当局的货币供应量，从运用上看，它由商业银行的准备金和流通中的通货组成。引起基础货币变化的主要因素是中央银行的货币政策、政府的财政收支状况、国际收支状况等。

2.在部分准备金制度和非现金结算制度下，一笔原始存款通过银行的贴现和贷款等行为会产生数倍于原始存款的派生存款，存款创造过程主要受存款准备金率、现金漏损率、超额储备金率和活期存款向定期存款的转化率等因素影响。

3.货币乘数是货币供应量的变化量与基础货币变化量之比，根据乘数模型可以分析出影响货币乘数的主要因素。

4.弗里德曼-施瓦茨模型和卡甘模型得出了货币供给的外生性，乔顿模型和货币供给新论讨论货币供给的内生性。货币乘数是基础货币和货币供应量之间存在的倍数关系。它在货币供应量增长和紧缩时，分别起扩大和衰减作用。货币乘数主要受四个因素的影响，即现金比率、法定存款准备金率、超额准备金率和非金融机构在中央银行的存款与中央银行全部存款的比率。其中，法定存款准备金率、超额准备金率和非金融机构在中央银行的存款与中央银行全部存款的比率对货币乘数的影响是反方向的。现金比率对货币乘数的影响方向不是完全确定的。

综合训练

11.1　单项选择题

1.货币供给的主体是（　　）。

A.中央银行　　B.商业银行　　C.政策性银行　　D.金融机构

2.存款准备金率越高，则货币乘数（　　）。

A.越大　　B.越小　　C.不变　　D.不一定

3.商业银行的超额准备金率越高，则货币乘数（　　）。

A.越大　　B.越小　　C.不变　　D.不确定

4.商业银行派生存款的能力（　　）。

A.与原始存款成正比，与法定存款准备金率成正比

B.与原始存款成正比，与法定存款准备金率成反比

C.与原始存款成反比，与法定存款准备金率成正比

D.与原始存款成反比，与法定存款准备金率成反比

5.在基础货币一定的条件下，货币乘数越大，则货币供应量（　　）。

A.越多　　B.越少　　C.不变　　D.不确定

11.2　多项选择题

1.货币供给由（　　）决定。

A.待实现商品总量　　B.货币流通速度　　C.商品价格水平

D.基础货币　　E.货币乘数

2.基础货币由（　　）构成。

A.银行活期存款　　B.法定存款准备金　　C.超额存款准备金

D.银行定期存款　　E.流通中的现金

3.影响货币乘数的因素有（　　）。

A.存款准备金率　　B.超额准备金率　　C.现金漏损率

D.定期存款比率　　E.活期存款比率

4.商业银行信用创造的前提条件是（　　）。

A.存款准备金制度　　B.完全准备金制度　　C.完全现金提取制度

D.现金准备制度　　E.部分现金提取制度

5.影响流通在银行体系以外现金量变动的主要因素有（　　）。

A.公众收入增加和消费倾向　　B.物价变动状况

C.经济发展和体制变动情况　　D.存款和现金比例的变化

E.信用发展程度

11.3　复习思考题

1.简述商业银行存款货币的创造过程及影响派生规模的因素。

2.什么是基础货币？它对货币供给量有什么重要影响？

3.什么是货币乘数？简要分析货币乘数的决定因素。

4.银行的超额准备金持有量取决于哪些因素？

5.货币供给内生性和外生性的含义是什么？

第 12 章

货币需求

【学习指南】

导读

货币需求是指经济主体（如居民、企业和政府等）对货币的需求，即经济主体能够并愿意以货币形式持有的数量。经济学意义上的需求指的是有效需求，不单纯是一种心理上的欲望，而是能力和愿望的统一。人们对货币需求主要是由于货币是最具方便性、灵活性和流动性的资产，货币需求主要有交易需求、投机需求、安全需求等方面。本章首先介绍对货币理论的研究，然后从货币需求理论发展的顺序，分别介绍西方不同流派对货币理论的阐述，最后对中国的货币需求进行了实证考察。

关键概念

现金交易数量说　现金余额数量说　流动性偏好　流动性陷阱　恒久性收入

引例

2016年上半年"天量信贷"

据中国人民银行统计，2016年6月末，金融机构人民币各项贷款余额101.49万亿元，同比增长14.3%，增速比上季末低0.4个百分点；上半年增加7.53万亿元，同比多增9 670亿元。贷款投向呈现以下特点：

一、企业贷款增速回落

2016年6月末，本外币非金融企业及机关团体贷款余额72.97万亿元，同比增长9.7%，增速比上季末低0.7个百分点；上半年增加4.21万亿元，同比少增4 548亿元。

从期限看，6月末非金融企业及机关团体短期贷款及票据融资余额33.18万亿元，同比增长8.2%，增速比上季末低2.3个百分点，上半年增加1.56万亿元，同比少增5 985亿元；中长期贷款余额38.07万亿元，同比增长10.6%，增速比上季末低1.3个百分点，上半年增加2.45万亿元，同比多增1 409亿元。

从用途看，非金融企业及机关团体固定资产贷款余额30.29万亿元，同比增长7.5%，增速比上季末低1.6个百分点；经营性贷款余额32.01万亿元，同比增长8.9%，增速比上季末低1.3个百分点。

二、小微企业贷款增长加快

2016年6月末，人民币小微企业贷款余额19.31万亿元，同比增长15.5%，增速比上季末高1个百分点，比同期大型和中型企业贷款增速分别高4.6个和8.2个百分点。

2016年6月末，小微企业贷款余额占企业贷款余额的30.7%，占比比去年同期占比水平高1.2个百分点。上半年小微企业贷款新增1.48万亿元，同比多增4 954亿元，增量占同期企业新增款的36.3%，比上年同期占比水平高11个百分点。

三、房地产贷款增长加快，其中个人购房贷款增长较快

2016年6月末，人民币房地产贷款余额23.94万亿元，同比增长24%，增速比上季末高1.8个百分点；上半年增加2.93万亿元，同比多增1.04万亿元，增量占同期各项贷款增量的38.9%，比1—5月占比水平高0.3个百分点。

2016年6月末，房产开发贷款余额5.41万亿元，同比增长10.9%，增速比上季末低2.1个百分点，其中，保障性住房开发贷款余额2.18万亿元，同比增长42.2%，增速比上季末低3.2个百分点；地产开发贷款余额1.66万亿元，同比增长7.5%，增速比上季末低15.3个百分点。个人购房贷款余额16.55万亿元，同比增长30.9%，增速比上季末高5.4百分点，比各项贷款增速高16.6个百分点；上半年增加2.36万亿元，同比多增1.25万亿元。

此外，贷款投向的特点还有：工业和服务业中长期贷款增长有所企稳；农业贷款增速回升；住户消费性贷款增长较快，经营性贷款增速回落。

资料来源：中国人民银行. 2016年上半年金融统计数据报告[EB/OL].[2016-07-15]. http://www.gov.cn/zhuanti/2016-07/15/content_5091636.htm.此处有改动.

引例带给我们的疑问是，2016年上半年中国货币需求为什么会如此迅猛增加？关于货币需求有哪些经济理论？影响货币需求的因素有哪些？这些正是本章所要探讨的问题。

§12.1　西方货币需求理论的发展

12.1.1　马克思的货币需求理论

马克思在1867年出版的《资本论》第一卷中指出："商品世界流通过程所需求的流通手段量，已经由商品的价格总额决定了。"他在《资本论》第三卷中写道："现实流通的货币量是由商品的价格和交易量决定的。银行券的流通也受这个规律的支配。"所以，无论是在金属货币流通的情况下，还是在纸币流通的情况下，都是物价和交易量决定现实流通的货币量。

马克思的货币需求理论集中反映在货币必要量理论中。马克思以完全的金币流通为假设条件，并且有：商品价格取决于商品的价值和黄金的价值，而价值取决于生产过程，所以商品是带着价格进入流通的；商品价格有多大，就需要有多少金币来实现它；商品与货币交换后，商品退出流通，黄金留在流通领域可以使其他的商品得以出售，从而一定数量的金币，流通几次，就可以使相应倍数价格的商品出售。因此，马克思的货币必要量公式为：

$$M = PQ/V$$

式中：M代表执行流通手段职能的货币量；P代表商品价格水平；Q代表流通中的商品数量；V代表同名货币流通次数。

公式表明，货币必要量取决于进入流通的商品量、价格水平和货币流通次数三个因素。这里，货币流通次数是指同一单位的货币在一定时期内平均周转的次数。商品数量与商品价格的乘积就是商品价格总额。可见，货币必要量与商品价格总额成正比，与货币流通次数成反比，并且当商品价格总额不变时，流通市场的货币必要量与货币流通速度成反比；当货币流通速度不变时，流通市场的货币必要量与商品价格总额成正比。

马克思还分析了纸币流通条件下货币量与价格之间的关系。他认为，纸币流通规律只是在金属货币流通规律基础上产生的，并受金属货币流通规律的制约。纸币本身没有价值，只有流通才能作为金属货币的代表。由于流通所能吸收的金量是客观决定的，所以无论向流通中投入多少纸币，所能代表的都只是客观所能吸收的金量。马克思概括的纸币流通规律是，纸币的发行限于它所代表的金（或银）的实际流通的数量。这样，纸币投入越多，每一单位纸币所能代表的金量越少，即纸币贬值，物价就上涨。所以，在纸币流通条件下，纸币数量的增减成为商品价格涨跌的决定因素。

马克思的货币必要量理论指出了货币流通规律的实质就是货币与商品流通必须相适应，从而货币流通必须要符合经济发展的需要。马克思对货币必要量的分析具有重要理论意义，但应该看到，马克思在分析货币必要量时是以金币流通为研究对象，提出了这一货币需要量的公式。但是，现在的实际经济生活中，他的假设条件不一定继续成立，因此，在具体应用中还应该考虑现实情况的变化。

12.1.2 古典的货币理论

1.早期的货币数量论

货币数量论是一种用流通中的货币数量的变动来说明商品价格变动的货币理论，早期的货币数量论以休谟和李嘉图为代表。休谟是18世纪货币数量论早期的代表人物，通过对16、17世纪欧洲价格史的研究，休谟发现，随着南美殖民地的金银大量流入欧洲，价格随贵金属的增加而上涨。这种上涨并非同时发生，而是经过很长时间后，才滞后地表现出来。休谟认为，商品价格决定于实际进入流通的货币数量和进入市场的商品数量。一国流通的货币量是流通中商品的代表，如果商品增加，货币量不变，则商品价格下降；如果货币量增加，商品不变，则商品价格提高。从中可以看出，在休谟看来，货币只是价格符号，他忽略了贵金属货币本身也是商品的事实，在国家信用未完全取代商品信用的情况下，这种分析只是停留在货币流通的表面现象上。

李嘉图在货币数量论问题上，沿袭了休谟的认识，认为流通中的货币量取决于两个因素：货币单位价值的高低和商品交换价值的总额。在货币单位价值量确定的情况下，流通货币的数量决定商品的价格。李嘉图认为："流通媒介数量的增加或减少，不管它是由黄金、白银或纸币所构成，都不能使它的价值增加到这个比例以上或减低到这个比例以下。如果矿山不能再满足贵金属每年的消费量，货币就会有较大的价值，并且只会有较小的数量用作流通的媒介。数量的减少将同它的价值的增加成比例。同样，如果发现了新矿，贵重金属的价值就会降低，并且会有更大的数量用于流通。因此，无论在哪一种情况下，货币对其流通的商品的相对价值，还是会继续同以前一样。"虽然李嘉图注意到贵金属货币本身是商品，具有价值，但其结论却是和休谟有着一致性。对于货币现象，被局限在流通领域内，从休谟和李嘉图对于货币数量论的表述中，我们可以看出，这与后来有名的费雪方程式"$MV=PT$"已没有太大差别，可以看作费雪方程式在18世纪的语言表述。

早期货币数量论的最大问题在于两点：一是对于货币本身认识的模糊不清，贵金属货币与纸币并不具有相同的流通规律；二是对货币职能认识不足，仅把货币作为流通手段，而忽略了其他货币职能。

2.费雪的现金交易数量说

美国经济学家费雪在他1911年出版的那本很有影响的《货币的购买力》一书中，对古典数量论作了最清晰的阐述。费雪考察了一定时期内流通中货币的平均数量（M）与经济体所生产出来的最终产品和劳务的支出总量（$P \cdot T$）之间的联系，其中P代表各类商品价格的加权水平数，T代表各类商品和劳务的交易数量。V代表M和$P\cdot T$之间关系，被称为货币流通速度，即货币周转率，也就是1年当中1美元用来购买经济体最终产品和劳务总量的平均次数，用公式表示如下：

$M\cdot V=P\cdot T$　或　$M=(1/V)\times P\cdot T$

上式被称为费雪方程式。**费雪认为，货币数量乘以在给定年份中货币被使用的次数等于名义收入（即该年度花费在商品和劳务上的名义总量），这是现今交易数量说的核心内容。**

费雪认为，货币流通速度V与各类商品和劳务的交易数量T在长期上都不受M变动的影响。V是由影响个体交易方式的制度因素决定的。如人们使用信用卡和电子商务来进行交易，通常会较少地使用货币，则名义收入所产生的交易只需使用较少的货币。相反，如果交易时用现金或支票进行支付，则由同样规模的名义收入所产生的交易就需要使用较多的货币，从而货币流通速度会下降。T则取决于资本、劳动力及资源的供给状况和生产技术等非货币因素。

由于经济体中的制度和技术特征只有在较长时间里才会对流通速度产生影响，因此正常情况下，短期内货币流通速度相当稳定。费雪的货币流通速度在短期内相当稳定的观点，将交易方程式转化为货币数量论，该理论认为名义收入仅决定于货币数量的变动：当货币数量M增加时，$M\cdot V$也增加，从而名义收入的价值$P\cdot T$也一定增加。

因为古典经济学家认为工资和价格是完全有弹性的，所以在正常年份整个经济体生产出来的总产品T总是维持在充分就业水平上，故在短期内也可以认为交易方程式中的T稳定。因此，货币数量论表明，由于在短期内V和T都是常量，所以根据交易方程式，如果M增加，P也必须增加。所以，根据费雪的货币数量论可以得到的结论是：货币数量的变动决定着价格水平的变动。

根据费雪方程式：

$M=(1/V)\times P\cdot T$

设$k=1/V$，那么费雪方程式就可写成：

$M=k\times P\cdot T$

根据前面所分析的，V是常量，所用的k也为常量，所以货币需求量M是由名义收入$P\cdot T$引发的交易水平决定的。因此，费雪的货币数量论表明：货币需求仅仅是收入的函数，利率对货币需求没有影响。所以，费雪的货币数量论认为，货币需求主要取决于两个主要因素：一是名义收入水平$P\cdot T$引致的交易水平；二是受制度因素影响的货币流通速度。

3.剑桥学派的现金余额数量说

以马歇尔和庇古为代表的剑桥学派在研究货币需求问题时，重视微观主体的行为。他们认为，处于经济体系中的个人对货币的需求，实质是选择以怎样的方式保持自己的资产，人们对货币的需求，受个人财富总额、利率变动、持有货币的机会成本，以及对未来收入、支出和物价等的预期等诸多因素的影响。但是，在其他条件不变的情况下，对每个人来说，名义货币需求与名义收入水平之间保持着一个较稳定的比例关系。对整个经济体系来说，也是如此。**剑桥学派认为，人们的财富主要用在三种用途上：一是投资以取得利息；二是消费以取得满足；三是持在手中以获得便利和安全。人们以货币形式把财富保持在手中，即把财富用于第三种用途，便形成了现金余额。这是现金余额说的核心内容。**由于用于投资和消费的那部分财富很快会被消耗掉，因此无须以货币形式来代表它们。人们需要货币，只是为了保有现金余额，故货币的需求量应该等于现金余额。

1917年，马歇尔的学生、英国剑桥大学教授庇古在《经济学季刊》上发表《货币的价值》一文，提出了货币需求函数，即剑桥方程式或称庇古方程式：

$$M = k \cdot P \cdot Y$$

式中：M代表货币需求数量，即现金余额；Y代表人们的全部财富，也可以代表实际收入；P代表一般物价水平；k代表人们持有的现金余额占全部财富的比率。

庇古方程式的理论根据是马歇尔的货币数量论。马歇尔认为，货币流通速度决定于人们的持币时间和持币量，而人们的持币时间和持币量又决定于人们的财产和收入中多大一部分以货币形态贮存起来。人们以货币形态贮存起来的财产和收入是“人们愿意保持的备用购买力”，这部分购买力的高低决定于以货币形态保持的实物价值。

剑桥学派方程式和费雪方程式有两个明显的相似之处：一是如果把T和Y等同来看，那么两个方程式就有相同的数学形式；二是二者都认为物价水平和货币需求数量之间存在一定的关系。

但是，两个方程式蕴含的意义却有很大的不同。剑桥学派的系数k是由人们的选择行为决定的，它受到多种因素的影响，因而可能上下波动。而k的变动取决于人们拥有的财富的选择，财富可投资于实物形态，进行生产，也可直接用于消费，还可保持在货币形态上。怎样选择，需要权衡利弊得失，若选择在货币形态上保存，必将增加现金余额，而现金余额的增加必然会使k增大。因此，剑桥方程式主要是强调人们保有的现金余额对币值从而对物价的影响。剑桥学派虽然简单地将k视为常数，但是剑桥学派开创的这一研究角度，为后来的经济学家的研究奠定了宝贵的基础。凯恩斯的流动性偏好论正是在现金余额说的基础上发展起来的。

12.1.3 凯恩斯的货币需求理论

1.凯恩斯的流动性偏好理论

凯恩斯（John Maynard Keynes）是英国著名的经济学家，是宏观经济学的创始人。在他1936年出版的著名的《就业、利息和货币通论》一书中，凯恩斯放弃了古典学派将货币流通速度视为常量的观点，发展了一种强调利率重要性的货币需求理论。那时凯恩斯在剑桥大学，所以他继承了剑桥学派创立的研究方法。他的货币需求理论被称为流动性偏好理论。**所谓流动性偏好，是指由于货币具有使用上的灵活性，人们具有宁肯以牺牲利息收入而储存不生息的货币来保持财富的心理倾向。**

这一理论研究了个体持有货币的原因。他假定货币需求的背后有3个动机：交易动机、预防动机、投机动机。

（1）交易动机。

货币的交易动机是指企业或个人为了应付日常的交易而愿意持有货币的愿望。这是由于货币的交易媒介职能而导致的一种需求。交易动机可分为所得动机和业务动机。从个人的角度来看，由于收入的获得和支出的发生之间总会有一定的间隔，在这段间隔内，个人固然可以把收入转换成货币以外的资产形式加以保存，但是为支付时的方便起见，仍必须持有一定量的货币。从企业的角度来看，由于支出成本到销售收入的获得之间也有一定的间隔，所以企业持有货币应付日常开支的需求。凯恩斯认为，虽然货币的交易性需求也受其他一些次要因素的影响，但它主要还是取决于收入的大小。他遵循费雪和剑桥学派的假设，即个体持有货币的动机是因为货币具有交易媒介的功能，可用来完成每日的交易，并认为货币需求的交易部分与收入成比例。

（2）预防动机。

预防动机又称为谨慎动机，是指人们为了应付突然发生意外支出而需要持有一部分货币的动机。比如，人们为了应付子女上学、失业、疾病等重大或意外事件、企业为应付原材料涨价等意外事件，需要事先持有一定数量的货币，这部分货币就是预防需求的一部分。凯恩斯认为，人们愿意持有的预防性货币余额的数量主要取决于人们对未来交易水平的预期，并且这些交易与收入成比例。因而，他假定出于预防动机的货币持有与收入成比例。

（3）投机动机。

投机动机是指人们为了在未来某一适当的时机进行投机活动而持有一部分货币的愿望。凯恩斯继承剑桥学派的观点，即认为货币具有财富储藏的功能，他将持有货币的这一理由称为投机动机。凯恩斯认为财富与收入密切相关，所以他认为货币需求的投机部分与收入相关，并认为利率也在货币的投机需求中起到很重要的作用。

凯恩斯将可用来储存财富的资产分成两类：货币和债券。假如持有货币的预期回报率大于持有债券的预期回报率，则人们就愿意持有货币。凯恩斯假定货币的预期回报率为零，因为凯恩斯所处的年代与今天不同，那时大多数支票存款没有利息收入。而对于债券来说，其预期收益来自两个部分：利息收入和预期资本利得。

利率上升，则债券价格下降。如果预期利率上升，则债券价格预期下跌，从而得到负资本利得，即资本损失。假如预期利率大幅上升到足够程度，资本损失超过利息收入，则债券的预期回报率变为负值。在这种状况下，人们愿意用货币来储存财富，这是因为它具有更高的预期回报，它的零回报超过了债券的负回报。

凯恩斯还假定，每个经济个体都认为利率会趋向某个正常值（现在这一假定不一定合理）。如果利率低于这一正常值，则经济个体预期未来债券利率将会上升，以债券形式储存的财富将遭受资本损失。这样，个体将愿意以货币形式储存财富，从而货币需求增加。

当利率超过正常值时，人们将会预期未来利率趋于下降，债券价格趋于上升，可以获得资本利得。利率越高，人们越有可能预期持有债券的收益为正值，从而超过持有货币的预期回报。因此，人们将更愿意持有债券，从而货币需求减少。

根据凯恩斯的推理，我们可以得到的结论是：货币需求同利率水平负向相关，即利率上升导致货币需求减少，利率下降导致货币需求增加。

2.凯恩斯的货币需求函数

在凯恩斯看来，在正常情况下，为满足交易动机和预防动机所需要的货币数量，主要与经济形势和货币收入水平同方向变动，基本上不受其他因素的影响；而用于满足投机动机的货币需求，与利率反方向变动。凯恩斯将货币需求的三种动机综合起来建立货币需求函数：以M_1代表为满足交易动机和预防动机所需要的货币数量，它随实际收入Y的增加而增加；以M_2代表为满足投机动机所持有的货币数量，它随利率i的上升而减少。其用公式表达就是：

$$M = M_1 + M_2 = L_1(Y) + L(i)$$

式中：$M_1 = L_1(Y), M_2 = L_2(i)$。

该方程式又被称为流动性偏好函数，该函数表明实际货币需求余额是实际收入Y和利率i的函数。在流动性偏好函数中，对实际货币余额的需求与利率成负相关，对实际货币余额的需求与收入成正相关。凯恩斯得出的货币需求不仅与收入有关而且还与利率有关的结论，与费雪的利率对货币需求没有影响的观点不同，但是与剑桥学派的观点差异较小，剑桥学派虽然没有准确分析利率对货币需求产生的影响，但并没有排除利率可能带来的影响。

通过流动性偏好方程式求解货币流通速度V，实际货币需求可由名义货币需求除以价格水平来表示，即$M = Md/P$，则有：

$$Md/P = L_1(Y) + L_2(i) = f(i,Y)$$

方程式两边都除以Y，推导可得：

$$V = PY/Md = Y/(f(i,Y))$$

通过上式可见，在凯恩斯的货币需求理论中，货币流通速度并非常量，货币流通速度是与实际货币需求反向变动的，这样，当实际货币需求随利率的涨落而发生波动时，货币流通速度也就随之波动，即货币流通速度随着利率的变动而波动。当利率上升时，$f(i,Y)$下降，所以货币流通速度上升。也就是说，利率上升会使人们在给定的收入水平上持有较少的真实货币余额，因此，货币流通速度必然上升。所以，货币需求的流动性偏好理论认为：利率波动剧烈会导致货币流通速度的波动剧烈。

在凯恩斯看来，货币数量论将货币流通速度视为常数，其问题就在于忽视了货币的投机需求。若利率长期稳定不变，人们会忽视利率未来的不确定性，此时L_2等于零，这样，$M = M_1 = L_1(Y)$，货币需求数量M的变化等于M_1的变化，所以有：

$$V = Y/(L(Y))$$

这时，货币流通速度才可以被视为一个主要由制度因素决定的在短期内变化很小的量。在这种假设情况下，也得出了与传统货币数量说相同的结论。

凯恩斯反对将货币流通速度视为常数的另一个原因是：假设人们预期未来利率水平比现在高，由于预期将来利率会更高，所以人们都预期债券价格下跌，将遭受资本损失。这样，人们会卖出债券而持有货币，货币需求增加，即$f(i,Y)$将上升，从而导致货币流通速度下降。可见，货币流通速度将随着人们对未来利率水平预期的变化而变化，对未来利率水平不稳定的预期会导致货币流通速度的不稳定。

总之，凯恩斯反对把货币流通速度视为常数的理由有两条：一是货币流通速度与利率波动程度正相关；二是人们对未来利率变动的预期也将影响货币需求，从而影响货币流通速度。

3.流动性陷阱

流动性陷阱是指当一定时期的利率水平降低到不能再低时，人们就会产生利率上升而债券价格下降的预期，货币需求弹性就会变得无限大，即无论增加多少货币，都会被人们储存起来。发生流动性陷阱时，再宽松的货币政策也无法改变市场利率，使得货币政策失效。凯恩斯认为，当利率降到某种水平时，人们对于货币的投机需求就会变得有无限弹性，即人们对持有债券还是货币感觉无所谓。此时即使货币供给增加，利率也不会再下降。

根据凯恩斯的货币需求函数，货币需求的利率弹性为：

$$e=\frac{dM}{M}/\frac{di}{i}$$

当利率降至i_0后而固定不变时，$di=0$，所以，$e=-\infty$。

如图12-1所示，当利率降至i_0后，货币需求曲线变为与横轴平行的直线。该直线部分即是流动性陷阱。在该直线部分，货币需求的利率弹性为无限大。凯恩斯认为这只是一种可能性，在实际经验中并不常见。事实上，流动性陷阱这一名词并非凯恩斯本人定义的，而是后人给定义的。

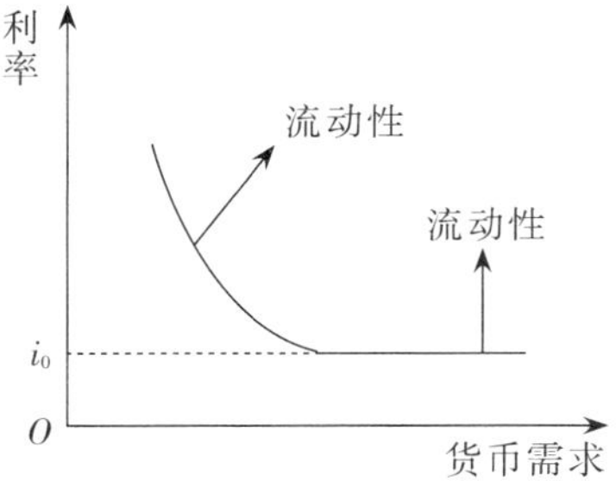

图12-1 流动性陷阱

流动性陷阱现象的产生是在流动性偏好的假定下，当市场利率降低（债券价格提高），且低于i_0时，人们预期未来利率将上升（债券价格下跌），从而愿意多持有货币。

此外，由于利息收入太低，所以几乎每人都宁愿持有现金，而不愿持有债券。

此时金融当局对于利率即无力再施加控制。利率降至某一水平之后，任何措施都不再能使它下降。这种无能为力的状况，恰如落入陷阱一样。

在流动性陷阱下，人们在低利率水平时仍愿意选择储蓄，而不愿投资和消费。此时，仅靠增加货币供应量就无法影响利率。当利率为零时，即便中央银行增加多少货币供应量，利率也不能降为负数，由此就必然出现流动性陷阱。另外，当利率为零时，即货币和债券利率都为零时，由于持有货币比持有债券更便于交易，人们不愿意持有任何债券。在这种情况下，即便增加多少货币数量，也不能把人们手中的货币转换为债券，从而也就无法将债券的利率降低到零利率以下。因此，靠增加货币供应量不再能影响利率或收入，货币政策就处于对经济不起作用的状态。

4.凯恩斯货币理论的发展

凯恩斯对货币理论的基本贡献是认为人们对货币需求的原因除交易动机、预防动机外，还有投机动机，并依次建立了新的货币需求函数。人们持有货币不但是为了作为交换媒介，而且还作为价值储藏手段。因此，凯恩斯将货币需求分为两部分：交易需求取决于收入；资产需求则取决于利率。前者与利率无关，而与收入保持一定的关系。

后来，凯恩斯学派的经济学家通过深入研究，进一步发展了凯恩斯的货币需求理论。其中比较有代表性的有：鲍莫尔等人对交易性货币需求理论的发展；惠伦等人对预防性货币需求理论的发展；托宾等人对投机性货币需求理论的发展。这些发展已经成为当代西方货币需求理论的重要组成部分。

（1）交易性货币需求。

在凯恩斯的流动性偏好理论中，货币的交易性需求被假定为收入的函数，而与利率无关。早在20世纪40年代末，凯恩斯的追随者美国经济学家汉森就对此提出了质疑，认为当利率上升到一定的程度，货币的交易余额也会具有利率弹性。进入20世纪50年代后，美国经济学家鲍莫尔深入分析了交易性货币需求和利率的关系，后来美国经济学家托宾建立了相似的理论模型，证明交易性需求同样是受到利率影响的。他们的模型被合称为鲍莫尔-托宾模型。由于鲍莫尔和托宾的模型在本质上是运用管理科学中最适度存货控制技术于货币理论的成果，所以又通称为“货币需求的存货管理论”。

鲍莫尔认为，人们持有现金，正如企业持有存货一样，旨在应付不时之需。但存货是耗费成本的（租金、利息、管理费用等），所以企业在不妨碍生产和交易的前提下，必然设法将存货量降至最低限度。同样，现金（指钞票和活期存款）并无利息收入，故持有现金即意味着负担相当高的机会成本，也就是说，该笔现金可投资于有价证券或其他资产而获得利息收入。所以，人们也必然有使作为交易用途的现金余额尽量减少的理性动机。

鲍莫尔-托宾模型的三个假设是：

①人们收入的数量一定，间隔一定；支出的数量事先可知且速度均匀。

②人们将现金换成生息资产，采用购买短期债券的形式，其具有容易变现、安

全性强的特征。

③每次变现（出售债券）与前一次的时间间隔及变现数量都相等。

由鲍莫尔-托宾模型的有关推导结论可得出，现金交易需求的收入弹性和利率弹性分别为0.5和-0.5。也就是说，现金交易需求与收入的平方根成正比，而与利率的平方根成反比。

鲍莫尔-托宾模型的基本观点是：利率降低，则用作交易目的的现金持有量将会减少，反过来，这又意味着随着利率上升，货币流通速度也将加快。也就是说，货币交易需求与利率水平负向相关。

鲍莫尔认为，任何企业或个人的经济行为都以收益的最大化为目标，因此在货币收入取得和支用之间的时间差内，没有必要让所有用于交易的货币都以现金形式存在。由于现金不会给持有者带来收益，所以应将暂时不用的现金转化为生息资产的形式，待需要支用时再变现，只要利息收入超过变现的手续费就有利可图。一般情况下，利率越高，收益越大，生息资产的吸引力也越强，人们就会把现金的持有额压到最低限度。但若利率低下，利息收入不够变现的手续费，那么人们宁愿持有全部的交易性现金。因此，货币的交易需求与利率不但有关，而且关系极大，凯恩斯忽略利率对现金交易需求的影响并不符合实际。

鲍莫尔-托宾模型对西方货币理论产生了重大影响。众多学者在研究货币理论和货币政策问题时都论及该理论，对它的褒贬不一。

对该模型的肯定之处是，该模型从人们保持适度的现金用于交易，而将暂时闲置的部分用以获利这个常见的现象出发，得出交易性货币需求在很大程度上受利率变动影响的结论，具有普遍的适用性。这是对凯恩斯货币交易需求理论的重要发展。这一论证不仅为凯恩斯主义的以利率作为货币政策的传导机制的理论进一步提供了证明，而且向货币政策的制定者指出，货币政策如果不能够影响利率，那么它的作用就不大。

根据平方根公式，假定利率和物价不变，收入增加的比例必须大于货币供给增加的比例，才能使公众吸纳新增的货币，因此在萧条时期，货币政策的效果可能比预期的要大。因此，鲍莫尔-托宾模型强调了货币政策的有效性。

对于上述鲍莫尔-托宾模型，也有不少批评意见。比如，模型忽略了影响货币交易需求的一些重要因素，如时间价值、通货膨胀、货币界定、支付制度和条件、金融创新等，致使模型有失偏颇；有的意见否定模型的定性理论假设，从随机性模型的观点来批判“平方根公式”，认为未来的货币支出和所得根本无法预测和确定，经济单位只能按照一些简单的决策原则来处理其现金流转；还有一种意见认为模型中交易性货币需求对交易量和利率的弹性分别为0.5和-0.5是不准确的，认为货币需求对交易量的弹性并不是一个常数，而是一个变数。当交易量变小时，向下变动；当交易量变大时，向上变动。这个变数的具体数值应该在0.5至1之间。

（2）预防性货币需求。

在鲍莫尔-托宾模型论证了货币交易需求受利率影响之后，1966年，美国经济学家惠伦及米勒和奥尔先后发表文章，论证了预防动机的货币需求也同样为利率的减函数。比较有代表性的是惠伦模型。

货币的预防需求为什么同市场利率负相关呢？当利率上升时，人们就可能减少货币的预防需求量，增加债券的购买量，以期获得更高的利息，因此货币的预防需求也是收入和利率的函数。下面，我们具体分析收入与利率如何影响货币的预防需求。

惠伦认为影响预防性货币需求的因素有三个：非流动性成本、持有预防性现金余额的机会成本、收入和支出的平均和变化情况。非流动性成本是指因低估在某一支付期内现金需要而造成的严重后果。当人们因缺乏现金而无法应付付款义务时，就有三种可能：①陷于经济困境甚至破产，此时，非流动性成本是非常高的；②如果能够及时得到银行贷款，则非流动性成本就是银行贷款成本；③如果人们持有易转换成现金的资产，则非流动性成本等于将非现金资产转换成现金的手续费。企业为免于周转不良，同时考虑到不能确保随时得到贷款，通常需要持有现金等流动性资产。因此第三种情况应作为理论分析的一般情况。持有预防性现金余额的机会成本则是指持有这些现金而须放弃的一定的利息收益。

为了合理地安排货币的预防性需求，货币持有者可能面临一个两难选择：如果人们为预防不测持有较多货币，就减少了预期的非流动性成本，但同时却增加了持有预防性现金余额的机会成本；反之，如果持有较少的预防性现金余额，减少了机会成本，但却提高了非流动性成本。因此，追求利润极大化的企业，必然选择适当的预防性现金余额，来使这两种成本之和下降到最低限度。

由于货币的交易性需求和预防性需求都是同利率相关的，同时货币的投机性需求也不可避免地要受到收入的影响，因此，凯恩斯货币需求函数被改写为：

$$M/P = M_1(i,Y) + M_2(i) = f(i,Y)$$

这也就是凯恩斯学派的货币需求函数，它表明：由交易动机、预防动机和投机动机引起的对实际货币余额的需求是由利率和收入两个因素共同决定的。

（3）投机性货币需求。

凯恩斯关于投机动机的货币需求理论，主要是考虑投资者对未来利率的预测。凯恩斯认为有一种为大多数投资者所同意的正常预期利率。如果市场利率降至或低于这种正常预期利率，则投资者大量增加现金持有量；反之，如市场利率高于这种正常预期利率，则投资者大量减少现金持有量。如利率已降至无可再降的低水平（即流动性陷阱），则货币需求变为无限大。换言之，这种货币需求量是一种对“闲资”的需求，而并非是对交易手段的需求。所以，凯恩斯对这个理论问题的提法似乎隐含着某一假设，即投资者只能在货币和债券这两种资产之间做出选择，要么持有货币，要么持有债券，却不能解释人们为何同时持有债券和货币，也不能解释投资者在实际行为中所遵循的资产分散原则。

1958年，托宾发表论文指出了凯恩斯的投机性货币需求理论的缺陷，并加以弥补。托宾将资产选择理论和货币需求理论结合起来，用投资者避免风险的行为动机来解释对闲置货币余额的需求。托宾认为：投资者是风险的规避者，所以投资风险增加，需要收益相应的增加作为补偿，即投资随风险和利率的上升一起增加。债券的增加就是货币的减少。货币的持有随风险的提高和债券持有的减少而增加。

托宾将人们分为三种类型：风险回避者、风险爱好者、风险中立者。由于人们对待风险的态度不同，就可能做出不同的选择决定。托宾认为，现实生活中前两种人只占少数，绝大多数人都属于风险中立者，资产选择理论就是以他们为主进行分析的。

托宾认为，收益的正效用随着收益的增加而递减，风险的负效用随风险的增加而增加。若某人的资产构成中只有货币而没有债券时，为了获得收益，他会把一部分货币换成债券，因为减少了货币在资产中的比例就带来收益的效用。但随着债券比例的增加，收益的边际效用递减而风险的负效用递增，当新增加债券带来的收益正效用与风险负效用之和等于零时，他就会停止将货币换成债券的行为。同理，若某人的全部资产都是债券，为了安全他就会抛出债券而增加货币持有额，一直到抛出的最后一张债券带来的风险负效用与收益正效用之和等于零时为止。只有这样，人们得到的总效用才能达到最大。这也就是所谓的资产分散化原则。这一理论说明了在不确定状态下人们同时持有货币和债券的原因，以及对二者在量上进行选择的依据。

托宾认为货币投机需求的变动是通过人们调整资产组合实现的。这是由于利率的变动引起预期收益率的变动，破坏了原有资产组合中风险负效用与收益效用的均衡，人们重新调整自己资产组合的行为，导致了货币投机需求的变动。所以，利率和未来的不确定性对于货币投机需求具有同等重要性。

托宾通过理论推导得出结论，认为：投机性货币需求是利率的反比例函数。如图12-2所示，横轴表示货币持有比例b，纵轴表示利率（即预期收益率）i，这条曲线跟凯恩斯的流动性偏好曲线不同，它是以资产多样化选择为前提的，也被称为“托宾曲线”。

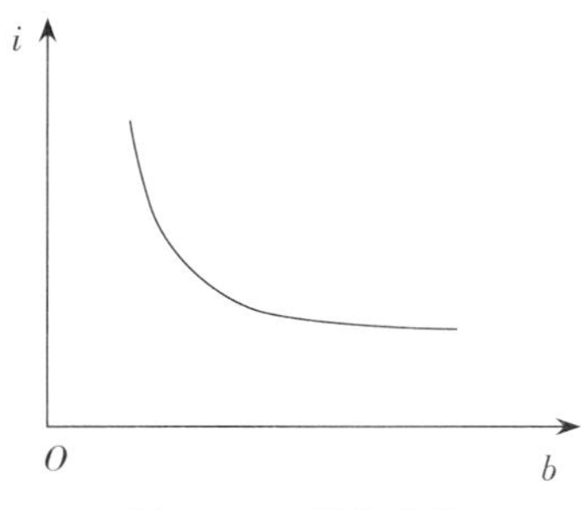

图12-2　托宾曲线

托宾的投机性货币需求理论将风险因素引入到货币理论中来，明确肯定了不确定性对货币需求的重要作用，而且也能解释现金与其他风险资产同时持有，即资产分散的现象。人们通过同时持有债券和货币这一多样化措施，可以减少所持资产的总风险。所以，人们将同时持有债券和货币作为价值储藏的手段。由于对人们这种行为的描述较凯恩斯的理论更符合现实情况，所以他的理论在一定程度上发展了凯恩斯投机性货币需求理论。

托宾的投机性货币需求理论虽然比凯恩斯的理论更切合现实，但许多西方学者也指出该模型存在着许多不足之处。例如，模型忽略了物价波动的因素，货币虽然是无风险资产，但用实物价值衡量，货币价值随物价波动而变化；模型只包括两种资产，即货币和债券，而不包括其他金融资产，这显然与当代金融实际情况不符。

12.1.4 弗里德曼的货币需求理论

凯恩斯的《就业、利息和货币通论》在1936年出版后，对学术思想和经济政策都产生了深刻的影响。在货币理论方面，推翻了自18世纪以来占支配地位的传统货币数量论，特别是在20世纪30年代经济恐慌时期和第二次世界大战后的经济恢复中发挥了重要作用，出现了所谓的“凯恩斯革命”。1936年到20世纪50年代末期，可称为凯恩斯学派的全盛时期。但是，从20世纪50年代开始，世界经济大规模的经济萧条已不存在，出现了通货膨胀，到20世纪70年代更是出现了“滞胀”，主要发达国家出现通货膨胀的同时生产停滞、失业增加，这种经济环境的变化，凯恩斯理论无法解释。这种经济环境和背景的转变，在经济理论上反映为货币数量说的复兴。美国经济学家弗里德曼于1956年发表了一篇题为《货币数量论：一种新的解释》的论文，发展了货币需求理论。弗里德曼继续探索人们持有货币的原因，与凯恩斯不同的是，弗里德曼不再具体分析持有货币的动机，而是笼统地认为影响其他资产需求的因素也必定影响货币需求。然后，弗里德曼将资产需求理论应用到货币上来。他的理论反映了货币数量说的复兴。该学说采用了理论分析与实证研究相结合的方式，与古典学派大不相同，所以称之为“新货币数量说”或“货币主义”。

弗里德曼一方面采纳了凯恩斯学派把货币作为一种资产的核心思想，形成其货币函数；另一方面肯定了传统货币数量论的长期结论，货币量变动从长期来看只能影响总体经济中货币部门的名义变量，如物价、名义利率、名义收入等，而不能影响实质部门的真实量，如就业、实际利率、实际产出和生产率等。

弗里德曼把货币需求当作财富所有者的资产选择行为来加以考察。他不像凯恩斯那样，用债券来代表所有货币之外的金融资产，从而把资产选择的范围限定在货币和债券之间，而是把债券、股票，以及各种实物资产都列为可替代货币的资产，从而将资产选择的范围大大扩大。货币既然是一种资产，那么最终财富所有者对它的需求，也就是以货币这种资产形式持有财富的愿望就受财富总量、财富在人力与非人力形式上的划分、持有货币的预期报酬率、其他资产的预期报酬率等因素的影响。

第一，财富总量。它相当于消费者理论中的预算约束。由于在实际生活中，财富很难加以估计，所以必须用收入来代表。但是弗里德曼认为，利用一般的现期收入指标来作为衡量财富的指标是有缺陷的，因为它会受到经济波动的影响，因此，他拒绝把当前收入作为财富的代表，而用他在消费理论中提出的“恒久性收入”的概念来代替。

所谓“恒久性收入”，是弗里德曼在他的消费理论中提出的一个概念，是指消费者在较长一段时期内所能获得的平均收入（可以当作长期收入的平均预期值）。在实际计算中，可以用现在及过去年份实际收入的加权平均数来加以估算。利用这一变量可以排除一些暂时性的扰动因素。“恒久性收入”像实测收入（即当前收入）一样会在商业周期中波动，但“恒久性收入”是最近各期实测收入的平均值，波动较小。在繁荣阶段，“恒久性收入”上升幅度小于实测收入；在衰退阶段，“恒久性收入”的下降幅度又小于实测收入。所以，“恒久性收入”是相对稳定的，弗里德曼将“恒久性收入”的概念作为货币需求的一个决定性因素的意义在于：它表明了货币需求在很大程度上不随产业周期的波动而波动。

第二，财富在人力与非人力形式上的划分。所谓人力财富，主要是指个人的赚钱能力。由于人力财富向非人力财富的转化往往因社会制度的转化而局限在很小的范围内，所以人力财富的流动性较低，而不像债券、股票那样随时可以出售。因此，人力财富在财富总额中占较大比例的所有者将试图通过持有较多的货币来增加其资产的流动性，因为货币是一种流动性最高的资产。弗里德曼据此认为，人力财富对非人力财富的比率（或者非人力财富占总财富的比率）是影响货币需求的重要因素。如当经济不景气时，人力财富难以转化为收入。因此，为了应付可能发生的人力财富的滞销，人力财富在总财富中的比例越大，对货币的需求也越大。

第三，其他资产的预期报酬率，即持有货币的机会成本。除货币以外，人们还可以用好几种形式持有财富，弗里德曼将它们归为三类资产：债券、股票和商品。持有这些资产而非货币的动力在于这些资产的预期回报率，若这些资产的预期报酬率增加，则货币需求将下降。此外，通货膨胀率是影响机会成本的一个因素。

第四，价格水平也是一个影响货币需求的主要变量，这是因为，弗里德曼所讨论的货币需求，是对支配商品和劳务的实际余额的需求，而不是对名义余额的需求。

第五，其他因素，如财富所有者的特殊偏好等。它们在短期内可以被视为不变的。

弗里德曼特别注重实证分析，即通过大量统计资料经验证来得出相应的结论。弗里德曼在详尽分析了影响货币需求的各种因素以后，提出了货币需求函数式：

$$M = f(p, r_b, r_e, 1/p \cdot dp/dt, Y, W, \mu)$$

式中：M代表名义货币需求量。p代表物价水平。它决定人们为购买商品和劳务所要持有货币的多少。价格水平越高，购买商品和劳务所需要的名义货币就越多。r_b代表固定收益债券的利率。r_e代表非固定收益证券（股票）的利率。

$(1/p) \cdot (dp/dt)$代表物价变动率。它决定持有货币的机会成本，即持有货币而放弃生利资产收益所受的损失。物价急剧上升时，各种实物升值，静态的物质财富就会给人们带来收益，持有货币反而要受货币贬值的损失，因此，物价变动率也决定持有货币的成本，是影响货币需求的重要因素。

Y代表以货币表示的“恒久性收入”，即一个较长时期的平均收入水平。它是影响货币需求的最重要的变量因素，对货币需求起着主导作用。

W代表非人力资本（物质财富）对人力资本（个人获得收入的能力）的比率。这一比率制约着人们所得收入的状况。如在劳动力处于失业状态时，人力资本就无法形成收入，自然会减少货币需求。因此，在一定的总财富水平下，W值越大，货币需求量越小；W值越小，货币需求量越大。

μ代表反映主观偏好与风尚以及客观技术与制度因素的综合变数。

在形式上，这个函数显示了凯恩斯流动性偏好函数$L=L(Y,i)$的影响，但函数的内容，则远比凯恩斯所提出的复杂。

弗里德曼进一步假设上述函数全由真实量所决定，即与衡量货币变数的名义单位完全独立。如果衡量物价与名义所得的单位发生变化，则货币需求也作同一比例变化。用数学语言来说，即上式中M是p和Y的一次齐次式（如一函数的自变量与一常数λ相乘后，该函数因变量以λ的倍数发生变化，则该函数称为一次齐次函数。设有函数$f(x,y,z)$，如$f(\lambda x,\lambda y,\lambda z)=\lambda f(x,y,z)$，则该函数对$x$、$y$、$z$为一次齐次），则上式可以写成：

$$f(\lambda p,r_b,r_e,1/p\cdot dp/dt,\lambda Y,W,\mu)=\lambda(f(p,r_b,r_e,1/p\cdot dp/dt,Y,W,\mu))=\lambda M$$

变形、整理可得：

$$M=kpY_r$$

若令$V=1/k$，则有：

$$M=(1/V)pY_r$$

或写成：

$$MV=pY$$

可见，上式在形式上和费雪交易方程式及剑桥学派的货币数量方程式非常相似，不过，弗里德曼“新货币数量论”的Y代表“恒久性收入”，是代表财富水平的，而持币率k或货币流通速度V已不再是常数，而是一个比较复杂的函数。从$k=(1/Y_r,r_b,r_e,1/p\cdot dp/dt,W,\mu))$可以看出$k$、$V$与各变量之间的相关关系。弗里德曼的货币需求函数虽然在形式上反映了凯恩斯的影响，但函数的内容则比凯恩斯的流动性偏好理论更复杂。就货币需求函数的一般形式而言，基本上被学术界接受，没有什么争论了。但是，弗里德曼运用齐次公式，将货币需求函数进行转换，无疑是对古典货币数量说的重建。

弗里德曼货币需求理论认为，实际货币需求主要取决于作为总财富代表的实际“恒久性收入”（Y/p）。由于“恒久性收入”在长期内取决于生产力发展状况（如生产技术水平、人口、物质资源及其利用状况等），其变动是相对平稳的，这就从根本上决定了货币需求也是相对稳定的。

弗里德曼认为，利率变动对货币需求影响极小，他认为货币的预期收益率不是一个常量。当市场利率上升时，银行可从贷款中获得更多的利润，所以银行将设法吸收更多的存款。

如果不存在利率管制，那么银行会以支付更高利率的方式来吸收存款。由于银行业竞争激烈，因此以银行存款形式持有的货币的预期收益率将随着债券和贷款的利率的上升而上升。银行之间为了吸收存款而展开的存款利率竞争，将一直持续到超额利润消失为止。存款利率不断上升，直至等于贷款和债券的利率。这一竞争过程缩小了存款和贷款之间的利差，其最终结果是债券的预期收益率和货币的预期收益率的差保持相对稳定（债券的预期收益率提高的同时，货币的预期收益率也提高到相应的水平）。

如果存在利率管制，那么银行就不能为存款而支付更多的利率，因而银行之间的存款利率竞争受到限制，但是银行之间仍然可以在服务质量方面展开相互竞争。例如，银行可以向存款人提供更多的服务，包括配备更多的出纳员，提供自动支付账户，在更大的可能范围内提供自动提款机等。银行在服务方面的这些改进，都使存款的预期收益率增加。所以，尽管银行在对存款的利率支付上受到限制，但是市场利率的上升还是最终导致了货币的预期收益率大幅度上升，使债券的预期收益率和货币的预期收益率的差保持相对稳定。总之，不管是否存在利率管制，利率的上升都不会对债券的预期收益率和货币的预期收益率的差产生多大的影响，因而利率上升对货币需求不会有多大的影响。

弗里德曼还进一步解释了货币需求对利率不敏感的根本原因。在弗里德曼看来，货币需求之所以对利率不敏感，不是因为货币需求对其他资产相对于货币的机会成本的变动不敏感，而是因为利率的变动对货币需求函数中各项机会成本的影响甚微。利率上升引起其他资产的预期收益率增加，但同时货币的预期收益率也相应增加了，二者相互抵消后，货币需求函数中的各项机会成本（债券的预期收益率和货币的预期收益率的差；股票的预期收益率和货币的预期收益率的差）保持不变。

尽管弗里德曼货币需求函数是由多种复杂变量组成的，但是，由于起决定作用的变量受社会生产力水平和制度等因素制约，从长期来看，不会发生大的变动，尤其是具有高度稳定性的恒久性收入这一因素对货币需求起主导作用。一些易变因素如利率、价格变动率等对货币需求的作用十分有限。因此，从总体上看，货币需求是相对稳定的，货币需要量是可以预测的。货币需求的稳定性，使货币供应量的人为变化不能被货币需求所抵消，从而作用于物价乃至名义收入，对经济生活发生影响。因此，货币供应量的不规则变动是经济波动的根本原因，通货膨胀就是货币供应过多的结果。如要控制通货膨胀，实现经济的稳定增长，就必须实行“单一规则”的货币政策，即将货币供应量作为唯一的政策工具（排除利息率、信贷流量、自由准备金等因素），来制定货币供应量增长的数量法则。这与凯恩斯主义货币需求理论的“相机抉择”的货币政策观点形成了鲜明的对照。

专栏12-1

电子货币对货币需求的影响

电子货币是指用一定金额的现金或存款从发行者处兑换并获得代表相同金额的数据，通过使用某些电子化方法将该数据直接转移给支付对象，从而能够清偿债务。电子货币可以在互联网上或通过其他电子通信方式进行支付。这种货币没有物理形态，为持有者的金融信用。随着互联网的高速发展，这种支付办法越来越流行。

根据凯恩斯关于货币需求的流动性偏好理论，消费者之所以持有货币，是因为货币最具流动性、灵活性。而与其他支付手段相比，电子货币的最大特征是提供消费信用，消费者在预定的限额内无须担保即可自由借贷，有助于增长消费者的流动性偏好。在信用卡等消费信用普及的国家中，其宏观储蓄率比消费信用不普及的国家低。由于电子货币特殊的消费信用功能及使用的方便性（如网上交易只需输入加密的信用卡号和口令或者IP号即可实时支付），当普及范围扩大到一定程度后，会缓解对流动性的制约，直接调节货币供给量，对制约流动性的金融政策起到削弱作用。另外，电子货币可以随时提供消费信用，即在预定时间集中结算，这样就可以削弱对货币需求的预防动机，使基于预防动机的货币需求减少，可使货币流通速度上升。

§12.2 中国的货币需求

在市场经济条件下，货币对经济的作用受到货币需求的严重影响，当一个国家的货币需求与货币供给出现错配时，不仅对经济起不到良好的作用，反而会造成经济的波动，主要表现在：当货币需求预测不准确或不稳定时，过多的货币供给会增加物价上涨的压力，通货膨胀；同样，当货币供给小于货币需求时，又会造成物价的下降，即通货紧缩。因此，货币需求函数的稳定性一直是学术界和货币政策制定者关注的问题。

1974年之前，货币需求函数的稳定性是一个公认的事实。但自1974年开始，传统的M1货币需求函数严重地高估了货币需求。斯蒂芬·戈德弗尔德将货币需求函数中这种不稳定现象称为“货币失踪”。这种情况已向将货币需求函数作为理解货币政策对总体经济活动影响工具的有效性提出严峻的挑战。此外，它对于货币政策如何操作也有重要的含义。其结果是，M1货币函数的不稳定引发了寻求解决“货币失踪”之谜的热烈研究，以便能重新获得稳定的货币需求函数。于是，对货币需求函数稳定的研究朝两个方向发展：第一个方向集中于研究不正确的货币定义是否是导致货币需求函数变得如此不稳定的原因；第二个方向是寻找计入货币需求函数后能使其稳定的新变量。

12.2.1 决定和影响货币需求的主要因素

从西方货币理论来看，基本都将货币作为一种资产，货币需求也就是对货币性资产的需求，影响货币需求的因素主要包括交易规模、机会成本以及其他变量。交易规模和机会成本对货币需求的影响基本上不存在异议，经济学家只是在如何选取代理变量上存在不同意见。而货币需求中的其他变量潜在包括的内容非常广泛，由于不同国家在经济制度、金融发展水平、文化和社会背景以及所处经济发展阶段的不同，影响货币需求的因素也会有所差别。下面分析影响我国货币需求的主要因素。

1.规模变量

（1）国内生产总值。

规模变量主要指收入和财富等表现经济活动规模的变量。无论是凯恩斯的货币理论，还是惠伦模型和托宾的资产选择模型，以及弗里德曼德货币需求模型，都指出了影响货币需求最主要的因素在于规模变量。在绝大多数实证研究中，规模变量都是采用国内生产总值（GDP），这主要源于数据的可获得性。当然，采用GDP来代表规模变量明显存在一定的不足，因为GDP衡量的是最终产出，实际上，经济运行中存在大量的中间产品和金融资产，它们虽然不直接计入GDP，但是却可能存在大量的交易。采用GDP作为规模的代理变量意味着经济活动的交易规模和最终产出呈正比，这种假设显然存在一定的局限性。

（2）全社会商品总量及供求结构变化。

商品和劳务的供给量越大，对货币的需要量就越多；反之，则越少。商品供给一方面决定于产出的效率和水平；另一方面又受制于人们对它的需求，只有真正满足人们需要的商品供给，才会产生真实的货币需求。我国改革开放以来，以满足人们的物质和文化生活需要出发，商品生产和供给出现了前所未有的变化，商品供求结构经常发生变化，因而货币需求也随之发生变化。

2.机会成本变量

机会成本变量主要是指持有货币所放弃的收益，因为货币主要是非生息资产，因此货币的机会成本变量主要有利率、价格水平、金融资产收益率、交易成本、预期短期外国利率和汇率变动等。

（1）利率。

利率变量主要是指金融市场利率，如商业票据利率、国债市场利率等。利率的高低决定了人们持币机会成本的大小，利率越高，持币成本越大。我国由于金融市场发展相对落后，在关于我国货币需求的绝大多数的实证研究中，机会成本变量都是采用存款利率，如1年期定期存款利率、3年期定期存款利率，这实际上是货币本身的收益。在利率自由化的环境下，使用存款利率并不会导致太大的问题，因为所有利率水平具有大致相同的波动。但由于我国处于一个利率管制的条件下，定期存款利率并没有真实地反映持有货币的机会成本，我国存款利率水平是综合考虑多种因素制定出来的，并不完全反映社会资金供求状况，即资金的机会成本。随着我国银行间同业拆借市场和国债市场的建立，短期市场化的利率逐步形成，为货币需求的研究提供了数据基础。

（2）价格水平。

在商品和劳务量既定的条件下，价格越高，用于商品和劳务交易的货币需求就越多。因此，价格和货币需求，尤其是交易性货币需求之间，是同方向变动关系。在现实生活中，由商品价值或供求关系引起的正常物价变动对货币需求的影响是相对稳定的，而由通货膨胀造成的非正常物价变动对货币需求的影响则极不稳定。我国几次通货膨胀期间都曾不同程度地出现了提款抢购、持币待购的行为，造成了这些时期货币需求的超常增长。可见，价格因素对我国货币需求的影响是很大的。

另外，市场供求状态一般规律显示：商品供不应求时，价格趋于上升；供过于求时，价格趋于下降。这种市场供求状态对货币需求的影响，主要是通过改变人们的预期而产生的。例如，商品供应短缺会使人们产生物价上涨预期，要求以实物代替货币，用于贮藏的货币需求减少；反之，人们会增加手持货币，或持币待购，货币需求增加。在实证研究中一般采用消费物价指数（CPI）作为价格水平变量。

（3）金融资产收益率。

金融资产收益率的存在，使持有货币产生了机会成本，各种资产的收益率越高，持有货币就越不划算，因而会减少货币需求；反之，货币需求会增加。在金融资产选择方面，各金融资产的收益率、安全性、流动性，以及公众的资产多样化选择，对货币需求量的增减都会产生作用。近几年，我国在推进直接融资市场建设的过程中加快了间接融资产品的开发和提升，大量理财产品为投资者的投资性货币需求拓展了空间，投资性货币需求的规模发生了很大变化。

（4）交易成本。

经济单位在进行资产组合调整时，交易成本直接影响资产组合收益率。特别是在金融资产品种丰富，甚至包括实物资产时，交易费用对货币需求影响更大。

（5）预期短期外国利率和汇率变动。

在开放经济条件下，本币需求随预期短期外国利率的上升而减少，外币需求增加，从而出现货币替代现象。预期汇率变动也会对货币需求产生影响。从贸易角度来看，预期本币贬值，出口增加，收入增加，则货币需求增加；从资金流动角度考虑，本币贬值，资金外流，货币需求将减少。

3.其他变量

（1）收入水平和收入的分配结构。

家庭和个人一定时期内的收入水平，机关、团体的收入水平，企业的收入水平是决定他们为各种交易和财富贮藏、为各种营业活动开销而持有货币的首要因素。一般来说，收入水平越高，以货币形式保有的资产总量也就越多。在市场经济中，各微观经济主体的收入最初都是以货币形式获得的，其支出也都要以货币支付。一般来说，收入提高，说明社会财富增多，支出也会相应扩大，因而需要更多的货币量来满足商品交易。所以，收入与货币需求呈同方向变动关系。近年来，随着人们收入水平的不断上升，以及经济货币程度的提高，货币在经济生活中的作用领域不断扩大，使得我国的货币需求不断增加。

在现实经济生活中，货币需求实际上是各部门因对其所分配到的社会产品或收入进行支配的需要而发生的。收入在各部门分配的结构，必然决定货币总需求中各部分需求的比重或结构。

（2）制度性变迁。

社会经济体制和生产组织结构的变化引起的对货币需求的变化，成为影响我国货币需求变化的重要因素。价格改革、财税体制改革、投融资体制改革等都极大地推动了我国经济货币化进程，即以货币为媒介的经济活动比例不断增长。货币需求主体多元化引起货币需求的不确定性增加。目前，我国金融资产种类偏少、社会保障体系还不健全等因素，使人们大多选择以储蓄的方式来持有货币。

（3）货币流通速度。

在用来交易的商品与劳务总量不变的情况下，货币流通速度的加快会减少现实的货币需求量。货币流通速度越快，单位货币所实现或完成的交易量就越多，完成一定的交易量所需要的货币就越少；反之，货币流通速度越慢，需要的货币量就越多。因此，货币流通速度与货币总需求呈反方向变动关系。

（4）人口密集程度、产业结构、信用制度、社会分工、交通运输状况等客观因素。

人口密集地区，货币需求量就大，人口的就业水平提高，货币需求就会增加；生产周期长的部门占整个产业部门的比重大，资金周转慢，对货币的需求量就大；信用制度和信用工具越发达，对货币的需求量将越少；社会分工越细，进入市场的中间产品越多，经营单位也越多，货币需求量就越大；交通、通信等技术条件越好，货币支付所需的时间越短，货币周转速度越快，对货币的需求量就越少。其他因素，如政府货币需求的变化、金融服务技术与水平、民族特性等都影响我国的货币需求。

（5）支出结构变化。

我国当前还属于发展中国家，经济体制还在不断变革和完善之中，我国经济体制改革中进行的社会福利制度的改革，特别是医疗、就业、教育、住房、养老金等方面的改革，加大了我国居民的预防性货币需求。现阶段教育和住房构成了我们大部分居民的主要支出。随着改革措施的不断出台，人们未来支出的不确定性增强，提高了人们预防性货币需求。

（6）生活习惯及消费心理和习惯等因素。

不同地区生活习惯和消费习惯的差异，导致对货币需求的不同，尤其在我国二元经济结构条件下，货币需求有着显著的差异。例如，人们的消费倾向上升时，对应于交易活动的货币需求就会上升；越来越多的企业习惯于运用支票账户来完成其收付活动、越来越多的居民个人用信用卡进行消费支付活动时，货币周转速度就会提高，交易性货币需求量就会减少。

专栏12-2

房地产贷款规模有多高?

房地产业在我国的经济发展中确实具有支配性地位，同时房地产市场也是最大、最牢不可破的刚兑市场，才使得各类资源趋之若骛，经济不好时将房地产推上前台当成助推器，经济过热时拿房地产开刀进行人为政策干预，这已成为常态。

1.金融机构房地产贷款占比在27%左右

从中国人民银行公布的数据来看，截至2018年一季度末，我国房地产贷款规模达到34.1万亿元，同比增长20.07%，远高于全部贷款增速（12.80%）。

34.1万亿元是什么概念呢？我国债券市场规模为78.63万亿元，信用债和地方政府债务规模分别为26.20万亿元和23.26万亿元，金融机构贷款规模也就127万亿元左右。也就是说，目前我们看到的房地产贷款规模已经大幅超过地方政府债务（包括地方政府债和城投债）和信用债规模，占金融机构所有贷款规模的27%左右，仅比利率债规模略低。而这还不是房地产行业的全部债务，因为并没有将房地产企业发行的债券、类债券、其他形式的贷款等债务纳入。

2.房地产的债务规模至少应该在45万亿元左右，超过利率债规模、债券市场规模的60%和全国GDP总量的50%

个人住房贷款和房地产开发贷款规模分别为22.9万亿元和9.1万亿元，同比分别增长19.90%和20.69%，即规模上继续保持高位，增速继续在贷款投向上居于绝对主导地位。特别是房地产贷款方面个人住房贷款占据绝对优势地位，占70%以上。由于个人住房贷款属于房地产业的消费端，按照平衡原则，开发端与消费端整体上应该平衡，消费端的规模为22.9万亿元，这意味着房地产业的债务规模至少在45万亿元左右。45万亿元的债务已经超过了利率债规模，同时也超过了我国GDP总量的50%（约为55%），这还仅是一个行业的债务总量而已，因此“房地产业被过度金融化、金融机构和中国经济被房地产绑架、房地产行业挤占社会资源”的说话一点都不夸张，所以，如果房地产刚兑不破，继续汲取社会资源，所谓的实体经济振兴计划就是很难实现的。

3.房地产贷款增速一直高于全部贷款增速，特别是个人住房贷款增速

自2013年以来，国内的房地产贷款增速就一直高于全部贷款增速（除房地产开发贷款受政策影响而有所波动外），这表明金融机构的贷款增量主要以房地产业为主，特别是个人住房贷款，在2015年三季度、四季度、2016年一季度保持了比较快速的增长。此外，2009年前三个季度和2013年全年的个人住房贷款增速均保持在高位，也是这段时期房价得以快速上涨的资金因素。

4.35家银行的房地产贷款规模超过25万亿元

商业银行的房地产贷款一般分为公司端的房地产行业贷款和零售端的个人住房贷款，其他诸如应收款项类投资的底层资产等也有一部分房地产行业的基础资源，再加上表外资金也有一些投向了房地产行业，因此这里的数据也只是一个保守数字。

有12家银行的房地产贷款占比在30%以上，9家银行在20%到30%之间，房地产贷款占比在10%以下的银行仅有3家，即锦州银行（7.13%）、哈尔滨银行（5.78%）和宁波银行（3.66%）。这些银行的房地产贷款占比较低，主要是其个人住房贷款占比较低，即将零售贷款更多的资源投向消费贷。例如，宁波银行贷款资

源的25.22%投向了消费贷款，占全部零售贷款规模的82.6%以上。

公司端的房地产业贷款占比普遍不高，仅有渤海银行（16.73%）、广州农商行（15.63%）、光大银行（12.04%）、上海银行（13.78%）、浦发银行（10.42%）、贵阳银行（10.74%）、盛京银行（13%）和浙商银行（10.87%）等8家银行超过10%。

多数银行的房地产贷款占比较高是因为其个人住房贷款占比高，如建设银行和邮储银行的住房贷款占比均在30%以上，中国银行、农业银行、工商银行、徽商银行等也接近30%。

房地产贷款占比较高的地方性银行依次为成都银行（32.22%）、广州农商行（31.56%）、徽商银行（30.71%）、青岛银行（28.84%）、北京银行（28.58%）、中原银行（25.84%）、上海银行（23.50%）、杭州银行（20.22%）、贵阳银行（18.07%）、重庆农商行（18%）、天津银行（17.98%）、南京银行（17.96%）、重庆银行（17.63%）、江苏银行（17.51%）、盛京银行（16.30%）。

从绝对规模上看，建设银行和工商银行的房地产贷款余额均在4.5万亿元以上，中国银行和农业银行的房地产贷款余额在3.5万亿元至3.8万亿元之间，邮储银行、交通银行和招商银行的房地产贷款余额在1万亿元至1.2万亿元之间。

5. 35家银行可以解释房地产行业贷款的80%以上，非个人住房贷款仅能解释不到60%

35家银行（包括1家未上市银行渤海银行和34家上市银行），合计发放房地产贷款规模为25.4万亿元。其中，个人住房贷款和房地产开发贷款规模分别为20.27万亿元和5.15万亿元，分别占了金融机构相应贷款的比率分别接近90%和60%。这意味着，在我们讨论的这35家银行中，可以解释房地产行业贷款的80%以上，个人住房贷款可以解释近90%，房地产开发贷款等可以解释近60%。即个人住房贷款大部分由这35家银行提供，其他房地产行业贷款这35家银行只提供了不到60%，尚有超过40%的部分有其他机构提供，预计非银行金融机构（如信托等）提供了约3万亿元至4万亿元左右的房地产信托贷款。

6. 国有六大行与股份行贷款资源的近1/3被房地产行业瓜分

6家国有大行（工农中建交邮）和10家股份行累计提供19.48万亿元的个人住房贷款和24.17万亿元的全部房地产贷款，这16家全国性银行在房地产行业的贷款提供中具有绝对支撑作用，是绝对主力。这还没有把广发银行、恒丰银行两家股份行纳入。

而这16家银行的贷款规模合计为76.16万亿元，房地产行业贷款占比达到31.50%，也就是说，这16银行的贷款资源接近1/3被房地产行业瓜分，其余行业只能争取剩余的2/3。

7.17家城商行和2家农商行至少20%的信贷资源被房地产行业瓜分

和前面16家银行相比，剩余19家银行的典型特征就是贷款在总资产中的比例较低，其房地产贷款规模合计为1.27万亿元，占其全部贷款资源的20%以上，虽然较全国性银行略低，但房地产行业仍是贷款的最大投向。

由于地方性银行将更多的信贷资源放在了应收款项类投资等类信贷科目下，这使得其贷款在总资产中的占比常常处于低位（低于35%，16家全国性银行的贷款占比在40%至55%之间），这表明可能有些类信贷资源被投向了房地产行业，没有被看到，而那些类信贷（应收款项类投资）占比较高的银行则很可能通过影子银行的路径进入了房地产行业。

资料来源：佚名. 房地产贷款规模有多高［EB/OL］.［2018-06-29］. http://baijiahao.baidu.com/s?id=1604586781712998158&wfr=spider&for=pc.

12.2.2 有关理论的分析

不同货币需求理论对应的收入弹性不同。传统货币数量论在假定货币流通速度不变的前提下，认为货币需求的收入弹性为1；鲍莫尔-托宾的存货模型认为货币需求的收入弹性为1/2；惠伦模型关于预防性货币需求的收入弹性为2/3；托宾的资产选择模型认为货币需求的收入弹性大于1；弗里德曼强调“恒久性收入”对货币需求的决定作用，认为货币需求的收入弹性大于1。大部分的实证研究表明，绝大多数发达国家早期和发展中国家货币需求的收入弹性均大于1，对我国货币需求的实证研究表明，狭义货币的收入弹性为1.0461，而广义货币的收入弹性为1.1356，货币需求的收入弹性明显大于1。

在凯恩斯理论中，货币需求由交易动机、预防动机和投机动机决定。虽然交易动机和预防动机主要由收入决定，但投机动机明显受到利率变动的影响。货币需求中利率弹性的存在源于资产替代行为。当大量存在可以替代货币的其他金融资产形式时，利率变动影响货币需求的效应就较为显著；反之，如果不存在资产选择或者替代性资产较少，或者货币替代的成本很高，利率弹性就很小。长期以来，我国金融资产结构非常单一，居民金融资产主要以银行存款为主，债券、股票等其他金融工具所占比重都相当有限，由于缺乏可供选择的金融资产，居民不得不以银行存款形式持有绝大部分的金融资产和新增财富，因此，当利率变动时，货币需求变动很小，表现为货币需求的利率弹性很低。在我们的实证研究中，狭义和广义货币的利率弹性分别为-0.2621和-0.2700，验证了上述的观点。

因此，我国货币需求函数的总体特点是收入弹性高，而利率弹性低。二者实际上反映了同一个问题，即我国金融资产结构单一，资产替代率很低。由于缺乏有效的货币替代资产，一方面造成收入弹性很高，另一方面造成货币需求对利率变动不敏感，利率弹性很低。

我们注意到，西方发达国家于20世纪90年代纷纷放弃货币供应量作为中介目标的主要原因在于金融自由化导致货币的替代性资产大量增加，极大影响了货币供应量的可测性，同时也使货币需求函数的稳定性大幅下降。而我国货币需求函数的实证研究正好呈现了相反的景象，至今，我国的金融资产结构非常单一，货币资产并没有受到其他替代资产形式的有力威胁，更为重要的是，我国利率波动不会成为影响我国货币需求稳定性的重要来源。因此，从货币需求的角度来看，货币供应量具有充当货币政策中介目标的潜在条件。

专栏12-3

我国货币流通速度的变化

货币流通速度是在一定程度上反映全体经济社会对央行提供的货币供应量的使用效率，是内含了社会各经济主体运用各种金融资产后的状况。如果用名义GDP代表商品价格总额，M1代表交易性货币需要量，货币流通速度的计算公式由V=PT/M调整为V=GDP/M1。根据中国统计年鉴的2011—2017年GDP和M1数据，2012年GDP为518 942亿元、M1为308 673亿元，货币流通速度为1.6812，同理可以计算出2011—2017年我国交易性货币流通速度，见表12-1，用曲线图表示，即为图12-3。

表12-1　**2011—2017年GDP、M1和V数据**　单位：亿元

年份	2011	2012	2013	2014	2015	2016	2017
GDP	473 104	518 942	595 244.40	643 974.00	689 052.10	743 585.50	827 121.70
M1	289 848	308 673	337 291.05	348 056.41	400 953.44	486 557.24	543 790.15
V	1.6322	1.6812	1.7648	1.8502	1.7185	1.5283	1.5210

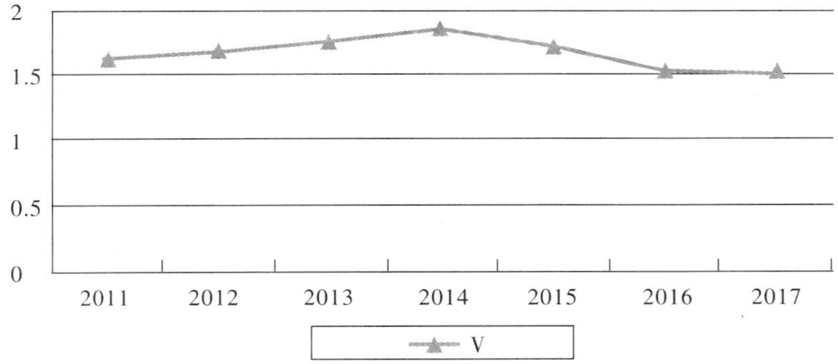

图12-3　2011—2017年中国的货币流通速度

从图12-3可以看到，2011—2017年我国的货币流通速度总体上保持相对稳定且表现出先增长后下降的趋势。2011—2014年货币流通速度出现上升趋势，表明当时我国宏观经济活跃度不断增强；2014—2017年货币流通速度出现下降趋势，是由于受世界经济低迷的影响，对中国经济发展产生了不利影响，导致我国的货币流通速度下降。

本章小结

1. 中国古代的货币需求思想中，有代表性的是管子的按照每人平均铸币多少就可以满足流通需要，反映了当时在制定和执行国家经济政策时，已考虑根据货币需求来铸造货币的思想。沈括认为货币流通速度愈快，则流通中所需货币量愈少。

2. 现代衡量中国的货币需求的经验方法主要有1∶8公式法和公式度量法，1∶8公式法认为如果现金流通量与社会商品零售总额保持1∶8的比例，则货币流

通是正常的。公式度量法则认为货币供给增长率等于经济增长率加上预期（或计划）物价上涨率。

3.马克思的货币需求理论集中反映在货币必要量理论中，货币必要量取决于进入流通的商品量、价格水平和货币流通次数三个因素。货币必要量与商品价格总额成正比，与货币流通次数成反比。

4.早期的货币数量论以休谟和李嘉图为代表。他们认为流通中的货币量取决于两个因素：货币单位价值的高低和商品交换价值的总额。一国流通的货币量是流通中商品的代表，如果商品增加，货币量不变，则商品价格下降；如果货币量增加，商品不变，则商品价格提高。

5.费雪的现金交易数量说认为：货币数量乘以在给定年份中货币被使用的次数等于名义收入（即该年度花费在商品和劳务上的名义总量），正常情况下，短期内货币流通速度相当稳定。货币需求主要取决于两个主要因素：一是名义收入水平引致的交易水平；二是受制度因素影响的货币流通速度。

6.剑桥学派的现金余额数量说认为：人们需要货币，只是为了保有现金余额，故货币的需求量应该等于现金余额。现金余额增加，货币流通速度减慢；现金余额减少，货币流通速度加快。

7.凯恩斯货币需求理论被称为流动性偏好理论。所谓流动性偏好是指由于货币具有使用上的灵活性，人们宁肯以牺牲利息收入而储存不生息的货币来保持财富的心理倾向。这一理论研究了个体持有货币的原因。他假定货币需求的背后是三个动机：（1）交易动机；（2）预防动机；（3）投机动机。凯恩斯将货币需求分为两部分：交易需求取决于收入；资产需求则取决于利率。前者与利率无关，而与收入保持一定的关系。

8.弗里德曼的货币需求理论把货币需求当作财富所有者的资产选择行为来加以考察。以货币这种资产形式持有财富的愿望受财富总量、财富在人力与非人力形式上的划分、持有货币的预期报酬率、其他资产的预期报酬率等因素的影响。弗里德曼特别注重实证分析，即通过大量统计资料经验证来得出相应的结论。

综合训练

12.1　单项选择题

1.人们根据对市场利率变动的预测，需要持有一定数量货币，伺机进行投资并从中获利的动机是（　　）。

A.交易性动机　　B.预防性动机

C.投机性动机　　D.预测性动机

2.在正常情况下，市场利率与货币需求（　　）。

A.正相关　　B.负相关

C.正负相关都可能　　D.不相关

3.根据凯恩斯的流动性偏好理论，当预期利率上升时，人们就会（　　）

A.抛售债券而持有货币　　B.抛出货币而持有债券

C.只持有股票　　D.只持有商品

4.按照凯恩斯的货币理论，当市场利率相对稳定时，人们的货币需求决定因素是（　　）。

A.预防动机　　B.交易动机与投机动机之和

C.交易动机　　D.交易动机与预防动机之和

5.下面使得货币需求减少的因素是（　　）。

A.价格上升　　B.预期价格上升

C.收入增加　　D.非货币资产的收益下降

12.2　多项选择题

1.凯恩斯认为，人们持有货币的动机有（　　）。

A.投资动机　　B.消费动机　　C.交易动机

D.预防动机　　E.投机动机

2.下列影响因素中，（　　）和货币需求同方向变动。

A.收入　　B.价格　　C.利率

D.货币流通速度　　E.金融资产收益率

3.（　　）是影响货币需求的主要经济指标。

A.收入　　B.价格　　C.利率

D.货币流通速度　　E.金融资产收益率

4.影响货币需求的机会成本变量包括（　　）。

A.利率　　B.价格水平　　C.金融资产选择的多元化

D.交易成本　　E.预期短期外国利率和汇率变动

5.影响货币需求的规模变量包括（　　）。

A.国内生产总值　　B.全社会商品总量及供求结构变化

C.利率　　D.货币流通速度

E.金融资产收益率

12.3　复习思考题

1.马克思货币需求理论的假设条件是什么？主要结论有哪些？

2.试比较现金交易数量说和现金余额数量说的异同点。

3.试述凯恩斯的货币需求理论。

4.试述凯恩斯的流动性偏好理论和流动性陷阱。

5.试述弗里德曼的货币需求理论。

6.试比较凯恩斯和弗里德曼的货币需求理论的异同。

第13章

货币政策

【学习指南】

导读

现代市场经济发展离不开国家的宏观调控，而货币政策在国家的宏观调控体系中居于十分重要的地位，是金融调控的核心和重要手段。货币政策的基本任务就是通过调节货币供应量，满足货币需求，从而实现社会总供求的平衡。货币政策不仅包括货币政策工具和货币政策目标，它还包括调控经济的有机运行体系，它的运行效果受多种因素的制约。完备的货币政策体系和顺畅有效的货币政策传导机制可以保证一国经济平稳持续地发展。如何更好地利用货币政策、建立完善的货币政策体系会极大地影响一国物价稳定、充分就业、经济增长和国际收支平衡这些宏观目标的实现。本章重点介绍货币政策目标、工具以及货币政策传导机制和效果。

关键概念

货币政策　货币政策的最终目标　货币政策的操作指标　货币政策的中介指标　基础货币　公开市场业务　货币政策传导机制　货币政策时滞

引例

定量宽松的货币政策

2007年，美国爆发了次贷危机，2008年这场由次级抵押贷款引发的信贷危机以迅雷不及掩耳之势席卷了全球，演变为全球性金融危机。这场全球性金融危机不仅袭击了虚拟经济，对实体经济也产生了较大的破坏，很多国家在这场危机中损失惨重，不仅经济增长速度大幅下降，甚至出现了衰退的迹象。美国、欧洲、日本等发达国家和地区无一例外地陷入了实质性的全面危机，连续多次降息的宏观经济调控“传统手段”一度被西方各国频繁使用，实际利率水平也逐渐接近零值，这些措施的使用不仅效果不显著，而且降息的空间已经十分微小了，降息这一宏观经济调控“传统手段”已然使用殆尽。因此，利率杠杆的“传统手段”在用尽后，西方各国政策的选择余地越来越少，在极度困难的情况下推行的“定量宽松”货币政策自然浮出“水面”，这种货币政策被多数专家和学者定论为当前西方经济与金融环境的产物。继2009年3月12日瑞士央行入市干预，瑞士法郎加速“货币贬值”后，3月18日美联储宣布购买3 000亿美元长期国债和1.25万亿美元抵押贷款证券，西方就此进入了“定量宽松”货币政策时期。紧接着，3月23日美国又推出银行“解毒”计划，以处理金融机构的“有毒资产”问题，其目的均是进一步释放流动性，而且还“加开了印钞机”，向市场投放大量货币，货币政策的重心向“定量宽松”政策倾斜，随即“定量宽松”货币政策在西方各国“大行其道”，西方货币在国际货币市场上的波动进一步加剧。

“定量宽松”货币政策，在经济学上的含义是指：货币当局（央行）通过发行货币直接向市场注资的一种货币政策手段。这一货币政策的核心，即为缓解货币市场流动性紧缩，“有限度”地对货币的发行“松绑”，增加货币市场上的货币供应量，扩充资本市场规模，加大流动性；政策的导向是，在金融与经济双重危机的情况下，通过货币政策手段“激活”资本市场，并以此带动实体经济的恢复；政策的实质是，所谓“定量宽松”就是货币当局“开闸放水”，开动印钞机大量发行货币的一种借口，2009年以来美、英等国借用“定量宽松”货币政策的说辞来印钞票购买国债行为的事实，正是这一货币政策最核心内容的体现。因此，“定量宽松”货币政策被一些经济学家认为是货币当局采取的一种“保护主义”政策，体现的是国家核心利益，而不是世界经济与国际金融全局理念。

既然“定量宽松”的货币政策是货币政策中的一种，那么什么是货币政策？货币政策都有哪些构成要素？如何运用货币政策？它的传导机制是怎样的？本章就来阐述这些问题。

§13.1 货币政策目标

13.1.1 货币政策的含义及构成要素

货币政策是作为一国货币当局的中央银行为实现其特定的经济目标而采取的用于控制和调节货币供应量及利率的各种方针和措施的总和。它是实现中央银行金融宏观调控目标的核心所在，在国家宏观经济政策中居于十分重要的地位。货币政策的变化会引起总需求与总供给、价格水平、资本流量与流向、经济增长速度、国际收支状况，甚至整个经济结构的变化，因此货币政策是现代市场经济国家最重要的宏观经济调控手段之一。中央银行是一个国家经济调控和金融监管的核心机构，在国家法律授权的范围内独立地或在中央政府的领导下制定货币政策，运用各种政策手段，组织、领导和管理全国金融机构，实施执行货币政策。

货币政策有四大构成要素：货币政策工具，货币政策操作指标，货币政策中介指标，货币政策最终目标。它们四者之间的关系是：中央银行要根据本国的实际经济情况，确定最理想的货币政策最终目标，选择合适的货币政策工具，作用于货币政策操作指标，从而影响货币政策中介指标，通过对这些经济变量的影响作用达到一定的政策效果，如图13-1所示。这四要素密切相关，共同构成一个国家货币政策的有机整体。

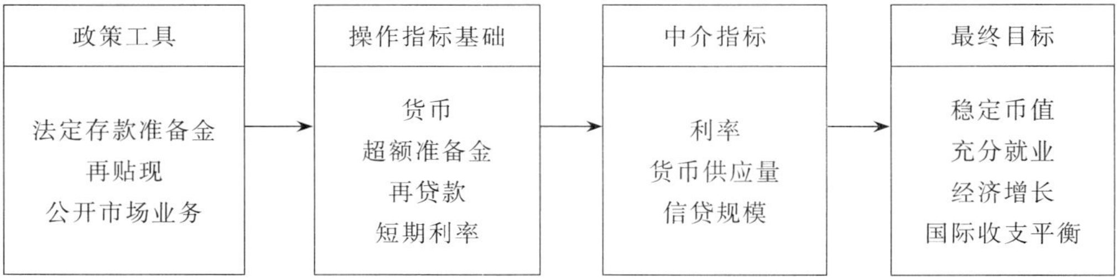

图13-1 货币政策构成要素

13.1.2 货币政策的最终目标

1.货币政策目标的类型

货币政策的最终目标一般亦称货币政策目标，它是中央银行通过货币政策操作而最终达到的宏观经济目标。货币政策目标从稳定币值这一单一目标，发展到现在的稳定币值、维持充分就业、促进经济增长和保持国际收支平衡这样的综合目标，经历了漫长的发展过程。目前，西方发达国家的货币政策目标一般有四个，即稳定币值、经济增长、充分就业和国际收支平衡。

不同国家对货币政策目标的选择并不完全相同，但基本上可以分为四种类型：①单一目标型，如前联邦德国的货币政策目标就是稳定币值。②双重目标型，如我国长期奉行的货币政策目标就是稳定币值、发展经济。③三重目标型，如日本的货币政策就是国内物价的稳定、国际收支的平衡、与资本设备相适应的总需求水平。④四重目标型，如美国的货币政策目标就是强调国民经济的稳定和增长、就业水平的提高、美元购买力的稳定、对外贸易收支的合理平衡。总之，货币政策目标是因国家不同而有所差别、因时期不同而不一致、因经济形势变化而变化的宏观经济目标。

2.货币政策目标的内涵

（1）稳定币值。

稳定币值就是指稳定货币的价值，它是中央银行货币政策的首要目标。在西方各国普遍采取金本位制度时，货币流通的数量受制于黄金的自动调节机制，保持货币价值稳定就是货币政策唯一的目标。20世纪30年代世界经济大危机之后，信用货币取代了金本位制，在信用货币流通的条件下，货币流通量的多少直接决定着货币的价值。在信用货币流通条件下，流通中的货币本身并没有价值，这样稳定币值就成了稳定货币购买力的简称。货币购买力是用单位货币所能购买到的商品（或劳务）来衡量的，稳定货币购买力是单位商品所能换到的货币数量保持不变，也就等于稳定物价，避免出现通货膨胀和通货紧缩。衡量币值稳定有三种指标可供选择，它们分别是消费物价指数（CPI）、批发物价指数（WPI）和国民生产总值平减指数（GNP），一般通过观测消费物价指数来判断通货膨胀的发生程度。

根据30多年来西方发达国家的经验，每年通货膨胀率在5%以下就可视为物价稳定，但是抑制通货膨胀的目标并非通货膨胀率越低越好。价格总水平的绝对下降，即负通胀率，将会带来通货紧缩，它对经济的破坏力更大。20世纪80年代，西方国家普遍经历了严重的通货紧缩和经济衰退。通货紧缩将严重影响企业和公众的投资和消费预期，制约其有效投资需求和消费需求的增长，导致企业倒闭和失业率上升，经济增长停滞甚至严重衰退。因此，在讨论稳定币值这一货币政策目标时，应把其理解为物价相对稳定，既不持续上升，也不持续下降。因此，抑制通货膨胀和避免通货紧缩是实现物价稳定和币值稳定的货币政策目标不可分割的两个方面。

（2）经济增长。

货币政策目标所追求的经济增长是指发展速度加快、结构优化与效率提高三者之间的统一。经济增长的速度通常用国民生产总值或国内生产总值表示，现在世界上大多数国家都以剔除价格因素后的人均国民生产总值或人均国民收入的增长率作为衡量标准。一国的经济增长既是提高社会生活水平的物质保障，也是一国具有经济实力和国际市场竞争力的重要因素，还是保护国家安全的必要条件。当然，这种增长绝不是过度追求高速度的增长，而是保持国民经济长期持续稳定的增长，不然会导致经济比例严重失调、经济剧烈波动。

（3）充分就业。

严格意义上的充分就业是就所有资源而言的，它不仅包括劳动力的充分就业，还包括其他生产要素的充分利用。但要测定各种资源的利用程度是非常困难的，一般都以劳动力的就业程度来衡量。劳动力的充分就业指任何愿意工作并有工作能力的人都可以找到一份有报酬的工作。对充分就业的衡量是通过失业率来反映的。失业率愈高，距离充分就业就愈远；反之，就愈接近。

所谓失业率，是指失业人数（愿意就业而未能找到工作的人数）占愿意就业的劳动力的百分比。但是要追求失业率等于零的充分就业是不可能的，实际上，充分就业是与一定数量的失业同时并存的，在动态经济中，社会始终存在着某种最低限度的失业，它有两种情况：一是摩擦性失业，即由于经济制度的动态结构、技术、季节等原因，短期内劳动力的供求失调而造成的失业；二是自愿失业，即工人不愿意接受现行的工资水平或工作条件而造成的失业。这两种失业在任何社会经济制度下都难以避免。凯恩斯学派认为，社会中除了自愿失业和摩擦性失业之外，还存在着非自愿性失业，即劳动者愿意接受现行的工资水平和工作条件，但是仍然找不到工作，这是对劳动力需求不足而造成的失业。这部分人的数量才是上述计算失业率方法中的失业人数。关于充分就业的衡量标准，在不同的国家和地区有不同的尺度，这与社会经济状况、民族文化与意识、传统习惯等有很大的关系。西方国家认为，失业率控制在4%左右，即可视为充分就业。

（4）国际收支平衡。

国际收支平衡是指一个国家或地区的全部货币收入和货币支出持平或略有顺差或逆差。国际收支与国内货币供应量有着密切的关系：外汇收入大于支出为顺差，就需要收购外汇，维持汇率稳定，就必须增加国内货币供应量；外汇收入小于支出为逆差，商品进口大于出口，增加了国内市场的商品量，意味着货币供应量相对减少。因此，国际收支顺差或逆差，可以影响和调节国内货币供应量。国际收支平衡可分为静态平衡和动态平衡两种。静态平衡是指一个国家在1年内的国际收支总额保持基本相抵。动态平衡是指一个国家在一个时期内国际收支的平衡。在货币政策的实践中，大多数国家都以静态的国际收支平衡作为货币政策的最终目标。

保持国际收支平衡是保证国民经济持续稳定增长和国家安全稳定的重要条件。巨额的国际收支逆差可能导致外汇市场波动，资本大量外流，外汇储备急剧下降，本币大幅贬值，并导致严重的货币金融危机。墨西哥金融危机和亚洲金融危机就是最典型的例子。而长期巨额国际收支顺差，往往使大量外汇储备闲置，引发贸易摩擦，同时外汇占款增多可能会导致或加剧国内的通货膨胀。一般来说，逆差危害比顺差大。

货币政策在调节国际收支方面具有重要的作用。在资本项目自由兑换的情况下，提高利率将吸引国际资本的流入，降低资本项目逆差或增加盈余；反之亦然。汇率的变动对国际收支平衡也具有重要的影响。本币贬值有利于促进出口，抑制进口，降低贸易逆差或增加盈余，但却不利于资本项目的平衡；反之，本币升值将吸引国际资本流入，有利于资本项目平衡，但却抑制出口，鼓励进口，不利于经常项目平衡。因此，货币政策的目标之一就是要通过本外币政策的协调，实现国际收支的平衡。

3.货币政策目标相互之间的矛盾与统一

货币政策的四大目标，都是国民经济政策战略目标的组成部分，它们之间既有统一性，又有矛盾性。一国在选择适合本国经济发展的政策目标时，要协调它们之间的矛盾、平衡它们的关系。

（1）稳定币值与充分就业的关系。

稳定币值与充分就业之间更多地表现相互的矛盾性，这就是著名的菲利普斯曲线所说明的道理，即通货膨胀和失业率之间具有此增彼减的交替关系。当币值比较稳定，物价上涨率较低时，失业率很高；反之，在失业率较低时，通货膨胀率较高，货币购买力下降。于是，在失业率较高的时期，中央银行为了实现充分就业，就必须实行扩张性的货币政策，通过增加投资来增加就业，这将扩大信用，扩大货币供应量，可能会导致物价上涨；反之，在通货膨胀时，中央银行为达到稳定物价的目标，必须实行紧缩性的货币政策，紧缩信用，减少货币供应量，如此将会减少投资，减少就业，从而不利于达到充分就业这一目标。

（2）稳定币值与经济增长的关系。

稳定币值与经济增长存在着一定的矛盾性，这种矛盾性在短期内表现得更加明显。世界各国的经济发展史表明，政府在促进经济增长时，往往会采用扩张信用和增加投资的办法，其结果必然造成货币供应量的增加和价格上涨，而为抑制通货膨胀采取的提高利率、减少货币供应量等紧缩性货币政策又可能会因抑制投资而影响经济增长。国家政策和货币管理当局在很多情况下，只能在两者之间做出调和，即在可接受的物价上涨率内发展经济，在不妨碍经济最低增长需要的前提下稳定币值。

（3）稳定币值与国际收支平衡的关系。

稳定币值主要是指稳定货币的对内价值，国际收支平衡则是为了稳定货币的对外价值。如果国内物价不稳，国际收支便很难平衡。因为当国内商品价格高于国外商品价格时，必然会引起出口下降、进口增加，从而出现贸易逆差。但国内物价稳定时，国际收支却并非一定能平衡，因为国际收支能否平衡还取决于国内的经济发展战略、资源结构、生产结构与消费结构的对称状况、国家的外贸政策、关税协定、利用外资策略等，同时还受其他国家政策与经济形势诸多因素的影响。

（4）充分就业与经济增长的关系。

通常，充分就业与经济增长之间存在着正相关关系。就业人数愈多，经济增长速度就愈快，而经济增长速度愈快，为劳动者提供的就业机会也就愈多。但由于经济增长可以采取劳动密集型、资本密集型、资源密集型和知识密集型等不同的发展模式，除劳动密集型外，其他几种增长模式都与充分就业有一定的矛盾。

（5）充分就业与国际收支平衡的关系。

如果充分就业能够推动经济快速增长，那么，一方面可以减少进口，另一方面还可扩大出口，这当然有利于国际收支平衡。但为了追求充分就业，需要更多的资金和生产资料，当国内满足不了需求时，就需要引进外资，进口设备、原材料等，这对国际收支平衡又是一大不利因素。

（6）经济增长与国际收支平衡的关系。

当经济较快增长时，国家经济实力也能相应增长，这会在扩大出口的同时减少进口，这当然有利于国际收支的平衡。但经济的较快增长又会提高支付能力，对各种生产要素产生较大的需求，会增加对进口商品的需求，从而引起国际收支逆差的出现。当逆差很大时，国家就得限制进口，压缩国内投资，这又会妨碍国内的经济增长，甚至会引起衰退。

可见，货币政策的四大目标之间是相互联系，而又彼此矛盾的，是很难同时实现的。因此，协调货币政策之间的矛盾，平衡其关系，求得四大目标之间的最佳组合，成为中央银行选择货币政策目标的首要任务。近几年来，西方国家在组合中经常使用“相机抉择”原则、“临界点”原理、“轮番突出”政策，根据不同的经济形势，灵活机动地选择不同的货币政策目标组合，突出目标的层次性。

4.我国的货币政策目标

从1949年到20世纪70年代末，我国在高度集中统一的计划经济模式下，没有真正意义上的中央银行和货币政策，一切调控政策都是计划性的、行政指令性的。直到20世纪80年代，我国才建立了真正的中央银行体系，并由其制定和执行货币政策。此后，我国的货币政策目标经历了两个发展阶段：

（1）发展经济和稳定币值。

从1984年到1994年的这段时期，我国货币政策目标实行的是双重目标制：发展经济和稳定币值。而且把发展经济放在首要位置。这与当时我国对经济理论的认识和具体的经济发展状况是密不可分的。我国理论界认为，西方国家货币政策四大目标中的经济增长和充分就业在我国都是发展经济的表现，所以它们合并为发展经济，而国际收支平衡也与币值稳定密切相关，所以币值稳定和国际收支平衡合并为稳定币值。这样我国货币政策目标就是发展经济和稳定币值。

（2）保持币值稳定，并以此促进经济增长。

在《中华人民共和国中国人民银行法》中，以法律的形式将我国中央银行货币政策的最终目标确定为“保持币值的稳定，并以此促进经济的增长”。这说明我国中央银行货币政策的首要目标是保持币值的稳定，但币值稳定的最终目的是促进经济的增长。“保持币值的稳定”有两层含义：一是保持货币的对内价值的稳定，即抑制通货膨胀和通货紧缩，保持国内一般物价水平的稳定；二是保持货币的对外价值的稳定，即保持本国货币与外国货币的汇率稳定。从2003年以来至今，我国贸易持续快速增长，贸易顺差大幅度提升，外汇储备已经超过2万亿美元。当2008年全球金融危机袭来的时候，我国的高额外汇储备面临着较大的汇率风险，金融资产大幅度缩水，同时由于沿海企业和城镇中小企业经营效益急速下降，社会就业压力也越来越大，这些因素对我国经济的稳定增长都具有一定的影响。从长期来看，充分就业和国际收支平衡也将列入我国的货币政策目标之中。

13.1.3 货币政策的操作指标和中介指标

中央银行在运用某种货币政策工具之后，并不能直接作用到长期的、非数量化的货币政策目标，而是需要通过操作指标传导到中介指标，再由中介指标影响最终目标，也就是通过观测和控制一些具体的指标来影响实际的经济活动，才能间接地达到最终目标。这些能被中央银行所直接控制和观测的指标，就是中介指标和操作指标。

1.含义和选择标准

货币政策的操作指标是指中央银行通过货币政策工具能够有效准确实现的直接政策变量，它与货币政策工具紧密联系。操作指标位于货币政策工具和中介指标之间，对货币政策工具的变动十分灵敏，是政策工具直接引起变动的指标，也是在中央银行体系中首先变动的指标。

货币政策中介指标也称为货币政策的中介目标或者中间目标，它处于最终目标和操作指标之间，是指中央银行为实现特定的货币政策目标，在一定的时间内和某种特定的经济状况下，能够以一定的精度达到的目标。中央银行选择什么样的变量作为中介指标对于能否实现最终目标是十分关键的。

通常，合适的货币政策操作指标和中介指标应该具有如下四个选择标准：可测性，即选择的指标能够数量化，中央银行能够迅速和准确地获得它所选定的中介指标的各种资料，并且能被社会理解、判断与预测；可控性，即中央银行应该能够有效地控制，可以通过货币政策工具施加较大影响，不会遇到太多的麻烦和障碍；相关性，即中介指标应与货币政策目标之间具有高度的相关关系，它们的变动会影响最终目标或者中介指标；抗干扰性，即作为操作指标和中介指标的金融指标应能较正确地反映政策效果，并且较少受外来因素的干扰。

2.货币政策操作指标的种类

货币政策操作指标离货币政策的最终目标较远，相关性较弱。但它离中央银行的调节手段距离最近，可控性很好，操作指标的变化首先影响中介指标，然后才传导到最终目标上。一般来说，货币政策的操作指标主要有两个，即超额准备金和基础货币。

（1）超额准备金。

以超额准备金作为中介指标，就是通过政策工具来调节、监控商业银行及其他各类金融机构的超额准备金水平。商业银行等金融机构的准备金分为两部分：一部分是按照法定准备金率持有的准备金，一般都存在中央银行的账户上，其数量大小金融机构无权自己变动；另一部分是超过法定存款准备金数额的准备金，这部分准备金称为超额准备金，金融机构可以自主决定和使用。法定存款准备金和超额准备金可以相互转化，当法定存款准备金数量超出国家法定标准时，超出的部分可以存入超额准备金账户；反之，当法定存款准备金不足时，可以由超额准备金补足。

超额准备金的高低，反映了商业银行等金融机构的资金紧缺程度。如此项指标过高，说明金融机构资金宽松，整个社会的货币供应量偏多，中央银行便采取紧缩措施；反之，此项指标过低，说明金融机构资金偏紧，市场的货币需求不能满足，货币供给量偏小，中央银行便采取宽松措施。中央银行通过调节，使金融机构的超额准备金保持在理想的水平上。该项指标对商业银行等金融机构的资产业务规模有直接决定作用，它的高低取决于商业银行等金融机构的意愿和财务状况，中央银行不易直接控制。

（2）基础货币。

基础货币也称为强力货币或者高能货币，是流通中的现金和银行的存款准备金总和，是中央银行可直接控制的金融变量，也是银行体系的存款扩张和货币创造的基础。货币供给总量等于基础货币乘以货币乘数，在货币乘数一定的前提下，控制基础货币也就控制了货币供给总量。基础货币由准备金和流通中的现金组成，多数学者认为，基础货币是一个较理想的货币政策操作指标。因为基础货币是中央银行的负债，中央银行对已发行的现金和它持有的存款准备金都掌握着相当及时的信息。依靠管理工具，中央银行对基础货币是能够直接控制的。基础货币也是我国现行的货币政策操作指标之一。

3.货币政策中介指标的种类

各国中央银行经常采用的货币政策中介指标主要有利率和货币供应量，在一定条件下，贷款量和汇率也可以作为中介指标。

（1）利率。

利率是影响货币供应量和银行信贷规模、实现货币政策的重要指标。利率与投资、消费等都具有较高的相关性。中央银行可以观察和掌握到市场利率水平及其结构方面的资料，并根据货币政策的需要，通过调整再贴现率或公开市场操作，调节市场利率，影响消费和投资，进而调节总供求，达到宏观调控的目的。利率作为中介指标不仅能很好地反映资金供求状况的变化，而且数据便于采集，影响较大。

但是，中央银行对利率的可控性并不强，因为利率同时也是经济内生变量。当经济繁荣时，利率会因为资金需求增加而上升，此时货币当局如果采用了紧缩的货币政策，利率上升是经济本身发生的结果还是外部政策推动的结果就难以区分，中央银行就不易判断政策操作是否达到了预期的目的，而且中央银行能够控制的是名义利率，对经济运行产生实际影响的是扣除通货膨胀的实际利率，由于没有直接计量通货膨胀的手段，所以无法准确计量实际利率。由于我国没有实行利率市场化，所以利率在我国主要是作为货币政策工具而非中介指标来使用。

（2）货币供应量。

以货币供应量作为中介指标，就是通过政策工具来调节、监控货币供应量水平，以使货币供应量增长与经济增长要求相适应。如果市场货币供应量大于期望值，可能出现商品市场上社会总需求大于总供给，商品价格上涨，通货膨胀。这时，中央银行就要采取减少货币供应量的措施，以达到期望值，实现商品市场均衡；反之，则需要采取增加货币供应量的措施。

货币供应量可测性好、可控性一般、相关性一般。货币供应量的变动能直接影响经济活动。货币供应量按照流动性可以划分M0、M1、M2和M3等若干层次，只要中央银行控制住这几个货币供应量指标，就能控制住社会的货币供应总量。但是有时候，选择哪个层次的货币供应量作为中介指标也存在一定的困难。现在各国的普遍趋势就是把控制重点由M1转向M2。我国在20世纪90年代初期和中期是以M1作为货币控制的重点，而从90年代末期开始逐步将控制重点转向M2。由于我国目前现金的使用也占有相当的比重，现金的发行也易于控制，现金指标仍然是货币政策的控制目标。

（3）其他中介指标。

有一些国家和地区由于特定经济金融条件，将汇率作为货币政策中介指标，比如新加坡、中国香港。它们具有高度外向型经济特征，对外依存度很高，国际经济对其经济稳定十分重要，所以才会选择汇率作为中介指标。一些发生恶性通货膨胀的国家也利用将本国货币与硬通货强行挂钩的方式克服通胀，增强对本国货币的信心，也就采取汇率作为中介指标了。

除了汇率之外，贷款量也可以充当货币政策中介指标。它适用于金融市场发育较低的国家和地区，控制了贷款量也就控制了货币供应总量。但是它也存在一些缺点，在金融发达的国家和地区，贷款量与最终目标的相关性较弱，而控制贷款量的主要是行政手段而非经济手段，不利于市场机制发挥作用。

§13.2　货币政策工具

货币政策目标是通过货币政策工具的运用来实现的。货币政策工具是中央银行为实现货币政策目标而使用的各种策略手段。货币政策工具是中央银行可以直接控制的，其运用可以对基础货币、货币供应量、利率以及金融机构的信用活动产生直接或者间接的影响。货币政策工具可分为一般性政策工具、选择性政策工具和其他政策工具三类。

13.2.1　一般性货币政策工具

一般性货币政策工具是具有传统性质的、常规性的货币政策工具，也称货币政策的“三大法宝”，指能对货币供给总量或信用总量进行调节，且经常使用的策略手段。它的实施对象普遍，影响广泛，效果显著。

1.法定存款准备金政策

（1）法定存款准备金政策的含义。

存款准备金是银行及某些金融机构为应付客户提取存款和资金清算而准备的货币资金。准备金占存款或负债总额的比例就是存款准备金率。存款准备金分为法定存款准备金和超额准备金两部分。法定存款准备金是金融机构按中央银行规定的比例上缴的部分；超额准备金指准备金总额减去法定存款准备金的剩余部分。法定存款准备金政策是指由中央银行强制要求商业银行等存款货币机构按规定的比率上缴存款准备金，一经上缴不能随意动用，除了银行出现支付危机的情况。中央银行通过对法定存款准备金率的增加或减少达到收缩或扩张信用的目标。

将存款准备金集中于中央银行，最初始于英国。但是以法律形式规定商业银行必须向中央银行缴存存款准备金，则是从1913年美国的联邦储备法颁布开始。1935年，美联储首次获得了改变法定存款准备金率的权力，存款准备金制度才真正成为中央银行货币政策的重要工具。就目前来看，凡是实行中央银行制度的国家，一般都实行法定存款准备金制度。

（2）法定存款准备金政策的效果和局限性。

法定存款准备金政策的效果表现在：它对所有存款银行的影响是平等的，对货币供给量具有极强的影响力。通常称它是一帖“猛药”，因为它力度大，反应快，操作简便，效果明显。存款准备金政策的作用在于三个方面：第一，保证商业银行等存款货币机构资金的流动性，可以作为其偿付的保障。第二，集中一部分信贷资金，用于履行中央银行的职能。第三，调节货币供应总量。由派生存款原理可知，在其他情况一定时，存款创造与法定存款准备金率呈负相关的关系。若中央银行降低法定存款准备金率，则商业银行就会有较多的剩余准备金可用于贷款或投资，并通过整个银行体系的连锁反应而创造出较多的派生存款；反之同理。因此，存款准备金政策为中央银行提供了一个调节货币供应总量、实施货币政策的强有力的工具。

同时，它也存在明显的局限性：①对经济的震动太大，不宜轻易采用作为中央银行日常调控的工具；②存款准备金对各类银行和不同种类存款的影响不一致，如法定存款准备金率的提高，可能使超额准备金率低的银行立即陷入流动性困境。

我国实施这一制度是在中国人民银行行使中央银行职权后，于1984年规定各专业银行、城乡信用社及信托投资公司等向国有央行缴存准备金的办法。刚开始规定企业存款准备金率为20%，储蓄存款为40%，农村存款为25%，此后进行了多次调整。此后存款准备金制度成为我国最常用的货币政策工具之一，尤其在近年来使用得更为频繁。2007年一年就10次上调法定存款准备金率，2008年一年6次上调、3次下调法定存款准备金率，到2009年1月，我国的法定存款准备金率为15.5%，2010年调整6次，2011年7次，2012年2次，2015年5次，截至2015年底，中小型存款类金融机构存款准备金率15.00%，大型存款类金融机构存款准备金17%。法定存款准备金政策取得了预期的效果。

2.再贴现政策

（1）再贴现政策的含义及作用。

再贴现政策，是指央行通过正确制定和调整再贴现率来影响市场利率和投资成本，从而调节货币供给量的一种货币政策工具。再贴现政策是国外央行最早使用的货币政策工具，央行利用再贴现业务控制商业银行的可用资金。再贴现是针对贴现业务而言的，是指商业银行将手中持有未到期的、由贴现业务获得的票据向中央银行办理贴现业务。再贴现政策一般包括两个方面的内容：一是再贴现率的调整；二是规定向中央银行申请再贴现的资格。前者主要是影响商业银行的准备金及社会的资金供求，后者则主要是影响商业银行及全社会的资金投向。

通过提高或降低再贴现率，可以影响商业银行等存款货币机构的准备金和资金成本，从而影响它们的贷款量和货币供给量。当中央银行提高再贴现率，并高于市场利率时，商业银行向中央银行借款或贴现的资金成本上升，就会减少向中央银行借款或贴现，这使得商业银行准备金数量的增加受到限制。如果准备金不足，商业银行只能收缩对客户的贷款或投资规模，从而也就减少了市场上货币的供应量。由于市场上货币供应量萎缩，市场利率相应上升，社会对货币的需求也相应减少。再贴现政策在一些国家之所以广泛得以运用，主要是因为通过它能为那些难以按市场条件从金融市场融资的资金需求部门和地区提供便利。

（2）再贴现政策的优缺点。

再贴现政策的最大优点是中央银行可利用它来履行最后贷款人的职责，并在一定程度上体现中央银行的政策意图，具有“告示效应”，通过再贴现率的变动，影响货币供给量、短期利率以及商业银行的资金成本和超额准备金，达到中央银行既调节货币总量又调节信贷结构的政策意向。它的效果比较缓和，有利于一国经济的相对稳定。

再贴现政策的缺点在于：①中央银行在再贴现业务中处于被动地位，主动权在商业银行；②相对于法定存款准备金政策来说，贴现率较易于调整，但随时调整也会引起市场利率的经常波动，从而影响商业银行的经营预期；③再贴现率的高低有限度，如在经济高速增长时期，再贴现率无论多高，都难以遏制商业银行向中央银行再贴现或借款。

3.公开市场业务

（1）公开市场业务的含义及特点。

公开市场是指各类有价证券（包括政府债券、中央银行证券或私人票据等）自由议价，其交易量和交易价格都必须公开显示的市场。**公开市场业务则是指中央银行利用在公开市场上买卖有价证券的方法，向金融系统投入或撤走准备金，用来调节信用规模、货币供给量和利率以实现其金融控制和调节的活动。**在一般性货币政策工具中，公开市场业务是西方发达国家采用最多的一种货币政策工具。公开市场业务的内容，主要是中央银行根据货币政策目标的需要及经济情况，选择最佳时机、最适当的规模买进或卖出国库券、政府公债等，增加或减少社会的货币供应量。当市场上资金短缺、资金需求旺盛时，中央银行向金融机构买进有价证券，向社会投放基础货币，增加社会的货币供应量；反之，当市场上资金过剩时，中央银行向金融机构卖出有价证券，回笼部分货币，减少社会的货币供应量。

公开市场业务的特点是：①公开性。中央银行在公开市场上，按照竞价交易的原则买卖政府债券，具有较高的透明度，既为商业银行以平等身份在货币市场上竞争创造了条件，也有利于消除金融市场上的幕后交易弊端和不正之风。②灵活性。

中央银行在证券市场上进行证券交易，在时间上和数量上均很灵活。这有利于中央银行根据经济发展形势、货币市场利率走向、资金稀缺程度的观测以及货币政策的需要随时操作，也有利于通过经常性地对货币供给量进行微调，或者快速改变政策方向，减少对经济的震动。③主动性。中央银行在公开市场上始终处于主动地位，即它可根据一定时期货币政策的要求和该时期银根的松紧情况，主动地招标和买卖政府债券，所以它日益受到货币当局青睐，成为最广泛的、常用的调控手段。④直接性。公开市场操作直接性强，中央银行的有价证券买卖可直接影响商业银行的准备金状况，从而直接影响市场货币供给量。

（2）公开市场业务的优缺点。

同前两种货币政策工具相比，公开市场业务具有明显的优越性：①运用公开市场业务操作的主动权在中央银行手中，并可以经常性、连续性地操作；②公开市场业务的操作灵活，可以进行微调，不会对经济产生猛烈的冲击；③公开市场业务具有极强的可逆转性，当中央银行在公开市场业务操作中发现错误时，或金融市场情况发生变化时，可立即逆向使用该工具做反方向操作，而其他货币政策工具则不能迅速地逆转。

当然，公开市场业务操作也有其局限性：①需要以发达的有价证券市场作背景，如果市场发育程度不够，交易工具太少，则会制约公开市场业务操作的效果；②公开市场业务操作较为细微，技术性较强，政策意图的告示作用较弱。

（3）我国的公开市场业务。

1998年以来，公开市场业务已成为中国人民银行货币政策日常操作的重要工具，在调控货币供应量、调节商业银行流动性水平、引导货币市场利率走势等方面发挥了积极的作用。我国公开市场业务操作对象以国库券为主，也有部分的政策性金融债券、央行融资券，品种较少。中国人民银行公开市场业务买卖交易方式包括两种：回购交易和现券交易。其中回购交易分为正回购和逆回购两种：正回购为中国人民银行向一级交易商卖出有价证券，并约定在未来特定日期买回有价证券的交易行为，正回购为央行从市场上收回流动性的操作，正回购到期则为央行向市场投放流动性的操作；逆回购为中国人民银行向一级交易商购买有价证券，并约定在未来特定日期将有价证券卖给一级交易商的交易行为，逆回购为央行向市场上投放流动性的操作，逆回购到期则为央行从市场上收回流动性的操作。现券交易分为现券买断和现券卖断两种：前者为央行直接从二级市场买入债券，一次性地投放基础货币；后者为央行直接卖出持有债券，一次性地回笼基础货币。

专栏13-1

调节市场流动性，常备借贷便利走上前台

通过SLF和公开市场逆回购提供必要的短期流动性支持，两种操作相结合，既有利于在未来国际收支形势不确定的情况下保持流动性适中水平，也有利于维护货币市场的稳定。

2013年11月6日，央行官方网站在货币政策工具栏目新增一项“常备借贷便

利（SLF）”，并且公布了1—9月开展此项工具的操作情况。至此，央行货币政策工具增至5个，包括公开市场业务、存款准备金、中央银行贷款、利率政策和常备借贷便利（SLF）。数据显示，6月、7月、8月及9月份SLF余额分别为4 160亿元、3 960亿元、4 100亿元和3 860亿元，共计16 080亿元。

在2013年6月份银行间市场流动性异常紧张之时，央行曾表示，要根据市场流动性的实际状况，积极运用公开市场操作、再贷款、再贴现及短期流动性调节工具（SLO）、常备借贷便利（SLF）等创新工具组合，适时调节银行体系流动性，平抑短期异常波动，稳定市场预期，保持货币市场稳定，为金融市场平稳运行和经济结构调整、转型升级创造良好货币条件。但当时央行并未对SLF进行充分解释。

此次央行官方网站增加SLF栏目，是央行对于近年来银行体系短期流动性波动加大的应对措施之一，帮助央行对于流动性总量进行适时调节，防范系统性风险。

“SLF在银行体系流动性出现临时性波动时运用。1—9月份，央行开展了常备借贷便利操作，取得了较好的效果。”央行称，2013年春节前，央行通过SLF解决了部分商业银行因现金大量投放产生的资金缺口问题。6月份，在货币市场受多种因素叠加影响出现波动时，央行通过常备借贷便利向贷款符合国家产业政策和宏观审慎要求、有利于支持实体经济、总量和进度比较稳健的金融机构提供了流动性支持；对流动性管理出现问题的机构，也视情况采取了相应措施提供流动性支持，维护了金融稳定。

央行强调，通过续发行3年期央票冻结长期流动性，通过SLF和公开市场逆回购提供必要的短期流动性支持，两种操作相结合，既有利于在未来国际收支形势不确定的情况下保持流动性适中水平，也有利于维护货币市场的稳定。第三季度以来，鉴于我国国际收支形势的变化，外汇流入量的增加，SLF适度有序减量操作，保持银行体系流动性的平稳。总体看，开展SLF操作有助于有效调节市场流动性供给，促进金融市场平稳运行，防范金融风险。

资料来源：闫立良．调节市场流动性 常备借贷便利走上前台［N］．证券日报，2013-11-06.

13.2.2　选择性货币政策工具

选择性货币政策工具是指中央银行针对某些特殊的经济领域或特殊用途的信贷而采用的信用调节工具。选择性货币政策工具是在不影响货币供应总量的条件下，调控商业银行的资金投向和不同贷款的利率。选择性货币政策工具主要有以下几种：

（1）消费者信用控制。

它是指中央银行对不动产以外的各种耐用消费品销售融资予以控制，如规定分期购买耐用消费品首期付款的最低限额，规定消费信贷的最长期限，规定可用消费信贷购买的耐用消费品的种类等。

（2）不动产信用控制。

它是指中央银行对商业银行等金融机构在房地产方面放款的限制，通过控制不动产贷款的信用量来影响不动产市场，主要目的是抑制房地产投机。其内容主要包括规定商业银行或其他金融机构房地产贷款的最高限额、最长期限以及首次付款和分期还款的最低金额。在20世纪90年代后期，为了有效地扩大内需，刺激经济增长，抵消亚洲金融危机和世界经济衰退的不利影响，我国采取了一系列措施放开房地产信贷限制，特别是放开了住房信贷限制，这既配合了住房分配货币化改革的需要，又推动了住房消费和房地产业的发展。

（3）优惠利率。

它是指中央银行对国家根据产业政策的要求重点发展的经济部门或产业，规定较低贴现利率或贷款利率的一种管理措施，目的在于刺激这些部门和产业的生产，调动积极性，实现产业结构和产品结构的调整和优化。优惠利率大多在不发达国家运用，针对的经济部门或产业包括基础产业、高新技术产业、出口创汇企业等。中央银行实行优惠利率有两种方式：第一，中央银行对需要重点发展的部门、行业和产品制定较低的贷款利率；第二，中央银行对这些行业和企业票据规定较低的再贴现率。

（4）证券市场信用控制。

它是指中央银行对有价证券的交易，规定应支付的保证金限额，其目的在于限制有价证券信用交易的比重。有价证券的“信用交易”方式也称为垫头交易或者保证金交易，在这种方式下，投资者不必缴纳购买证券所需的全部价款，只需缴纳一定比例的保证金，剩余不足部分，由经纪人向商业银行借款为其客户垫付，带有融资信用的性质。中央银行通常将该种交易中的保证金比率作为限制信用的手段。

13.2.3　其他货币政策工具

除了上述两类货币政策工具之外，中央银行还可以根据本国的具体情况和实际需要，采用一些其他的货币政策工具，其他货币政策工具可分为直接信用控制工具和间接信用控制工具。

1.直接信用控制工具

它是指中央银行从质和量两个方面以行政命令或其他方式对商业银行等金融机构的信用活动进行直接的控制。其手段包括规定利率最高限额、信用配额、流动性比率和直接干预等。

（1）规定利率最高限额。

利率最高限额也称为利率管制，是指通过法律方式规定中央银行和其他金融机构存贷款利率的最高水平。该措施的目的是防止金融机构利用提高利率的方式吸引存款，从而带来高风险和过度竞争。美国在1980年以前曾长期实行的“Q条例”可以说是这项管理工具的典型。该条例规定，商业银行对活期存款不准支付利息，对定期存款及储蓄存款不得超过规定的最高利率水平。我国在计划经济时期实行严格的利率管制。随着金融改革的不断深化，中央银行对利率的管制逐步放松，但目前仍然实行以计划为主的利率管理体制，中央银行在制定基准利率的同时，也规定了金融机构存贷款利率水平和浮动范围。

（2）信用配额。

信用配额是指中央银行根据金融市场的资金供求状况及客观经济形势的需要，对商业银行系统的信贷资金加以合理的分配和必要的限制。在限制信用方面，主要是对商业银行向中央银行提出的贷款申请，以各种理由拒绝，或者给予规定用途的贷款。这种工具适用于发展中国家，在资金供不应求时可以采用。信用配额也是我国计划经济时期和计划经济向市场经济转轨初期主要的信用控制手段，随着市场经济的发展，我国金融工具的品种逐渐增多，信用配额的作用已经减弱。

（3）流动性比率。

流动性比率是指商业银行持有的流动性资产在其全部资产中所占的比重。中央银行对这一比例加以规定，并要求商业银行保持这一规定的比率。一般的，资产的流动性愈高，其收益率愈低。因此，通过规定流动性资产比率，商业银行就不能任意把流动性资金过多地用于长期性贷款和投资，甚至必要时还得压缩长期贷款所占的比重，以提高其资产的流动性比率，可以达到限制商业银行信用过度扩张、约束并稳健经营的目的。

（4）直接干预。

直接干预就是指中央银行直接对商业银行的信贷业务、放款范围加以干预。中央银行可以对业务经营不当的商业银行采取惩罚性措施，拒绝再贴现业务或是收取高水平利息，直接干涉商业银行吸收存款等业务。

2.间接信用控制工具

它是指中央银行通过道义劝告、窗口指导和金融检查等办法，间接影响商业银行和其他金融机构的信用创造。

（1）道义劝告。

所谓道义劝告，是指中央银行利用其声望和地位，对商业银行和其他金融机构发出通告、指示或对各金融机构的负责人进行面谈，交流信息，解释政策意图，使商业银行和其他金融机构自动采取相应措施来贯彻中央银行的政策。例如，在房地产投资过热的情况下，中央银行要求商业银行缩减对这个行业的贷款规模；在基础产业发展低迷的情况下，鼓励商业银行为基础产业放贷，并给予一切补贴性帮助，等等。道义劝告不仅在西方国家采用，在我国也较多地被采用，如各种工作会议、“吹风会议”等。这种工具使用起来灵活方便，无须增加额外的开支，但是要想更好地发挥效果需要具备一定的条件：第一，中央银行在该国的金融体系中有较高的地位和威望，拥有可以控制信用的司法权限和法律手段；第二，该国的道德水平较高，信用制度较好，遵纪守法的意识较强。

（2）窗口指导。

所谓窗口指导，是指中央银行根据产业行情、物价趋势和金融市场动向，规定商业银行的贷款重点投向和贷款变动数量等。这些规定虽然没有法律强制力，但也有一定的作用。它是20世纪50年代后日本中央银行采取的一种主要的货币政策工具，通过与民间金融机构的频繁接触，来指导它们自觉地遵守中央银行提出的要求，从而达到控制信贷和调节货币供应量的目的。如果商业银行不按规定的增减额对产业部门贷款，中央银行可削减向该银行贷款的额度，甚至采取停止提供信用等制裁措施。我国在从计划经济向社会主义市场经济转轨的过程中，特别是取消贷款规模控制以后，更加注重窗口指导的作用，在1998年颁布了产业投资指导政策，引导商业银行贷款方向，此外，还定期对国有商业银行下达贷款增量的指导性计划，指导其控制贷款规模。

（3）金融检查。

所谓金融检查，是指政府赋予中央银行的监督职能，是对商业银行等金融机构的业务活动进行合法、合理的多方面检查，并针对检查情况采取必要的措施。

§13.3　货币政策传导机制和效果

13.3.1　货币政策传导机制

1.货币政策传导机制理论概况

货币政策传导机制是中央银行利用货币政策工具，通过影响操作指标和中介指标，达到货币政策最终目标的过程。传导机制分析的是一国货币政策工具对货币政策最终目标发生影响的过程，揭示的是发生影响的渠道、方式、手段及内在机理。传导过程所经过的环节构成了一个有机的整体，并具有一定的因果关系。货币政策对经济发展的调节作用，不仅取决于货币政策本身的松和紧，而且与其传导机制的建立也有密切关系。

货币政策传导机制理论是分析和说明货币政策措施实施之后，货币供应量的变动如何诱发和影响微观经济主体的消费和投资行为，从而导致宏观经济总量发生变化的一整套有关机制的理论。近年来，对货币政策传导机制的研究，逐渐形成了众多学派，最具有代表性的有凯恩斯学派、后凯恩斯学派和货币学派。

2.货币政策传导机制学派

（1）凯恩斯学派的货币政策传导机制理论。

在凯恩斯学派产生以前，传统经济学认为不存在货币的传导机制，也就更谈不上传导途径的问题。因为在充分就业均衡和供给创造需求的前提下，货币是经济的外生变量，货币可以分析价格水平，它与经济分析没有联系，货币政策只能影响物价和货币的流通速度。

现代经济学家对货币政策传导机制的研究是从凯恩斯开始的。凯恩斯在他的著作《就业、利息和货币通论》（1936）中提出了货币与经济的关系，分析了货币政策传导机制。他否定了充分就业的假定，摒弃了传统的货币数量论，认为货币政策发挥作用主要通过两个途径：一是货币与利率之间的关系，即流动性偏好；二是利率与投资之间的关系，即投资利率弹性。他的具体思路是：货币供给相对于需求突然增加后，首先影响的是利率，会使其下降，后又促使投资的增加。如果消费倾向为已知量，则通过乘数作用，又可促使国民所得增加。

根据凯恩斯的分析，中央银行货币政策的实施会影响货币供应量M的增加或减少，并引起利率r的下降或上升。在资本边际效率一定的条件下，利率的下降将引起投资I的增加，利率的上升将引起投资的减少。投资的增加或减少，又将通过乘数作用引起社会总支出E和社会总收入Y的同方向变动。凯恩斯学派的货币政策传导机制的过程是：

$M \rightarrow r \rightarrow I \rightarrow E \rightarrow Y$

即，货币供应量→利率→投资→总支出→总收入。

如果中央银行面临通货膨胀的局面，采用了紧缩性货币政策工具，导致货币供给量缩小，会使得总产出下降。例如，中央银行采取了提高法定存款准备金率的方法，减少了货币的供应量，引起货币市场上资金价格的提高，即利率升高。利率升高，企业的投资成本提高，企业的投资热情可能会有一定程度的减弱，社会的投资支出减少，总支出将减少。社会的就业压力增大，总体消费水平降低，总产出减少。这样就达到了抑制通货膨胀、稳定物价、减少消费的效果。如果中央银行面临着通货紧缩的局面，则采用扩张性货币政策，增加货币供应量，货币政策传导过程与上述相反。

不过，对上述看似流畅的传导机制，凯恩斯认为很可能因两个因素而被堵塞：一个是流动性陷阱；另一个是投资的利率弹性非常低。“流动性陷阱”即当利率降低到不能再低时，人们认为利率不会再降低，有价证券的价格在今后只会跌落，人们只愿意持有货币，纷纷抛售有价证券，这时无论投放多少货币，都被经济单位所持有，因而对总体需求所得及物价均不产生任何影响，如图13-2所示。当投资的利率弹性非常低时，利率的下降就不会对投资量有显著的刺激作用。如果投资量增加不大，则投资乘数也不会大，从而货币政策的传导机制就会受阻。

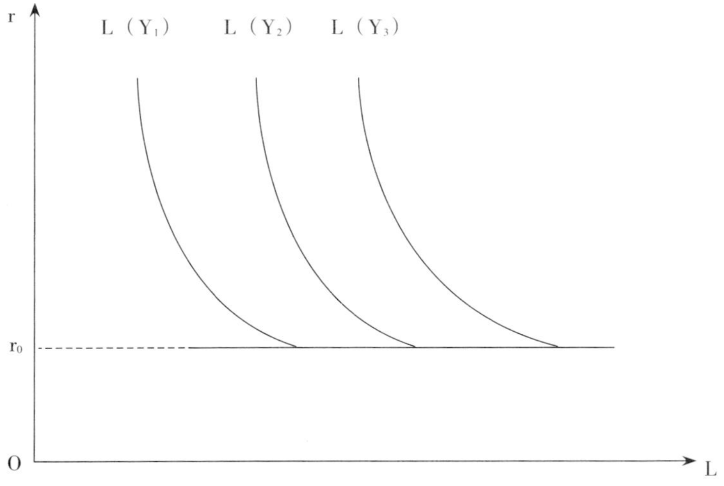

图13-2　凯恩斯提出的流动性陷阱

（2）后凯恩斯学派的货币政策传导机制理论。

凯恩斯之后，后凯恩斯学派的经济学家们对货币政策的传导机制又作了进一步的分析，在传统的货币政策传导机制的基础上拓展了货币政策的传导渠道。主要代表理论有以下两个：托宾的q理论和米什金的货币政策传导机制。

詹姆斯·托宾根据经济学家关于货币政策通过对普通股票价格的影响也能影响投资的思想，发展成了一种有关股票价格和投资支出相互关联的理论。按照托宾的定义：

$$q=\frac{\text{企业的真实资本的市场价值}}{\text{资本的重置成本}}$$

q为企业的市场价值与资本重置成本之比。如果q值大于1，说明企业的市场价值就高于资本的重置成本，建立新厂房和购买新设备的资本成本就要低于收购同等规模的企业的价值。这时，就扩大了投资支出。如果q小于1，说明企业的市场价值低于资本的重置成本，建立新厂房和购买新设备的成本要高于收购同等规模的企业的成本。在这种情况下，总的投资支出就不会增加。

若以Ps表示股票价格，通过托宾q值的货币政策传导机制为：

$$M\uparrow\rightarrow Ps\uparrow\rightarrow q\uparrow\rightarrow I\uparrow\rightarrow Y\uparrow$$

当货币的供应量M增加时，会使债券利率降低，股票与债券相比更有吸引力，人们对股票的需求增加，导致股票价格Ps上升，于是q比例升高，最终导致投资I与国民收入Y的提高；反之，则有：

$$M\downarrow\rightarrow Ps\downarrow\rightarrow q\downarrow\rightarrow I\downarrow\rightarrow Y\downarrow$$

米什金在论述货币的流动性效应时认为，当货币增加导致个人的财富增加时，不一定会增加耐用消费品的支出，因为如果他突然需要现金，就只有卖掉耐用消费品，而那样做会使他受到很大损失。相反，如果他拥有金融资产（如银行存款、股票、债券等），就能很容易地按全部市场价值将它们迅速脱手而得到现金。因此，当个人财富增加时，会增加金融资产的持有，以此减少财务困难的可能性。在此前提下，消费者会增加耐用消费品支出，从而使社会总收入增加。这一传导过程即为：

$$M\uparrow\rightarrow Ps\uparrow\rightarrow V\uparrow\rightarrow D\downarrow\rightarrow C\uparrow\rightarrow Y\uparrow$$

式中：V代表金融资产的价值；C代表耐用消费品支出；D代表财务困难的可能性；其他符号含义同前。米什金还认为，上面关于流动性的分析也适用于对住宅的需求。因为住宅如同耐用消费品一样也很不易流动。股票价格的提高会改善消费者资产负债表状况，并降低遭受财务困难的可能性，提高消费者购买新住宅的欲望。

（3）货币学派的货币政策传导机制理论。

弗里德曼是货币学派的代表人物，他在提出现代货币需求函数的基础上，透彻地分析了货币政策的传导机制。弗里德曼及其货币学派认为货币政策传导过程较为直接和迅速，并不像凯恩斯学派那样间接和迂回。货币学派认为，“恒久性收入”

是决定货币需求的主要因素，而不是凯恩斯提出的三种需求动机决定货币需求。由于“恒久性收入”的稳定性，货币需求函数也是稳定的，对利率变动就不敏感，所以货币供应量对总收入影响很大。货币学派的货币政策传导机制为：

$M \to A \to C \to I \to P \to \cdots \to Y$

式中：P代表价格；…代表可能存在还未被揭示的过程；C代表消费；A代表金融资产；其他符号含义同前。

弗里德曼等人在研究后得出结论说：如果货币供给量增加到供过于求的状况，则货币资产的持有者即个人或企业等经济单位会发现他们所实际持有的货币资产比他们希望持有的数额要多，于是，他们的反应是将多余的货币用于购买各种资产，既购买金融资产如债券、股票等，也购买实物资产如汽车、消费品等。这种支出（即资产结构的调整过程）会影响资产的价格（如有价证券利率会变动），也会影响商品供应的数额。价格的变动会影响货币库存余额的实际价值，从而通过货币需求函数而再次发生反应。虽然货币学派认为这个作用过程是十分复杂的，但是他们把货币需求函数看成是很稳定的东西，所以，即使在这个过程中说不清楚到底会采取什么措施时，人们也可以预测货币供给量变动的结果。

例如，中央银行面临通货紧缩的局面时，会通过扩张性的货币政策，增加货币供给量。人们会将手中多余的货币用来消费或购买金融资产，资产需求增加会拉高资产的价格，使生产者增加生产，从而增加收入，即：

$M\uparrow \to A\uparrow \to C\uparrow \to I\uparrow \to P\uparrow \to \cdots \to Y\uparrow$

如果是面对通货膨胀的局面，则采取紧缩性的货币政策，传导效果会相反。

此外，弗里德曼还认为：对于短期的经济变动来说，货币数量的变化，是决定名义收入和实际收入的主要因素，或者说，货币数量变化是决定经济变动的主要因素。而从长期来看，货币增长率的变化只会引起价格水平的变化，不会对实际产量发生影响。

13.3.2　货币政策时滞

货币政策能否取得预期的效果，固然与中央银行决策正确与否、作为政策传导体的商业银行对中央银行政策的配合程度等有关，但往往受制于货币政策自身的传导机制是否顺畅，这就是通常所说的“货币政策时滞”。货币政策时滞是从经济形势的变化需要中央银行操作货币政策，到最终目标变动之间的时间间隔。时滞的存在会影响货币政策的作用效果，可能使中央银行在执行货币政策时达不到它的最终货币政策目标，甚至是稳定经济的货币政策初衷反而给经济带来不稳定的冲击。货币政策时滞按性质分类，可以分为内部时滞和外部时滞，如图13-3所示。

1.内部时滞

内部时滞是指作为货币政策操作主体的中央银行从制定政策到采取行动所需要的时间。当经济形势发生变化，中央银行从认识到应当调整政策到着手制定政策再到实施政策，每一步都需要耗费一定的时间。内部时滞的长短取决于货币当局对各

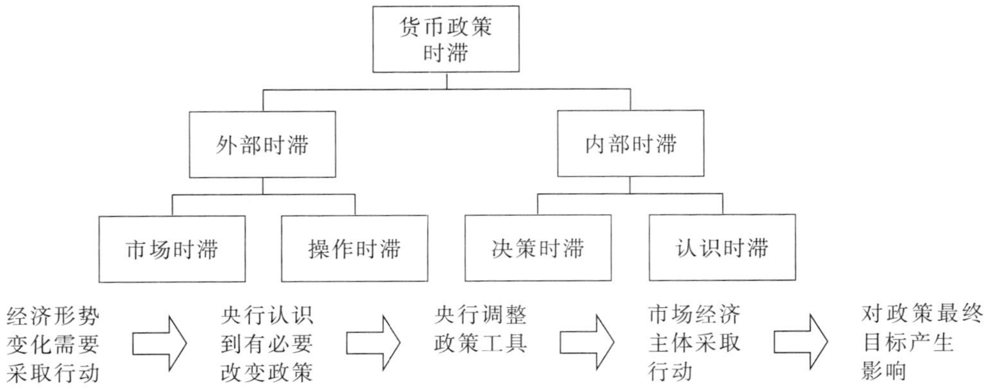

图13-3　货币政策时滞分解图

种信息资料的占有程度和对经济、金融形势的分析判断能力、预见能力及行动的决心，体现着货币当局的决策水平的高低和对金融调控能力的强弱。内部时滞又可分为认识时滞和决策时滞两个阶段。

（1）认识时滞。

所谓认识时滞，是指从确实有实行某种政策的需要，到货币当局认识到存在这种需要所经历的时间距离。这段时滞的存在，一是因为搜集各种信息资料需要耗费一定的时间，二是对各种复杂的经济现象进行综合分析，做出客观的、符合实际的判断需要耗费一定的时间。例如，发生了通货紧缩，客观上需要中央银行实施宽松的货币政策。为了了解通货紧缩的情况，中央银行一方面搜集反映通货紧缩的各种信息资料需要一定的时间，另一方面对本国通货紧缩现阶段的社会经济现象进行综合分析，做出客观合理的判断需要耗费一定的时间。因此，中央银行需要一定的观察、分析和判断的时间，这就是认识时滞。

（2）决策时滞。

所谓决策时滞，是指从认识到需要改变政策，到提出一种新的政策所需耗费的时间。这部分时滞的长短取决于中央银行占有各种信息资料和对经济形势发展的预见能力。货币当局一旦认识到客观经济过程需要实行某种政策，就要着手拟订政策实施方案，并按规定程序报批，然后才能公布、贯彻。中央银行根据经济形势研究对策、拟订方案，并对所提方案作可行性论证，最后审定批准，整个过程的每一个步骤都需要耗费一定的时间，这些构成了决策时滞。

2.外部时滞

外部时滞又称影响时滞，指从货币当局采取行动开始直到对政策目标产生影响为止所需要的时间距离。这一时间过程也是作为货币政策调控对象的金融部门及企业部门对中央银行实施货币政策的反应过程。外部时滞主要由客观的经济和金融条件决定。它较为客观，不像内部时滞那样可由中央银行掌握，是一个由社会经济结构与产业结构、金融部门和企业部门的行为等多种因素综合决定的复杂变量。外部时滞又可分为操作时滞和市场时滞两个阶段。

（1）操作时滞。

操作时滞是指从调整货币政策工具到其对中介指标发生作用所需要的时间。中央银行一旦调整政策工具的操作方向或力度，需通过操作变量的反应，传导到中介变量。这段时滞存在的原因是在实施货币政策的过程中，无论使用何种货币政策工具，都要通过操作变量的变动来影响中介变量才能起到作用。而政策是否能够生效，主要取决于商业银行及其他金融机构对中央银行政策的态度、对政策工具的反应能力以及金融市场对央行政策的敏感程度。

（2）市场时滞。

从中介指标发生反应到其对最终目标产生作用所需要的时间，称为市场时滞。市场时滞的产生是因为企业部门、私人部门对中介指标的变动做出反应有一个时间滞后过程，而且投资或消费的实现也有一个滞后的过程。这一时滞长短取决于中介指标的变动是否能够对最终目标发生作用，还取决于调控对象的反应程度。

13.3.3　货币政策运用

1.紧缩性货币政策和扩张性货币政策

按照货币政策的性质，可以将货币政策分为扩张性货币政策和紧缩性货币政策。这两种政策的操作方向相反，适合一国在某一时期一定的经济与金融情况下采用。例如，在经济高涨或金融市场上信用与货币运行过度扩张时，中央银行就要采取信用紧缩政策，减少信贷发放额和货币供应量；而当经济萧条、萎缩或金融市场上信用与货币流通感到吃紧时，中央银行就需要采取信用扩张政策，适当地扩大信贷发放额和货币供应量，以满足市场上对资金的需要。

（1）紧缩性货币政策。

在经济膨胀阶段，物价上涨的压力日趋沉重，国内投资旺盛加剧了这种负担，社会逐渐形成了相当强烈的抵制通货膨胀的愿望，政府不得不采取紧缩性政策以对付通货膨胀。在经济膨胀阶段，宏观经济调控的重点在抑制物价上涨方面，而对物价水平产生直接作用的就是货币政策。

①提高法定存款准备金率。中央银行对商业银行提高法定存款准备金率，可以降低商业银行可运用的信贷资金总额，缩小派生存款，减少投资，达到控制货币供应量的目的，从而控制社会各界的需求。这种手段简单易行，见效快，对控制货币供应量效果较好。但是，这种手段明显缺乏弹性，对经济震动过大。

②提高再贴现率。中央银行对商业银行提高再贴现率，可以减弱商业银行的信贷扩张能力，减少企业及其他社会公众手中的现金或存款，减少了消费需求和投资需求，从而达到减少市场货币供应量的目的。

③公开市场操作。中央银行在公开市场上向商业银行等金融机构卖出有价证券，回笼一定量的基础货币，从而使货币供给量成倍减少，而且将使市场利率升高。

（2）扩张性货币政策。

在经济衰退、萧条阶段或通货紧缩时期，政府一般会采取强有力的扩张政策，以增加消费、刺激投资，以期把经济带出困境。扩张性货币政策与紧缩性货币政策的操作方向相反，主要表现在以下几个方面：

①降低法定存款准备金率。中央银行对商业银行降低法定存款准备金率，可以提高商业银行可运用的信贷资金总额，扩大派生存款，增加投资，达到扩大货币供应量的目的。

②降低再贴现率。中央银行对商业银行降低再贴现率，就意味着中央银行鼓励商业银行通过再贴现来扩张信贷规模，可以促使商业银行降低对企业的贴现率，使得企业利息负担减轻，利润增加，从而刺激企业对信贷资金的需求，扩大投资，扩大货币供应量。同时，降低储蓄存款利率，可以刺激居民增加消费和投资，扩大民间投资，以促进全社会投资的增长，从而带动整个社会经济的增长。

③公开市场操作。中央银行在公开市场上从商业银行或社会公众手中买进有价证券是一种扩张性的货币政策。通过买进证券，中央银行不仅可投放一定量的基础货币，从而使货币供给量成倍增加，而且还将使市场利率下降。但是，在经济萧条时期，宏观经济政策重在增加就业和刺激经济增长，实行扩张性的货币政策虽在一定程度上可促进经济增长，但其作用有限。对经济增长直接产生作用的是财政政策。

2009年，我国采用的适度宽松的货币政策和欧美国家为了应对金融危机而采用的定量宽松的货币政策都属于扩张性的货币政策。这些货币政策分别采用了鼓励金融机构贷款、给予某些行业和企业优惠的贷款条件、降低名义利率水平等手段，目的是拉动经济增长，防止出现经济衰退现象。

专栏13-2

量化宽松货币政策

一、美国量化宽松货币政策

美国自发生次贷危机以来，针对次贷危机对实体经济的影响，制定并实行量化宽松货币政策，对其进行划分，可分为以下四个阶段：

第一阶段，为“零利率政策”实行阶段，即美联储于2008年至2010年共购买了1.725万亿美元的问题金融资产。在此过程中，美联储与多个中央银行签订了货币互换协议，并通过推出TAF（定期标售工具）、PDCF（一级交易商信贷工具）等，用以实现金融机构信用体系的重构，实现信贷市场的稳定。与此同时，在执行期间进行了多次降息，联邦基金利率由最初的5.25%降到0-0.25%。

第二阶段，美联储为进一步解决由次贷危机引发的实体经济危机，进行了基础货币投放量的增加。于2010年11月进行了6 000亿美元长期国债的购买。与此同时，美联储在购买问题金融资产时，将同等价值剩余到期时间三年以下的短期国债进行了卖出，实现基金流动性的主动释放，在降低社会融资成本，实现问题金融结构救援等方面发挥着至关重要的作用。

第三阶段，美联储进一步发挥主动性，并与财政部门建立合作，通过实行补充融资计划，改善“释放流动性”存在的资金问题，降低美联储定期购买问题金融资产的风险。与此同时，实现了“紧急贷款”向“财政控股权”的有效转换。

第四阶段，美联储根据美国经济复苏情况，进行了自身工作任务的调整，将工作重心由调解市场流动性转化为提升金融市场信心，因此购债规模逐渐减少并组织开展了金融稳定恢复计划，通过调解市场长期利率，降低借款人信贷压力。

二、日本量化宽松货币政策

日本量化宽松货币政策可追溯到19世纪90年代，日本中央银行为改善通货紧缩问题，进行了政策利率的调整，使利率接近于零。与此同时，为改善经济不景气问题，在实行“零利率政策”的基础上，一方面引导商业银行增加在中央银行的现金储备，另一方面进行公开市场操作，以实现市场流动性的调节。此外，日本面对2008年的金融危机，加强了量化宽松货币政策推行力度。由于此时的量化宽松货币政策为政策利率接近于零后的货币政策，无法再通过降低政策利率刺激经济复苏。对此，日本中央银行将工作重心转移到“提升金融体系资金投放力度”、“加强金融机构资本流动性”上，以提升社会经济融资能力，推动经济优化发展。

三、量化宽松货币政策的特征与运行机制

由上述分析可知，量化宽松货币政策主要具有如下特征：(1）通过降低政府利率进行市场流动性的大量释放，以进行经济金融下滑问题的改善；(2）经济体中央银行进行货币政策工具的不断创新，通过购买长短期国债，推行一级交易商信贷工具、购买资产抵押证券等，进行问题金融机构救援，重构金融机构信用，维护金融市场的稳定；(3）进行前瞻性政策利率的引导，实现市场长期利率的下降，用以降低借款人信贷负担，拉动社会需求；(4）与财政建立合作关系，通过与财政政策相结合，改善货币超量发行过程中引发的通货膨胀问题，解决中央银行直接释放市场流动性存在的资金不足问题。

量化宽松货币政策运行机制主要由量化宽松货币政策施行的传导机制与量化宽松货币政策退出的传导机制共同组成。其中量化宽松货币政策施行的传导机制可概括为：中央银行—非常规货币政策工具—释放流动性—稳定市场长期利率—刺激社会需求增长；而量化宽松货币政策退出的传导机制可概括为：中央银行进行政策利率提升公布（“非常规”措施调解超额准备金利率）—引导市场长期利率（进行市场流动性回收）—降低社会总需求—进行通货膨胀风险防范。

资料来源：李沛泽．量化宽松政策［J］．财经界．2019（1）．

2.货币政策和财政政策

货币政策和财政政策是国家调节宏观经济运行的两个最重要的手段，这两个政策手段只有在一定条件下很好地配合运用，才能避免摩擦，发挥更好的政策效果，有效实现总体经济目标。

(1）货币政策和财政政策配合的必要性。

货币政策和财政政策配合的必要性是由二者之间存在的密切的共性关系及不同的特点决定的。货币政策和财政政策的共性主要表现在三个方面：一是这两大政策作用于同一个经济范围，即本国的宏观经济方面；二是这两大政策均由国家制定；

三是最终目标一致。

货币政策和财政政策的区别表现在四个方面：一是政策的实施者不同。货币政策是由中央银行制定并实施的，尽管某些国家的中央银行在名义上归属于财政部领导，但其中绝大多数在实施货币政策方面由中央银行独立操作；而财政政策则由政府财政部门具体实施。二是作用过程不同。货币政策的直接对象是货币运动过程，以调控货币供给的结构和数量为初步目标，进而影响整个社会经济生活；财政政策的直接对象是国民收入再分配过程，以改变国民收入再分配的数量和结构为初步目标，进而影响整个社会经济生活。三是政策工具不同。货币政策使用的工具通常与中央银行的货币管理业务活动相关，主要是存款准备金率、再贴现率、公开市场业务等；财政政策所使用的工具一般与政府的收支活动相关，主要是税收和政府支出及转移性支付等。四是可控性不同。货币政策通常需要通过操作工具的传导来实现最终目标，这中间需要有一个传导的过程，并且可能出现偏离最终目标的情况；而财政政策可以由政府通过直接控制和调节来实现。

由此可见，财政政策与货币政策出自于同一个决策者却由不同机构具体实施；为达到同一个目标却又经过不同的作用过程；作用于同一个经济范围却又使用不同的政策工具。财政政策和货币政策各有其自身的特点和作用，存在着功能上的差异，这就要求将两者密切配合起来，互相补充，相辅相成，以实现宏观调控的总目标。

（2）货币政策和财政政策的配合手段和配合方式。

货币政策与财政政策的共性，决定了它们之间具有必须密切配合的客观要求；财政政策与货币政策的区别，又导致了它们之间在实施过程中发生偏差的可能性。于是，就产生了这两类政策如何配合、协调的问题。

就配合手段而言，财政政策手段主要是税率变动和支出的扩张或削减，这两种手段实际都是以强制为基础的。但税率的升降或税种的增减手段对经济的影响有时比财政支出结构或总量的变动手段对经济的影响要间接一些。而货币政策发挥作用的手段则比较多，它既可以通过行政的、计划的直接强制手段发挥作用，也可以通过经济的、间接的利益调节手段发挥作用。一般情况下，采用直接的、强制的、行政的手段对经济调控容易收到立竿见影的效果，在较为紧急和严重的情况下，采用这类措施是十分必要的，但容易对经济运行产生较大的震荡；而采取经济的、间接的办法对经济总量和结构的失衡进行调节，则可以避免或减少经济政策可能对经济运行带来的震荡性影响。

运用货币政策工具，将货币政策和财政政策结合起来使用，共有四种组合方式：

①紧缩的货币政策和紧缩的财政政策的配合，即“双紧政策”；

②宽松的货币政策和宽松的财政政策的配合，即“双松政策”；

③宽松的货币政策和紧缩的财政政策的配合，即“松货币、紧财政”政策；

④紧缩的货币政策和宽松的财政政策的配合，即“紧货币、松财政”政策。

其中，“双紧”和“双松”政策，反映着财政政策和货币政策的目标侧重点保持一致；“一松一紧”的政策，反映着财政政策和货币政策在总体要求一致的前提下，目标侧重点不同。这四种组合方式，对于政策的作用方向不同，会产生不同的政策效应。

“双紧”或“双松”政策的特点是财政政策与货币政策的工具变量调整的方向是一致的，因此，这种政策配合的作用力度强，变量间的摩擦力小，一旦调整政策，很快能产生效应，并带有较强的惯性。但“双紧”或“双松”的配合方式一般只是在社会总需求过度膨胀或极度疲软的情况下采取的办法。若在并未出现社会总需求过度膨胀时，采取双紧政策搭配，虽然可以有效地制止通货膨胀，但很容易引起生产停滞或经济衰退。因此，一般情况下应避免“双紧”或“双松”政策的使用。

“一松一紧”的政策，其特点是财政政策与货币政策的工具变量调整的方向是相反的，使变量间产生相互抗衡的摩擦力。两类政策只能分别对自身能够直接影响的变量产生效应，作用力度较弱，但政策效应比较稳定，且不带有很大惯性。如果一定时期内的社会总需求水平偏高，就可根据货币政策或财政政策工具变量与调节目标的密切联系程度选择政策手段，确定两政策的主辅关系，若以货币政策为主采取紧缩的调节措施，则作为辅助手段的财政政策就应采取适度放松的调节方法，以使主要政策措施“软着陆”，避免造成较大的经济震荡。

专栏13-3

利率手段用尽，英国央行开闸“创造”货币

信贷市场迄今仍是死水一潭，流动性枯竭；实体经济领域正发出越来越多绝望的求救声。降息手段的市场效果还未展现出来，传统强势货币英镑却已面临汇率跌破1欧元的境况，而欧元则面临实实在在的分裂危险。

从2008年10月至2016年8月，英国央行已连续6次降息。2009年3月5日，英国央行货币政策委员会宣布再次降息0.5%，基准利率降到0.5%。此外，英国央行决定正式开始启动750亿英镑的定量宽松货币政策，以期通过加大市场货币供应量来推动银行贷款。2016年8月，英国央行7年来第一次降息，将基准利率由0.5%下调25个基点至0.25%。定量宽松货币政策就是在利率接近或者达到零的情况下，中央银行再继续向市场注入大量的流动性。此前，定量宽松政策从未被英国政府用过。同样的决定也随后从法兰克福传出：欧洲央行降息0.5%，基准利率调整至2%。欧洲央行行长特里谢随后发表的讲话显示，不排除再次降息的可能。

来自英国最大的雇主组织英国工业联合会的调查却显示：企业从银行获得贷款的渠道仍继续缩窄。随着利率接近零，央行试图利用这种手段降低贷款成本以刺激经济的努力迄今仍难见成效。降息措施宣布后，英国工业联合会首席经济学家麦卡弗蒂表示，持续降息作为刺激经济的手段，效果越来越差。在各大金融机构的分析报告中，超过半数的意见认为，继续降息已经毫无意义，效果还可能适得其反——一方面压缩银行盈利，导致信贷市场进一步干涸并紧缩；另一方面会令英镑更脆弱。除了对英国经济状况的担忧，由于市场一直预期英国央行将推出更低的利率，加速了几个月来英镑在国际市场上汇率的迅速下滑。随着定量宽松货币政策开始实施，市场开始担心英镑汇率会跌破1欧元。

不过，一些英国金融业资深人士对此不以为然。英国国际金融服务协会亚洲区资深顾问白乐威指出，相比英镑兑美元的汇率一度高达1：2的历史，现在的英镑汇率确实跌了不少，但相信英镑将紧随欧元，与美元汇率保持在1：1.45左右。这位曾担任伦敦金融城市长的前保险业专家指出：英镑的底线就是和欧元保持同样强劲程度的货币地位。2015年底，英镑兑美元汇率为1：1.4819。由于2016年英国公投决定脱欧，英镑迅速贬值，截至2016年11月23日，英镑兑美元汇率为1：1.2399。

根据《马斯特里赫特条约》，欧盟成员国不得通过加印钞票的方式筹措资金来弥补公共赤字缺口，这也是为什么英国央行决定采用购买金融机构政府债券的方式来加大货币供应量，而不是直接由政府提供新钞的原因。从理论上讲，金融机构把债券卖给政府，意味着金融机构会有大笔新资金进账，可以贷款给企业、购房者和消费者。白乐威认为，此举是英国政府迈出的非常积极的救市新步伐，实际上是拿走银行的坏账，这就使银行可以尽快重新开始正常运转，对避免整个经济陷入更深、更持久的衰退至关重要。

但Investec公司一位分析师指出，市场担心这套提高国内货币供应量的措施是否会有效果，主要风险在于：首先，由政府购买的公司债券可能会违约；其次，在目前状况下，银行拿到钱之后可能会选择囤积现金，而不是加快放贷；最后，大量新钱入市可能会进一步削弱英镑。多数经济学家认为，定量宽松政策是一个高风险战略。如果银行仍然不愿贷款，危机将持续，就像10年前日本的情况。日本央行1990年通过定量宽松计划时，已经下调利率到零，但效果却相当有限，日本从此陷入长达20年的经济低迷。不过，令英国决策者感到鼓舞的是，日本政府表示，正考虑再次采用定量宽松手段。欧洲央行亦有此意，正在观望评估阶段。并且，二者最终都走上了宽松的道路

虽然英国官方公布的通货膨胀率远低于调控目标2%，但英国老百姓却发现，超市里的蔬菜水果和肉类等食品越来越贵。一些靠退休金生活的老人甚至开始考虑囤货。英国零售商协会最新报告显示，2009年前两个月，英国食品价格分别上涨7.5%和9%。其中，牛、羊、猪等鲜肉价格，在过去12个月已分别上涨19%、38%和75%。自2008年9月以来，英镑严重贬值，已失去最高点时1/3的国际货币价值，导致那些需要大量从国外进口的蔬果类食品价格上扬。

资料来源：师琰. 利率手段用尽，英国央行开闸“创造”货币［J］. 金融博览. 2019（4）.

13.3.4 我国的货币政策

1.我国货币政策的发展及现状

改革开放以前，我国实行高度集中的计划经济体制，宏观经济调控主要依靠计划和财政手段，货币、信贷手段处于从属地位。在“大一统”的金融格局下，中国

人民银行集中央银行与专业银行、银行与非银行金融机构的诸多职能于一身，货币政策实际上就是综合信贷政策。

自从改革开放以来，随着传统计划经济体制向市场经济体制的转型，金融改革和货币政策的操作方式也有了很大的发展和变化。中国人民银行于1984年开始专门履行中央银行职能，集中统一的计划管理体制逐步转变为以国家直接调控为主的宏观调控体制。进入20世纪90年代，随着我国金融体制改革的逐步深入，货币政策操作逐步向间接调控转变。从1993年至今，我国货币政策操作可以明显地分为几个阶段：第一阶段从1993年到1997年，通过实行适度从紧的货币政策，积极治理通货膨胀，成功实现了“软着陆”；第二阶段从1998年开始到2002年，货币政策以适度放松为主要特征，旨在治理通货紧缩，促进经济增长；第三阶段从2003年开始至2008年6月，货币政策调控的明显特征是为了防止出现新一轮的经济过热；第四阶段从2008年7月至今。

（1）1993年至1997年的货币政策操作。

由于20世纪80年代中后期开始对国有企业放权让利以及软预算约束的存在，我国经济在20世纪90年代初期出现了明显的“泡沫”现象，引发了一系列问题：一是投资与消费需求同时膨胀；二是通货膨胀高达两位数；三是货币供应量膨胀；四是金融秩序混乱。针对1993—1994年出现的严重通货膨胀，中央开始推行从1993年至1997年长达4年的“软着陆”宏观调控。

第一，整顿金融秩序。首先是制止违规拆借资金，规范货币市场。其次是清理整顿金融机构。最后是加强金融监管，规范金融行为。第二，强化了中央银行的宏观调控能力。将信贷规模分配和再贷款权、准备金利率制定和调节权、货币发行权高度集中于中国人民银行总行，停办专项贷款，确定我国货币政策目标。第三，调整了货币政策的中介目标，采用新的货币政策工具。首先，我国金融调控目标由直接目标向间接目标过渡，中国人民银行逐步缩小了信贷规模的控制范围，逐步转向以货币供应量为中介目标。其次，对商业银行开始实行资产负债比例管理。再次，大力发展货币市场，开始进行公开市场操作。最后，扩大再贴现业务。第四，灵活运用利率杠杆，加强利率监管。第五，实施汇率并轨，干预汇率形成，协调运用本外币政策。从1994年3月开始，中央银行直接介入全国统一的银行间外汇市场，并进行外汇公开市场操作，以平衡市场外汇供求，保持人民币汇率的稳定。1994年4月，我国实行外汇管理体制改革，结束了汇率双轨制，实现了汇率并轨。

这些措施取得了一定的成果：自1993年下半年开始的以整顿金融秩序、治理通货膨胀为首要任务的金融宏观调控收到了明显的成效，截至1996年底，国民经济初步实现了“软着陆”。

（2）1998年至2002年的货币政策操作。

1998—2002年，中国人民银行针对面临的通货紧缩形势，积极采用各种货币政策措施，有效刺激了国内需求，遏制了消费物价指数持续负增长和企业开工不足、失业人口不断增长的势头。第一，大幅度降低利率水平，扩大贷款利率浮动区间，稳步推进利率市场化进程。1998年以来我国的利率市场化改革取得了明显进展，到1999年底，已经放开了银行间同业拆借利率，放开了贴现市场、债券回购及现券市场利率，政策性金融债和国债发行采取了市场化的利率招标形式。第二，加大公开市场操作力度，灵活调控基础货币。公开市场业务日益成为货币政策操作的重要工具，1998年共操作了36次，向商业银行融资1 761亿元，净投放基础货币701.5亿元。第三，取消贷款限额控制，灵活运用信贷政策，调整贷款结构。中国人民银行从1998年1月1日起取消了对商业银行的贷款限额控制。1999年是信贷政策调整措施较多的一年，在消费信贷、农村信贷、对外贸易融资、中小企业贷款、住房贷款、助学贷款等方面发布了一系列政策规章。第四，加强对商业银行的"窗口指导"。从1998年3月开始，中国人民银行坚持每月召开经济金融形势分析会，通报全国金融情况，同时根据形势发展预测货币政策趋势；各综合经济部门介绍各部门的经济运行情况；各商业银行介绍各行的情况，同时向中央银行提出货币信贷政策要求。

（3）2003年至2008年6月的货币政策操作。

2003年以来，中国逐渐走出通货紧缩的阴影，物价开始正增长，货币政策的调控以利率为主，逐步推进利率市场化改革，同时进行了人民币汇率浮动制的改革，具体调控措施如下：逐步完善公开市场操作体系，灵活运用存款准备金率工具，保持基础货币的平稳增长；采取多种货币政策工具综合的措施，加强流动性管理；充分发挥利率的调节作用，逐步推进利率市场化改革；发挥信贷政策在经济调整中的积极作用，加强和改进中央银行"窗口指导"，改进信贷政策的实施方式；稳步推进金融企业改革重组，金融企业竞争力加强。例如，2003年，中国人民银行开始对农村信用社进行改革试点，农村信用社资产质量和经营财务状况有所改善，对国有商业银行的股份制改革也稳步进行，2005年，中国建设银行在香港联合交易所成功上市，此后中国银行、中国工商银行纷纷改制上市。人民币汇率体制改革逐步深化，汇率形成机制逐步完善，外汇储备稳步增长。经国务院批准，中国人民银行宣布自2005年7月21日开始实行以市场供求为基础、参考一篮子货币进行调节、有管理的浮动汇率制度。

尤其是2007年，经济出现过热苗头，价格上涨压力加大，上半年GDP增速从2006年的11.6%进一步上升到12.2%，CPI涨幅从2006年的1.5%上升到3.2%。货币政策及时由"稳健"转到"适度从紧"再到"从紧"。从2007年第三季度起，货币政策开始呈现紧缩态势，第四季度继续收紧。全年10次上调存款准备金率共5.5个百分点，6次上调人民币存贷款基准利率，其中，1年期存款利率累计上调1.62个百分点至4.14%，1年期贷款利率累计上调1.35个百分点至7.47%。相关措施有效地控制了通货膨胀形势，CPI同比涨幅在2008年2月达到高点后开始下行。

（4）2008年7月至今的货币政策操作。

2008年，国内外形势逐步发生变化。国内发生汶川大地震等严重自然灾害，国际上美国次贷危机加剧，并在9月中旬急剧恶化为百年难遇的国际金融危机。针对形势变化，我国宏观政策相应从“双防”转向“一保一控”再到“灵活审慎”，货币政策则从2008年7月份就及时进行了较大调整，变为适度宽松的货币政策。一是调减公开市场对冲力度，相继停发3年期中央银行票据、减少1年期和3个月期中央银行票据发行频率，引导中央银行票据发行利率适当下行，保证流动性供应。二是在2008年下半年连续3次下调基准利率，4次下调存款准备金率，释放保经济增长和稳定市场预期的信号。三是取消了对商业银行信贷规划的约束。四是坚持区别对待、有保有压，鼓励金融机构增加对灾区重建、“三农”、中小企业等贷款。五是扩大商业性个人住房贷款利率下浮幅度，支持居民首次购买普通商品房。中国人民银行根据形势变化及时适度调整货币政策操作，确保货币信贷稳定增长及金融体系流动性充足，促进经济平稳较快增长，支持扩大内需，维护币值稳定和金融稳定，加大金融对经济增长的支持力度，在一定程度上缓解了金融危机带来的压力。

2009年至2010年，我国仍然坚持适度宽松的货币政策，宏观经济出现了“V型”恢复增长，刺激经济政策的负面效应日益显现。2009年，我国广义货币M2和狭义货币M1超常增长，一些行业存在产能过剩的情况，这些导致资产市场泡沫膨胀，给实体经济的健康发展留下隐患。2010年我国将货币政策定着眼点放在针对性、灵活性和稳定性三个方面。虽然适度宽松的货币政策保证了经济增长，但也使经济运行中的某些结构性问题变得更加突出。因此，2010年中国人民银行6次上调法定存款准备金率，每次调整0.5个百分点，并且从10月份开始直到年底，2次上调存贷款利率，以应对节节攀升的通货膨胀。

2011年初，中国人民银行引入差别准备金动态调整机制，构建宏观审慎政策框架，并且实施稳健的货币政策。在2011年全年，央行进行了3次加息、6次上调法定存款准备金率，1次下调法定存款准备金率，更好地发挥了宏观审慎政策逆周期调节功能，增强了调控的针对性、灵活性和前瞻性。至2011年11月，广义货币供应量（M2）已经下降至12.7%。适度偏紧的货币政策和前景黯淡的出口产业促使我国民间融资规模迅速增大，而通货膨胀又降低了银行存款利率的竞争力，大量资金从实体经济中游离出来，小微企业融资困难状况依然存在。

2012年，货币政策的主基调是保持稳健，中国人民银行启用了大规模逆回购，这种模式让央行对流动性的掌控更为精准。2012年，央行于2月24日和5月18日先后下调存款准备金率，并分别于6月8日和7月6日实施降息，同时在两次降息中均扩大了存贷款利率浮动区间。至此，一年期存款基准利率从3.25%降至3.0%，一年期贷款基准利率从6.31%降至6.0%。贷款利率浮动区间的下限调整为基准利率的0.7倍，并且第三季度央行累计开展逆回购操作约2.3万亿元。针对2013年前两个季度的经济数据疲弱且欧元区持续困境影响我国出口产业的情况，央行采用上述手段释放刺激经济的信号，对降低实体经济的融资成本起到了直接作用。所以，中国经济在第三季度接近底部并逐渐回升，制造业PMI数值也出现连续数月以来的回升势头。2013年中国人民银行继续实施稳健的货币政策，增强货币政策操作灵活性，保持政策的稳定性和连续性，坚持总量稳定、结构优化的原则，采用温和的方式降低杠杆，并加快利率市场化的步伐。2013年7月20日，金融机构贷款利率管制全面放开；9月24日，市场利率定价自律机制成立；10月25日，贷款基础利率集中报价和发布机制正式运行。

2015年的货币政策需要平衡多重目标，难度较大。2014年11月以来，央行先后6次降息、5次降准。从目前银行间市场的情况来看，利率水平比2014年底有明显的下降。货币政策在降成本上发挥了较大作用。央行在货币政策操作中也使用了一些结构性的手段，包括差别化存款准备金、PSL等，突破了传统货币政策的范畴，把总量调控与定向调控结合起来，这在2016年也得到延续，央行货币政策框架也在从数量型向价格型转变。2015年央行对SLF扩容，扩大抵押品范围等，都是在扩大货币政策工具“篮子”，增强调控的有效性。2015年底，央行推出了宏观审慎评估体系，是对现有的差别准备金动态调整和合意贷款管理机制的升级。这有助于进一步完善宏观审慎政策框架，能更加有效地防范系统性风险，发挥逆周期调节作用，并适应资产多元化的趋势。

2.我国货币政策存在的问题

随着我国货币政策传导机制的改革，我国已初步建立了“政策工具—中介指标—最终目标”的间接传导机制和“中央银行—金融市场—金融机构—企业居民户”的间接传导体系。但在中央银行、金融市场、金融机构、微观经济主体层面上存在的多种问题影响了我国货币政策的传导，进而影响实施效果。为了更好地发挥货币政策效果，畅通传导机制，需要有针对性地提出适合我国国情的对策，保证货币政策目标的实现。

（1）中央银行层面上的问题。

我国的中央银行是中国人民银行，它通过运用货币政策工具来传导货币政策。它积极运用三大政策工具——法定存款准备金率、再贴现率和公开市场操作，辅以直接或者间接的信用控制手段，以货币供应量作为中介目标进行调控。三大政策工具的操作力度虽然很大，但其实际效果却远远低于预期水平。造成这种问题的原因主要是我国以货币供应量为中介指标，但同时利率并未完全市场化，影响了利率对资源配置的结构调整作用。除此之外，货币政策工具的使用比较单一也是一个问题。在三大政策工具中，存款准备金率政策工具使用频繁，仅2007年一年就10次上调法定存款准备金率，法定存款准备金率是效果比较强烈的货币政策工具，缺乏弹性，轻微变动就会对货币供给总量产生巨大的影响。

（2）金融市场层面上的问题。

货币政策运行的市场环境不成熟、不完善，削弱了货币政策效果。我国货币市场不成熟，缺乏足够的中介机构和市场参与者，交易品种或缺，金融工具和手段创新滞后，货币市场缺乏流动性，交易不活跃，货币市场业务主要集中于同业拆借市场和债券回购市场，而这两个市场交易量不够大，限制了公开市场操作的力度。在资本市场方面，中国股市的投机性强，股市泡沫膨胀，股票价格难以产生财富效应。而债券市场特别是国债市场上债券种类不多，使公开市场缺乏载体。

（3）商业银行等金融机构的问题。

在我国，资本市场、货币市场尚未发展到成熟阶段，利率并未完全市场化，使中央银行的公开市场业务操作的效果大打折扣。央行只能采取贴现率、窗口指导、利率管制等其他调控工具，这就使商业银行的行为对货币政策的效力具有更大的影响作用。我国商业银行等金融机构存在如下问题：一是由于历史和现实的因素造成商业银行有风险约束，而无利润约束。风险约束是指商业银行不愿意依照央行的政策措施增加贷款，而是根据自身对经济状况的估计和判断，对风险较大的中小企业“惜贷”，对大企业大规模放贷，影响了信用创造和货币供给。商业银行无利润约束导致了增加货币供应量刺激投资的主渠道不畅，同时造成对冗员、机构臃肿、低效的容忍，人为地增加了货币政策的传导环节，降低了货币政策的传导速度，影响了货币政策的效果。二是公众普遍认为四家国有商业银行的信誉高于中小金融机构，将资金高度集中于四家国有商业银行，使之资金充裕，不需要再贷款甚至返还央行贷款，对经济产生一定的紧缩效用。中小金融机构虽比较灵活，经营业务较广，金融工具创新频繁，但融资道路曲折。

（4）微观经济主体层面上的传导障碍。

微观经济主体企业、居民个人等是货币政策传导的最终环节。此层次上的障碍综合表现为企业、居民个人对货币政策信号反应迟钝，影响了货币政策的传导效果。企业和个人的投资和消费观念还受传统约束，不能扩大投资和增进消费，阻碍了企业的发展和消费信贷业务的发展，影响了货币政策的效果。

本章小结

1.货币政策是国家宏观经济政策的重要组成部分。中央银行负责制定并执行国家的货币政策，对国民经济进行宏观调控，以达到货币政策的目标。货币政策有四大目标，它们相互间存在冲突和矛盾，所以要进行平衡，突出重点。

2.货币政策工具是中央银行为实现货币政策目标而使用的各种策略手段，可以分为一般性政策工具、选择性政策工具和其他政策工具三类。

3.货币政策传导机制理论主要包括凯恩斯学派、后凯恩斯学派和货币学派的理论观点。货币政策的传导机制是指货币政策目标确定后，通过使用适当的政策工具，作用到操作指标，再影响中介指标，最后达到政策的最终目标。这个过程中可能会有时滞的阻碍，这些时滞可以分为内部时滞和外部时滞。

综合训练

13.1　单项选择题

1.当中央银行提高再贴现率时，货币供给量一般会（　　）。

A.增加　　B.减少　　C.不变　　D.不一定

2.最猛烈、最具有强制性的货币政策工具是（　　）。

A.再贴现政策　　B.公开市场业务

C.法定存款准备金率　　D.证券市场信用控制

3.由于（　　）的存在，货币政策从制定、实施到产生效果需要一段时间间隔。

A.货币政策中介指标　　B.货币政策最终目标

C.货币政策工具　　D.货币政策时滞

4.当中央银行在国债市场上买进国债时，货币供给量一般会（　　）。

A.增加　　B.减少　　C.不变　　D.不一定

5.不属于公开市场业务的特点有（　　）。

A.中央银行具有主动性　　B.可以对货币供应量进行微调

C.中央银行处于被动地位　　D.有利于进行经常性、连续性操作

13.2　多项选择题

1.货币政策目标一般包括（　　）。

A.财政收支平衡　　B.物价稳定　　C.经济增长

D.充分就业　　E.国际收支平衡

2.利率作为货币政策中介指标具有以下特点（　　）。

A.可控性强　　B.可测性强　　C.抗干扰性强

D.抗干扰性弱　　E.可控性弱　　F.可测性弱

3.从货币政策的角度来看，主张实行稳定的货币政策是（　　）的共同特点。

A.货币学派　　B.凯恩斯学派　　C.供给学派

D.合理预期学派　　E.瑞典学派

4.目前我国中央银行在公开市场通过买卖（　　）进行公开市场操作。

A.国债　　B.外汇　　C.股票

D.政策性金融债券　　E.企业债券　　F.基金

5.中央银行对某些特殊领域的信用进行调节时通常采用下列措施（　　）。

A.消费者信用控制　　B.信用配额　　C.不动产信用控制

D.优惠利率　　E.证券市场信用控制　　F.窗口指导

13.3　复习思考题

1.简述货币政策的含义和构成要素。

2.我国货币政策的目标是什么？目标间有没有矛盾？

3.一般性货币政策工具包含哪些？各自的优缺点是什么？

4.三类货币政策工具适合在什么样的条件下使用？

5.货币政策传导机制的理论有哪些？

6.简述货币政策的时滞以及对中央银行货币政策实施效果的影响。

7.货币政策与财政政策如何协调与配合？

8.请介绍我国的货币政策发展情况。

第14章

通货膨胀与通货紧缩

【学习指南】

导读

本章介绍通货膨胀与通货紧缩的含义，探讨通货膨胀与通货紧缩的成因，从而深刻理解通货膨胀与通货紧缩对经济的影响，为如何治理通货膨胀与通货紧缩寻求方法。通过对通胀与紧缩对经济影响和治理方法的探讨，有助于更好地理解其现实意义。

关键概念

通货膨胀　消费物价指数　批发物价指数　国民生产总值平减指数　公开型通货膨胀　隐蔽型通货膨胀　结构性通货膨胀　菲利普斯曲线　强制储蓄效应　收入政策　收入指数化政策　“单一规则”政策　通货紧缩

引例

"法币改革"

1935年，国民党政府实行"法币改革"，规定中央、中国、交通三银行（后增加中国农民银行）所发行的钞票为"法币"，同时禁止银元在市面上流通，并强制将白银收归国有。在抗日战争和解放战争期间，国民党政府实行通货膨胀政策，法币急剧贬值。1937年抗战前夕，法币发行总额不过14余亿元，到日本投降前夕，法币发行额已达5 000亿元。到1947年4月，法币发行额又增至16万亿元以上。1948年，法币发行额竟达到660万亿元以上，等于抗战前的47万倍，物价上涨3 492万倍，法币彻底崩溃。鉴于法币的恶性膨胀，国民经济面临崩溃之势，国民党政府于1948年8月19日再次进行币制改革，规定金元为本位，开始发行"金圆券"（每金圆含纯金0.22217克），以1：3 000 000的比率，收兑急剧贬值的法币。然而金圆券却以更快的速度膨胀，前后不到10个月，发行总额达1 303 046亿元，比原规定的发行额20亿元增加65 000余倍。

货币增发如此之快，那它的购买力变化如何呢？这些是在民间流传多年的案例：国民党政府发行的法币，1937年100元可买两头牛，1938年变为可买一头牛，1939年可买一头猪，1941年能买一袋面粉，1943年能买一只鸡，1945年能买一个煤球，到了1948年，只能买到几粒大米。长沙《小春秋》晚报载：解放前夕，工人上午领到一个月的薪水可以买5斗米，到下午只能买2斗米了。浏阳东乡的一位农民在长沙太平街一个商号买20斤皮棉，装袋时他发现棉花里有一捆钞票，就一声不响地把钞票装进了麻袋，自以为发了点小财，满心欢喜，回到家里用秤一称，那捆钞票的面值还抵不上棉花重量的价值，令人哭笑不得。

那么究竟什么是通货膨胀呢？它对经济到底会产生什么影响呢？面对通货膨胀，有什么可以采取的措施呢？本章将进行详细阐述。

§14.1 通货膨胀的定义、度量和分类

14.1.1 通货膨胀的定义

西方经济学家对此存在长期的争论，大体上可分为"货币派"和"物价派"。

"货币派"认为通货膨胀是物价的普遍上升，而且这种上升是由于货币过度供应引起的。"过度的货币追逐相对不足的商品和劳务。"

"物价派"不同意货币数量论者关于货币数量直接决定物价的理论，他们认为这只是在充分就业实现以后的一种特殊情况。"物价派"主张用一般物价水平或总价格水平的上升来定义通货膨胀。凯恩斯在其著作《就业、利息和货币通论》中指出，在非充分就业的情况下，增加的货币最初会全部为产量的扩大所吸收，物价可保持不变；当就业量逐渐增加时，投资的增加就会引起劳动边际生产力的下降，于

是物价会随着有效需求的增加而上涨，此时增加的货币只是部分地被产量的扩大所吸收，物价上涨的速度将小于货币数量的增长率，凯恩斯把这种情况称为半通货膨胀。当达到充分就业后，货币供给的增加而引起的有效需求的增加已没有增加产量和就业的作用，物价便随货币供给的增加作同比例的上涨，这才是真正的通货膨胀。

两派分歧的实质在于对物价上升原因解释的不同上。

多数经济学家认为，通货膨胀是总体物价水平的持续的、较为明显的上升。对于这个定义，有必要增加几点说明：

①通货膨胀不是指一次性或短期的价格总水平的上升，而是一个持续的过程。同样，也不能把经济周期性的萧条、价格下跌以后出现的周期性复苏阶段的价格上升视为通货膨胀。只有当价格持续地上涨作为趋势不可逆转时，才可称为通货膨胀。

②通货膨胀不是指个别商品价格或某个行业商品价格的上升，而是指价格总水平的上涨。

③通货膨胀是价格总水平的明显上升，轻微的价格水平上升，比如说0.5%，就很难说是通货膨胀。

④在自由市场经济中，通货膨胀表现为物价水平的明显上涨，而在非市场经济中，通货膨胀以一种隐性的形式存在，表现为商品短缺、凭票供应、持币待购以及强制储蓄等形式。

14.1.2　通货膨胀的度量

度量通货膨胀的程度，从世界各国的实际做法看，主要采取三个标准：消费物价指数、批发物价指数和国民生产总值平减指数。

1.消费物价指数

消费物价指数（consumer price index，CPI），是反映与居民生活有关的产品及劳务价格统计出来的物价变动指标，通常作为观察通货膨胀水平的重要指标。

CPI的计算公式是：

CPI=一组固定商品按当期价格计算的价值÷一组固定商品按基期价格计算的价值×100

CPI告诉人们的是，对普通家庭的支出来说，购买具有代表性的一组商品，在今天要比过去某一时间多花费多少。例如，若2011年某国普通家庭每个月购买一组商品的费用为800元，而2018年购买这一组商品的费用为1 000元，那么该国2018年的消费物价指数为（以2011年为基期）：

$CPI=1\,000\div 800\times 100=125$

也就是说，物价水平上涨了25%。在日常生活中我们更关心的是通货膨胀率，它被定义为从一个时期到另一个时期价格水平变动的百分比，公式为：

$T=(P_1-P_0)\div P_0\times 100\%$

式中：T代表时期1的通货膨胀率；P_1和P_0分别代表时期1和时期0的价格

水平。

如果用上面介绍的消费物价指数来衡量价格水平，则通货膨胀率就是不同时期的消费物价指数变动的百分比。上例中的消费物价指数从2011年的100增加到2018年的125，那么这一时期的通货膨胀率就为：

$T=（125-100）\div 100\times 100\%=25\%$

就是说，通货膨胀率为25%，表现为物价上涨25%。

如果消费物价指数升幅过大，则表明通胀已经成为经济不稳定因素，会有央行紧缩货币政策和财政政策的风险，从而造成经济前景不明朗。因此，该指数过高的升幅往往不被市场欢迎。

由于CPI能够灵敏地反映居民日常生活成本的变化，而且资料容易搜集，所以在衡量通货膨胀时被多数国家所采用。但是，消费物价指数也有其缺点，CPI范围较窄，只包括社会最终产品中的居民消费品这一部分，不包括公共部门的消费、生产资料和资本产品以及进出口商品，从而不足以说明全面的情况。另外，没有考虑到一部分消费品价格的提高，可能是由于商品质量的改进、新产品对消费者福利的增进以及商品间的相互替代性等，因而存在夸大物价上涨幅度的可能。

2.批发物价指数

批发物价指数（wholesale price index，WPI），是根据包括制成品、原材料、中间品在内的各种商品的批发价格的变动状况编制的指数。

以WPI衡量通货膨胀，其优点是能在最终产品价格变动之前获得工业投入品及非零售消费品的价格变动信号，进而能够判断其对最终进入流通的零售商品价格变动可能带来的影响。因此，这一指数对商业周期反应敏感，可以用它来衡量物质生产部门生产成本的变化。其局限性在于它与居民生活没有直接联系，而且不包括劳务的价格，不能准确反映总体物价水平的变动情况。同时，它只计算了商品在生产环节和批发环节上的价格变动，没有包括商品最终销售时的价格变动，其波动幅度常常小于零售商品的价格波动幅度。因而，在用它判断总供给与总需求的对比关系时，可能会出现信号失真的现象。

3.国民生产总值平减指数

国民生产总值平减指数（GNP deflator），是按当年价格计算的国民生产总值与按不变价格计算的国民生产总值的比率。

GNP平减指数的优点是范围广泛，除了居民消费品外，还包括公共部门的消费、生产资料和资本产品以及进出口商品，因此能较准确地反映一般物价水平的趋向。但它容易受价格结构因素的影响。例如，虽然与公众生活密切相关的消费品价格上涨幅度已经很高，但其他产品价格变动幅度不大，就会出现GNP平减指数虽然不高，但公众的日常消费支出已明显增加的状况。它的主要用途是对国民经济的综合指标进行名义值与实际值的换算。

以上三种物价指数衡量通货膨胀的前提是商品和劳务的价格可以自由波动。在严格实行价格管制的国家里，物价上升的趋势可能被人为压抑，表面上物价未上涨，但实际上却可能存在着商品的严重短缺。人们为获得一定量的商品必须支付较高的额外成本，经济学上称之为“隐蔽型”通货膨胀。

14.1.3　通货膨胀的分类

按照不同的划分标准，通货膨胀可以进行如下分类：

1.按物价上涨速度快慢划分的通货膨胀类型

（1）温和的或爬行的通货膨胀。

它是指通货膨胀率低，而且呈较为稳定、缓慢的上涨，物价较为稳定，货币不会有明显的贬值。西方经济学家认为：爬行的通货膨胀对经济的发展和国民收入的增加都有积极的刺激作用。

（2）疾驰的或奔腾的通货膨胀。

它是指年通货膨胀率为2位数，甚至3位数的通货膨胀。通货膨胀在加速之中，人们的恐慌心理使通胀变得更厉害。通货膨胀已对经济产生不利影响，但还不至于引起金融崩溃和经济生活混乱。

（3）恶性通货膨胀。

它是指通货膨胀率在3位数以上，物价连续狂涨，货币价值不断下降，人们不愿握有纸币，或抢购物资，或持有外币，已经对经济社会生活产生极其不利的影响，甚至引发政局动荡。

2.按市场机制的运行状况划分的通货膨胀类型

（1）公开型通货膨胀。

这种类型的通货膨胀的发生前提是市场功能完全发挥，价格对供求反应灵敏，过度需求通过物价总水平的明显、持续上涨而体现出来。

（2）隐蔽型通货膨胀。

它是指在计划经济体制下，由于存在着严格的价格管制，价格上升趋势被隐藏的通货膨胀。表面上看物价变动不大，国家或政府管理当局对物价进行管制或冻结，对某些商品进行补贴，保持物价平稳，或者采取定量供应的办法，限制消费。但实际上，市场上商品供应紧张，黑市活跃。这类通货膨胀不能通过物价上涨表现出来，而只能以排队抢购、凭证购买、有价无货以及产品质量下降等形式表现出来。在我国实行计划经济体制时期，就存在这种隐蔽型通货膨胀，当时的物价指数并不反映真实的通货膨胀程度。改革开放初期国家放开价格，被压抑的通货膨胀被释放，物价水平随之大幅上升。

3.按通货膨胀的成因划分的通货膨胀类型

（1）需求拉上型通货膨胀。

它是指由于社会总需求的过度增长超过了按现行价格可得到的社会总供给的增长，使太多的货币追逐太少的商品和劳务而引起的一般物价水平上升的现象。

（2）成本推动型通货膨胀。

它是指通货膨胀的根源在于总供给的变化，由于生产成本上升而使物价水平普遍上涨的现象。其中主要是工资推动和利润推动。

（3）结构型通货膨胀。

它是指物价的上涨是由于对某些部门的产品需求过多，使得这些部门的物价和工资水平上升，之后其他部门的物价和工资水平也趋于上升，于是便出现全面的通货膨胀。

4.按预期划分的通货膨胀类型

（1）预期性通货膨胀。

它是指通货膨胀过程被经济主体预期到了，以及由于这种预期而采取各种补偿性行动引发的物价上升运动。

（2）非预期性通货膨胀。

它是指没有被经济主体预见，在不知不觉中出现的物价上升。

§14.2 通货膨胀的成因

关于通货膨胀的成因，经济学家有多种不同的理论解释，但主要是从需求和供给两个方面入手进行分析，概括起来，主要有以下几种理论解释:。

14.2.1 需求拉上假设

1.基本观点

需求拉上型通货膨胀是从市场上购买者对产出有过多需求的角度来解释物价上涨的，故又称买方通货膨胀。这里的需求包括诸如私人部门投资和净出口，与政府财政政策有关的政府购买和转移支付，以及降低所得税税率从而增加人们可支配收入引起的个人消费需求的增加等。当对商品和服务的总需求超过了按现行价格可达到的总供给时，就会引起物价上涨，导致通货膨胀。

（1）凯恩斯学派的“需求拉上论”。

凯恩斯认为，货币变动对物价的影响是间接的，影响物价的因素除货币量外，还有许多其他因素会引起总需求曲线的位移，譬如政府购买、税收以及边际消费倾向、投资预期收益率、出口等方面的变化等。货币数量的增加是否具有通货膨胀性，要视经济体系是否达到充分就业状态而定。

当经济尚未达到充分就业状态时，货币数量的增加不具有十足的通货膨胀性，而是在物价上涨的同时增加就业和产出，而且物价上涨幅度小于货币供应量的增幅，凯恩斯称之为“半通货膨胀”。当经济达到充分就业后，由于产出已经达到最大化，这时货币量增加或货币流通速度加快而形成的过度需求就会使一般物价水平与货币数量同比例上升，产生“真正的通货膨胀”，如图14-1所示。

（2）货币学派的“需求拉上论”。

该理论强调货币供给对通货膨胀的决定作用，认为是货币过多导致总需求大于总供给，从而引发一般物价水平的上涨，通货膨胀纯粹是一种货币现象。传统的货

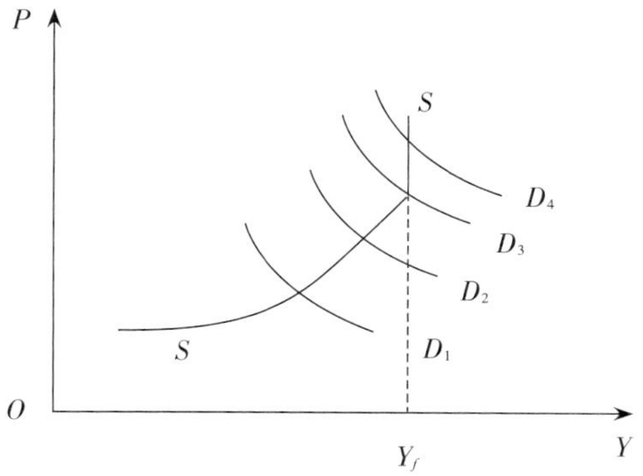

图14-1　需求拉上型通货膨胀

币数量说把货币数量看作决定一般物价水平的唯一因素。假设经济总量处于充分就业水平，货币数量的增加必然引起一般物价水平作同比例的上升或下降。以弗里德曼为代表的新货币数量说对传统理论作了修改，但仍强调货币数量对通货膨胀的作用，认为“通货膨胀主要是一种货币现象，是货币量比产量增加更快造成的。货币量的作用为主，产量的作用为辅。许多现象可以使通货膨胀率发生暂时的波动，但只有当它们影响货币增长率时，才产生持久的影响”。例如，政府购买、税收、边际消费倾向、投资预期收益率、出口等方面的变化都会引起总需求曲线的位移，但是政府购买的增加不可能是无止境的，它受到一国财政收入的制约；税收的减免更是有着一道不可逾越的界限——当它减少到零时，就不可再减；消费者和企业的支出也受到一国国民收入的制约；出口的扩张受到进口国市场容量和贸易政策的制约。因此，只有货币供给才具有持续的扩张能力，可能引起总需求曲线的持续上移。而且，一旦人们对这种物价上涨产生预期之后，整个经济就会陷入工资-物价循环上升的过程，致使通货膨胀愈演愈烈。

2.评价

与凯恩斯学派的“需求拉上论”相比，货币学派的“需求拉上论”更强调货币供给量的变化对总需求的影响，并强调货币供给的外生性。凯恩斯学派的有效需求变化与货币供给量的增减之间并没有固定的因果关系，也就是说，货币供给量的增减可以引起总需求的增减，从而导致一般物价水平的升降；反过来，有效需求中的项目也可以自发地增加或减少，并通过一般物价水平的升降而使货币供给量或货币流通速度被动地服从和适应需求的变化。而根据货币学派的理论，货币量是一个独立的外生变量，其变动必先于物价变动而发生，货币量不可能是适应物价变动的内生因素，通货膨胀纯粹是一种货币现象。

两派学说都认为通货膨胀的根源在于总需求方面，但两者关于引起需求过度的原因不同。凯恩斯学派认为总需求的过度是由实际因素如消费、投资、政府支出等因素的过度增加所引起的。货币学派认为总需求的过度是货币数量的过度增加导致的。但无论是实际因素还是货币因素，需求拉上说都是强调总需求方面，而忽略了总供给方面的变动，尤其无法解释通货膨胀与失业并存的“滞胀”现象。因此，从

20世纪50年代后期起，经济学家的注意力开始转向总供给方面，提出了通货膨胀成因的成本推进说。

14.2.2 成本推动假设

1.基本观点

通货膨胀的根源不在于总需求的过度，而在于产品成本的上涨，总供给曲线上移，导致产量下降，同时价格水平上升，即在不存在需求拉上的条件下也能产生物价上涨。所以，总需求给定是假设前提。既然存在这样的前提，那么当物价水平上涨时，取得供求均衡的条件只能是实际产出的下降，相应地则必然是就业率的降低，因而这种条件下的均衡是非充分就业的均衡。成本推动型通货膨胀可用图14-2表示。

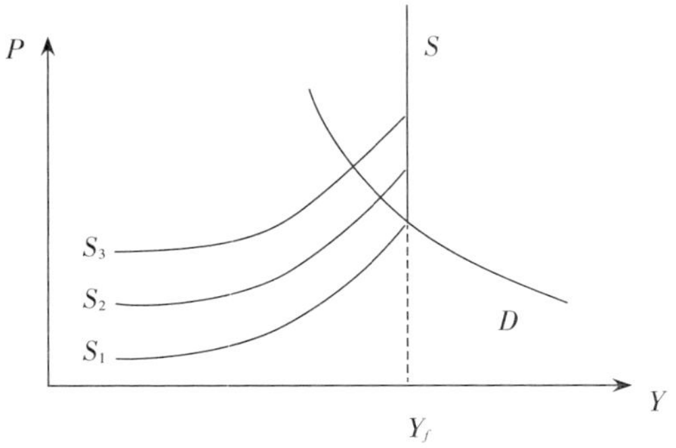

图14-2 成本推动型通货膨胀

成本推动型通货膨胀论主要关注由经济中某些垄断性因素引起的成本上升，这可以归结为两种类型的成本推动，即工资推动和利润推动。

（1）工资推动型通货膨胀。

该理论认为由于存在强大的工会力量，当工会迫使厂商提高工资，并使工资的增长率高于劳动生产率的提高时，会导致生产成本提高，进而导致物价上涨，物价上涨后，工会又会要求进一步提高工资，又会对物价产生压力，这称为“工资-物价螺旋”。这种理论特别强调两点：一是货币工资率的上涨一定要超过劳动生产率的增长，否则就不是工资推动型通货膨胀；二是工会的力量是主因。即使货币工资率的增长超过了劳动生产率的增长，如果这种结果并不是由于工会发挥作用，而是由于市场对劳动力的过度需求引起的，那么，它也不是通货膨胀的推动原因，原因是需求拉上。

（2）利润推动型通货膨胀。

该理论认为在不完全竞争市场上，垄断企业凭借其垄断地位通过提高价格来增加利润，当这种行为的作用大到一定程度时就可引起通货膨胀。这种类型的通货膨胀又被称为供给冲击型通货膨胀。比较典型的例子是在1973—1974年，石油输出国组织（OPEC）将石油价格提高了4倍，到1979年石油价格又被再一次提高，这两次石油提价对西方发达国家经济产生了强烈的影响，以致它们惊呼出现了“石油危机”。

除上述两种类型的成本推动型通货膨胀外，现代企业为加强竞争、扩张市场，必须增加许多间接成本开支，如技术改进费、广告费、新产品开发费等，将这种增加的间接成本转嫁到商品价格上去，也会引起物价上涨；由于汇率变动引起进出口产品和原材料成本上升以及资源枯竭、环境保护政策不当等造成原材料、能源生产成本的提高也会引起成本推动型通货膨胀。

2.评价

成本推动假说的前提是总需求既定，提出该理论的目的是解释“滞胀”现象。但该理论遭到了以弗里德曼为首的货币学派的尖锐批评。他们认为，成本推动论将个别商品价格同一般物价水平混为一谈，把相对价格与绝对价格混为一谈。只要货币供给量没有变化，则普遍的、持续的物价上涨就不可能发生。某种商品价格上升后，人们在该种商品上的支出可能增加，但在货币收入不变的条件下，用在其他商品上的支出必然减少。于是一种商品价格的上升为其他商品的价格下降抵消，所以一般物价水平不可能上涨。弗里德曼还指出，由成本上升所引起的物价上涨往往是一次性的，而不会是持续性的。不过，这种一次性的物价上涨可能使政府做出增加货币供应量的反应，从而导致持续性的物价上涨。一些国家，如日本和德国，在石油危机时没有做出这样的反应，通货膨胀得以避免。

不过相对价格的调整需要时间，在此期间内出现的衰退也许是政府难以承受的。另外，成本上升引起的物价上涨也可能不是一次性的，因为它改变了不同利益集团的收入分配结构，受到损失的集团为抵消物价上涨对其利益的侵蚀，可能自卫性地引发新一轮成本上升的通货膨胀。

专栏14-1

对“滞胀”成因的解释

经济停滞与通货膨胀并存的“滞胀”局面用凯恩斯的宏观经济分析法从需求方面已无法做出解释，于是以萨缪尔森、托宾为首的后凯恩斯学派转而采用微观经济分析法并着重从供给方面来研究“滞胀”问题。他们的解释主要有以下三种：

1.部门供给说：认为“滞胀”是某些部门产品供给异常变动所致

当某一部门产品供不应求时或稀缺性增强时价格上涨，由此导致相关部门因成本上升而不得不提高售价，结果使得销路锐减，生产收缩，就业下降，致使通货膨胀与失业并存。

2.财政支出说：认为“滞胀”是由于财政支出结构变化所致

在当代“混合经济”中，各执政党派为了政治上的需要，都把建立国家福利制度作为争取选民的一种手段，财政支出中的福利费用大大增加，特别是失业补助金之类的转移性支付占总财政支出的比重很大。财政支出的这种结构性变化，不仅失去了刺激生产、扩大就业的作用，而且使得失业者不急于找工作，从而出现了庞大的失业群体。因为有失业补助金，即使失业工人一年不工作，收入也不会减少太多。与此同时，财政支出中福利费用上升使得财政赤字有增无减，加剧了通货膨胀。

3.市场结构说：认为“滞胀”是由于劳工市场结构的不平衡所致

这是由于劳工市场的均衡是暂时的，而失业与空位并存是经常的和大量的。在不断的失衡中，失业对货币工资增长速度的减缓不及空位对货币工资增长的加速，于是出现以下情况：

第一，当失业与空位并存时，连续的失业增量对降低通货膨胀率的影响递减，这是因为存在着的空位抵制了货币工资的下降，从而使物价仍然上升不止。

第二，当空位多于失业时，劳工市场的过度需求刺激了工资膨胀，势必增加货币工资的增长而导致通货膨胀。

第三，即使空位总额等于失业总额时，由于劳工市场的分散性和市场结构的不断变化，劳工市场的失衡状态依然存在，并因空位促使货币工资上升的幅度大于失业导致的货币工资下降的幅度，从而引起物价上涨。

因此，托宾认为，在空位和失业相等意义上的充分就业是与稳定物价相矛盾的。要保证无通货膨胀就需要失业多于空位，若失业不多于空位，就必然带来通货膨胀。即使在均衡的劳工市场上，由于其工资增长率取决于在别处可以比较的劳动工资变化趋势，雇主们为维持有力的就业份额，宁愿付出竞争性工资，由此将提高货币工资的水平。

资料来源：俞可兴. 再论西方经济滞胀的成因［J］. 世界经济，1994（09）.

14.2.3 供求混合推动假设

该理论将供求两方面的因素综合起来，认为通货膨胀是由需求拉上和成本推动共同引发的。在现实经济生活中，需求拉上的作用与成本推动的作用常常是混合在一起的，任何单方面的作用只会暂时引起物价上涨，并不能引起物价总水平的持续上涨，只有总需求与总供给互相推动，才会导致这种现象。

如图14-3所示，由于成本推动，总供给曲线由S_1上移到S_2，如果总需求不变，则物价由a上升到b，而产出由Y_f减少到Y_1。政府采取扩张性的财政、货币政策将总需求曲线由D_1上移到D_2，产出虽恢复到Y_f，但物价进一步上升到c。为抵消通货膨胀影响，工人会进一步要求提高工资，厂商提高价格，总供给曲线上升到S_3。如此下去，物价沿$a \rightarrow b \rightarrow c \rightarrow d \rightarrow e$作螺旋式上升，形成所谓的“混合型通货膨胀”。

14.2.4 结构性通货膨胀假设

1.基本观点

当总需求和总供给大体处于平衡状态时，经济结构方面的因素会引起物价持续上涨。该理论的核心内容是：经济中存在两大部门（需求增加部门，需求减少部门；先进部门，保守部门；扩展部门，非扩展部门；开放部门，非开放部门），由于需求转移、劳动生产率增长的不平衡或通货膨胀率的变化，一个部门的工资、物

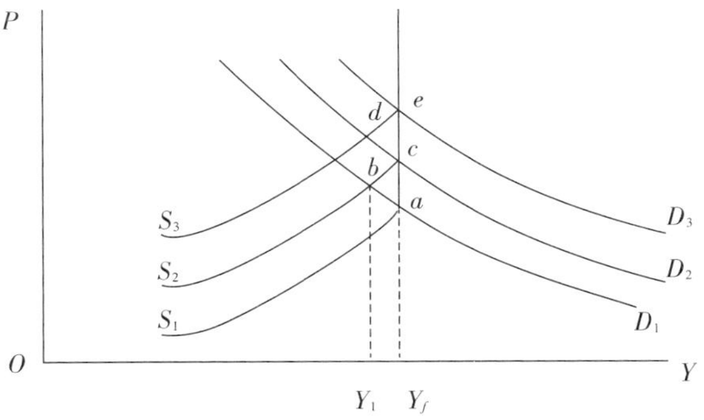

图14-3　供求混合型通货膨胀

价相应上升，由于工资、物价存在向下的刚性，另一部门会向前者看齐，结果引起物价总水平的普遍持续上升。

具体地说，结构性通货膨胀可以分为三种类型。

（1）需求转移型通货膨胀。

在总需求不变的情况下，某个部门的一部分需求转移至其他部门，而劳动力及其他生产要素却不能及时转移，需求增加了的部门的工资和产品价格上涨，而需求减少了的部门的产品价格由于攀比而趋于上涨，从而引起一般物价水平的上涨。

（2）部门差异型通货膨胀。

一国不同的经济部门如产业部门与服务部门、工业部门与农业部门之间劳动生产率的提高总是有差异的，而各部门之间货币工资的增长却存在互相看齐的倾向。当发展较快的经济部门因劳动生产率提高而增加货币工资时，其他部门由于向其看齐也会提高货币工资，从而引起工资成本推进的通货膨胀。尤其在一些发展中国家，传统农业部门和现代工业部门并存，在农业落后条件的制约下，政府为促进经济发展，往往不得不通过增加农业开支或提高农产品价格来促进农业的发展，从而引发价格总水平的上涨。

（3）小国开放经济的通货膨胀。

该理论认为开放经济中的“小国”是世界市场上的价格接受者，它的经济可分为“开放经济部门”和“非开放经济部门”。当世界市场的价格上涨时，开放经济部门的产品价格会随之上涨，使开放经济部门的工资相应上涨，从而非开放经济部门的工资也必然向其看齐，引起非开放经济部门的生产成本上升，其产品价格也必然随之提高，最后导致“小国”物价全面上涨，发生通货膨胀。

2.评价

通货膨胀的出现往往是多方面原因综合作用的结果，只不过在不同时期、不同国家，起主导作用的因素是不一样的。以我国20世纪80年代末到90年代上半期所经历的通货膨胀来说，有需求方面的原因，也有成本（或供给）方面的原因，还有结构和体制方面的原因。因此，有人认为它是一种混合型通货膨胀。但在不同时期，主要矛盾会有所变化。有时是因为国有企业投资冲动、大量的重复建设引起的货币投放过多，有时是因为外汇储备增加过猛引起的货币投放过多，有时是因为初级产品价格放开后引起的整体价格水平的上涨等。我们在明白了通货膨胀的基本原理之后，在具体分析通货膨胀现象时，应该紧密结合当时所处的环境来分析。

除此之外，在借鉴西方经济学家理论的同时，还应该区分不同体制下的条件差异。西方经济学家关于通货膨胀的理论大都是以发达的市场经济为研究对象，而中国正在经历的是由计划经济向市场经济的转变，尽管经过40年的改革开放，我们在市场化的道路上已经走了很远，取得了一系列进步，但与西方发达国家相比，差异仍然很大。

§14.3 通货膨胀的经济效应

通货膨胀的代价取决于两个方面：第一，它是一个平衡的通货膨胀吗？第二，它是预期到的吗？如果对这两个问题的回答都是“是”，那么我们就认为其代价可以忽略不计；如果通货膨胀造成相对价格严重失调，而且它是未预期到的，那么就可能导致效率损失严重和大量的再分配。

在西方经济学界，对通货膨胀与经济增长的关系一直争论不休。观点大致有三：一是“促进论”，认为适度的通货膨胀对经济增长是有益的，能起促进作用；二是“促退论”，认为通货膨胀必然会阻碍经济增长和导致低效率；三是“中性论”，认为人们对通货膨胀的预期最终会中和它对经济的各种效应。

14.3.1 经济增长效应

1.菲利普斯曲线

菲利普斯曲线是表示失业率与货币工资变动率的关系的一种曲线。

第一阶段的菲利普斯曲线是新西兰经济学家菲利普斯（A.W.Philips）在1958年提出的。通过分析，菲利普斯发现，在失业率和货币工资上升率之间存在着较稳定的替代关系，但它只是统计研究的结果，并无理论上的依据。1960年，加拿大经济学家利普赛（R.G.Lipsey）进一步验证了菲利普斯的研究结论，并通过对劳动市场的供求情况分析，为菲利普斯曲线提供了理论上的诠释。利普赛认为货币工资增长率与劳动力的超额需求之间存在线性正相关关系，同时劳动力的超额需求越大，寻找工作越容易，失业率就越低。这就得到了表示货币工资增长率和失业率呈反向关系的菲利普斯曲线。假定劳动力在国民收入分配中的比例保持不变，按照成本加成定价的原则，工资上涨率可以由物价上涨率代替，就得到了通常所说的表示物价上涨率与失业率呈反向关系的菲利普斯曲线，如图14-4所示。

2.“促进论”、“促退论”及“中性论”的观点阐述

（1）“促进论”。

所谓“促进论”，就是认为通货膨胀具有正的产出效应。持这一观点的人认为，资本主义经济长期处于有效需求不足、实际经济增长率低于潜在经济增长率的

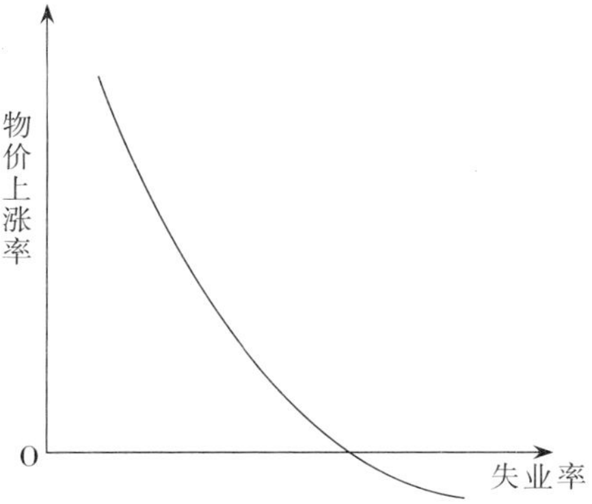

图14-4　菲利普斯曲线

状态。因此，政府可以实施通货膨胀政策，用增加赤字预算、扩张投资支出、提高货币增长率等手段来刺激有效需求，促进经济增长，具体体现在以下几个方面：

①如果政府将膨胀性收入用于增加实际投资，就会增加资本形成，尽管存在“挤出效应”，但只要采取一定的措施保证私人部门的投资不降低或者降低幅度小于政府投资，那么，这种膨胀性的财政和货币政策就会由于增加实际投资而促进经济增长。

②一般情况下，通货膨胀是一种有利于富裕阶层的收入再分配。富裕阶层的边际储蓄倾向比较高，因此，通货膨胀会通过提高储蓄率而促进经济增长。

③通货膨胀从出现到公众预期的调整有一个过程。在这个时滞中，物价上涨了，名义工资依然未发生变化，企业利润率则会相应提高。这会刺激私人投资的积极性，从而促进经济增长。

（2）“促退论”。

所谓“促退论”，是一种认为通货膨胀会损害经济增长的理论。这种理论假说认为，持续的通货膨胀会经由降低效率的效应阻碍经济增长，具体说就是：

①通货膨胀会使纸币贬值，妨碍货币职能的正常发挥。由于货币的购买力下降，人们不愿储蓄或持有现金，影响了货币储藏手段职能的发挥和正常的资本积累。币值不稳还会影响货币价值尺度职能的发挥，加大经济核算的困难，引起市场价格信号紊乱，导致整个市场机制功能失调，严重者甚至会影响货币支付手段和流通手段的发挥，使商品交换倒退到物物交换的原始形态。

②通货膨胀会降低借款成本，从而诱发过度的资金需求，而过度的资金需求会迫使金融机构加强信贷配额管理，从而削弱运营体系的运营效率。

③在通货膨胀条件下，持有货币会遭受购买力下降的损失。为此，企业和居民都会尽力把现金转化为实物资产或增加目前的消费，致使社会储蓄率下降，从而使投资率下降和经济增长率下降。

④持续的通货膨胀会使企业的生产成本包括原材料价格、工资、奖金、利息乃至租税成本大幅度上升，企业和个人预期的利润率降低，不利于调动生产和投资的积极性。而且企业先期积累的各种折旧准备金和公积金也因通货膨胀而贬值，从而

使企业设备更新和技术改造能力下降，影响生产发展。

⑤较长时期的通货膨胀会破坏正常的信用关系，增加生产性投资的风险和经营成本，从而缩减银行信贷业务，使资金流向生产性部门的比重下降，流向非生产性部门的比重增加，导致产业结构和资源配置不合理，国民经济畸形发展。

⑥通货膨胀会使国内商品价格上涨相对高于国际市场价格，从而会阻碍本国商品的出口，导致国民收入减少，尤其是对出口依赖程度较大的国家，受通货膨胀的打击更为严重。国内物价的上涨还会鼓励外国商品的进口，加大国内市场的竞争压力，影响国内的进口替代品生产企业的发展，并导致贸易收支逆差。

⑦通货膨胀持续一定时间后，在公众舆论的压力下，政府可能采取全面价格管制的办法，从而会削弱经济的活力。

我国大部分经济学家认为，通货膨胀对经济的促进作用只是在开始阶段的极短时间内，而且需具备一定的条件。从长期来看，通货膨胀对经济只有危害作用，没有促进作用。

（3）“中性论”。

所谓“中性论”，是一种认为通货膨胀对产出、经济增长既无正效应也无负效应的理论。这种理论认为，由于公众预期，在一段时间内他们会对物价上涨做出合理的行为调整，因此，通货膨胀各种效应的作用就会相互抵消，因此通货膨胀对产出、经济增长既不会促进，也不会损害。

14.3.2 强制储蓄效应

这里所说的储蓄，不同于我们对储蓄概念的传统理解，而是指用于投资的货币积累。这种积累的来源主要有三：一是家庭；二是企业；三是政府。在正常情况下，上述三个部门的储蓄有各自的形成规律：家庭部门的储蓄由收入剔除消费支出构成；企业储蓄由用于扩张生产的利润和折旧基金构成；政府储蓄从来源上说则比较特殊。如果政府用增加税收的办法来筹资搞生产性投资，那么，这部分储蓄是从其他部门的储蓄中挤出的，因而全社会的储蓄总量并不增加。若政府向中央银行借债，从而造成直接或间接增发货币，这种筹措建设资金的办法就会强制增加全社会的储蓄总量，结果将是物价上涨。在公众名义收入不变的条件下，按原来的模式和数量进行的消费和储蓄，两者的实际额均减少，而其减少部分大体相当于政府运用通货膨胀“强制储蓄”的部分，形成了所谓的“通货膨胀税”。也就是说，政府通过增发货币引起通货膨胀获得了超额收入，它以隐蔽的手段增加了政府的投资。

上面的分析是基于这样的假定，经济已达到充分就业水准，因此，用扩张货币的政策来强制储蓄会引起物价总水平的上涨。在实际经济运行中，可能尚未达到充分就业水平，实际GNP大大低于潜在GNP，生产要素大量闲置。这时政府运用财政政策或货币政策来扩张有效需求，虽然也是一种“强制储蓄”，但并不会引发持续的物价上涨。

14.3.3　收入分配效应

在通货膨胀时期，人们的名义货币收入与实际货币收入之间会产生差距，只有剔除物价的影响，才能看出人们的实际收入的变化。由于社会各阶层收入来源不相同，因此，在物价总水平上涨时，有些人的收入水平会下降，有些人的收入水平反而会提高。这种由物价上涨造成的收入再分配，就是通货膨胀的收入分配效应。

在现实中，大多数人是依靠工资薪金生活的，工资收入差不多就是他们的全部收入。在物价持续上涨的时期，工资劳动者的收入只有每隔一段时间作一定幅度的调整，使之与物价上涨保持大体相同的比率，才能保证其实际收入水平不下降。但这种通货膨胀条件下的定期工资调整，只有依靠强大的工会力量才能做到；否则工资的增长常会落后于物价上涨，这是一种较普遍的现象。货币工资的增长相对于物价上涨的滞后时间越长，通货膨胀损失相应越大。此外，从利息和租金取得收入的人受到的损害也会比较严重。

但与此同时，只要存在着工资对于物价的调整滞后，企业的利润就会增加，那些从利润分取收入的人就能得到好处。但随着通货膨胀的持续发展，员工工资和原材料价格相应上调，企业利润的相对收益会逐渐消失。因此，通货膨胀的最大受惠者实际上是政府，因为在累进所得税制度下，名义收入的增长会使纳税人所适用的边际税率提高，应纳税额的增长高于名义收入增长，纳税人实际收入将减少。当然，政府支出所购买的商品和劳务的价格也会同时上涨。所以，政府是否真正从通货膨胀中受益还要看政府的名义收入增长是否快于物价上涨。

另外，有些西方经济学家根据凯恩斯“消费倾向递减规律”推断出，在通货膨胀过程中，那些领取租金、退职收入、养老金等固定收入的集团消费倾向是不会变的。但领取工资收入和利润收入阶层的消费倾向则是要改变的，而且随他们的收入增加存在递减趋势，这样，如果他们的消费倾向低于固定收入集团时，那么在既定的总收入水平的条件下，就可预见到某些消费会下降，由此可能引起消费总量的降低，就有助于减轻因过度需求而产生的通货膨胀压力。

14.3.4　资产结构调整效应

资产结构调整效应也称财富分配效应。一个家庭的财富或资产由两部分构成：实物资产和金融资产。许多家庭同时还有负债，如有汽车抵押贷款、房屋抵押贷款和银行消费贷款等。因此，一个家庭的财产净值是它的资产价值与债务价值之差。通货膨胀的一个重要影响是改变了固定资产的实际价值。价格水平的上升如果没有被预期到的话，财富将从债权人或债券持有人手中转移到借款人（债务人）那里。

政府作为主要的名义债务人，而私人部门作为主要的名义债权人，所以主要的再分配是在政府部门和私人部门之间进行的。

未预期的通货膨胀所产生的部门和个人间财富再分配的收益与损失从经济作为一个整体来看基本得失相抵。当政府从通货膨胀中获得了好处，私人部门今后就可以少纳税。当公司从通货膨胀中获益时，公司所有者的利益是以其他人的损失为代价的。如果我们不是太在意个人间的财富再分配，那么未预期的通货膨胀的成本其实可以忽略。个人间的财富再分配还包括不同代之间的再分配，因为国债的当前债权人被通货膨胀所损害，但未来的纳税人却从中得益。

在通货膨胀环境下，实物资产的货币值大体随通货膨胀率的变动而相应升降。有的货币值增长的幅度高于通货膨胀率；有的则低于通货膨胀率。同一种实物资产，在不同条件下，其货币值的升降，较之通货膨胀率也有时高时低的情况。金融资产则比较复杂。其中占相当大份额的股票，它的行市是可变的，在通货膨胀之下呈上升趋势。但影响股市的因素极多，所以股票绝非通货膨胀中稳妥的保值资产形式，虽然有些股票在通货膨胀之中使其持有者获得大大超出保值的收益。至于货币债权债务，其共同特征是确定的货币金额，这样的名义货币金额并不会随通货膨胀是否存在而变化。显然，物价上涨，实际的货币额减少；物价下跌，实际的货币额增多。在这一领域中，防止通货膨胀损失的方法通常是提高利息率或采用浮动利率。但在严重的通货膨胀下，这样的措施往往难于弥补损失。所以，一般说来，通货膨胀有利于债务人而不利于债权人。

正是由于以上情况，每个家庭的财产净值，由于通货膨胀，往往会发生很大变化。设一个人有：①存款2 000元；②负债30 000元；③货币值可随物价变动而相应变动的资产10 000元。此人资产净值为-18 000元。现在出现了通货膨胀，膨胀率为100%，为简化分析，不考虑利息因素，则：①存款缩减为1 000元；②负债缩减为15 000元；③假定等比升值，资产变为20 000元。此人资产净值从负变成6 000元。

一般来说，小额存款人和债券持有人最易受通货膨胀的打击。至于大的债权人，不仅可以采取各种措施来避免通货膨胀带来的损失，而且他们往往同时是大的债务人，则可享受通货膨胀带来的巨大好处。

14.3.5 资源配置扭曲效应

一般的，通货膨胀会扭曲市场价格信号，导致价格机制无法正常发挥作用。因为若市场上各类商品的价格保持一种正常升降状态，则生产者和消费者可据此清楚地判断它们之间相对价格的变化及目前的供求状况，从而做出购买或售出商品的有利决策，而当高通货膨胀率发生时，人们很难区分相对的价格变化与整体的价格变化，对是否继续进行某种商品交易变得难以适从。

通货膨胀同样会扭曲货币的使用。在通货膨胀严重的时候，人们会急于将现金脱手，或频繁地去银行提取，并迅速将现金换成实物或其他的硬通货，减少手持现金，增加存货，这不仅磨光了鞋底，浪费了时光，也造成资源的浪费。在恶性通货膨胀中，甚至会迫使人们回到物物交换的低效率形式去。

通货膨胀会增加企业的“菜单成本”，即当通货膨胀发生时，企业需为频繁地调整自己产品的价格而支付很多成本，如印刷新价格清单和目录的成本、为新价格做广告的成本、重新定价的成本、处理顾客对新价格变动的纠纷的成本等。

通货膨胀会助长投机并导致社会资源的浪费。通货膨胀期间，由于投机利润大于生产利润，投机活动大大增加，大量的资源被投机者用于囤积居奇和投机获利，减少了可用于发展生产和技术革新方面的社会资源。

在通货膨胀期间，中央银行基准利率的调整往往滞后，使金融机构的正常融资渠道受阻，而民间高利贷则得以盛行，因而会改变正常的利率结构，阻碍长期金融工具的发行，影响金融市场的健康发展及配置社会资源的功能。

14.3.6　经济社会危机效应

以上分析的通货膨胀效应，都是以它的严重程度保持在一定限度内为假定前提的。当物价总水平的持续上涨超过一定界限从而形成恶性通货膨胀时，就有可能引发社会经济危机。

恶性通货膨胀会使正常的生产经营难以进行。物价飞涨时，产品销售收入往往不足以补进必要的原材料；在物价迅速上涨的过程中，地区之间上涨幅度不均衡是必然现象，这就会造成原有商路的破坏、流通秩序的紊乱；迅速上涨的物价使债务的实际价值下降，如果利息率的调整难以弥补由物价上涨所造成的货币债权损失，正常信用关系也会极度萎缩。恶性通货膨胀是投机盛行的温床，而投机是经济机体的严重腐蚀剂。恶性通货膨胀会引起突发性的抢购商品和挤兑银行的风潮。它所造成的收入再分配和人民生活水准的急剧下降则会导致冲突加剧。这一切的后果往往是政治的动荡。

最严重的恶性通货膨胀会危及货币流通本身：纸币流通制度不能维持；金银贵金属会重新成为流通、支付的手段；经济不发达地区则会迅速向物物交易倒退。

§14.4　通货膨胀的治理

由于通货膨胀对于一国经济、社会和政治生活各个方面都会产生重大的影响，因此各国政府和经济学家都将控制和治理通货膨胀作为宏观经济政策研究的重大课题加以探讨，并提出了治理通货膨胀的种种对策措施。

14.4.1　需求政策

由于通货膨胀的一个基本原因在于社会总需求超过了总供给，因此，政府往往采取紧缩性的货币政策和财政政策来抑制过旺的总需求，这就是治理通货膨胀的需求政策。

1.紧缩性货币政策

紧缩性货币政策就是通常所说的紧缩银根，其直接作用是减少货币供应量。货币当局采取的紧缩手段主要包括：①利用存款准备金制度，提高商业银行的法定存款准备金，以缩小货币扩张乘数，削弱商业银行创造派生存款的能力。②利用再贴现政策，提高再贴现率，以影响商业银行的借款成本，进而影响市场利率，以控制信贷规模以及投资需求和消费需求。③通过公开市场业务出售政府债券，以相应减少经济体系中的货币存量。

紧缩的货币政策有时并不是指货币存量的绝对减少，而只是减缓货币供应量的增长速度，以遏制总需求的急剧膨胀。货币学派的代表人物弗里德曼认为，正因为过多地增加货币量是通货膨胀的唯一原因，所以，降低货币增长率也是治理通货膨胀的唯一方法，即只有将货币增长率最终下降到接近经济增长率的水平，物价才可能大体稳定下来。

2.紧缩性财政政策

紧缩性财政政策的基本内容是增加财政收入，减少财政支出。具体来说，财政增收节支的手段主要有以下几种：①提高税率，调整税收结构。②降低政府购买水平，包括减少军费开支和政府在市场上的采购。③限制公共事业投资和公共福利支出。

总之，其一方面压缩政府支出形成的需求；另一方面抑制私人部门的需求。但是，财政支出有很大的刚性，教育、国防、社会福利的削减都是阻力重重，有时并不能由政府完全控制。增加税收更会遭到公众的强烈反对，并且，目前世界上大多数国家税收方面的制度都是通过立法程序确定的，政府财政部门实际上并不掌握税率的调整权。

从世界各国的实践来看，这种抑制总需求的政策比较容易奏效，但是它通常伴随着失业率的大幅度上升和产出的下降。为避免“矫枉过正”的效果，在与通货膨胀并存的经济发展的不同状态下，货币政策和财政政策一般被要求“搭配”使用。

14.4.2 收入政策

收入政策又称为工资物价管制政策，是指政府制定一套关于物价和工资的行为准则，由价格决定者（劳资双方）共同遵守，目的在于限制物价和工资的上涨，以降低通货膨胀率，同时又不造成大规模的失业。

收入政策主要针对成本推进型通货膨胀，具体措施一般包括工资管制和利润管制两个方面，可以采取以下三种形式：

①确定“工资-价格指导线”，即政府当局规定在一定年份内允许工资-物价增长的目标数值线，由企业和工会自愿执行，自愿限制工资和物价的增长率。只有这样，才能维持整个经济中每单位产量的劳动成本的稳定，因而预定的货币收入增长就会使物价总水平保持不变。

②管制或冻结工资-物价。在通货膨胀比较严重的时期，政府宣布在一定时期对工资和物价实行强制性冻结，以硬性规定的方式来限制工资和物价的上升。但正是因为通货膨胀严重，人民收入生活水平持续下降，从而使管制或冻结工资措施实施起来更为困难。

③运用税收手段，即通过对过多增加工资的企业征收特别税等办法来抑制收入增长速度，以控制消费需求。政府以税收作为奖励和惩罚的手段来限制工资-物价

的增长。一般认为，这种方法可以使企业有所依靠，拒绝工资超额提高，并同工会达成工资协定，从而降低工资增长率，减缓通货膨胀率。

但是，收入政策也存在缺陷：①如果是保守性的指导性政策或税收政策，效果取决于劳资双方与政府能否通力合作。②强制性的收入政策会妨碍市场机制对资源的有效配置，因为市场是通过价格信号来指导生产和要素流动的，如果禁止价格上涨，价格限制也就等于取消了资源转移的动力。③如果在价格管制的同时没有采取相应的紧缩需求的措施，公开的通货膨胀就变为隐蔽型的，一旦重新放开价格，通货膨胀会以更大的力量爆发出来。

14.4.3 收入指数化政策

收入指数化政策是指按物价变动情况自动调整收入的一种分配方案。指数化的范围包括工资、政府债券和其他货币性收入。实施的办法是使各种收入按物价指数滑动或根据物价指数对各种收入进行调整。指数化措施的功效：一是能借此剥夺政府从通货膨胀中所获得的收益，杜绝其制造通货膨胀的动机；二是可以借此抵消或缓解物价波动对个人收入水平的影响，克服由通货膨胀造成的分配不公，从而有利于社会稳定；三是可稳定通货膨胀环境下微观主体的消费行为，避免出现抢购囤积商品、贮物保值等加剧通货膨胀的行为，并可防止盲目的资源分配造成资源浪费和低效配置；四是可割断通货膨胀与实际工资、收入的互动关系，稳定或降低通货膨胀预期，从而抑制通货膨胀率的持续上升。

收入指数化政策对面临世界性通货膨胀的开放经济小国来说尤其具有积极意义。因为在开放经济条件下，小国很难阻止世界性通货膨胀的输入，常常会发生结构性通货膨胀。在世界性通货膨胀没有得到抑制之前，正确的选择只能是寻求与通货膨胀相适应或共处的手段，收入指数化就是可用的方法之一。早在20世纪20年代，比利时等国就实行过收入指数化政策。第二次世界大战后，这种政策的采用极其广泛。不只是发展中国家及一些通货膨胀问题突出的工业化国家采用，20世纪60年代初美国也曾实施过这种制度。我国在1988—1991年间以及1993—1996年间实行的保值储蓄，也属于这一类的政策，其目的就是使人们不必担心通货膨胀会使货币购买力下降，从而降低通货膨胀预期，停止抢购。

但是，该政策也存在一定的问题。假如由于劳动生产率的增长速度下降或其他类似石油危机那种来自供给方面的冲击，造成产出下降，这就要求国民收入中工资的份额必须下降。但是由于指数化保护了工人的实际工资，其他人为了维护自身的利益，将提高价格，结果引起通货膨胀。在通货膨胀发生后，指数化使其在一定程度上具有惯性，而使情况变得更为棘手。此外，全面实行收入指数化在技术上有很大的难度。因此，该政策通常仅被当作一种适应性的反通货膨胀措施，不能从根本上对通货膨胀起到抑制作用。

14.4.4 单一规则——货币主义学派的政策

货币主义学派认为，造成20世纪70年代资本主义国家经济滞胀的主要原因是政府不断采取扩张性的财政政策和货币政策，导致了通货膨胀预期提高、总供给曲线左移、菲利普斯曲线右移。**因此，对付滞胀的根本措施在于，政府必须首先停止扩张性的总体经济政策，将货币供给的增长速度控制在一个最适当的增长率上，即采取所谓的“单一规则”政策，以避免货币供给的波动对经济和预期的干扰。**货币主义学派强调，在已发生滞胀的情况下，只有严格控制货币供应量，才能使物价稳定，总体经济和社会恢复正常秩序。尽管货币供应量的降低在短期内会引起失业增加、经济衰退加重，但付出这一代价将换来通货膨胀预期的下降和菲利普斯曲线的回落，并最终根除滞胀。

“单一规则”政策对付通货膨胀确实比较有效，20世纪80年代中期以来美国和其他一些发达国家的实践是其成功的证明。但是对于一些将经济增长作为首要政策目标的国家来说，尤其对那些经济严重衰退、失业率居高不下的国家来说，这一政策有很大的局限性，如果不顾一切推行可能会导致社会经济的动乱。

14.4.5 供给政策

供给学派认为，虽然通货膨胀的直接原因是货币量过多，但从根本上说，货币过多所导致的需求膨胀是相对总供给过少而言的。因此，从长期来看，治理通货膨胀、摆脱滞胀困境的根本方法在于发展生产、增加有效供给。增加有效供给不但能够满足过剩的需求，从而克服通货膨胀，而且可以避免单纯依靠紧缩总需求引起衰退的负面效应。

改善供给的一般措施有：①最关键的措施就是减税，减税可以提高人们的储蓄和投资能力。②削减政府开支增长幅度，争取平衡预算，消灭财政赤字，并减小对私人部门的挤出效应。③限制货币增长率，稳定物价，排除对市场机制的干扰，保证人们储蓄与投资的实际效益，增强其信心与预期的乐观性。政府除为增加供给创造良好的环境和提供必要的条件外，不应对经济多加干预，而应由市场机制对经济进行自动调节。只有这样，才能充分发挥减税刺激供给的积极作用。随着商品和劳务供给的增加，彻底消除通货膨胀。

供给学派强调了一向被忽视的供给方面因素，认为治理通货膨胀，特别是滞胀，根本的出路在于增加供给，这有一定的积极意义，但他们过分夸大了减税对增加供给的刺激作用。从实际情况看，效果并不明显。

此外，改善劳动市场结构的人力资本政策也是针对供给方面治理通货膨胀的措施之一，主要包括对劳动者进行再就业的培训等。

§14.5　通货紧缩

14.5.1　通货紧缩的含义

通货紧缩（deflation），亦称通货收缩，是一个与通货膨胀相反的概念。

欧文·费雪首次提出债务沉积–通货紧缩链，成功地指出经济波动的主要原因在于中央银行货币供应不足，造成了企业债务沉积，进而造成全社会的通货紧缩与经济危机。

关于通货紧缩的定义，目前有三种观点：一是“单要素”说，认为通货紧缩就是物价总水平持续下降；二是“两要素说”，认为通货紧缩不仅是指物价总水平持续下跌，而且货币供应幅度下降，流通中的货币相对甚至绝对减少；三是“三要素说”，认为通货紧缩不仅是指物价总水平下跌、货币供应量下降，而且伴随经济衰退或增长缓慢，即“两个特征、一个伴随”。持“两要素说”观点的人强调通货紧缩是一种货币现象，因此应该从货币流通总量判断；持“三要素说”观点的人则强调通货紧缩是经济衰退的货币表现，与物价持续下降相伴随的必然是有效需求不足、失业率提高和经济不景气。尽管在通货紧缩的定义上尚有争议，但对于物价总水平的持续下降这一点，三种说法的观点是一致的。

在经济实践中，判断某个时期的物价下跌是否属于通货紧缩，一看消费价格指数（CPI）是否由正转变为负，二看这种下降的持续是否超过了一定时限。

通货紧缩依其程度不同，可分为轻度通货紧缩、中度通货紧缩和严重通货紧缩三类。通货膨胀率持续下降，并由正值变为负值，此种情况可称为轻度通货紧缩；通货膨胀率负增长超过 1 年且未出现转机，此种情况应视作中度通货紧缩；中度通货紧缩继续发展，持续时间达到 2 年左右，或物价降幅达到两位数，此时就是严重通货紧缩。

发达国家多属效益型经济，且经济基数大，年经济增长 3% ~ 4% 已相当可观。中国是发展中国家，属数量型经济，不仅无法忍受经济负增长这种明显的衰退，即使年均增长低于 7%，各方面问题也会非常突出。因此，判断我国经济是否出现衰退，不能完全参照发达国家的增长率。

14.5.2　通货紧缩的危害

与通货膨胀相反，通货紧缩意味着消费者购买力增加。适度的通货紧缩，不仅会加剧市场竞争，有助于调整经济结构和挤去经济中的“泡沫”，也会促进企业加强技术投入和技术创新，改进产品和服务质量，对经济发展有积极作用的一面。但通货紧缩持续下去会导致债务负担加重，企业投资收益下降，消费者消极消费，国家经济可能陷入价格下降与经济衰退相互影响、恶性循环的严峻局面。通货紧缩有利于债权人而不利于债务人，债务人因经营困难不能按时还贷，导致银行不良资产的比率上升。比如，人们按揭购房，通货紧缩可能使购房人拥有房产的实际价值缩水，而对银行的抵押贷款却没有减少，加重了他们的债务负担。

1997年10月后，在东南亚金融危机的冲击和全球范围出现一定程度通货紧缩的影响下，我国也出现了连续2年多物价总水平下降的趋势。尽管当时的通货紧缩还是轻度的，而且对前期高通胀和价格泡沫具有一定的矫正作用，与其伴随的不是经济衰退而是较快的经济增长，但仍使我国工农业发展遇到很大的阻力，不少企业经营陷入困难，金融业蒙受重大损失，劳动就业出现困难，许多个人和家庭实际收入下降，成为影响我国经济持续、快速、健康发展的重要因素。

14.5.3 通货紧缩的原因

尽管不同国家不同时期的通货紧缩有着不同的原因，但从国内外经济学家们关于通货紧缩的理论分析中，仍可概括出引致通货紧缩发生的一般原因。

1.有效需求不足

当预期实际利率进一步降低和经济走势不佳时，消费和投资会出现有效需求不足，导致物价下跌，形成需求拉下型通货紧缩。金融体系的效率降低或信贷扩张过快导致出现大量不良资产和坏账时，金融机构“惜贷”或“慎贷”引起信用紧缩，也会减少社会总需求，导致通货紧缩。

一国当局采取紧缩性的货币政策或财政政策，大量减少货币发行或削减政府开支以减少赤字，会直接导致货币供应不足，或加剧商品和劳务市场的供求失衡，使“太多的商品追逐太少的货币”，从而引起物价下跌，出现政策紧缩型通货紧缩。

2.生产力水平的提高和生产成本的降低

技术进步提高了生产力水平，放松管制和改进管理降低了生产成本，因而会导致产品价格下降，出现成本压低型通货紧缩。

3.供给结构不合理

由于前期经济中的盲目扩张和投资造成了不合理的供给结构和过多的无效供给，因此当积累到一定程度时必然会加剧供求之间的矛盾：一方面许多商品无法实现其价值会迫使价格下跌；另一方面大量货币收入不能转变为消费和投资，有效需求减少，就会导致结构型通货紧缩。

4.本币汇率高估和其他外部因素的冲击

一国实行钉住强势货币的汇率制度时，本币汇率高估，会减少出口，扩大进口，加剧国内企业经营困难，促使消费需求相对不足，导致物价持续下跌，出现外部冲击型的通货紧缩。国际市场的动荡也会引起国际收支逆差或资本外流，形成外部冲击型的通货紧缩压力。

5.体制和制度因素

体制和制度方面的因素也会加重通货紧缩，如向市场机制转轨时，精简下来的大量工人现期和预期收入减少，导致有效需求下降；还有住房、养老、医疗、保险、教育等方面的制度变迁和转型，都可能会影响个人和家庭的收支和消费行为，引起有效需求不足，导致物价下降，形成体制转轨型的通货紧缩。

14.5.4　通货紧缩的治理

理论上认为，通货紧缩一般按以下传导路径影响经济增长：物价下跌→企业亏损→企业裁员→消费下降→供过于求→投资减少→物价再度下跌。构成一个影响企业和消费者行为的恶性循环，结果是资产价格下降、经济步入衰退。20世纪30年代出现大规模的通货紧缩导致大萧条之后，全球性的通缩并不多见，第二次世界大战后各国政府治理通胀的经验，远比治理通缩的经验丰富。现在，全球经济的关联性、一体化程度大为提高，通货膨胀可以依赖一定的产业链条在国家间传递，通货紧缩同样会在国家间传递，已经融入国际经济分工的中国，将同样会受到通货紧缩的冲击。

在历史上，严重通货紧缩带来的有可能是灾难，例如20世纪30年代的世界经济大萧条。通货紧缩对经济增长和就业都构成负面影响。与通货紧缩不同，在控制范围内，低度通货膨胀有促进经济的作用，而低度通货紧缩肯定会抑制经济发展。正是因为如此，世界主要市场经济国家的货币政策都是在执行“通货膨胀目标制”的货币政策，即将通货膨胀率控制在一定范围内，比如2%～4%，严防通货紧缩。

对待通货膨胀，可以大刀阔斧地紧缩银根进行缓解，但是，当经济陷入通货紧缩后，由于凯恩斯陷阱的作用，导致货币政策不起作用，即所谓的“货币政策无效”，有可能在物价触底之前让货币政策当局丧失有效手段。从逻辑上说，减息是治理通货紧缩的常用工具，但是金融“海啸”发生之后，作为货币政策工具，减息的作用基本上已被各国央行严重透支，反通货紧缩总不能把利率降为负数，这是各国央行在治理通货紧缩时的尴尬，也是“货币政策无效”的核心机理所在。日本在20世纪90年代的通货紧缩被经济学家称为“失去的十年”，一旦通货紧缩形成，让经济恢复增长是非常困难的。

由此可见，通货紧缩对经济的危害同样也是极大的。要保证经济的健康运行，不仅要抑制通货膨胀，也要治理通货紧缩。由于通货紧缩形成的原因往往比较复杂，并非由单一方面的原因所引起，而是由多方面的原因共同形成，造成混合型的通货紧缩，并伴随着经济的衰退，因此治理的难度比起治理通货膨胀甚至更大。必须根据不同国家不同时期的具体情况进行细致的分析，才能采取针对性的措施加以治理。概括地说，包括财政税收和货币政策在内的国内宏观经济政策、对外经济政策、产业关系调整政策和金融体系合理化政策都是基本的相关政策领域。

1.扩大总需求的财政政策、货币政策

通货紧缩的一个重要原因是有效需求不足，因此治理通货紧缩应主要从增加需求着手，主要运用财政政策与货币政策两大需求管理政策。

实施扩张性财政政策，主要是扩大财政开支，兴办公共工程，增加财政赤字，减免税收。扩张性财政政策常常被作为解决通货紧缩的处方。同货币政策相比，财政政策具有以下优点：①动员迅速。财政政策作为政府手中的工具，其决策程序相对简单，可以通过发行国债等手段迅速筹集资金。②作用直接。财政资金可以根据宏观经济调节需要指定投向，在短时间内转化为购买支出，直接消化行业过量库存或形成新的生产能力及设施建设。③以公益目的为主。以扩张为目的的财政性投资或财政支出转化的投资，并不需要进行长时间的论证或风险考虑，这使得财政政策在扩张社会总支出水平方面的作用难以替代。政府在治理通货紧缩扩张财政支出时，应同时降低税率，以此避免财政政策产生的“挤出效应”，真正发挥积极财政政策的作用。在美国历史上的1929—1933年大萧条中，当时的罗斯福总统采取的一系列“新政”措施主要就是这类政策，其中包括：政府发行巨额国债，大力兴办公共工程，刺激国内需求；由美联储购进银行持有的政府债券，扩大货币发行；控制过剩农产品生产，增加农民收入；暂停实施反托拉斯法，避免市场萎缩中的恶性竞争；实行最低工资制和社会救济；运用税收手段调节居民收入差距；降低税率，鼓励出口。罗斯福“新政”取得了明显效果，国民收入从1933年的396亿美元增加到1937年的736亿美元，物价从1934年起止跌回升，失业率大幅度下降。

实施扩张性货币政策，主要是通过调整法定存款准备金率、再贴现率、公开市场业务等手段，增加商业银行提供贷款的能力，扩大货币供应量。货币政策的主要变量是利率，在利率弹性较强的情况下，货币政策实施的效果才能得以充分显示。同时，货币政策的效应还带有滞后性的特点，即从货币政策的判定到获得预期的主要或全部效果，必须经过一段时间（亦称货币政策“时滞”），它对经济刺激作用的最高点往往要在经济衰退最严重阶段过后才能呈现。所以，在一国经济衰退阶段，利率较低，有效需求不足，投资萎缩，此时货币政策就难以奏效。因此，在治理通货紧缩的对策中，货币政策主要是配合财政政策来运用。

2.引导预期行为

治理通货紧缩之所以困难，主要是因为预期心理发挥较大的作用。通货紧缩初期，投资者预期价格进一步下降，价格下跌的压力较大。此时，经济生活中投资冲动很微弱，投资需求大幅下降。消费者预期收入下降，并相应减少消费支出，出现持币待购的倾向。其中，投资者和消费者对未来经济消极的预期心理起着重要作用。

治理通货紧缩，要努力促进社会消费需求和投资需求的回升，通过政策引导，调整人们对未来的预期行为。无论是采取宽松的货币政策、贬值还是财政转移支付等办法，不引起投资决策行为的变化都是难以启动经济的。为此，政府公开宣布有关治理通货紧缩的政策措施，引导消费需求和投资需求，可以起到一定的导向作用。

3.鼓励消费

通货紧缩从根本上来说，是由消费需求不足所产生的。因此，要治理通货紧缩，就必须努力提高消费需求，其中个人收入和消费支出的稳定上升是防止物价持续下跌的重要条件。鼓励消费的政策应该是综合的，要充分利用各种政策组合，从财政政策、货币政策、产业政策等方面，创造增加社会消费的条件，引导社会消费的稳定增长。一方面要取消各种不利于增加消费的政策措施和制度约束；另一方面要在经济实力允许的情况下，使居民收入能够稳步增加，增强居民对未来收入的预期和信心，以增加居民的消费需求。

4.改革汇率制度或实施汇率调节

通货紧缩可能由僵化的汇率制度所导致，这种汇率制度容易使本币过高估值，产生输入型通货紧缩。如果是这样，就需要对汇率制度进行改革，采取灵活的汇率制度，使汇率自由浮动或者扩大浮动范围，减轻外部冲击对通货紧缩的压力。

5.加强金融机构的监管，建立金融机构内部管理制度，完善金融风险防范措施

谨慎处理有问题金融机构的破产倒闭，提高人们对金融机构的信心，是维持金融机构流动性和正常运转、扩大信贷和投资的重要保障。

专栏 14-2

滞胀

“滞胀”这个经济学名词诞生于20世纪70年代西方国家的经济困局中，所描述的是经济增长停滞、高失业率和高通胀并存的一种经济现象。这种情况引发了当时西方经济学界的广泛讨论，20世纪30年代大萧条以来被奉为圭臬的凯恩斯总需求管理政策受到严重质疑，供应学派兴起，由此也引发了政府宏观调控思路的某种转变。

从西方经济史的经验来看，通胀和经济增长具有正向关系，通胀上升意味经济增长和失业率下降，通胀降低意味着经济增速下滑和失业率高企，这就是菲利普斯曲线，于是才有了宏观调控政策的权衡和取舍，到底是要提高利率收紧货币，牺牲经济增长抑制通胀，还是容忍通胀以求得一时的经济增长。当然，这一切都是建立在通胀和增长的正向关系之上，一旦这一关系不复存在，发生通胀和经济失速并行的情况，那么理论上讲，凯恩斯的相机抉择政策将无从谈起，20世纪70年代恰恰就是发生了这种情况。

从供给的角度来讲，短期而言，1970年代两次石油危机所导致的油价暴涨是引发滞胀的重要原因，在1970—1980年这十年时间里，油价暴涨了30倍，美国的能源CPI从1970年的2.8%上涨至1980年的30.9%，这种负向供给冲击，一方面极大推高了欧美国家的通胀水平，另一方面也使得企业成本高企，在高涨的油价中得不到任何好处，这也是导致生产活动大幅放缓的原因之一。

面对油价上涨的态势，尼克松总统在1971年8月宣布实行为期3个月的工资物价管制；1973年，因食品价格猛涨和水门事件的困扰，尼克松在6月不顾一切地再次实施价格冻结。这对于本已急剧攀升的通胀而言是灾难性的，价格管制加剧了商品的短缺和囤积居奇的行为，1974年管制取消后物价出现报复性反弹，而工资管制则导致失业率进一步上升。对于企业而言，原材料成本的攀升无法避免，劳动力成本无法压缩，而产出价格则受到管制，生产积极性自然受到极大抑制，经济增长陷入停滞。

长期而言，20世纪50、60年代恰好是西方国家发生第三次科技革命的时期，

新兴产业虽然发展迅猛但体量仍然较小，而庞大的传统工业却逐步走向衰落，劳动生产率下降、生产能力过剩、设备大量闲置，企业被迫削减产量、解雇工人，经济结构发生不可避免的调整，这是产生“滞”的深层根源。

从需求的角度来讲，在石油危机之前，西方国家已经经历了二战之后长达二十多年的高速增长，美国通胀早在1965年以前就出现了较大幅度的抬升，这一方面与经济体的内生性过热有关，另一方面也与扩张性的财政和货币政策脱不了干系。由于对30年代大萧条的担忧，政府不敢用高失业的方式来应对通胀，在整个70、80年代，是美国现代史上货币供给增速最高的时期，这进一步使抬高了通胀预期，使通胀变本加厉。

除了高失业、高通胀、高货币供给之外，美国和当时深陷于滞胀之中的发达经济体有一个共同特点，那就是高利率，高利率在抑制通胀的同时，也进一步抑制了企业生产积极性和实体经济的活力，使经济复苏更为缓慢。

有意思的是，美国20世纪70、80年代那段高利率的历史使大部分人误以为当时美国采取的是紧缩性货币政策，但事实恰恰相反，在所谓的供应经济学代表人物里根担任总统的时期，美国依然维持着相当高的货币增速。那么问题就来了，美国的情况与其他国家，尤其是英国有何不同，为什么美国会出现高利率和高货币供应并存的情况，为什么在货币增长居高不下的情况下，通胀可以得到抑制？

资料来源：章小哲．滞胀的历史与中国式滞胀［EB/OL］．［2018-08-27］．https://wallstreetcn.com/articles/3395674.

本章小结

1.对于通货膨胀的定义，西方理论界存在较多的争议。多数经济学家认为，通货膨胀是总体物价水平的持续的、较为明显的上升。度量通货膨胀的程度，主要采取三个标准：消费物价指数、批发物价指数和国民生产总值平减指数。这些指数各有利弊。

2.关于通货膨胀的成因，经济学家有多种不同的理论解释，但主要是从需求和供给两个方面入手进行分析的，概括起来主要包括需求拉上假设、成本推动假设、供求混合推动假设及结构性通货膨胀假设。

3.通货膨胀对社会经济的影响，从经济增长效应角度看，有“促进论”、“促退论”和“中性论”三种观点。

4.通货膨胀的治理一般采取紧缩需求的政策，包括紧缩财政和紧缩货币。收入政策又称为工资物价管制政策，是指政府制定一套关于物价和工资的行为准则，由价格决定者（劳资双方）共同遵守。目的在于限制物价和工资的上涨，以降低通货膨胀率，同时又不造成大规模的失业。收入政策主要针对成本推动型通货膨胀。但是，收入政策也存在缺陷。

5.通货紧缩是与通货膨胀相对立的一个概念，尽管在定义上有争议，但指一般物价水平的持续下跌这一点已形成共识。通货紧缩与通货膨胀都是社会总供给与总需求严重不平衡的结果，通货紧缩发生的原因具体包括有效需求不足、生产力水平的提高和生产成本的降低、供给结构不合理、本币汇率高估和其他外部因素的冲击以及体制和制度因素。

综合训练

14.1　单项选择题

1.（　　）首次提出债务沉积–通货紧缩链，成功地指出经济波动的主要原因在于中央银行货币供应不足，造成了企业债务沉积，进而造成全社会的通货紧缩与经济危机。

A.约翰·纳什　　B.欧文·费雪

D.约翰·亚当斯　　D.托马斯·杰斐逊

2.（　　）是表示失业率与货币工资变动率的关系的一种曲线。

A.生产可通性曲线　　B.菲利普斯曲线

C.洛伦兹曲线　　D.无差异曲线

3.消费物价指数是反映与（　　）有关的产品及劳务价格统计出来的物价变动指标，通常作为观察通货膨胀水平的重要指标。

A.居民生活　　B.政府活动

C.企业运作　　D.国际活动

4.隐蔽型通货膨胀是指在（　　）体制下，由于存在着严格的价格管制，价格上升趋势的真实程度被隐蔽的通货膨胀。

A.市场经济　　B.集中计划经济

C.商品经济　　D.集约经营

5.在总需求不变的情况下，某个部门的一部分需求转移至其他部门，而劳动力及其他生产要素却不能及时转移，需求增加了的部门的工资和产品价格上涨，而需求减少了的部门的产品价格由于攀比而趋于上涨，从而引起一般物价水平的上涨，这种通货膨胀称为（　　）。

A.利润推动型通货膨胀　　B.部门差异型通货膨胀

C.需求转移型通货膨胀　　D.小国开放经济的通货膨胀

14.2　多项选择题

1.改善供给的一般措施有（　　）。

A.减税　　B.削减政府开支

C.限制货币增长率　　D.对劳动者进行再就业的培训

E.以上都对

2.西方经济学家对此通货膨胀存在长期的争论，大体上可分为（　　）和（　　）。

A.货币派　　B.债权派　　C.物价派

D.股权派　　E.中立派

3.度量通货膨胀的程度，从世界各国的实际做法看，主要采取三个标准：

（　　）、（　　）和（　　）。

A.消费物价指数　　B.批发物价指数

C.国民生产总值平减指数　　D.生产指数

E.经理人指数

4.按物价上涨速度快慢划分的通货膨胀类型有（　　）。

A.温和的或爬行的通货膨胀　　B.恶性通货膨胀

C.疾驰的或奔腾的通货膨胀　　D.停止的通货膨胀

E.以上都对

5.按通货膨胀的成因划分的通货膨胀类型主要有（　　）。

A.需求拉上型通货膨胀　　B.预期性通货膨胀

C.成本推动型通货膨胀　　D.结构型通货膨胀

E.以上都对

14.3　复习思考题

1.简述通货膨胀的含义及经济效应。

2.通货膨胀对收入和财富分配产生哪些影响？

3.如何区分需求拉上的通货膨胀和成本推动的通货膨胀？

4.什么是菲利普斯曲线？

5.如何评价通货膨胀对社会经济的影响？

6.试述对通货膨胀的治理对策。

7.如何理解"通货紧缩"的含义？通货紧缩有何危害？

8.试述通货紧缩形成的原因和治理通货紧缩的对策。

9.若价格水平在2016年为107.9，2017年为111.5，2018年为114.5，试求：

（1）2017年和2018年通货膨胀率各是多少？

（2）如果以2017年和2018年通货膨胀率的平均值作为第三年通货膨胀率的预期值，2019年的预期通货膨胀率是多少？

第15章

金融风险与金融危机

【学习指南】

导读

在金融的发展过程中，也伴随着金融风险和金融危机的发生，人们在享有金融带来便利和收益的同时，也遭遇着金融风险和金融危机带来的痛苦和损失。本章重点讨论金融风险和金融危机问题，本章第一节从金融风险的含义谈起，重点介绍金融风险的分类和金融风险产生的原因；第二节重点介绍金融不稳定理论；第二节重点介绍金融危机的含义、金融危机理论和金融危机预警系统。通过本章的学习，可以了解金融风险，认识金融危机，在金融活动中应提高风险意识和危机意识，通过预防、预警等措施来防范风险和危机。

关键概念

金融风险　金融危机　金融过度　“羊群”效应　金融危机预警系统

引例

2015年中国股市波动

2015年夏天，中国股市经历了一次迅猛、剧烈的动荡。从2014年三季度启动以来，上证综指8个月之内从2 000多点攀升至2015年6月12日的5 178点，较年初涨了近2 000点，涨幅之大令人惊叹。同时，在融资融券两融业务的推动下，创业板也牛气冲天。一时间，股票市场极具诱惑力，人们蜂拥入市。

然而，股价过快上涨会透支未来的盈利预期。6月19日，上证综指重挫6.42%，创业板指数下跌5.41%，两市近千只个股跌停。从高点的7月9日到8月中旬，上证指数下跌35%，创业板指数下跌约为42%，股票市场出现了流动性危机。我们可以认为，股灾爆发了。股灾是股市灾害或股市灾难的简称。它是指股市内在矛盾积累到一定程度时，由于受某个偶然因素影响，突然爆发的股价暴跌，从而引起社会经济巨大动荡，并造成巨大损失的异常经济现象。为了应对这次股市异动，首先是机构主动降杠杆，随后前期大涨的个股开始暴跌，导致高比例配资账户开始爆仓，配资平台为自保开始强制平仓，使得更多的股票暴跌，最后甚至连非配资账户也开始抛售股票。股灾导致沪深总市值一度缩水了约25万亿元，相当于2014年中国GDP的40%。1 349家上市公司选择停牌避灾，97%的股票下跌，其中占A股37%的922只股票跌幅超过50%，5 000点以上的配资资金全军覆没。

经历此次大幅波动后，2015年12月4日，上交所、深交所、中金所正式发布指数熔断相关规定。但2016年1月1日正式实施熔断政策后，沪深两市连续数日跌停熔断，熔断政策被迫暂停。证监会新闻发言人此前表示，引入指数熔断机制，为市场在大幅波动时提供“冷静期”，有助于市场稳定，维护市场秩序，保护投资者利益。但后续的结果表明，熔断政策的效果完全背离了政策初衷。

2015年股灾不仅揭示了中国资本市场的不成熟，更使我们看到了金融的风险性，那么什么是金融风险？什么是金融危机？它们之间又有哪些区别和联系？这些正是本章所要讨论的问题。

§15.1 金融风险

15.1.1 金融风险的含义

经济行为主体在金融活动中常常要受到很多不确定性因素的影响。例如，在宏观经济层面上，由于金融体系和金融制度的问题、金融政策的失误以及经济主体在从事金融活动时因决策失误、客观条件变化或其他情况而可能使资金、财产和信誉遭受损失，客观上会影响宏观经济的稳定协调发展，导致一国国民经济停滞甚至倒退。在微观层面上，在货币经营和信用活动中，由于受各种因素随机变化的影响，金融机构或投资者的实际收益与预期收益发生背离，从而导致其资产受到损失是比较常见的事情。

因此，我们认为，**金融风险一般是指经济行为主体在金融活动中所面临的不确定性或可能性。**

一般而言，金融风险具有如下特征：

①金融风险具有客观性。只要金融机构进行经营，金融风险总是不依人的意志为转移而客观存在的，这是因为由于信息不对称性和市场经济主体的有限理性，客观上可能导致金融风险的产生。经济主体的机会主义倾向，可能导致道德风险贷款者利用自己的信息优势取得银行贷款后进行高风险投资，也可能导致金融风险。此外，金融信用的中介性和复杂性也使金融风险难以避免。

②金融风险具有不确定性。在市场经济中，人们所面对的市场变化是无限的，而人们的认识能力却是有限的（有限理性、不完全信息），由此产生的不确定性是市场风险的本质体现。由于资金融通具有偿还性的特点，融出方要在将来的某一时间收回其资金，并获得报酬；融入方要同时偿还本金，并付出利息。但是，由于将来存在着许多不确定因素，因而融出方可能无法按时、按预期的报酬收回本金和利息；融入方也可能无法按时、按预定期限的成本偿付资金。这种可能性在资金融通过程中是普遍存在的。金融风险就是由不确定性引起的，产生金融损失的可能性。金融风险的不确定性要求我们，特别是金融机构必须树立风险的动态观，并时刻根据经济环境、经济主体行为变化的特点，把握风险的变化与发展，以采取相应措施予以防范。

③金融风险具有可控性。尽管金融风险是客观存在的，但是金融风险是可控的。所谓金融风险可控性，是指金融市场主体可以对风险进行事前预测、事中防范和事后化解。在风险发生之前，可以根据金融机构风险的性质和产生条件，辨别银行经营管理过程中存在可能导致风险的各种因素，为控制金融风险提供条件。也可以依据概率统计以及现代化技术手段建立各项金融风险的技术性参数，为防范金融风险创造技术性条件。此外，通过不断完善金融制度和监管手段也可以将金融风险控制在一定的范围内。

④金融风险具有扩散性。金融风险不同于其他经济风险的一个最显著的特性是，金融风险不仅影响金融业自身，还能导致众多的储蓄者和投资者乃至整个经济体系产生风险，甚至还会造成社会风险。金融业作为储蓄和投资的信用中介，是连接众多储蓄者和众多投资者的桥梁，金融业产生风险将会产生连锁反应，使众多的储蓄者和投资者蒙受损失；金融业除提供信用中介服务外，还具有信用创造功能，金融机构通过贷款可以创造派生存款，这使金融风险具有倍数扩散效应，一旦某一金融机构的金融资产价格发生贬损，使其正常的流动性头寸难以保持，则会由单一或局部的金融风险演变为系统性和全局性金融危机。金融风险的扩散性基于两方面的原因：一方面，金融服务的社会性和金融机构联系的紧密性，使金融体系内部形

成了以信用链互相依存的关系。一家金融机构出现问题或破产会迅速影响与其有信用联系的其他金融机构。另外，由于信息的不对称性，债权人不能根据公开信息来判断某个金融机构的清偿能力，某一金融机构的困难或破产可能被视为其他所有机构同时存在问题，从而使金融机构产生挤兑风险。另一方面，经济全球化和金融全球化使金融风险的扩散更为迅速，一国的金融风险可以迅速波及全球范围。

⑤金融风险具有隐蔽性和累积性。所谓隐蔽性，是指金融风险因信用中介特征被掩盖。金融风险的隐蔽性可以在短期内为金融业提供一些缓冲和弥补风险的机会，但是它终究不是控制和防范金融风险的有效机制，金融风险的隐蔽性加大了金融风险防范的难度。金融风险的隐蔽性使得风险在金融机构中不断累积。

⑥金融风险具有加速性。金融风险一旦爆发，存款者的提款行为将会产生一种加速效应。当一家或几家金融机构出现风险时，存款者会将存款从出现问题的金融机构提出存入经营比较稳健的金融机构，当经营比较稳健的金融机构也出现支付风险时，存款者将大规模从金融机构提取存款，从而形成马太效应，这种效应致使金融风险一旦爆发，一般都伴有突发性和加速性，金融风险的这种特征要求在防范和化解金融风险时，要特别注意防止局部风险演化成系统性风险。

⑦金融风险具有周期性。周期性是指金融风险受经济循环周期和货币政策变化的影响，呈现规律性、周期性的特点。一般来说，在货币政策宽松期，社会资金流动规模大，货币供需矛盾容易被掩盖，金融风险就小；反之，在货币政策紧缩期，社会各个环节的矛盾激化，货币的供需出现较大的缺口，影响金融机构稳定性的因素逐渐加强，社会经济运行的链条常常容易发生断裂，金融风险增加。

⑧金融风险具有双重性。尽管我们在研究金融风险时，更多地强调它损失的可能，但在金融活动中，在风险存在的条件下，获取额外收益的机会也是客观在的。这种正效应是人们所渴求的，属于风险收益的范畴，它激励人们勇于承担风险、勇于竞争和创新，以促进金融的深化。金融风险的双重性特征，势必给经济主体产生一种约束机制和激励机制，更好地配置资源。

15.1.2 金融风险的分类

金融风险种类的划分方法和标准很多，根据不同的分类方法，金融风险可以划分为不同的种类。

1.按从事金融活动的主体划分

按从事金融活动的主体划分，金融风险可以分为国家金融风险、金融机构风险、企业金融风险、个人金融风险和国际金融风险。其中，国家金融风险是指国家作为经济主体，在金融活动中面临的风险，如冰岛的外债风险。2008年，冰岛外债高达1 380亿美元，而该国三大银行的资产规模不到1 280亿美元。金融危机袭来，该国本币冰岛克朗一周内贬值35%，资金链旋即断裂，让冰岛难以应对，冰岛面临全国破产风险。金融机构风险又可分为银行业风险、信托业风险、证券业风险、基金风险和保险业风险。

2.按金融风险的地域划分

按金融风险的地域划分，金融风险可以分为全球性金融风险、国际地区性金融风险、全国金融风险、省市金融风险等。很显然，地域越大，风险的影响面越大。2007—2008年的国际金融危机就属于由国家金融风险演变为全球性金融风险。全球性金融风险、国际地区性金融风险主要由巴塞尔银行监管委员会、国际货币基金组织、世界银行等国际性或地区性金融组织来监管，各国的金融风险主要由其本国的金融监管当局来监管。

3.按金融风险的影响范围划分

按金融风险的影响范围划分，金融风险可以分为系统性金融风险、非系统性金融风险。系统性金融风险是指由于全社会信用环境恶化、法制不健全等原因而出现的普遍性债权债务纠纷，或由于企业普遍不景气、周期性经济波动、通货膨胀等原因引起的金融资产价格下降导致的损失，其特点是影响面大、时间长。系统性金融风险中，受损的既可以是企业、政府，也可以是金融机构、个人。系统性金融风险靠单个或少数企业、金融机构或个人的努力是难以抵御和控制的。例如，金融行业内部由于单个金融机构的破产倒闭而引起连锁反应，致使其债权人资产及其收益发生损失，从而使该行业陷入不景气状态；或者是由于金融业风险、政府风险或国际风险而引致的严重经济、社会乃至政治危机，都属于系统性金融风险。政府和金融监管当局要特别注意对系统性金融风险的防范和化解。非系统性金融风险是指由于个别金融机构、企业或个人违约或单项资产的市场价格变化等产生的金融风险。这种可能性一旦转化为现实，就会使金融机构、企业或个人发生亏损，资本金被侵蚀，甚至因资不抵债，失去清偿能力而倒闭破产。非系统性金融风险属于个别经济主体的单个事件，对其他经济主体不产生影响或影响不大，没有引起连锁反应。非系统性金融风险可以通过分散化投资策略来规避。当然，非系统性金融风险积累到一定程度，也可以转化为系统性金融风险。

4.按金融风险产生的原因划分

按金融风险产生的原因划分，金融风险可以分为自然风险、社会风险和经营风险。自然风险是指由于自然因素引起的风险。雷电、火灾、地震等自然灾害都可以使金融活动主体蒙受经济损失。尽管这些损失量不一定很大，但这些损失常常是无法预计的。社会风险包括宏观和微观两个方面。宏观上主要是指政治动乱、社会资金供求发生重大变化等，微观上主要是指盗窃、诈骗、冒领、抢劫或其他事故。宏观和微观风险都可能使金融活动主体在经济上受到不同程度的影响，这些影响也是不确定的。经营风险则是指金融活动主体，主要指金融机构在货币经营和信用活动中，由于主观的努力程度和客观的条件变化而引起的风险。这种风险的后果是双重的，既可能使金融企业遭到意外的经济损失，也可能得到额外的收益。经营风险是金融机构最主要的风险。

5.按金融风险的层次划分

按金融风险的层次划分，金融风险可以分为微观金融风险和宏观金融风险。微观金融风险是指金融活动的参与者，如居民、企业、金融机构面临的风险，主要产生于微观经济因素，如股价波动、汇率波动、利率波动等因素。利率风险、汇率风险、操作风险、信用风险、流动性风险等都属于微观金融风险。宏观金融风险是指国家、整个国民经济和整个金融体系面临的风险，如外债的累积，实行不合适的货币政策等。金融体系风险、外债风险、国家风险等都属于宏观金融风险。

6.按金融风险的形态划分

按金融风险的形态划分，金融风险可以分为信用风险、流动性风险、法律风险、通货膨胀风险、环境风险、政策风险、国家风险、利率风险、汇率风险和操作风险等。

金融风险还有许多分类方法，如从金融风险本身的性质来分，有静态风险和动态风险；从金融风险的表现形态来分，有有形风险和无形风险；从金融风险的作用强度来分，有高度风险、中度风险和低度风险，等等。

15.1.3 金融风险产生的原因

金融风险作为一种引致损失的可能性，其生成机制是比较复杂的。微观主体行为和宏观经济环境等因素，都可以从不同的侧面直接或间接地造成金融风险。从理论上分析，金融风险主要来源于以下几个方面：

1.金融体系主体的缺陷

首先是金融主体的有限理性。这是与西方经济学的经济人假说相对应的，指人们既具有自利性又缺乏理性的行为。在这点上，金融主体尤为突出，主要是过度投机和盲目恐慌。其表现为：一是人类竞相追求财富的利益冲动，对虚幻增长的财富的臆想；二是大众的盲从导演了过度投机，并使其愈演愈烈；三是忠告对卷入投机狂潮的人是无济于事的；四是对金融投机历史的“健忘”和对金融与智力关系的曲解。而在金融体系出现波动时，人类因缺乏理性会盲目恐慌。如一家有问题的银行出现支付困难，存款人可能挤兑所有的银行，造成恐慌性挤兑，甚至导致金融体系的崩溃。金融投机是为了追逐较高的利润，金融恐慌是为了防止损失。

其次是内部人控制。它是指在财产所有权和经营权分离的情况下，经营者利用在信息和管理上的优势，偏离所有者的利益目标，为获得自身的最大利益而损害所有者利益的行为。在金融体系中，内部人控制会出现逆向选择和道德风险。逆向选择是在选择代理人的过程中，委托人在考虑了代理人可能存在的问题后，不选择符合要求的代理人，反而选择不符合要求的代理人。道德风险是经营者在行使资金使用权时，以自身利益目标最大化为依据，选择对出资人来说是次优的方案。金融欺诈是逆向选择的极端例子，利用职权的金融违法犯罪行为是道德风险的极端例子。在内部人控制下，任何形式的风险都转嫁给出资人，且出资人未能从加大的风险中获得额外的收益。这样，就破坏了风险与报酬成正比的风险配置机制，必然会影响金融体系的正常运作，这是金融体系风险的一个根源。

2.金融体系客体的缺陷

金融产品有其独特的风险。第一，金融产品具有不确定性。金融产品要经过一段时间交易活动才能够真正完成，由此带来了违约风险或信用风险。这反映了金融活动的信用本质，是金融交易中最基本的风险。第二，金融产品是一项高度复杂的合同。以贷款合同为例，其主要内容就包括贷款数量、贷款利率、贷款期限、有关抵押和担保的条款、贷款违约条款等，导致合同的履行不确定。第三，合同的复杂性与不确定性的结合，使金融产品的定价十分困难。在现代经济环境中，一些经济变量是很难预测的，金融产品难以定价，金融活动常出现不规范的内幕交易，给金融体系的正常运作留下隐患。第四，金融产品具有不完全性。在法制不健全、不规范的社会中，金融产品的交易困难。第五，金融产品具有虚拟性。金融产品一产生，就脱离实物经济运动，遵循其自身的规律。马克思早就深刻地揭示了金融产品的虚拟性：金融产品的运动脱离实物经济的运动；其价格只是资本化的收益，受收益、投机、预期、利率等影响，对生产资本没有直接影响，具有独特的价格决定机制；金融产品具有派生功能，其数量大大超过实物产品的数量。

3.金融体系运作方式和组织结构上的缺陷

首先是风险补偿机制不健全。风险得到一定的补偿，才能同资源一起得到最优配置。在现代社会中，金融体系的资金配置主要有两种方式：价格配置、非价格配置。这两种方式都缺乏风险完全补偿的机制。受金融体系主体和客体缺陷的影响，价格配置存在着逆向选择和道德风险的问题，风险得不到完全的补偿。非价格配置有两种：一是在政府干预下的资金配置，政府出于宏观经济调控目的，控制信用规模，在不允许金融机构提高金融产品的价格基础上，进行行政干预使资金供给和需求达到均衡；二是金融机构为了保护市场份额，不及时调整利率而形成的非价格配置。

其次是过度竞争。金融机构之间存在着过度竞争的问题。其成因包括：一是金融机构为了自身经营目标，扩大市场份额，无度地扩张经营能力，加大竞争力度；二是金融机构为了逃避较强的金融监管而过度竞争；三是在市场准入条件降低的情况下，由于金融机构的增多而过度竞争。过度竞争既能使金融业快速地发展，又能使金融机构陷入困境，使整个金融体系处于一种快速变动和不稳定的状态。

最后是金融体系的脆弱性。它取决于：①金融活动主体对经济活动变化的敏感程度。由于经济变化在金融体系中的传递速度很快，经济主体的经营和财务风险增大，投资者的短期行为和大量的游资，会导致金融体系过于敏感和脆弱。②金融体系结构的问题。金融体系过于单一，金融机构、金融市场和金融产品的种类和数量有限，金融体系的应变能力就差，传递不利变化的速度就加快，容易受外界因素的影响。③金融体系中各个组成部分的相对强弱。在金融体系中，各个金融机构的业务是相互交叉的，为了争夺市场，较弱机构将降低条件参与竞争，给金融市场带来了巨大的风险。④传染性。按照传染病的机理，一个金融机构的问题可能传染到其他的金融机构，乃至整个金融体系。

4.金融体系风险的外部因素

首先是宏观经济因素。金融体系与宏观经济紧密相联：一方面，金融混乱会导致经济混乱，进而引致政治混乱；另一方面，每次金融危机或金融动荡都有深刻的经济根源，金融体系的状况是经济活动的集中体现。金融体系与宏观经济有着千丝万缕的联系，又具有相对独立性。对金融体系造成冲击的宏观经济因素包括经济增长率、通货膨胀率、整体经济效益水平、经济结构、国际收支状况、财政收支状况。宏观经济的恶化一方面通过影响各个经济主体对金融体系造成冲击，另一方面通过影响人们对整个经济的信心来影响金融体系，此外政府的宏观经济政策也会对金融体系构成冲击。

其次是非经济因素，包括政局的变化、战争、自然灾害等，这些因素都能对金融体系的稳定构成威胁。从人类社会的发展规律看，政治、法律制度必须与经济发展相协调；否则就会影响和阻碍经济的发展。现代市场经济客观上要求廉洁、公正和透明的政治、法律制度；反之，金融体系的风险就会加大，造成政局不稳，人们对政府失去信心，影响经济金融的稳定运行。战争和自然灾害使得市场发生紊乱，影响金融体系的安全和稳定。

最后是非正式金融体系对金融体系的影响。正式金融体系是经过政府批准、接受政府监管、有固定的经营场所和规范的业务流程、提供主要的金融服务的金融机构所组成的金融体系。不符合上述条件的金融体系就是非正式金融体系，如民间借贷、钱庄等。在一定条件下，非正式金融活动是对正式金融活动的有益补充，但是如果超出一定的限度，非正式金融体系就会对正式金融体系造成冲击，导致正式金融体系的资金外流，宏观调控信息失真，非法金融活动猖獗，扰乱整个社会的经济秩序。

§15.2 金融不稳定的理论

15.2.1 马克思的金融体系内在不稳定性理论

马克思在1867年出版的《资本论》中较早地提出了金融体系内在脆弱性假说。针对资本主义日益严重的经济与金融危机，马克思在劳动价值论和商品与货币关系理论的基础上形成了金融危机理论。他认为：金融体系加速了私人资本转变为社会资本的进程，但由于金融资本家夺取了产业资本家和商业资本家的资本分配能力，其本身也沦为引致危机的最强力工具。金融体系得以存在和运行的前提是人们对商品内在货币价值的信仰，绝不能脱离实物经济，但金融资本家的趋利心、虚拟资本运动的相对独立性却为信用崩溃提供了条件。

马克思首先从商品入手，通过对商品运动的分析，揭示了资本运动的规律。马克思指出，产业资本的运动起点是货币形式的资本，然后是生产资本形态，再后是商品资本形态，最后又回到货币资本形态，资本主义经济运动就是这样一个周而复始的资本循环。首先，商品买卖分为两个阶段，在时间和空间上相互分离，使货币与商品的转化出现不确定性。这种买和卖的分离使商品生产和价值实现过程包含中断或发生危机的可能性。其次，随着信用的发展，商品买卖中商品与货币不是同时出现，如果企业依托信用所发生的商品交换的债务债权不是在同一时期内相互抵销，或者它所获得的进款不能清偿债务，将出现债务支付危机的可能。由于同一笔货币是对一系列的相互交易和债务执行支付职能，社会的支付链条就会在许多点上中断。正是商品分为商品和货币两重性后，导致商品不等于货币而又必须等于货币的内在矛盾。关于经济危机与金融危机之间的联系，马克思认为，只要存在买卖中断的可能性，就存在支付链条中断的可能性。马克思认为："如果说危机的发生是由于买与卖的彼此分离，那么，一旦货币执行支付手段的职能，危机就会发展为货币危机，在这种情况下，只要出现了危机的第一种形式，危机的第二种形式就自然而然地要出现。"

马克思分析了伴随经济危机发生的金融危机的形成机制和现实条件。他认为，资本主义生产是攫取剩余劳动的生产，因此，在资本主义生产中必然存在盲目生产的趋向，促使资本主义经济运行走向危机。资本积累是资本主义内在本质在生产中的集中体现。单个资本为了在市场竞争中实现利润最大化，必须加快资本积累。资本积累一方面是剩余价值的资本化，另一方面也包括资本的合并与集中。在资本积累过程中，由于自身积累的限制，企业总是利用商业信用和银行信用，利用债券、股票发行广泛吸收资本，以此作为突破资本积累限制的手段，大大加速积累过程。马克思指出，信用制度使本来可以再伸缩的再生产过程被拉紧到了最极端的界限，在竞争和信用的作用下，资本积累加速导致资本量的扩张，生产能力和产品迅速增长，生产和消费的矛盾尖锐化，不顾市场的限制而盲目扩大生产。马克思指出，正是资本积累制造了金融危机发生的现实条件和基础：商品生产普遍过剩和信用的发展。只有在普遍的生产过剩时，商品与货币的对立才会绝对化、公开化，经济危机和金融危机才成为现实。马克思指出，乍看起来，好像整个危机只表现为信用危机和货币危机，但这种现实买卖已经大大超过社会需要来实行扩大的事实，终于成了整个危机的基础。

马克思将生产过剩看作危机的关键条件，信用的充分发展是金融危机发生的第二个现实条件。这是因为，信用的发展就是债务的延伸和扩展，是货币支付矛盾的积累。马克思认为，虚拟资本的出现使信用获得巨大发展，使金融运动极度偏离了实际生产运动，货币与虚拟资本、商品与信用货币的对立显露出来。因为信用和信用货币不是真正的货币，不是真实的财富，和普通商品一样最终要向货币转化，因此，"在危机中，会出现这样的要求：所有的汇票、有价证券和商品应该能够同时一起转化为银行货币，所有的银行货币又应该都能够同时一起再转化为金"。根据马克思的分析，虚拟资本市场的过度膨胀和银行信贷的过度增长，就是独立的金融危机发生的基础和条件。

马克思认为，周期性的经济危机是资本主义制度不可回避的矛盾，而经济危机必然导致金融危机。资本主义再生产周期一般分为萧条、复苏、繁荣和危机四个阶段，马克思就是通过这四个阶段来研究借贷资本和现实资本关系的，指出金融危机发生在再生产周期的第四阶段。马克思认为，借贷资本和现实资本的积累并不总是一致的，特别是萧条阶段，生产萎缩、交易减少、物价下跌、商品库存增加、资金占用严重。原用于生产和流通中的货币资本被抽离出来，存入银行转化为借贷资本，借贷资本的供给明显增加，借贷资本的需求却在不断减少。总之，一方面是借贷资本的闲置与积累；另一方面是现实资本的萎缩与积累的停滞。当产业周期运行到危机阶段时，经济危机便爆发了。这时大部分企业因经济环境的恶化而纷纷停产和倒闭，有的则开工不足，最终导致商品难以出售，货币资本不能回流，很多货币资本沉淀在商品生产阶段，导致商业信用和银行信用极度萎缩，货币支付链条断裂，某些金融机构因此倒闭，并由此引发金融危机。周期性的金融危机“是任何普遍的生产危机和商业危机的一个特殊阶段”。周期性的经济危机必然要引发周期性的金融危机，金融危机是经济危机的最高阶段。

马克思认为，固定资本的再生产是危机周期性的物质基础，危机的间隔受那些对国民经济有着重大影响的主要工业部门的固定资本再生产的时间的制约。资本主义周期性的经济危机会影响金融业，引起周期性的金融危机。这是因为，在经济繁荣阶段，银行信用和商业信用逐步扩张，很多企业利用过度举债的方式来扩大生产活动，从而使生产得到极大的发展，由于利润的增长刺激了投资者的投资欲望，同时，企业业绩的上升使得有价证券价格上涨，部分游离出来的借贷资本流向证券市场，加重了证券市场的泡沫成分。随着时间的推移，信用的膨胀会超过生产的增长，最后导致经济危机，金融危机也随之产生。

15.2.2 明斯基的信贷体系不稳定假说

美国经济学家海曼·P.明斯基于1963年在其著名论文《大危机会再次发生吗》中提出“金融体系不稳定假说”。明斯基主要从企业角度分析信贷体系的脆弱性。明斯基认为，信用创造机构特别是商业银行和其他贷款人的内在特性将使得它们经历周期性的危机和破产浪潮，金融中介的困境被传递到经济的各个组成部分，产生经济动荡和危机。

明斯基的分析是基于资本主义繁荣与萧条长波理论的基础之上的，他指出，正是经济繁荣时期埋下了金融动荡的种子。在资本主义经济50年上升时期的前20~30年间，贷款人的贷款条件越来越宽松，而借款人则积极地利用宽松的信贷环境进行融资。明斯基认为金融市场动荡是由变换（displacement）引起的，所谓变换，是指引起宏观经济体系动荡的所有因素。导致每次金融动荡的变换形态可能各不相同，它们可能是战争、技术创新、金融创新等。变换可以带来一些投资机会，一旦某些领域出现新的投资机会，市场主体将涌向这些领域，经济运行中将出现泡沫成分，存在泡沫成分的领域因银行信贷注入，投机色彩更为浓重，理性投资将被过度投机所取代。

明斯基在1982年出版的《金融体系内在脆弱性假说》一书中提出了金融体系的脆弱性，他认为，由于外部环境的变迁，市场主体的投资方向和盈利状况将发生变化。市场主体与银行的债权债务关系也将因此变化，引起银行信贷量的变动，导致银行信贷资金的供求不平衡，进而引发金融危机。在过度投机阶段，由于人们担心经济泡沫破灭，抛售金融资产，引起市场普遍恐慌，引发金融危机。明斯基将借款企业分为三类：（1）抵补性企业，该类企业的特征是根据自己未来的现金流量作抵补性融资，它们是最安全的借款人；（2）投机性的借款人，该类企业的特征是根据未来资金的状况来确定借款数额和借款期限；（3）高风险的借款企业，该类企业的特征是借款用于投资期限很长的项目，在相当长的时间内它们都无法运用投资收益来偿还贷款本息，而需要滚动融资来支付贷款本息。

在经济繁荣时期，随着经济的快速发展，在借款人中后两类的比重越来越大，而比较安全的第一类借款人的比重越来越小。随着经济由繁荣走向萧条，这些贷款数额较大的企业将难以按期偿还贷款，造成金融业风险。正是经济生活中存在着这种融资行为和债权债务结构，才导致金融体系的不稳定。

明斯基认为，导致金融危机的周期性因素主要在于以下3个方面：（1）代际遗忘，历史教训被盲目乐观所取代，一些外在的变换事件或新的获利机会造成金融信贷扩张，人们的逐利动机战胜风险意识，由于对前景的过分乐观，更多的投资推动了价格继续上涨；（2）竞争压力，贷款人在竞争压力下出于对顾客和市场的考虑做出不谨慎的贷款决策；（3）市场主体的非理性行为。

15.2.3　金德尔伯格的金融不稳定理论

美国经济学家金德尔伯格于1978年在其《金融危机史》一书中继承和发展了明斯基的思想，他更多地认为金融危机的爆发是由于金融市场的非理性行为。金德尔伯格认为金融市场偶尔的非理性行为导致了金融危机的爆发。对金融市场偶尔的非理性行为，金德尔伯格用以下几种效应来解释：①示范效应，当经济处于高度繁荣期，投机活动明显增加，很多投资者盲目跟从，最终导致金融危机爆发；②杜森贝里效应，人们在收入增加时增加消费支出，但在收入下降时却又难以减少消费支出，即当经济处于萧条与衰退时人们为保持原来的生活水平很难降低生活标准，部分人可能采取非理性行为；③花车效应，人们有追随成功者和背离失败者的倾向，金融市场上的花车效应是指当一家金融机构陷入困境后，存款者担心局势进一步恶化，争先恐后到金融机构挤提存款，存款者的挤提行为会进一步恶化金融机构的处境。

金德尔伯格指出，在经济繁荣时期，公众的非理性投资增加，金融机构长期贷款比重增加，信贷规模不断扩张，金融机构的资产流动性逐步降低，在从众心理的作用下，以上过程可以自我加强，最终形成金融危机。

金德尔伯格认为，不同时期，人们的理性程度不同。在开始阶段，公众投资行为一般比较谨慎。但是随着时间的推移，实业投资已不能满足投资者急于获利的愿望，投机意愿不断增强。最初人们追求的是稳定的投资回报，随着时间的推移，人们更偏好于获取投机利润。不同的群体，他们投资的理性程度也不同。金德尔伯格将投机者分为两类：一类是圈内人；另一类是圈外人。圈内人可以在价格最低时买进，再抬高价格，然后在价格最高时卖出，再压低价格。为数众多的圈外人正好相反，他们在高价位买进，而在低价位卖出，成了投机活动的牺牲者。投机对于圈外人而言是一种非理性行为。金德尔伯格指出，在投机狂热时期，即使每一个市场参与者都是理性的，市场整体也未必是理性的。

§15.3 金融危机

15.3.1 金融危机的含义

金融危机是一个很笼统的概念，比较难确定，并且种类繁多。《新帕尔格雷夫经济学大辞典》的定义最具有权威性：“**金融危机是指全部或大部分金融指标——短期利率、资产（证券、房产、土地）的价格、商业破产数和金融机构倒闭数急剧、短暂和超周期的恶化。**”该定义对应的是封闭经济，随着国际资本流动的加快，各国经济的开放性特征更加明显，金融危机的表现形式呈现出多样性的特点。金融危机爆发的多样性、复杂性大大拓展了金融危机定义的外延。金融危机按照性质和内容划分，有货币市场危机、金融机构危机、资本市场危机、债务危机以及系统性金融危机等。

货币市场危机简称为货币危机，是指实行固定汇率机制或带有固定汇率机制色彩的钉住汇率安排的经济体，由于外在因素对一国货币汇率价值的投机性攻击所导致的该国货币的贬值或急剧下跌，迫使当局要么动用大量的国际储备，要么急剧提高利率来保卫本国货币。

金融机构危机主要指银行业危机，是指商业银行或非银行金融机构由于内外部原因导致巨额亏损或破产倒闭，致使银行纷纷中止国内债务的清偿，迫使政府通过大规模提供援助以阻击这种事态的发展。银行业危机很容易通过社会公众信心的传递引发全社会对各类金融机构的挤提风潮，从而危及整个金融体系。

资本市场危机主要是指股票市场出现价格短期内大幅度下降，代表一国财富水平的有价证券和对世界财富要求权的相对比例的下降。资本市场危机和货币市场危机都是通过一国的资产价格进行传递的，从而具有联动效应，往往二者的共同作用会给一国的金融体系造成毁灭性打击。

债务危机是指一国不能支付其对外私人或政府间外债的情形。债务危机通常在中心-边缘框架内进行分析研究，国际借贷资金多由经济发达的中心国家流向落后国家，债务危机主要表现为落后国家无法偿还发达国家的债务。

系统性金融危机是指金融市场出现严重的混乱，表现为以上几种危机的混合。系统性金融危机往往表现为，金融体系出现严重困难，绝大部分金融指标急剧恶化，各类金融资产价格暴跌，人们对宏观经济和金融体系未来走势预期悲观，对货币或资产价格丧失信心而竞相采取减损措施所造成的金融系统严重混乱。系统性金融危机可以包括货币危机，但货币危机不一定导致国内支付体系的严重混乱，并且不一定表现为系统性金融危机。

15.3.2 金融风险与金融危机的联系与区别

金融活动处于现代经济活动的中枢地位，金融体系的正常运行是市场经济发展的重要保证。从金融业自身的特征来看，金融业是以货币和信用为基础的行业，金融可以超越实体经济而发展，越发得虚拟化。信用本身具有脆弱性，这就决定了信用链条的断裂可能会导致金融危机。信用同时具有连锁性，一家金融机构的破产倒闭往往会影响其他金融机构，甚至影响整个金融体系。同时，金融业与整个社会经济的方方面面有着千丝万缕的联系，当金融体系出现系统性风险时，常常会波及整个经济活动。此外，由于经济金融全球化，导致一国的金融体系与他国的金融体系存在着密切的联系，一国金融体系出现问题，也会导致其他国家出现问题。

金融风险与金融危机是相互联系的。在市场经济条件下，金融风险具有普遍特征，有金融活动就有金融风险，但有金融风险不一定存在金融危机。金融风险是隐蔽的、潜在的和不确定的，而金融危机则是金融风险爆发并扩散的结果。金融风险具有引发、积累为金融危机的可能性，而不具有必然性。金融危机是金融风险累积到一定程度的产物，是金融风险的集中体现和“极限效应”。金融风险作为一种经济现象，如果不加以防范和化解，就会酿成金融危机。当金融风险累积到一定程度，在外部因素的冲击和干扰下，其本身原有的信用链中断，人们对当前经济和金融状况失去信心，特别是产生强烈的货币贬值预期时，就会导致经济和金融恐慌。金融危机使金融风险的可能损失变为现实损失。

金融危机和金融风险又有所区别。金融危机指的是金融体系出现严重困难乃至崩溃，表现为所有的或绝大部分金融指标的急剧恶化、各种金融资产价格暴跌、金融机构陷入严重困难并大量破产，从而对实体经济的运行产生极其不利的影响。金融风险指的是引发金融危机的可能性，金融风险是金融体系内生的，它不能够被消灭，只能加以防范和分散。在市场经济环境下，金融风险是普遍存在的，有些是由于金融市场交易者的不正当及违法违规行为引起金融动荡，但更多的是由于金融市场机制本身的问题而引起的金融体系的内在不稳定，即现代金融体系具有内在的脆弱性或不稳定性。

专栏15-1

比特币2018年跌掉八成

2018年11月20日，比特币跌破4 700美元关口，最低触及4 218美元附近，再创新低。当天，比特币报价24小时内跌幅超过17%。过去7天，比特币的跌幅超过22%。

自2018年初以来，比特币已累计下跌66%。距离2017年12月的高位，不到1

年时间，价格跌去了77%。

根据CoinMarketCap.com的数据，加密货币产业自1月份的峰值至2018年11月已经贬值超过6 600亿美元。

从上周起，伴随着比特币下跌，其他主流数字货币普跌。前十大数字货币大多呈双位数跌幅。整体数字货币市值在过去一周抹去至少400亿美元。

1.挖矿风潮退去，部分个股下跌

受比特币持续下跌以及挖矿厂倒闭影响，部分相关个股下跌。

截至周二，芯片股英伟达三天累计跌去20%。第三季度财报显示，英伟达Q3营收为31.8亿美元，同比增加了21%；净利润为12.30亿美元，同比增加了47%。

英伟达将不佳的财报表现归因于加密货币采矿潮的退却。随着挖矿热潮退却，市场的需求开始变低。

英伟达首席执行官黄仁勋表示："加密货币热潮的'宿醉效应'持续时间比我们预期的要长，我们对此也感到很惊讶，但它终究会过去。"

2.击穿矿机成本，中小矿场清盘

虚拟货币连续下挫同时，矿机市场也随之遭殃。

据腾讯一线消息，连番下跌中，比特币价格已经击穿多个矿机成本，分布在国内新疆、内蒙古等地的部分中小型矿场，在持续下挫的币价中，已经无奈地将矿机转卖清盘。

其中，一年前售价高达两万元一台的矿机，二手转让价仅为1 000多元。与清盘的矿场类似，11月20日，有算力托管平台发出了清盘公告。一家名为算力投的平台表示，由于蚂蚁S9合约自2018年11月7日至2018年11月16日已连续十日无法支付管理费、电费。根据《算力投算力服务协议》，如若连续十天合约收益不足以支付管理费、电费，算力合约即自动终止。

Elite Fixtures早前通过比较各地电费水平、基于蚂蚁矿机S9、S7及Avalon 6来得出全球各地挖掘一枚比特币的成本。

目前，比特币现价已低于或逼近不少地区的挖矿成本价，意味利润大减甚或有可能蚀本。其中，中国香港的成本价为7 930美元，已近蚀本水平。另外，作为主要挖矿地点，中国的成本价为3 172美元，现仍有约7成回报，但较2017年底比特币高位时的1.9万美元计，以数倍计的赚幅或不复见。

矿机生产商嘉楠耘智的上市申请6个月未有进展而失效，市场消息指监管机构对其业务模式及前景存疑，年内上市计划势告吹。

另外两家矿机生产商——亿邦国际及比特大陆，市传可能暂缓IPO进程，传亿邦暂未进行上市准备工作；比特大陆则仍在解答监管机构的疑问。

在2017年底逼近20 000美元的历史高位后，比特币便开始持续阴跌不止。而"硬分叉"更被视为是本轮比特币暴跌的"导火索"。

所谓分叉，即当一种加密货币的社区对于原有加密货币的技术共识产生分歧时，在原有链上分出来一个新的链条，并由此产生一种新的币，而在技术路线的分歧背后则是利益的冲突，分叉中算力可以影响对方币的稳定运行和交易，也正是由此，才引发了算力战，争夺分叉币的主导权。

此次BCH“硬分叉”是由长期自称“澳本聪”的澳大利亚人Craig Steven Wright发起，与BCH的忠实捍卫者——比特大陆CEO吴忌寒之间的BCH社区内部“斗争”。目前双方大打“算力战”，希望通过算力影响对方加密货币的稳定运行和交易。

在此背景下，BCH“硬分叉”下的“算力战”需要消耗大量的矿机算力，造成阶段性的算力波动，给存量市场蒙上阴影，比特币持有者担心上述BCH的互相攻击会蔓延到比特币，避险心理上升、抛售行为加剧，使得本来就已呈现萎缩情况的数字货币市场再遭打击。

数字货币集体暴跌另一个原因是监管层层加码。业内认为，虚拟资产纳入监管将其合法化，这是全球监管的一个大方向。

2018年11月1日，中国香港证监会发布了针对虚拟资产的新规，将虚拟资产投资组合管理公司及虚拟资产基金分销商纳入证监会的监管范围，要求超过10%资产规模（AUM）属虚拟资产的基金，仅可针对专业投资者销售，任何投资虚拟资产的基金和经纪机构，均需要向证监会注册。

2018年11月16日，美国证券交易委员会宣布处罚了两家没有将首次代币发售（ICO）作为证券进行登记的加密货币公司，并在同日发布了《数字资产证券发行与交易声明》，对数字资产证券的发行和发售、数字资产证券交易尤其是交易所注册和经纪人-交易商注册问题进行了详细的阐述。

11月19日，美国证券交易委员会宣布对违反规定的加密创始人进行首次民事处罚。由美国证券交易委员会发布的两份声明可见，两种ICO代币被视为未注册的证券，并对数字资产是否是证券的问题进行了声明。

虽然两个ICO项目方与美国SEC进行和解，同意进行证券补注册并缴纳罚款，同时向投资者返还资金，定期向SEC提交报告，如果投资者提起诉讼，他们还必须做出补偿。但是，美国为典型的判例法国家，首次判决将影响此后相关案件的判罚方向和尺度，本次判决结果明显、态度明确，影响了投资者对于加密货币的信心。

区块链的风险投资基金Castle Island Ventures的Nic Carter则对ICO项目全面唱衰：建议停止销售或上市代币，向投资者退款。

虚拟货币成黑客攻击重灾区，虚拟货币安全性问题也是此次连续大跌的原因之一。

近期多家区块链安全公司宣称，虚拟货币遭到恶意袭击。11月14日，慢雾安全团队指出，以太坊（ETH）存在恶意消耗Gas攻击。

11月12日，北京链安发布消息称，近期基于EOS的一系列博彩游戏合约遭到攻击，Luckyos、EOS. WIN、EOSRoyale、DEOSBET、FairDice、EOSDice、EOSFFgame等均爆出安全问题。

近日，欧盟多个成员国财长认为，数字货币总体缺少透明度，可能被滥用作洗钱、逃税和恐怖分子融资。

美国证券交易委员会迟迟未批准对虚拟货币ETF的上市申请，也曾提到两大担忧：操纵和市场监督。法国金融市场管理局和美国证券交易委员会陆续警告投资者，须谨慎投资不受监管的虚拟货币。

比特币此轮受挫，市场在分析其价值的同时，也在分析其可能代表的市场转向信号。值得注意的是，部分机构已将比特币暴跌视为是熊市的重要信号。

从货币的大多数关键特性来看，黄金都要胜过加密数字货币，用来储存加密数字货币的数字钱包易受黑客攻击，此外其还存在着重大的监管风险。

另外需指出的是，比特币在经历了连续的暴跌之后，于2018年12月14日创下下跌以来的3 120美元低点后，又开始了一波大幅上涨，2019年上半年，价格飙升至13 861.90美元。比特币暴涨暴跌，让人难以捉摸。

资料来源：佚名. 比特币崩了［EB/OL］.［2018-11-21］. https://baijiahao.baidu.com/s?id=1617704835273144795&wfr=spider&for=pc.此处有改动。

15.3.3 金融危机理论

1.第一代金融危机模型

第一代金融危机模型又称为克鲁格曼模型，是美国经济学家保罗·克鲁格曼于1979年提出的，它是西方关于货币危机的第一个比较成熟的模型。这一模型以小国开放经济为分析框架，以钉住汇率制度或其他形式的固定汇率制度为分析对象，分析了以放弃固定汇率为特定特征的货币危机是如何发生的。克鲁格曼认为，在一国货币需求处于稳定状态的条件下，国内信贷扩张会带来外汇储备的流失，从而导致对固定汇率的冲击而产生危机。但是，他在分析中采取的非线性形式导致了固定汇率崩溃的时间是难以确定的，后来弗拉德和戈博于1986年完成了这一工作，因此，这一模型又被称为“克鲁格曼-弗拉德-戈博模型”。

第一代金融危机模型认为：扩张性的宏观经济政策导致了巨额财政赤字，为了弥补财政赤字，政府只好增加货币供给量，同时为了维持汇率稳定而不断抛出外汇储备，一旦外汇储备减少到某一临界点时，投机者会对该国货币发起冲击，在短期内将该国外汇储备消耗殆尽，政府要么让汇率浮动，要么让本币贬值，最后，固定汇率制度崩溃，货币危机发生。该理论从一国经济的基本面解释了货币危机的根源在于经济内部均衡和外部均衡的冲突，如果一国外汇储备不够充足，财政赤字的持续货币化会导致固定汇率制度的崩溃并最终引发货币危机。当宏观经济状况不断恶化时，危机的发生是合理的而且是不可避免的。它比较成功地解释了20世纪70、80年代的拉美货币危机。

但是，货币危机是如何发生的？或者说，信用扩张政策与外汇储备和货币危机之间究竟是如何相互联系的？实际的机制过程通常是这样的：当一国最初采取信用扩张政策时一般能够达到刺激经济增长的目的，这种政策效应通常会持续一段时间。在这一时期，该国经济增长的加快会吸引外资不断流入，它们中一部分被用于扩大进口，一部分增加了该国的外汇储备。这也意味着加快了信用膨胀的进程，因为央行以收购外汇形式投放的货币是基础货币，它在流通中将发挥乘数效应。当缘于国内信贷扩张和外资流入这双重原因的信用膨胀持续一段时间后，会使该国经济走向畸形发展，泡沫经济和虚假繁荣纷纷登场，并且越演越烈。这不仅会使该国的基本经济面不断恶化，也会使该国的经常项目收支从实质上开始发生逆转。即使在这个时候，只要泡沫的空气尚未逸出，信用膨胀就会继续下去，有问题的投资看起来也是好的。但是，泡沫就是泡沫，当这种状态持续一段时间后，经济开始呈现疲惫之态，问题浮出水面，一些企业开始倒闭或面临倒闭，一些金融机构也因此陷入困境。这会引起外资的警觉，外资流入减慢，甚至开始出现外流。与此同时，该国基本经济恶化和泡沫经济造成的经常项目逆差已开始加速消耗该国的外汇储备。就是在这个时候，如果该国政府认为经济的疲惫和经济过程的银根短缺是由于货币供应不足，因而继续采用信用扩张政策，其结果只能是加速外汇储备的流失。最后，当泡沫经济开始全面崩溃的时候，经常项目逆差和外资的流出会加快该国外汇储备的流失，这在客观上会对该国经济形成紧缩效应，从而迫使该国央行把卖出外汇而回笼的货币再次投入流通，如果它不想让信用紧缩导致经济衰退而保持货币供给量不变的话。但是，在这里，外汇储备的流失是原因，而不是结果。也就是说，不是通过信贷形式提供的货币供应量的增长导致外汇储备的流失，而是外汇储备的流失迫使信贷补足相应的货币供应量。

长期推行或纵容信用膨胀所造成的种种恶果，会使经济的崩溃和衰退不可避免，它或迟或早都会使该国外汇储备消耗殆尽。当有迹象表明政府已无法控制局面，本币贬值即将变成现实时，投机者就会加入到冲击外汇储备的队伍中。他们不只是把自己手中已有的本币兑换成外币，并且开始借入本币，购进外币，以便在本币贬值后获利。这种投机倾向甚至会演化成公众行为，投机性国际游资更是会趁火打劫。到了这个时候，外汇储备完全丧失，政府不得不宣布实施浮动汇率制度，听任本币随市场贬值，已是必然结果。

根据以上分析，第一代金融危机理论具有以下特点：

第一，它认为货币危机的发生是由于宏观经济政策与固定汇率制度的不一致引起的，并认为持续的信用扩张政策所导致的基本经济的恶化是货币危机发生的基本原因。

第二，在危机发生机制上，它一方面强调信用扩张导致外汇储备流失；另一方面又把投机攻击导致的储备下降至最低限看成是货币危机发生的一般过程。但是，在信用扩张、外汇储备流失和货币危机之间的相互关系上，有些过分公式化和简单化了。

第三，把政府的行为过于简单化，实际上，货币危机的发生过程通常是政府与其他经济主体之间的博弈过程，第一代金融危机理论对此重视不足。

2.第二代金融危机模型

第一代模型难以解释1992—1993年的欧洲货币危机，1992年，英镑危机发生，当时英国不仅拥有大量的外汇储备，而且其财政赤字也未出现与其稳定汇率不和谐的情况。第一代金融危机理论已无法对其做出合理解释，经济学家开始从其他方面寻找危机发生的原因，他们更加注重强调行为主体的主观心理因素，认为人们会预期政府是否会坚决地捍卫固定汇率制从而做出理性的选择，描述了金融危机在政府政策合理和经济状况良好背景下的起源和传导机制，最终开创了第二代金融危机理论。第二代金融危机理论较好地解释了1992年英镑危机，当时英国政府面临着提高就业与维持稳定汇率的两难选择，结果放弃了有浮动的固定汇率制。

第二代模型基于两个基本假定：一是假定政府往往面临多个且相互矛盾的优化目标（如减少失业和降低通胀率）；二是假定经济中存在多维平衡点，存在导致多维平衡点的循环过程，不同的预期会导致不同的经济平衡点，危机具有自我促成性质，当许多投资者持有悲观经济预期时，资本流出导致汇率体制崩溃，而这正验证了先前的预期。第二代模型强调了市场参与者在决定经济平衡点实现时的作用。

第二代金融危机模型最具代表性的是由茅瑞斯·奥伯斯法尔德于1994年提出的。他在寻找危机发生的原因时强调了危机的“自我促成”的性质，引入了博弈论，关注政府与市场交易主体之间的行为博弈，说明了动态博弈下自我实现危机模型的特点，并呈现出“多重均衡”性质。该模型认为：一国政府在制定经济政策时存在多重目标，经济政策的多重目标导致了多重均衡，因而政府既有捍卫汇率稳定的动机，也有放弃汇率稳定的动机。在外汇市场上有中央银行和广大的市场投资者，双方根据对方的行为和掌握的对方的信息，不断修正自己的行为选择，这种修正又影响着对方的下一次修正，形成了一种自我促成，当公众的预期和信心的偏差不断累积使得维持稳定汇率的成本大于放弃稳定汇率的成本时，中央银行就会选择放弃，从而导致货币危机的发生。

第二代金融危机理论开辟了货币危机的自我实现机制研究，拓宽了货币危机研究的思路。第二代金融危机理论认为，危机发生的原因与作为经济人的政府的行为有关，取决于政府对捍卫固定汇率制或放弃固定汇率制的成本与收益的权衡。市场对货币贬值的预期会导致政府放弃固定汇率制，预期贬值是货币危机的直接因素。当人们预期货币将贬值时，政府发现维持固定汇率制的成本将上升，并有可能超过维持固定汇率制的收益，政府会放弃固定汇率制，货币危机因此会在政府不作为的信息传导和市场环境下完成自我实现的过程。

第二代金融危机理论更注重行为主体的主观心理，强调经济主体的预期和心理对危机发生的关键作用。这些危机模型的共同之处在于强调了危机的“自我促成”性质，不同之处在于如何看待宏观经济基础变量的作用。以奥伯斯法尔德为代表的学者在强调危机的自我促成时，仍然重视经济基本面的情况，如果一国经济基本面的情况比较好，公众的预期就不会发生大的偏差，就可以避免危机的发生。“自我促成”危机表面上看是市场的预期导致货币冲击，而本质上的原因仍然在于不断恶化的经济基础或政府的宏观经济政策与稳定汇率政策间的不协调，市场的预期贬值是建立在一国宏观经济基础有问题的基础上（如外汇储备和政府赤字状态、政府对固定汇率的承诺态度等)。因此，危机的根源仍在于薄弱的宏观经济基础或政策间的不协调，市场只不过加速将其通过预期反映出来。危机不会等到宏观经济基础恶化到本应发生危机时才发生，而提前到投机者认为其冲击会获得成功时就会发生。这种观点强调了经济基础变量在决定何时发生危机的重要作用，存在不会发生危机的基础经济变量范围，存在必然发生危机的范围。在这两者之间，可能发生危机也可能避免，这取决于市场预期因素。“自我促成”危机，危机发生的可能性是由基础经济变量的状况决定的，好的经济基础变量不会发生危机。

同时，也有一些第二代模型强调危机与经济基础变量的状况无关，危机可能纯粹是由投机者的攻击所致。投机者的攻击使市场上的广大投资者的情绪、预期发生了变化，产生“传染效应”和“羊群效应”，推动危机的爆发，货币危机之所以发生的原因恰恰是因为它们正要发生。假定一个国家的宏观经济基础并没有表现出恶化的趋势，或者即使有一些恶化的趋势，政府的政策也可以有效地改变这种趋势。如果市场预期不发生变化，即如果投资者认为汇率机制不会崩溃，他就不会撤出资金。但是如果他认为汇率可能崩溃，他就会撤出资金，如果许多投资者都同时撤出资金，则危机爆发。其结果是对经济的乐观或悲观都是自我实现的。其结论认为原因有二：一是投资者的盲从效应，信息成本导致外国投资者的决策是基于有限信息，因此对市场传闻极为敏感；二是危机的传染作用，一种由贸易联系引起的竞争性贬值效果，导致本币容易受到投机者的货币冲击。

第二代模型克服了第一代模型的缺点，较好地解释了“欧洲型”货币危机（如1992—1993年欧洲货币危机和1994—1995年墨西哥比索危机)。第二代模型指出经济中的多维平衡点现象，并分析了政府政策和市场预期在产生多维平衡点、导致货币危机中的关键作用。第二代模型揭示了市场预期在判断货币冲击的时点和成功可能性中的作用。其政策启示是，政府捍卫固定汇率的“强硬”态度有利于政府防止货币冲击和维持固定汇率。

需要指出的是，政府即便采取“强硬”态度也不可能完全阻止货币冲击，因为政府在一次货币冲击中“强硬”而捍卫了固定汇率，投机者也会认为经济存在非攻击均衡的可能性，即投机者看到了但并没有去追求的可能的盈利机会。在这种情况下，任何适应预期的投机行为都能突然导致攻击，因为政府捍卫固定汇率的成本实在是太高。瑞典1992年出现的情况似乎验证了这一情形的客观存在。

3.第三代金融危机模型

第三代金融危机模型是在第一代、第二代模型的基础上，重点研究资本流动和货币危机，资本市场发生危机的微观机制，危机爆发的时间、强度，危机的预警体系以及防范等方面的许多模型的统称。这些模型解释了资本内流与金融危机的序列关系，揭示因管理不善的银行和公司债务人的担保而导致的道德风险的存在而使得银行风险和货币风险的同时并存和相互作用关系，从而危机呈现为“孪生危机”的特点。由于这些模型重点研究的是资本市场的危机发生机理，而且都采用了道德风险模型的分析方法，故第三代金融危机模型也被称为“资本项目危机模型”，亦称

"道德风险模型"。

由前述可知，第一、第二代金融危机模型都是以固定汇率制为基本前提的。由于固定汇率制的内在脆弱性，当内、外部经济条件发生变化时引起的名义汇率和实际汇率的背离就必然会以货币危机的形式出现。故就本质而论，固定汇率制这一制度安排更易诱惑外汇投机，遭受国际投机性资金的冲击，诱发货币危机，乃至金融危机。

正是理论界充分认识到了这一点，从20世纪80年代开始，很多国家纷纷放弃固定汇率制而实行形式各异的浮动汇率制。然而，随着金融一体化进程的快速发展，金融越来越脱离实体经济运行，致使爆发金融危机的因素更显复杂性。对1997年的东南亚金融危机，原有的金融危机、货币危机的有关理论无法提供具有足够说服力的解释。一些学者认识到金融全球化条件下金融中介的关键地位和作用，于是从金融中介角度分析金融危机产生的根源。其中典型的代表是美国经济学家克鲁格曼，他认为，由于政府对银行和金融机构的隐性担保或显性担保以及监管的不力，使得金融机构存在严重的道德风险问题，金融机构往往倾向于投资高风险领域，导致资产泡沫化，资产泡沫化破灭时诱发货币危机，如此银行业危机与货币危机的伴生以及相互加强、交织，加剧危机演化进程并恶化演化的性质。

克鲁格曼认为，货币危机对于远在千里之外、彼此联系很少的经济都造成影响，因此多重均衡是存在的，某些经济对于公众的信心的敏感度很高，这些经济的货币危机可能由外部的与自己关联并不大的经济中发生的货币危机所带来的公众信心问题而诱发。东南亚经济经常账户逆转的原因主要在于危机中货币大幅度贬值和严重的经济衰退所带来的进口大量减少，因此，存在一个转移问题，这是为以往的货币危机理论所忽略的。在以往的货币危机理论中，模型的构造者将注意力放在投资行为而非实际经济上，单商品的假定中忽视了贸易和实际汇率变动的影响。因此，货币理论模型的中心应该讨论由于实际贬值或者是经济衰退所带来的经常账户逆转以及与之相对应的资本流动逆转的需求问题。他认为，东南亚金融危机的关键问题并不是银行，而在于企业，本币贬值、高利率以及销售的下降恶化了企业的资产负债表，削弱了企业财务状况，这一问题并非银行本身的问题。即使银行重组对金融状况大大恶化了的公司来说也是于事无补的。克鲁格曼在单商品的假定之下，建立了一个开放的小国经济模型，在这一模型中，克鲁格曼增加了商品对进口商品的不完全替代性，分析了贸易及实际汇率变动的影响与效应。总的来说，克鲁格曼在他的第三代金融危机理论中强调了以下几个方面：

①克鲁格曼提出了金融过度的概念，这一概念主要是针对金融中介机构而言的。**在金融机构无法进入国际市场时，过度的投资需求并不会导致大规模的过度投资，而是会导致市场利率的升高。当金融机构可以自由进出国际金融市场时，金融中介机构的道德冒险会转化成为证券金融资产和房地产的过度积累，这就是金融过度。**金融过度加剧了一国金融体系的脆弱性，当外部条件合适时，将导致泡沫破裂，发生危机。

②亲缘政治的存在增加了金融过度的程度。这些国家表面上健康的财政状况实际上有大量的隐含赤字存在：政府对与政客们有裙带关系的银行、企业提供各种隐性担保，增加了金融中介机构和企业道德冒险的可能性，它们的不良资产就反映为政府的隐性财政赤字。东南亚国家持续了几十年的亲缘政治使国家经济在20世纪90年代大规模的对外借款中处于一种金融崩溃的风险之中，这种风险来自于它们采用的准固定汇率贬值的可能性。

③东南亚的金融危机其关键在于企业，由于销售疲软、利息升高和本币贬值，企业的资产负债表出现财务困难，这种困难限制了企业的投资行为。企业的资产负债表出现的财务困难还包括了由前期资本流入所带来的实际汇率变化的影响。这一分析表面看是论述货币贬值对企业乃至整个实体经济的影响，实际上，在危机爆发前投资者的行为函数里可能已经包含了对这种变化的预期，这就加强了他们抛售本币的决心，这也是一种自我实现的现象。

④克鲁格曼理论模型表明存在三个均衡，中间均衡是不稳定的，可以不用考虑，另外两个均衡是本国回报率等于外国回报率的高水平均衡及低水平均衡。在低水平均衡上，贷款者不相信本国企业有任何担保，对它们不提供贷款，这一行为意味着实际汇率将可能贬值，实际汇率的不利影响意味着企业的破产，而这又从实际中对先前的悲观态度做出了佐证，形成一种恶性循环。因此，克鲁格曼认为，金融体系在货币危机中发生崩溃并非是由于先前投资行为失误，而是由于金融体系的脆弱性。导致金融体系可能发生崩溃的因素有：高债务因素，低边际进口倾向，相对出口而言大规模的外币债务。

⑤保持汇率的稳定实际上是一个两难选择，因为保持汇率的稳定是在关闭一条潜在的引发金融崩溃的渠道的同时打开了另外一个。如果债务较高，杠杆效应较明显，维持实际汇率的成本就是产出的下降，而且这种下降是自我加强的。这对企业而言，仍然会带来相同的不良后果。

因此，第三代金融危机理论的主要内容可以归结为以下几个方面：

①信息的不对称性和“羊群”效应。

信息的不对称性是指由于筹资者往往不向投资者提供全部信息和现实中信息披露及信息传播等方面的困难，投资者掌握的信息通常是不完全、不充分的，在有关资金的使用和其他投资信息方面投资者与筹资者处于不对称状态。**这会使投资者对自己掌握的信息缺乏信心，使其行为具有盲目随从的性质，迫使他们去效仿另外一些可能掌握更多信息的投资者的做法，于是便形成“羊群”效应。**例如，当泰铢发生危机后，人们便担心韩元可能也会出问题；当日本银行开始停止对韩国提供贷款并收回贷款时，欧美银行便纷纷效仿，因为后者认为日本可能更了解韩国的实际情况；同样，既然银行已开始行动，其他金融机构也纷纷效仿，于是“羊群”效应形成了。

②警示效应。

当一国发生货币危机后，人们便对其他相类似的国家产生警惕，形成警示效应。以这种方式进行的危机蔓延通常是基于在其他国家观察到的新问题，而这些问题又与危机发生国所存在的问题相类似。当泰国爆发金融危机后，人们注意到印度尼西亚和韩国的经济也不健康，它们存在着银行系统薄弱、信用膨胀，国内资本形成质量下降、出口增长变慢，外汇储备相对较少等问题，而泰国也存在着相类似的问题；尽管这些问题未必能够引发货币危机，或者尚未达到足以引发货币危机的程度，但警示效应的发挥促使人们纷纷收回投资，最后终于导致这些国家也爆发了货币危机。

③流动性危机导致清偿危机。

在货币危机的蔓延中，流动性危机蔓延到其他国家导致其也陷入严重的外币债务危机，是推动货币危机向其他国家蔓延的又一个重要因素。一个借款人缺乏清偿力，是指他目前及未来的全部收益不足以偿付所欠债务；一个借款人缺乏支付能力即流动性，是指他当前没有足够的现款支付到期债务。一个借款人也许具有清偿力，但他很可能因无法从金融市场上筹借到足够的资金用于偿付到期债务，而陷入流动性危机之中。这是一种债务危机，是因支付能力不足而引发的债务危机。在这种状态下，债务人很可能会被迫低价转让资产以偿付到期债务，而如果其价格低到使其资产总额小于债务总额的水平，那么，债务人就会因缺乏流动性而失去清偿能力，使其陷入真正的债务危机。

金融市场上常常会出现这样一种情况：具有清偿力但缺少流动性的借款人难以筹借到新的资金，这是债权人集体博弈的结果。当市场上有可能出现较多的缺少流动性的借款人时，单个债权人因能够提供的资金太少，无法满足其要求，只有各债权人同时提供资金，才有可能帮助借款人克服流动性危机；否则，如果只有一个债权人提供了资金，不仅不能解决问题，该债权人也会遭受厄运。于是，如果预期其他债权人不会提供新的资金，每一个债权人都不会提供新的资金，流动性危机便在金融市场上蔓延起来，甚至会导致全面的债务危机。当泰国金融危机爆发后，由于泰铢大幅度贬值，使泰国金融机构和一般企业的外币债务大幅度升值，使它们承受了巨额的外汇风险损失，这很快使一些金融机构和企业陷入流动性危机或债务危机。这时国际金融市场的债权人意识到他们的利益很可能会受到流动性危机的冲击，便立即紧缩对印度尼西亚、马来西亚、韩国等国的贷款，不仅已到期的贷款不再延期，即使原来承诺将要延期的贷款也不再延期，这会使这些国家很快陷入流动性危机和债务危机。流动性危机和债务危机的形成，又会大大增加对外汇的需求，形成一股推动本币贬值的力量，于是，在其他因素的共同作用下，这些国家也爆发了货币危机。

4.美国次贷危机与新一代金融危机理论的发展

美国次贷危机又称次级房贷危机，它是指一场发生在美国，因次级抵押贷款机构破产、投资基金被迫关闭、股市剧烈震荡引起的金融风暴。它致使全球主要金融市场出现流动性不足危机。美国“次贷危机”是从2006年春季开始逐步显现的。2007年8月开始席卷美国、欧盟和日本等世界主要金融市场。这场震惊世界的金融风暴席卷而来，全球遭遇了自20世纪30年代大萧条以来最严重的金融危机。这场金融危机的成因，涉及美国的消费模式、金融监管政策、金融机构的运作方式，以及美国和世界的经济结构等多方面因素。随着金融动荡的加剧，全球金融市场和实体经济面临严峻考验。2008年12月1日，美国全国经济研究局宣布，美国经济自2007年12月即开始陷入衰退，日本和欧元区经济也都陷入衰退，这将是第二次世界大战后发达经济体首次出现全年经济负增长。2009年1月15日，联合国发布的《2009年世界经济形势与展望》报告认为，世界经济正进入衰退，国际贸易前景暗淡，发展中国家将受到深远影响。2009年7月8日，八国集团领导人发表一份声明，表示全球经济正经历几十年来“最严重的经济和金融动荡”，目前“经济和金融稳定性仍存在严重风险”。

这场金融危机呈现出一些与以往的历次金融危机所不同的新特征。危机中表现出的这些新的经济特征对以往的金融危机理论提出了挑战，主要表现在：

①金融创新将金融领域中的小风险通过杠杆效应放大成破坏性的全球金融危机。这次危机中表现出的一些较小的金融领域的风险能迅速放大成破坏性的大危机，这在以往的危机中很少发生。这主要是源于在这次危机中，一些金融机构通过用负债融资和保证金交易的双重杠杆方式投资包括次贷信用衍生品在内的金融衍生产品。这种高杠杆的投资能够放大金融风险，这在以往的金融危机理论中较少提及。

②滞后的金融监管机制而非银行导致金融系统内在的不稳定。从危机源头次级贷款的发放看，一些金融机构由于缺乏监管，有意放松对贷款人贷款资质的审查而发放了大量的次级贷款；在次级贷款通过证券化转为次级债券的过程中，由于监管失控导致了金融机构存在着大量的担保过度问题。另外，在围绕次级贷款和次级债券进行的一系列衍生过程中，每个环节的信用评估是相互脱节的。这些直接造成了金融系统的不稳定性，而不是以往理论模型中认为的银行导致了金融系统的内在不稳定。

③危机在全球的传导主要是通过金融衍生品的销售而不是投资（投机）资金的冲击。这次金融危机的发生地在美国，危机的发生和传导不是由于受到了美国以外的投资（投机）资金的冲击，危机在全球的传导和扩散主要是由于美国国内名目繁多的金融衍生品在全球的大规模销售造成的。

④政府反危机中的大规模国有化政策。面对这次金融危机，美国及西欧国家最后都采取了大规模国有化的反危机措施，这种发达经济体大规模国有化的反危机举措在以往的危机中没有出现，西方金融危机理论也较少论及通过大规模的国有化来防范和化解危机。今天看来，这种大规模的国有化是各国政府为了避免金融市场动荡而采取的应急措施，还是表明政府要接管自由市场，需要学者们更多的关注。

引起美国次级抵押贷款市场风暴的直接原因是美国的利率上升和住房市场持续降温。利息上升，导致还款压力增大，很多本来信用不好的用户感觉还款压力大，出现违约的可能，对银行贷款的收回造成恶劣影响，对全世界很多国家包括中国也造成严重影响。从次贷业务本身来看，金融机构放弃审慎原则，降低贷款标准，使该行业风险不断累积；次贷产品只是将风险押后，高成本地提前透支无风险收益；金融产品创新使原本不具备贷款条件的借款人暂时具备还款能力，也使贷款机构能够迅速转移风险，为次贷大规模发展推波助澜；金融产品创新在促进次贷业务迅猛发展的同时，也使次贷业务发展过程中道德风险日益突出。从金融功能角度来看，次贷危机之所以发生以及产生如此巨大的影响，其基础条件是金融虚拟化所导致的金融资产价值急剧膨胀、信用关系高度复杂化、金融体系日益成为一个牵一发而动全身的整体，以及在金融虚拟化过程中使金融功能迷失。正如一些学者所分析的，这次金融危机的本质包括：一是美国的国家信用危机以及全球性信用和信心危机；二是美国极端的消费主义文化危机；三是市场原教旨主义经济理论与政策危机；四是过度虚拟、过度衍生的金融资源不可持续发展危机；五是全球性实体经济与虚拟经济及国际金融严重结构性失衡危机；六是经济学、金融学的人文价值观认同危机；七是人类现存思维方式、生产方式与生活方式的不可持续发展危机。

专栏15-2

次贷危机模型

一、杠杆

目前，许多投资银行为了赚取暴利，采用20～30倍杠杆操作。假设一家银行A自身资产为30亿美元，30倍杠杆就是900亿美元。也就是说，银行A以30亿美元资产为抵押去借900亿美元的资金用于投资，假如投资盈利5%，那么银行A就获得45亿美元的盈利，相对于银行A自身资产而言，这是150%的暴利。反过来，假如投资亏损5%，那么银行A赔光了自己的全部资产还欠15亿美元。

二、CDS合同

由于杠杆操作高风险，所以按照正常的规定，银行不得进行这样的冒险操作，所以就有人想出一个办法，把杠杆投资拿去做“保险”。这种保险就叫CDS。比如，银行A为了逃避杠杆风险就找到了机构B。机构B可能是另一家银行，也可能是保险公司。A对B说，你帮我的贷款做违约保险怎么样，我每年付你保险费0.5亿美元，连续10年，总共5亿美元，假如我的投资没有违约，那么这笔保险费你就白拿了，假如违约，你要为我赔偿。A想，如果不违约，我可以赚45亿美元，这里面拿出5亿美元用来做保险，我还能净赚40亿美元。如果违约，反正有保险来赔。所以，对A而言，这是一笔只赚不赔的生意。B是一个精明的人，没有立即答应A的邀请，而是回去做了一个统计分析，发现违约的情况不到1%。如果做100家的生意，总计可以拿到500亿美元的保险金，如果其中1家违约，赔偿额最多不过50亿美元，即使2家违约，还能赚400亿美元。A、B双方都认为这笔买卖对自己有利，因此立即拍板成交，皆大欢喜。

三、CDS市场

B做了这笔保险生意之后，C在旁边眼红了。C就跑到B那边说，你把这100个CDS卖给我怎么样，每个合同给你2亿美元，总共200亿美元。B想，我的400亿美元要10年才能拿到，现在一转手就有200亿美元，而且没有风险，何乐而不为，因此B和C马上就成交了。这样一来，CDS就像股票一样流到了金融市场上，可以交易和买卖。实际上，C拿到这批CDS之后，并不想等上10年再收取200亿美元，而是把它挂牌出售，标价220亿美元。D看到这个产品，算了一下，400亿美元减去220亿美元，还有180亿美元可赚，这是“原始股”，不算贵，立即买了下来。一转手，C赚了20亿美元。从此以后，这些CDS就在市场上反复地炒，一度炒到市值62万亿美元。

四、次贷

上面A、B、C、D等都在赚大钱，那么这些钱到底从哪里冒出来的呢？从根本上说，这些钱来自A以及同A相仿的投资人的盈利，而他们的盈利大半来自美国的次级贷款。人们说次贷危机是由于把钱借给了穷人。实际上，次贷主要是给了普通的美国房产投资人。这些人的经济实力本来只够买自己的一套住房，但是看到房价快速上涨，动起了房产投机的主意。他们把自己的房子抵押出去，贷款买投资房。这类贷款利率一般8%～9%，凭他们自己的收入很难支付，不过他们可以继续把房子抵押给银行，借钱付利息，空手套白狼。此时A很高兴，他的投资在为他赚钱；B也很高兴，市场违约率很低，保险生意可以继续做；后面的C、D等都跟着赚钱。图15-1即为美国次级房贷传导示意图。

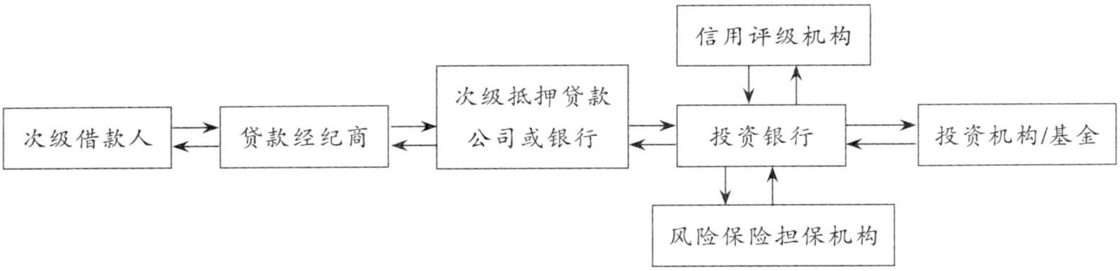

图15-1　美国次级房贷传导示意图

五、次贷危机

房价涨到一定的程度就涨不上去了，后面没人接盘。此时房产投资人急得像热锅上的蚂蚁。房子卖不出去，高额利息要不停地付，终于到了走投无路的一天，把房子甩给了银行，此时违约就发生了。此时A感到一丝遗憾，大钱赚不着了，不过也亏不到哪里，反正有B做保险。B也不担心，反正保险已经卖给了C。那么现在这份CDS保险在哪里呢？在G手里。G刚从F手里花了300亿美元买下了100个CDS，还没来得及转手，突然接到消息，这批CDS被降级，其中有20个违约，大大超出原先估计的1%～2%的违约率。每个违约要支付50亿美元的保险金，总共支出达1 000亿美元。加上300亿美元CDS收购费，G的亏损总计达1 300亿美元。虽然G是全美排行前10名的大机构，也经不起如此巨大的亏损，因此G濒临倒闭。

六、金融危机

如果G倒闭，那么A花费5亿美元买的保险就泡了汤，更糟糕的是，由于A采用了杠杆原理投资，根据前面的分析，A赔光全部资产也不够还债。因此，A立即面临破产的危险。除了A之外，还有A2、A3、……、A20，统统要准备倒闭。因此，G、A、A2、……、A20一起来到美国财政部长面前游说，G万万不能倒闭，它一倒闭大家都完了。财政部长心一软，就把G给国有化了，于是A、……、A20的保险金总计1 000亿美元全部由美国纳税人支付。

七、美元危机

上面讲到的100个CDS的市场价是300亿美元，而CDS市场总值是62万亿美元，假设其中有10%的违约，那么就有约6万亿美元的违约CDS。这个数字是300亿美元的约200倍。如果说美国政府收购价值300亿美元的CDS之后要赔出1 000亿美元，那么对于剩下的那些违约CDS，美国政府就要赔出20万亿美元。如果不赔，就要看着A20、A21、A22等一个接一个倒闭。无论采取什么措施，美元大贬值已经不可避免。以上计算所用的假设和数字同实际情况会有出入，但美国金融危机的严重性无法低估。

资料来源：张庆君.从美国次贷危机看金融创新的风险［J］. 财会月刊，2009（6）.

15.3.4 金融危机预警

金融危机预警系统是指能够对金融安全状态的变化提供有效的预测信息，及时警示政策当局采取相应的防范措施对金融安全状态进行控制的系统。

金融危机预警系统是一个以金融系统的全面信息为基础，运用各种先进的统计与计量分析工具，及时地识别和捕捉金融安全状态的不良变化，并且能够对变化的原因和趋势进行预警的系统。它是一个集安全状态识别、安全因素分析、安全预警机制实现和安全风险控制为一体的综合体系，是一个融合金融安全理论研究与统计、计量经济工具共同发挥作用的分析系统，也是一个统计指标体系与维护金融安全制度创新的结合体。它主要由指标体系、预警模型、法律框架和组织机构等制度安排、信息管理系统等部分构成。

金融危机预警系统的主要目标是：

①对金融系统安全状态的变化进行全面的动态描述，及时准确地捕捉到不安全的表现症状，并对可能出现的金融不安全进行预警。

②判别金融安全状态变化的主要原因，分析各种因素对金融安全的作用机制。

③为控制相应的金融风险提供可靠的依据和指导。

金融危机预警系统的功能是在金融安全性风险管理中所形成的预警机制，发挥警报、矫正和免疫功能。

①警报功能。警报功能是对金融系统运行态势的早期征兆及其成因进行监测、识别、诊断与报警的一种功能。

②矫正功能。矫正功能是对金融运行活动中风险的早期征兆及其不良发展趋势进行预控和纠错的功能。

③免疫功能。免疫功能是对金融运行活动中具有同质性的风险或诱因进行预测或迅速识别并提出有效对策的一种功能。

总的来说，金融危机预警系统的功能是以警报为导向，以矫正为手段，以免疫为目的的预防纠错机制。

金融危机预警系统是由多个基本要素组成的一个有机联系与统计的系统体系，它的基本结构包括组织机构体系、预警信息系统、预警指标体系、预警防范技术体系和预控对策体系。

①组织机构体系。组织机构体系是指预警系统的人员组成及预警组织机构，它在预警功能的发挥中起着不可或缺的作用。

②预警信息系统。预警信息系统包括信息采集、指标体系、信号输出和对策库等模块。信息采集是系统的基础，指标体系是系统的核心，信号输出反映当前的安全状况和发展趋势，对策库是结合信号输出建立不同的对策。

③预警指标体系。预警指标体系在预警管理中占据极为重要的地位，它是预警系统探测系统变化趋势、寻求对策的依据。

④预警防范技术体系。通过设计指标风险适度区间和因素预警，当指标值处于不同区间或某些因素出现时，发出不同的警报。

⑤预控对策体系。预控对策体系是结合信号输出信息建立不同的对策，为实施预控对策提供参考。

本章小结

1.金融风险一般是指经济行为主体在金融活动中所面临的不确定性或可能性。金融风险具有的特征包括客观性、不确定性、可控性、扩散性、隐蔽性和累积性、加速性、周期性、双重性。

2.金融风险作为一种引致损失的可能性，其生成机制是比较复杂的，主要可以概括为金融体系主体的缺陷、金融体系客体的缺陷、金融体系运作方式和组织结构上的缺陷、金融体系风险的外部因素等方面。

3.马克思的金融体系内在不稳定性理论认为，资本主义生产是攫取剩余劳动的生产，因此，在资本主义生产中必然存在盲目生产的趋向，促使资本主义经济运行走向危机；马克思将生产过剩看作危机的关键条件，信用的充分发展是金融危机发生的第二个现实条件。这是因为信用的发展就是债务的延伸和扩展，是货币支付矛盾的积累。马克思认为，虚拟资本的出现使信用获得巨大发展，使金融运动极度偏离了实际生产运动，货币与虚拟资本、商品与信用货币的对立显露出来。

4.明斯基的信贷体系不稳定假说认为，由于外部环境的变迁，市场主体的投资方向和盈利状况将发生变化，市场主体与银行的债权债务关系也将因此变化，引起银行信贷量的变动，导致银行信贷资金的供求不平衡，进而引发金融危机。在过度投机阶段，由于人们担心经济泡沫破灭，抛售金融资产，引起市场普遍恐慌，引发金融危机。

5.金德尔伯格的金融不稳定理论认为，在经济繁荣时期，公众的非理性投资增加，金融机构长期贷款比重增加，信贷规模不断扩张，金融机构的资产流动性逐步降低，在从众心理的作用下，以上过程可以自我加强，最终形成金融危机，并用示范效应、杜森贝里效应、花车效应做了很好的解释。

6.金融危机是全部或大部分金融指标——短期利率、资产（证券、房产、土地）的价格、商业破产数和金融机构倒闭数急剧、短暂和超周期的恶化。金融危机按照性质和内容划分，有货币市场危机、金融机构危机、资本市场危机、债务危机以及系统性金融危机等。

7.金融危机预警系统是指能够对金融安全状态的变化提供有效的预测信息，及时警示政策当局采取相应的防范措施对金融安全状态进行控制的系统。金融危机预警系统是由多个基本要素组成的一个有机联系与统计的系统体系，它的基本结构包括组织机构体系、预警信息系统、预警指标体系、预警防范技术体系和预控对策体系。

综合训练

15.1 单项选择题

1.（　　）主要针对银行业危机，是指商业银行或非银行金融机构由于内外部原因导致破产倒闭或巨额亏损，致使银行纷纷中止国内债务的清偿，迫使政府通过大规模提供援助以阻击这种事态的发展。

A.货币危机　　B.金融机构危机　　C.资本市场危机　　D.债务危机

2.（　　）是指实行固定汇率机制或带有固定汇率机制色彩的钉住汇率安排的经济体，由于外在因素对一国货币汇率价值的投机性攻击所导致的该国货币的贬值或急剧下跌，迫使当局要么动用大量的国际储备，要么急剧提高利率来保卫本国货币。

A.货币危机　　B.金融机构危机　　C.资本市场危机　　D.债务危机

3.（　　）是指金融市场出现严重的混乱，表现为以上几种危机的混合。系统性金融危机往往表现为，金融体系出现严重困难，绝大部分金融指标急剧恶化，各类金融资产价格暴跌，人们对宏观经济和金融体系未来走势预期悲观，对货币或资产价格丧失信心而竞相采取减损措施所造成的金融系统严重混乱。

A.货币危机　　B.金融机构危机

C.系统性金融危机　　D.债务危机

4.（　　）是指由于全社会信用环境恶化、法制不健全等原因而出现的普遍性债权债务纠纷，或由于企业普遍不景气、周期性经济波动、通货膨胀等原因引起的金融资产价格下降导致的损失，其特点是影响面大、时间长。

A.非系统性金融风险　　B.系统性金融风险

C.国家风险　　D.国际金融风险

5.金融风险不同于其他经济风险的一个最显著的特性是，金融风险不仅影响金融业自身，还能导致众多的储蓄者和投资者乃至整个经济体系产生风险，甚至还会造成社会风险。这是指金融风险的（　　）特征。

A.金融风险具有隐蔽性和累积性　　B.金融风险具有可控性
C.金融风险具有不确定性　　D.金融风险具有扩散性

15.2　多项选择题

1.金融风险的特征包括：(　　)。
A.金融风险具有客观性　　B.金融风险具有不确定性
C.金融风险具有可控性　　D.金融风险具有扩散性
E.金融风险具有隐蔽性和累积性

2.按从事金融活动的主体来划分，金融风险可以分为（　　）。
A.国家金融风险　　B.金融机构风险　　C.企业金融风险
D.个人金融风险　　E.国际金融风险

3.按金融风险的地域划分，金融风险可以分为（　　）。
A.全球性金融风险　　B.国际地区性金融风险　　C.全国金融风险
D.省市金融风险　　E.离岸风险

4.按金融风险的影响范围来划分，金融风险可以分为（　　）。
A.系统性金融风险　　B.非系统性金融风险　　C.企业金融风险
D.个人金融风险　　E.国际金融风险

5.按金融风险产生的原因来划分，金融风险可以分为（　　）。
A.自然风险　　B.社会风险　　C.经营风险
D.金融机构风险　　E.个人风险

15.3　复习思考题

1.什么是金融风险？金融风险的主要特征有哪些？
2.试分析金融风险产生的主要原因。
3.试述明斯基的信贷体系不稳定假说。
4.试述金德尔伯格的金融不稳定理论。
5.试述金融风险与金融危机的联系与区别。
6.什么是金融危机预警系统？它主要由哪些部分构成？

第16章

金融功能与金融可持续发展

【学习指南】

导读

金融发展理论主要是研究金融发展与经济发展之间的关系，论述各种金融变量的变化及金融制度变革对经济发展的长期影响。本章第一节从金融功能观发展历程谈起，重点介绍经济发展中金融功能从金融中介观到金融机构观再到金融功能观的演进和发展。第二节重点介绍以金融资源论为基础的金融可持续发展理论。通过本章的学习，可以了解金融的功能，认识到金融是一种稀缺资源，从而分析金融问题可以利用经济学的范式；理解金融可持续发展就是对金融资源的长期合理开发和利用，必须坚持金融可持续发展。

关键概念

金融结构　金融工具　金融功能　金融可持续发展

引例

金融功能的再认识

SocialFinance（简称SoFi）创立于2011年，是一家总部位于旧金山的网贷平台。针对美国联邦学生贷款利率无差异化、申请流程繁琐以及服务差等弊端，以美国名校MBA学生和毕业生为目标客户，SoFi为他们提供一种比联邦学生贷款利率更低的贷款。

截至2016年9月，SoFi发放贷款总额超过120亿美元，每月发放贷款近10亿美元，主要是学生贷款，未来几年还将继续每年以100%的速度增长。

与大多数网贷平台定位在为“无法在银行借到钱”的客群提供高息贷款不同，SoFi专注于为早期的精英人群提供低息贷款，并以差别化低息吸引高质量借款者，通过社交网络进一步降低违约率，同时以资产证券化降低出借端资金成本。平台借款人平均FICO信用评分达772，平均年收入超过13.3万美元，月均可支配现金流为5 405美金。

平台80%的出借资金来自资产证券化，截至2016年9月，SoFi凭借十一次学生贷款资产证券化获得的资金接近42亿美元。

随着客户逐渐走出校园、成家立业，SoFi开始筹谋为他们提供终身金融服务。2014年4月，SoFi宣布进军住房抵押贷款市场和个人信贷市场。

资料来源：佚名. 互联网金融的十大案例［EB/OL］.［2017-01-20］. https: //www.yinhang123.net/fangdichang/559185.html.

§16.1 金融功能

16.1.1 金融中介功能观

美国斯坦福大学两位经济学教授约翰·G.格利和爱德华·S.肖于20世纪50年代在金融发展理论领域所做的开创性研究集中体现在他们的两篇论文上，即1955年发表于《美国经济评论》上的《经济发展中的金融方面》和1956年刊登于美国《金融杂志》上的《金融中介机构与储蓄-投资过程》。在这两篇论文中，他们阐述了金融与经济的关系、各种金融中介机构在储蓄-投资过程中的作用等问题。1960年，两人合作完成了《金融理论中的货币》，形成了较为系统的金融机构观。他们批驳了传统的货币中性论，创造性地提出了“内在货币”和“外在货币”的概念，坚持并发扬了货币非中性的思想。

在格利与肖看来，金融发展首先表现为金融资产种类和金融资产数量的增多，其次还表现为金融手段的发展，包括分配手段和中介手段。

所谓分配手段，是指提高金融资产买卖市场的效率的各种技术，如信息披露、通信网络的建立、多种交易形式的采用及经纪人、证券交易所等便利。有效的分配手段增加了可贷资金的市场广度，结果提高了资金分配的效率。它们向储蓄者提供资产多样化的机会，从而增加了既定数量下净金融资产的边际实际报酬。

所谓中介手段，是指由金融中介机构以间接金融资产替代初级证券，从而使金融资产更为多样化、储蓄向投资的转化更为顺利的技术。中介手段发展的结果是，“形成更为同质的债务结构、更富竞争性的市场、更大的利率弹性”，从而创造出各种受借贷双方欢迎的新型金融资产。

格利与肖认为，货币不是货币金融理论的唯一分析对象，货币金融理论应该容纳多样化的金融资产，而货币只是无数金融资产中的一种。他们还认为，除货币体系（包括商业银行和中央银行）之外，各种非货币金融中介体也在储蓄–投资过程中扮演着重要角色。他们根据收入–产出账户上经济单位（或部门）的收支状况，把整个经济划分为盈余单位（或部门）、平衡单位（或部门）和赤字单位（或部门）。在整个储蓄–投资过程中，盈余单位是储蓄者，赤字单位是投资者，经济单位（或部门）在储蓄–投资过程中的这种“专业分工”，乃是债务、金融资产和金融中介体赖以存在的基础。金融的作用在于把储蓄者的储蓄转化为投资者的投资，从而提高全社会的生产性投资水平。

格利和肖的另一突出贡献是区分了“内在货币”和“外在货币”。在政府购买商品和劳务时或在进行转移支付时发行的货币被称为“外在货币”，在政府购买私人证券时发行的货币被称为“内在货币”。

16.1.2 戈德史密斯的金融机构功能观

美国耶鲁大学经济学家雷蒙德·W.戈德史密斯在1969年出版的《金融结构与金融发展》一书中，提出了金融结构和金融发展概念，讨论了不同经济发展阶段的金融结构模式，对金融结构和金融发展进行了实证研究，开创了金融结构和金融发展理论的研究基础。他认为，金融发展就是“金融结构的变化”。

戈德史密斯认为，**金融结构即各种金融工具和金融机构的相对规模**，随时间而变化的方式在各国亦不尽相同。这些差异反映在不同的金融工具及金融机构出现的次序、它们的相对增长速度、对不同经济部门的渗透程度，以及对一国经济结构变化的适应速度和特点等方面。

金融工具是对其他经济单位的债权凭证和所有权凭证。戈德史密斯将这些金融工具分为两种基本类型：债权证券和股权证券。债权证券包括三种：对国内金融机构的债权、对国内非金融部门的债权以及对国外的债权。前两部分一般占绝大部分比重，并可以根据债务人及债权人的类型进一步细分，因而可将其再分为对企业的债权、对政府的债权和对家庭的债权。同样，对国内金融机构的债权按下列五类金融机构来划分：中央银行、存款银行（这两类有时被统称为银行体系）、储蓄机构、保险组织和其他金融中介机构。股权凭证是指对一个工商企业净值的部分所有权的证明，其中净值的定义是一个单位实物的或金融的资产总额与其负债总值之间的差额。

金融工具中的大部分是被金融机构所持有，最重要和最常见的金融中介机构包括：①货币发行机构，如发行银行和商业银行的支票存款部门；②储蓄机构，主要是储蓄银行、住房贷款协会以及信用合作社；③保险组织，如人寿或财产保险公司、养老基金和退休基金等；④抵押银行和产业银行；⑤销售信贷公司和投资信托公司等。

戈德史密斯强调，金融发展就是金融结构的变化。一般来说，金融工具的数量、种类、先进程度，以及金融机构的数量、种类、效率等的组合，形成发展程度高低不同的金融结构。金融发展程度越高，金融工具和金融机构的数量、种类就越多，金融的效率就越高。

戈德史密斯认为，金融发展对经济具有引致增长效应，主要通过两条渠道：

一是通过提高储蓄与投资总水平促进经济增长。首先，通过一种特殊的社会分工——金融部门与其他社会经济部门的分离，使储蓄和投资职能相分离。其次，通过多样化的金融机构与金融工具促进储蓄向投资转化。金融活动之所以能引致储蓄与投资总量的增长，是因为非货币金融工具的出现能为那些没有投资机会的储蓄者创造新的投资机会，使储蓄生息，从而激励人们更多地储蓄，最终提高了储蓄和投资的总水平。

二是将储蓄在各种投资机会中进行有效分配，从而提高了资金配置效率。金融机构和金融工具提供的选择机会越多，人们从事金融活动的愿望越强烈，社会资金积累的速度就越快。在资金总量一定的前提下，金融活动越活跃，资金使用效率就越高，因为竞争会保证资金首先流向投资风险小、回收期短、盈利水平高的产业与地区。金融活动能提高投资的边际收益率，是因为通过金融机构和金融资产的多样化，间接金融活动能有效地将既定的资金分配给收益率较高的投资项目，从而使全社会的平均投资效率得以提高。

在建立金融结构理论的基础上，戈德史密斯对金融发展进行了开创性的深入研究，认为金融发展就是金融结构的变化，金融发展研究必须以金融结构在短期或长期内变化的信息为基础，找出金融发展的道路。更为有意义的是，戈德史密斯秉承西方经济实证分析的传统，创造性地提出了衡量一国金融结构和金融发展水平的存量和流量指标，最为重要的是提出了金融相关比率指标。决定一国金融相关比率的重要因素有货币化比率、非金融相关比率、资本形成比率、资本产出比率、外部融资比率、金融发行比率、金融资产价格波动比率和新发行乘数。戈德史密斯提出了这些比率的实用计算方法，讨论了金融相关比率在近百年来变化的趋势及原因。

16.1.3　默顿和博迪的金融功能观

从20世纪90年代开始，在西方国家尤其在美国理论界较流行用“功能观点”来解释全球金融体系结构的趋势性变化。传统的金融学模式，将现有的金融机构和金融组织看作既定的，所有的金融体系调整和改革都只能在这个既定的前提下进行。这也就是说，金融要发挥其对经济增长的功能必须在现有的金融结构框架下进

行，根据现有的金融结构赋予其相应的功能，并通过其行为绩效判断其功能实现的效应，这被概括为“机构观点”。

美国哈佛大学金融学教授默顿和博迪于1993年发表的《金融中介的功能观点》一文强调了金融功能的观点，认为：①金融功能重于金融机构。金融市场中大量的金融创新，计算机和电子通信技术的飞速发展和金融理论的重大进步，导致“金融机构和金融市场作为金融产品提供者而处于竞争中”。金融产品或服务不再是某种金融机构的专利，所有的市场参与者都可以提供和交易。因此，重要的不是哪种金融机构，而是金融机构具有什么功能。②金融机构的主要问题是信用。由于客户对其信用状况的看法对金融机构影响甚大，金融机构成功的关键在于它能有效地控制与客户持有债务相关的风险。向持有该机构债务的客户提供套期保值、保险和资本缓冲是金融机构控制或减少自身可能的违约风险的三个基本方法。③基于功能观点的金融体系更便于政府监管。功能观点注重预测未来实现中介功能的机构的组织形式，使政府可以针对机构的必然变化设计政策和监管方案。金融产品种类繁多，但在功能上是同质的，并在长期内变化较小，从功能角度进行金融监管可使监管机构及其法规制度的执行更稳定。

默顿和博迪在1995年出版的《全球金融体系：一个功能性观点》一书中，对他们主要的研究成果进行了概括。他们的金融功能观点的两个基本假设是：①金融功能比金融机构更稳定，即随着时间的推延和区域的变化，金融功能的变化要小于金融机构的变化；②金融机构的功能比金融机构的组织结构更重要，只有金融机构不断创新和竞争才能最终导致金融体系具有更强的功能和更高的效率。

默顿与博迪认为，从功能观点看，首先要确定金融体系应具备哪些经济功能，然后再去寻找一种最好的组织机构。而一种金融机构是否最好，又要取决于时机和技术。他们指出：金融体系的最主要功能是在一个不确定的环境中，便利资源在时间和空间上的配置。从最一般的意义上看，金融体系主要提供以下六种功能：①清算和支付结算；②便利资源在时间和空间上的转移；③风险管理；④储备资源和分配股份；⑤提供信息；⑥解决信息不对称带来的激励问题。

1.清算和支付结算

金融能够提供清算和支付结算的途径，以完成商品、服务和资产的交易。金融的一项重要功能是在人们或企业购买商品和服务时，为向各自支付款项提供高效的支付手段。金融提供的有效率的支付系统，使家庭和企业不必为了购买资源而耗费时间。支付功能不断提高效率的一个例子是用纸币替代黄金作为支付手段。纸币是一种比黄金更好的支付手段，可方便地放在口袋里，它的制造成本比黄金的采矿、精选和熔炼的成本低得多。支票、信用卡和电子资金转移等纸币的替代性支付手段又进一步提高了效率。

2.便利资源在时间和空间上的转移

金融可以提供经济资源在不同的时间、地区和行业之间转移的途径。大学生助学贷款、住房抵押贷款、储存养老金和投资于生产设备，都是将资源从时间上的一点转移到另一点的活动。金融的资源转移功能有助于资源在时间点之间的这种转移。除了便利资源在不同时间点转移外，金融对于在不同地点之间转移经济资源也扮演着重要的角色。有时，可以用于完成某项活动的资本资源远离资本可以得到有效使用的地方。例如，金融可以提供许多机制，将资本资源从美国转移到中国：一种途径是美国公民投资于中国的公司发行的股票；另一种途径是美国银行向中国企业贷款。经济越复杂，金融系统为资源在时间和空间上的转移提供高效率的手段的角色就越重要。当今以复杂的市场和中介网络为特点的全球金融系统，使中国的外汇储备能够为美国的公民购买房屋提供融资。金融创新使得稀缺资源在时间和空间上，从获得相对较低收益的地方转向收益较高的地方，从而提高了效率。

3.风险管理

金融能够提供风险管理的方法。正如资金通过金融系统转移一样，风险也在转移。例如，保险公司就是主要进行风险转移的金融中介。它们从规避风险的客户那里取得保费，然后将其转移给那些愿意承担风险并获得权益的投资者，并从中取得收益。资金和风险经常是联系在一起的，同时通过金融系统转移。假如某人要开一家公司，需要10万元，而他自己没有存款，假定他说服了一个私人投资者为其提供7万元的资本，并使其分享公司70%的利润，同时他向一家银行以8%的年利率贷款3万元，公司便能够注册成立。在此条件下，如果该人的公司倒闭，私人投资者无法收回他投资的7万元钱。同时，银行也面临无法全部收回本金和利息的风险。这样，放款者和投资者共同分担了一部分商业风险。

虽然资金和风险经常捆绑在一起，但它们也可以被松绑。以银行贷给该人的3万元为例，假设银行要求其贷款时有其他人员的担保，这样，银行的风险就转移给其贷款的担保人。银行现在为该人提供3万元资金而不承担风险，贷款的风险被转移给担保人。所以，金融中的很多金融合约是关于转移风险的，而不是转移资金的。

4.储备资源和分配股份

金融提供了有关机制，可以储备资金，购买无法分割的大型企业，或者在很多所有者之间分割一个大型企业的股份。

在现代经济中，经营一家公司所需的最低投资，往往超过个人甚至一个集体的能力。金融提供了很多机制（如股票市场和银行），可以储备或聚集家庭的财富，形成大笔的资本用于开办公司。换句话说，金融系统将一个个家庭的资金聚集起来并在投资中分割股份，为单个家庭提供了参与需要大量资金的投资的机会。另外，在共同基金中，投资者的钱被聚集在一起，他们有各自的账户，表示在基金中所占的比例。共同基金经常公布股份的价格，允许其客户在任何时候添加或取出任何数额的资金。

5.提供信息

金融提供价格信息的功能，帮助协调不同经济部门的决策。每天，报纸、广播、电视都有股票指数、利率、汇率、商品价格等信息。在收到这些报道的人当中，只有很少一部分在进行实际买卖交易。然而，许多不进行实际交易的人，可以利用这些价格信息制定其他决策。假设某人希望用100万元买一所住房。当地的银行给他年利率8%的70万元的抵押贷款，即相当于房价的70%，但他需要首付30%（即30万元）。如果该人的朋友在银行有30万元的存款，银行存款年利率为2.25%，如果朋友愿意将其存款借给该人作为首付款，那么他提供高于2.25%的利率，就可以从其朋友处借来30万元来支付首付款。

在企业经理选择投资项目和安排融资时，资产价格和利率将提供关键的信息。不在金融市场上进行交易的企业经理，往往利用这些市场提供的信息做出决策。例如，某企业年底盈利1 000万元，它面临是将利润再投资还是给股东分红这样的抉择。对自己和其他企业股票价格及市场利率的了解，无疑会帮助其做出决策。

6.解决信息不对称带来的激励问题

当交易中的一方拥有另一方没有的信息，或一方作为另一方的代理人为其决策时，金融可以提供解决激励问题的方法。

金融市场和中介机构执行的几项职能，可以提高资源和风险配置的效率。但是，激励问题限制了它们执行那些职能的能力。因为合约的各方通常无法方便地监督和控制其他人，所以就出现了激励问题。激励问题有很多种形式，如道德风险、逆向选择和委托-代理问题。

一个职能健全的金融系统有助于克服这些激励问题，从而使金融系统的其他好处，如储备、风险分担和专业化可以实现。例如，贷款的抵押，即在拖欠发生时使放款者可以获得特定资产，是减少与贷款有关的激励问题时普遍使用的工具。抵押减少了放款者监督借款者的成本，放款者只要注意用于抵押的资产的市值足够偿付贷款的到期本金和利息即可。随着时间的推移，技术的进步使跟踪和计值用于抵押的商业资产（如商品存货）的成本降低，从而拓宽了抵押贷款协议适用的范围。

委托-代理问题也可通过金融系统得到缓解。如果对管理者的补偿是基于企业股票的市场价格的变化，管理者和股东的利益就会变得更为一致。以在贷款协议中引入用于限制股东和债主之间利益冲突的“准权益条件”为例来说明。准权益条件是贷款协议中的条款，允许放款者与股东分享收益。一种普遍的准权益条件是在贷款完全归还以前，以一定比例分享利润；另外一种是放款人有权将贷款转为一定数量的股票。管理者是由企业的股东选出的。这样，当股东和债主之间出现利益冲突时，管理者会以债主的利益为代价保护股东的利益，由此造成的道德风险问题会阻碍对双方有利的贷款协议的实现。通过在贷款协议中加入准权益条件，这一问题可以得到缓解甚至解决，对股东和放款者都有利。

由于金融基本功能具有相对稳定性，而金融机构形式具有易变性，因此，默顿和博迪的功能观点要求从功能视角而不是从传统的机构角度来看待金融体系的结构性变化，并以此为出发点，通过改善金融基础设施和公共政策，以保证金融体系更有效率地行使金融基本功能。金融基础设施包括法律体系、会计制度、交易和清算组织、监管结构等。从金融发展的历程看，金融活动的繁荣与健全的基础设施的支撑是分不开的，且金融基础设施必须随着市场环境和金融活动的变化而不断革新，以适应新的金融发展的需要。公共政策的最主要的目标是维护金融体系的安全，并在此前提下，提升金融效率。

16.1.4 中国关于金融功能的理论

国内对金融功能理论的研究有很多，其中最有代表性的是白钦先和谭庆华于2006年发表论文对金融功能进行了重新界定。他们认为，金融功能就是金融工具、金融机构以及整个金融体系对经济社会发展所具有的推动作用。金融功能具有客观性、稳定性、层次性和稀缺性等基本特征。它比其他金融要素更具稳定性，更少受人的主观意志影响与控制，更适于长期观察与整体把握。从某种意义上讲，它是一个相对稳定的量或一种状态。可以说，它是研究金融与经济相互关系的主轴、核心与关键，是质性金融发展的直接结果和观测器。他们认为，各种金融功能处在不同层次上并具有一定的内在逻辑关系。根据这些功能所处的不同层次，可以把金融功能划分为四个具有递进关系的层次：①基础功能；②核心功能；③扩展功能；④衍生功能。

1.基础功能

金融的基础功能是服务功能和中介功能。也就是说，金融产生以后在相当长的历史时期内主要是为经济社会活动提供交易、兑换、结算、保管等服务功能以及进行简单资金融通的中介功能，最终都是为了便利与促进价值的运动。

服务功能主要是指金融为整个经济运行所提供的便利，包括为现实经济活动甚至社会活动提供一个统一的度量标准（就是作为最基本金融要素的货币）、为拥有剩余物质财富的人提供跨时消费的可能途径（如通过贮藏货币或其他金融工具）、解决物物交换的需求双重巧合困境从而便利交易（一般等价物、提供流动性）、为大宗跨地交易提供汇兑结算服务、为富有者提供财富保管服务等。服务功能是金融最基础的功能，货币以至金融正是因此而产生，也是其存在和发展的基础。

中介功能主要是指金融作为中介机构实现的简单的资金融通，即在资金赤字者和资金盈余者之间进行调剂。以前教科书中对金融的定义一般是“资金融通”，其实就是对这一基础功能的表述，虽然现在对这个定义提出了很多批评和修正，但不可否认的是，从金融功能的角度来说，这个定义把握了金融体系最基本的功能之一。由于资金赤字者和资金盈余者的并存几乎是经济的一种常态，那意味着金融的中介功能也属于基础功能。不过中介功能主要是被动地适应经济发展的需要，体现了早期金融对经济的依附。

2.核心功能

金融的核心功能是资源配置功能。如果从广义上来理解资源配置，货币的价值尺度功能（价格）本身就是一种重要的资源配置功能，前面的中介功能也可以视为资源配置功能的萌芽状态，而资源配置功能可以理解为金融中介功能的复杂化和主动化。中介功能只是便利价值运动，而资源配置功能则直接引导价值运动实现资源有效配置。

资源配置功能主要通过金融体系的运作进行储蓄动员和项目选择从而达到资源配置的目的，这里的流程与中介功能并无形式上的差别，即实现资金赤字者与资金盈余者之间的调剂，差别主要是内在的主动性与被动性。储蓄动员体现的是一种主动的负债创造业务，而项目选择体现的是主动的资产创造业务。储蓄动员和项目选择既可以通过传统的银行等金融机构进行，也可以通过非银行金融机构或在非银行金融机构的辅助下直接通过资本市场来进行。金融体系通过其资源配置功能，建立起整个经济中资金赤字者（需求者）与资金盈余者（供给者）之间的联系，调剂整个社会中资金的余缺（或不平衡），以达到对资金（进而对实际经济资源）的更有效利用，进而提高整个社会的福利水平。

3.扩展功能

金融的扩展功能是经济调节功能和风险规避功能。扩展功能并不是意味着在核心功能充分发展以后才出现的，而是金融功能在横向上的一种扩展。其实从历史过程进行考察，两者在时间发展顺序上具有较大的重叠性。

经济调节功能从严格意义上来说并不是金融的功能，而是通过金融手段发挥的功能。在金融的核心功能显现出来以后，尤其是随着经济金融化的不断发展，金融在整个社会资源配置过程中日益居于主导地位，通过金融手段对经济进行调节便显得那么有效和直接。具体来说，金融的经济调节功能主要是指货币政策、财政政策、汇率政策、产业倾斜政策等通过金融体系的传导实现调节经济的目的。另外，政府也可以通过设立专门的政府金融机构（主要是相关政策性金融机构）引导经济发展，实现特定的战略目标与目的，这就是政策性金融过去100多年来在全球各国普遍持续发展的深刻原因。

由于经济金融活动本身具有极大的不确定性，因而可以说从经济金融活动产生之日起就面临着如何规避风险的问题。金融的风险规避功能主要是利用大数定理把风险分散化、社会化。例如，货币便利与促进了价值运动，体现了初步的风险规避功能；股票除了筹措大额资金以外还可以把投资风险进行分散，由众多的投资者或股东来共同承担投资风险；票据承兑、信用证、备用信用证等也都是为了避免经济交易中的风险；保单则体现了更为明确的风险规避功能。以上这些金融工具或金融契约以及相配套的金融机构如保险公司、信用担保公司等金融要素则是实现风险规避功能的具体手段。

4.衍生功能

衍生功能是金融体系为了进一步提高资源配置效率而在微观与宏观两个层面的“衍生”，其内容比较丰富，包括风险交易、信息传递、公司治理、引导消费、区域协调、财富再分配等功能，并可以概括为（微观）风险管理和宏观调节两类。风险管理主要包括风险交易、信息传递、公司治理等，而宏观调节主要包括引导消费、区域协调、财富再分配等。

风险来源于知识或信息的缺乏，也即信息不对称，信息不对称会使整个经济的资源配置发生扭曲，从而降低资源配置效率。金融通过相关的金融工具、金融机构、金融市场和金融交易可以有效地规避风险，并实现风险的主动管理。

例如，上市公司的投资者与管理层是一种委托-代理关系，由于双方掌握信息的不同而容易出现内部人控制，损害股东及广大投资者的利益，而一个有威慑力的股权收购市场，加上强制性的信息披露制度，就可以较为有效地解决上市公司的内部人控制问题，改善公司治理结构。

再如，由于未来汇率的不确定性，进出口贸易中收款的时滞风险就可以通过一项与实际交易相对冲的期货交易从而把未来的损益固定下来从而消除风险。因而，可以定义金融中介为通过金融资产而经营金融风险的机构。依据中介发行、交易或偿付金融资产的实际功能，中介正管理和交易着风险。随着金融工具和金融市场的发展，金融体系已不再是被动地去管理风险，而是主动地进行风险的分拆与打包。

宏观调节功能可以视为经济调节功能的延伸，其本质内容并无差别，只是操作手段和传导机制已随金融体系的复杂化而发生了变化。例如，股票市场的财富效应可以实现一定的财富再分配功能，对落后地区的开发也可以通过资本市场的运作来筹集部分资金，政策性金融活动也可以借助于证券市场来表达政策意图等。而且在金融经济时代，经济金融安全问题和可持续发展问题更为突出，宏观调节也更为必要。

金融发展过程是金融功能不断扩展和提升的演进过程，四个金融功能之间是一种递进的关系，即基础功能→核心功能→扩展功能→衍生功能，即在前面功能的基础上，当经济金融发展到一定程度，后面功能的重要性才逐步显现出来。同时，递进关系也意味着这四个层次并不是截然分开的，而是有着千丝万缕的联系甚至某些重叠，例如，核心功能和扩展功能在时间上具有极大的重叠性，二者合在一起可以称为金融的主导功能。

白钦先和谭庆华的金融功能观认为：在金融发展的过程中，金融最早显现出其基本功能，即服务功能和中介功能；随着经济发展水平的提高和金融本身的发展，金融的资源配置功能逐步显现出来；此后为了解决资源配置过程中的伴随问题，金融功能进行了横向扩展，即扩展到经济调节功能和风险规避功能；为了进一步提高资源配置的效率，金融的衍生功能开始显现出来，一方面是改善公司治理结构以及对未来不确定性风险的防范，而且随着其应用得越来越广，风险管理功能引起人们的极大关注，甚至有人认为该功能是金融最核心的功能，另一方面是宏观调节功能的显现，以进一步实现微观效率和宏观效率的统一。需要注意的是，在这样一个过程中，各种金融功能的作用发挥并不是无条件的，而是依赖于发展到一定程度的经济金融环境以及科学技术水平。只有当经济金融发展到一定程度才会产生对某种金融功能的需求，同样也只有当经济金融发展到一定程度也才能供给某种金融功能，而且这种供给越来越依赖于当时的科学技术发展水平；在需求和供给达到均衡状态的环境中，该种功能的作用才能有效发挥出来。

专栏16-1

金融抑制与金融发展

所谓金融抑制，就是指政府通过对金融活动和金融体系的过多干预抑制了金融体系的发展，而金融体系的发展滞后又阻碍了经济的发展，从而造成了金融抑制和经济衰退的恶性循环。这些手段包括政府所采取的使金融产品价格发生扭曲的利率、汇率等在内的金融政策和金融工具。

1973年，麦金农的《经济发展中的货币和资本》以及肖的《经济发展中的金融深化》先后出版，标志着现代金融发展理论的形成。麦金农和肖放弃了以成熟市场经济国家金融体系为对象的研究方法，转而研究发展中国家的金融问题。麦金农和肖发现，发展中国家存在着明显的金融抑制现象。政府一般对利率实行严格的管制。在利率管制下，发展中国家普遍存在的通货膨胀使实际利率往往为负。负实际利率一方面损害了储蓄者的利益，削弱了金融体系集聚金融资源的能力，使金融体系发展陷于停滞甚至倒退的局面；另一方面向借款人提供了补贴，刺激后者对金融资源的需求，造成金融资源供小于求的局面，此时需要实行信贷配给。而国家往往根据自己的偏好分配金融资源，这损害了金融体系在配置资源上的功能。

实际上，在大多数金融受到抑制的经济中，存、贷款利率都有上限。而且，在发展中国家，很少存在竞争的银行体系。尽管私人商业银行可以通过补偿性余额来逃避贷款利率上限，但是，从一些国有银行和大多数公共部门借款来看还是遵守的。在银行确实遵守贷款利率上限的情况下，可贷资金的非价格配给现象必然发生。信贷不是根据投资项目的预期收益率，而是根据交易成本和所感知的违约风险来配置的。担保品的质量、政治压力、名誉、贷款规模以及贷款经手人暗中收受的好处等也可以影响信贷的配置。

即使信贷的配置是随机的，投资的平均效率也会随贷款利率上限的下调而降低，因为收益率较低的投资项目现在也可获利。原先不申请银行贷款的企业家现在也进入市场。这样，当利率定得太低时，在社会福利方面的逆向选择就会发生。

麦金农放弃了传统货币金融理论中货币与实质资本是相互竞争的替代品的假设。麦金农认为，发展中国家落后的金融制度使投资不是依赖于外部融资，而是依靠内源融资。由于金融市场不发达，潜在的投资者无法以非货币金融资产作为储蓄保值的对象，如果实际存款利率为正，潜在的投资者就会以货币作为保值手段，此时的货币成为投资的先决条件或渠道。如果货币的实际收益率——真实利率增加，内源融资的资本形成机会也会扩大，这就是所谓的“渠道效应”。另外，内源融资资本形成机会的扩大使生产者所持有的实质现金余额增大，提高了投资者的信誉，投资者获得外部融资的可能性也增加了。因此，渠道效应提高了储蓄水平，促进了资本形成，进而促进了经济增长。

资料来源：方洁. 金融抑制、金融深化、金融约束［J］. 福建论坛：经济社会版，2000（8）.

§16.2　金融资源与金融可持续发展

金融在经济发展中的地位和作用日益明显，金融活动已经渗透到经济生活的各个方面，金融资产品种和量不断扩张，金融活动复杂性不断提高，人们在享有金融功能带来的便利的同时，金融危机的频发、金融的脆弱性和不稳定性也困扰着人们，金融的可持续发展问题引起了人们的广泛关注。白钦先于1998年发表论文提出了以金融资源学说为基础的金融可持续发展理论。该理论是金融可持续发展理论最典型的代表。**以金融资源学说为基础的金融可持续发展理论认为：①金融是一种资源，是一种社会资源，是一国的战略性稀缺资源；②以合理运用金融资源为基础，实现金融可持续发展，并进而推进社会文化和经济的全面协调可持续发展；③金融关系着国家经济安全，是第二国防，必须提高警惕捍卫本国金融主权。**

16.2.1　金融可持续发展理论的前提

金融可持续发展理论的前提是货币非中性基础上的金融非中性。承认货币非中性，金融学才有了继续存在和研究的基本前提。因为，货币是联结经济和金融的纽带，货币理论的微观基础是人类的金融行为，货币政策的实质就是通过影响金融过程改变实际经济变量。如果否认货币非中性，认为货币不过是标示经济运动的符号，那么金融学的理论内容就会日益变得狭窄。在承认货币非中性的凯恩斯主义时代，关于货币金融的研究取得了丰富的成果，一系列关于经济增长的货币模型相继提出，货币金融理论也才成为经济学中一个相对独立的体系。然而“新古典”学派“复兴”之后，金融学几乎成了只对金融市场的交易员和企业的财务经理才有些许功用的学问，对货币金融在宏观经济过程中的作用的研究实际上被压抑了。直到目前新古典宏观经济学和新凯恩斯主义对峙的情况下，金融学的研究视野也并未有显著的改观。货币非中性基础上的金融非中性，是金融可持续发展理论研究的一个基本的世界观和出发点。确立在货币非中性基础上的金融非中性，就把金融学与一般经济学的研究对象内在地统一起来。一般经济学考察和研究资源稀缺情况下的有效配置问题，金融学则集中考察资源配置过程中的货币金融因素所起的作用。这种统一解决了一方面货币金融在现代经济过程中无所不在，而另一方面又常常被当作局部或专业领域的问题的矛盾，获得了更广泛的研究领域和对社会经济更大的发言权。

16.2.2　金融资源论的理论依据

回顾亚当·斯密以来的200多年的经济学历程，对资源认识的深化是标志经济学发展的一个显著的线索。

①在古典经济学里，土地、劳动力和资本的“三位一体”公式，体现了古典经济学家眼中的资源是自然资源。

②在新古典经济学的经济模型中，除了商品市场和劳动力市场，还出现了资本市场。资本是物化的资本，是实物资本，是资本家占有的、可用于生产投入的实体物质，其实质是以自然资源及自然资源加工后的产成品为主的资源——生产要素。在新古典经济学家的眼里，资源观念的外延稍有扩展，包括了自然存在的和人为创造的物质财富两大部分，比如熟练的劳动力，由人类的智力和体力生产出来的机器设备等，也被视为资源，这时的资源大致等同于经济学所谓的生产要素。是为资源观念的第二个发展阶段。

③在20世纪，随着社会学、文化学观念的更新，精神性的社会因素越来越被人们用新的眼光来审视，发现它们事实上也是资源。比如一个社会所拥有的价值观念，所秉持的文化遗产，都像物质财富一样关系着这个民族和国家的生存、发展与幸福，所以这些看不见的精神之存在也应该是资源。社会文化资源在此时取得了和物质财富资源同等的地位，甚至还更高一些。是为资源观念的第三个发展阶段。

④近40年来，一些经济学家开始关注把社会文化资源纳入经济学的分析之中，对社会文化资源的特征与效应作过系统的描绘。20世纪以来的经济是金融经济，金融是一种人的创造物，但它同样是稀缺的、不可滥用的，这对一个国家的社会经济发展来说是一个十分重要的告诫。西方国家的一个重大的政策误区，就是把金融当作一种纯粹的可以任意创造的工具，其结果是货币政策的失误、金融创新的过度和金融危机的频发，而这些都威胁着一国经济安全，还威胁着全球安全。有了金融资源观，一国的国民和政府就可能善待本国能够调动的金融资源，而不致滥用。

16.2.3 金融资源论与金融可持续发展理论的逻辑关系

确定了金融是资源，我们就奠定了金融可持续发展理论的基础。首先，资源是发展的要素，对资源的长期合理开发和利用就是可持续发展，金融可持续发展就是对金融资源的长期合理开发和利用。其次，金融资源合理开发和利用的标准是经济与金融发展相互之间的协调程度。超越经济发展要求的金融资源开发和利用，是对金融资源的滥用和浪费；滞后于经济发展的金融资源开发和利用，则是对金融资源的开发不足。最后，金融可持续发展的目标是经济的可持续发展，金融与经济日益融合决定了金融可持续发展是经济可持续发展的充分必要条件，在某种程度上甚至可以说，金融可持续发展和经济可持续发展就是等价的。因此，金融资源论是金融可持续发展理论的理论起点、推理线索和政策操作目标。在金融可持续发展理论体系中，金融资源论是核心和基础。

16.2.4 金融可持续发展理论的内涵

1. 主要内容

金融可持续发展理论的内容包括：

①可持续发展思想本身是一种高度抽象的哲学理念，是一种人文关怀与关爱，具有崇高和巨大的精神价值。

②这一理念是以人或人类社会为本、为中心的，而不是以别的什么为中心，之所以强调这一点，是因为国内和国外都有人强烈主张以自然为中心。

③关于可持续发展的对象，我们不应当局限于针对自然资源的考虑，而应针对整个人类社会、文化、经济的可持续发展，即我们当代人要与未来子孙签订全面的契约，使尚未出生的人类在一切方面都不遭到我们当代人的侵害。而在地球上现行的人类组织中，各国政府义不容辞地有责任代表未来人类的利益，所以可持续发展问题又成为全球共同的政治责任，而不仅仅是技术性地保护和利用自然资源。

④可持续发展思想强调今天的发展不能以牺牲下一代的福利为代价，这种昨天、今天与明天的时间连续性，以及这一代人、下一代人"人本代际"发展的连续性引申出可持续发展，必然涉及相关要素的协调及协调发展问题。

⑤在实践的战略层面，可以高度地概括为坚持人与自然、人与社会、社会与经济的全面的（而非仅仅局限在狭小的方面）协调、和谐（特别是社会和谐发展）、质性与量性发展相统一、跳跃式与渐进式发展相统一的可持续的发展观。

⑥在实践的战略层面，尤其强调发展的时间可持续性和空间可持续性。发展的空间可持续性意味着全球东方与西方、南方与北方以及发达国家、发展中国家和转轨型国家经济与社会发展的连续性、协调性、和谐性、有效性和可持续性，意味着全球与国别或地区、产业、行业、部门间的发展的连续性、协调性、和谐性、有效性和可持续性。以上观点，可以说是世界思想界"可持续发展"理念演进的第三个阶段。

2.在金融研究上的体现

可持续发展理论在金融研究上的主要体现为：

①金融可持续发展取决于人类对金融资源的理性开发与利用。美国是当今世界上握有金融资源最多的国家，这不仅指它的资本雄厚，金融跨国公司可以在全世界各地投资，更指它握有金融话语权，在制定全球金融规则上分量最重。拥有这样的资源，如果运用不当，将会给全世界带来金融的不可持续发展。例如，美国次贷危机中各国大量购买美国金融体系的产品，结果造成全球性的金融危机。正因为如此，金融可持续发展理论才被置于一个全新视角的金融资源理论的基础之上。

②金融可持续发展的内涵，绝不简单地指一个国家的金融或全球的金融能否持续地演进下去，如果金融演进表现为"兴起—危机—复苏—兴起—危机"的破坏性循环方式，这仍然不能称为可持续发展。金融可持续发展的内涵是指在合理利用金融资源的基础上，使金融能够有效地促进和调控经济的发展，实现效率与公平的双优目标。当前世界的经济与金融，距离效率和公平双兼顾的目标甚远，原因之一就在于金融资源占有的不公平和滥用。当美国可以恣意通过美元贬值和次贷泛滥来轻而易举地剥夺他国财富的时候，我们不得不追究到对金融资源的垄断性占有和滥用上去。所以这个理论对解答国际经济金融在全球化时代出现的若干重大问题是有用的和有效的。

③金融可持续发展最初是而且根本上就是一个文化问题，而不单单是一个政策

问题。全球政治不可避免地与金融紧紧缠绕在一起，西方首脑集团的会晤总免不了金融话题。由此造成人们一种现象学误解，好似通过各国政策上的协调就可以有效地解决金融可持续发展问题。但是深入思考，就发现政策所解决的是一时一事，而长久的解决需要培养全球公正的金融文化理念。具体来说，在于彻底清除金融等于投机的20世纪习惯思维；在于确立对金融行为是否具有正义性进行价值判断的文化标准；在于树立全球金融共存共荣的共同价值观。经由这个途径，金融研究将不限于金融产品设计等技术主义问题，而进入广阔的人文科学领域。从文化视角考察金融，整个金融学、经济学将获得柳暗花明又一村的学术效果。

3.金融可持续发展与金融安全

以金融资源学说为基础的金融可持续发展理论落实在国家政策上，一个很重要的方面就是金融安全。应该把金融安全提到与全球化经济相适应的高度。美国和其他主要西方国家最先具备金融安全意识，它们事实上是把金融当作比物质资源更重要的资源来保护的。我们知道，美国在第二次世界大战结束后不久通过的《美国战略物资保护法》中，把石油、煤炭、军备等宣布为战略物资，对内商和外商采取区别对待的政策，外商不允许涉足战略物资的开发与生产。它对金融资源的保护，一点也不弱于对物质资源的保护，这主要表现在：利用掌握规则制定权的优势，阻止或延缓他国金融机构在本土设立分支机构；限制本国商业银行和投资、保险机构对外国商人出售股份的比例；限制他国金融机构在本土的业务种类和经营范围；限制金银等硬通货流出境外。

专栏16-2

美国金融周期

金融周期波动的核心在于信用的收缩与扩张，金融周期上半场货币宽松，信贷扩张，资产价格上升，进一步刺激各部门加杠杆，债务率迅速攀升。信贷资本的扩张带有强烈的自融性、顺周期性，而债务的扩张不具备可持续性，一旦到达临界点则资金链断裂、泡沫破灭，金融周期进入下半场，信用朝相反方向快速紧缩。

回顾美国近百年来的经济、金融发展史，伴随货币政策松紧、监管制度调整、社会信贷扩张收缩以及金融工具创新，金融市场也随之呈现周期性波动。其主要有三次较为完整的、规模较大的金融周期，三轮金融周期从顶部进入下半场均伴随影响深远的经济衰退危机，分别对应为大萧条（1929—1933）、储贷危机（1988—1989）和次贷危机（2007—2008）。

大萧条金融周期在经历了20世纪20年代经济迅猛发展、监管逐步放松、信贷快速扩张的金融上半场后，货币政策骤然紧缩使得金融周期进入下半场，而后续宏观政策的失误以及贸易保护主义抬头导致美国乃至世界经济陷入持续萧条。

储贷危机金融周期在20世纪80年代经历了信贷扩张、政府兜底储贷协会导致投机盛行、房产泡沫堆积的金融周期上半场后，内外部冲击致使储贷危机爆发，美国进入金融周期下半场，大量储贷协会及银行倒闭，信用极度紧缩，美国经济从繁荣走向衰退。

次贷危机金融周期在2001—2003年经历了美国宽松货币、金融自由化、金融工具创新以及影子银行快速兴起的金融周期上半场后，房产泡沫堆积、信贷迅猛扩张，而2004—2006年紧缩的货币政策最终刺破房产泡沫，金融周期进入下半场，酿成国际金融危机，引发世界经济萧条。

从美国历史经验来看，三次金融周期的轮回与交替呈现以下共性：（1）监管放松、信贷扩张、资产价格大涨开启金融周期上半场；（2）金融周期的顶峰往往伴随着资产价格泡沫、银行业危机或显著的金融抑制；（3）利率上升、外部冲击以及监管趋严刺破泡沫，进入金融周期下半场。美国金融周期的主要经验教训是：（1）金融周期下半场不宜采用过于紧缩的货币政策；（2）积极的财政政策在金融周期下半场大有可为；（3）贸易保护政策无法挽救陷入萧条的经济；（4）"一刀切"式严监管不可取，结构性严监管更有助于金融机构持续健康发展；（5）改革开放是最终出路。

当前中国经济正站在产能周期的底部和金融周期的下半场，前者决定了经济L型的韧性，后者决定了去杠杆的融资收缩。结合美国经验和中国现实，笔者在此提五点建议：（1）维持市场流动性合理充裕与结构性紧信用，协调本外币货币政策；（2）疏通货币传导机制，完善金融市场配套设施，提高金融资源配置效率；（3）财政政策在减税和基建上更加积极；（4）减少"一刀切""运动式"监管，加强结构性严监管；（5）坚定推动改革开放。

资料来源：任泽平，等. 美国金融周期的规律与启示［EB/OL］.［2018-08-29］. http://finance.sina.com.cn/zl/china/2018-08-29/zl-ihikcahf0814707.shtml.

16.2.5　对金融可持续发展理论的评价

1.金融可持续发展理论确立了金融学研究的最终目标

把"可持续发展"观念引入金融学研究，拓宽了金融学的研究领域，也确立了金融学研究的最终目标。把"可持续发展"观念引入金融学研究，暗含着一国金融状况不断发展变化并对实际经济产生实质性影响的假设。传统经济学、金融学至少在短期内假设金融环境为一个稳定的、不变的外生因素，但是这一假设现在已经完全缺乏经验基础。最近的约二十年里，金融运行量和质的变化速度远远高于所谓实际经济的变化速度。在经济日益全球化和金融化的今天，金融问题的突出性已经使任何一国经济政策的决策者不能将其轻易忽略；在国际经济领域，国际金融关系也已经成为国际经济关系中的主导方面。在这种情况下，金融学必须考虑金融随时的变化可能对经济产生的各种影响，并做出相应的理论决断。因此，金融可持续发展理论就把对金融问题独立考察的传统扩大到金融与经济的动态关系上来，金融可持续发展既是金融可持续发展理论的研究对象，也是金融学研究的基本框架和最终目标。

2.金融可持续发展理论是一种全新的金融效率观

经济可持续发展问题的提出，实际上为经济学以资源配置为中心的范式增加了新的约束条件：既定时期的资源配置效率必须考虑资源的长期利用问题。

当代金融学以信息套利效率、基本估价效率、完全保险效率和中介功能效率作为标准，评价金融体系的效率，并且认为保证这些效率的办法就是减少管制、提高金融体系的竞争程度，但是，伴随着金融自由化而在品种和交易量上都不断急剧扩大的金融交易，很大程度上是在把越来越多的资源吸引和投入到一些远远脱离了商品和服务的生产过程的金融活动中。金融工具流动性和可转让性的提高促进了过度投机，导致了“泡沫经济”。“泡沫经济”的崩溃给许多国家和地区的经济发展带来了严重的伤害，这些陈旧的政策显然是短视的和无效率的。

金融可持续发展理论则强调，金融效率的评价标准是金融发展与经济发展的适应程度，资产的金融化不能以牺牲现时和未来的实际生产和服务为代价。因此，金融可持续发展观是一种全新的效率观。这种效率观不是仅仅注重一个国家某一时点上的资源配置效率，而是更注重在一个相对长的历史时期内金融与经济相互影响、相互作用下的协调发展。

3.金融可持续发展理论强调金融学的社会科学属性

金融可持续发展理论注重理论实证和经验实证的有机结合。经济学、金融学的实证化使其成为一门分析的科学，但是理论实证与经验实证的分裂也导致经济学、金融学逐渐演变出迄今越来越明显的“工具性”“技术性”倾向。对于经济学、金融学的“工具性”“技术性”倾向，金融可持续发展理论认为，经济金融的、社会的和制度的现象具有内在的依赖性，因此经济学、金融学是“文化”的而非“自然”的科学，归属于社会性而非技术性的范畴，即经济学、金融学的本质是社会科学。经济学、金融学的社会科学本质，决定了凡是对经济金融体制结构、功能和运行具有重大影响的因素，都应当在经济学的研究范围之内。理论脱离实际、流于追求技术性操作，会使经济学、金融学失去社会科学的本质。强调经济学、金融学的社会科学本质，实际上就是强调超越现有的范式基础和理论体系，把尚未纳入经济学、金融学视野但实际上又与经济金融紧密相关的社会现象、活动和因素吸取进来，而不是囿于传统范式和理论体系的制约，对它们视而不见或把它们人为地排除掉。

专栏16-3

金融约束论

以托马斯·赫尔曼、凯文·穆尔多克和约瑟夫·斯蒂格利茨为代表的经济学家于20世纪90年代末针对发展中国家的国情提出了“金融约束论”。他们认为，政府通过实施限制存贷款利率、控制银行业进入等一整套的约束性金融政策，在银行业创造租金，从而可以带来相对于自由放任政策和金融压抑政策下更有效率的信贷配置和金融业深化，对发展中国家维护金融机构的安全经营、保证金融体系的稳定、推动金融业发展的进程极为重要。金融约束的主要政策有利率控制和资产替代等，其中利率控制是核心。金融约束的本质是：政府通过一系列的金融政策在民间部门创造租金机会，即取得超过竞争性市场所能产生的收益的机会，这种租金能够促进市场更好地为经济发展服务。“金融约束论”的核心观点是：提供宏观经济环境稳定、通货膨胀率较低并且可以预测的前提，由存款监管、市场准入限制等组成的一整套金融约束政策可以促进经济增长。

严格来讲，金融约束论要想成立必须满足三个基本条件：限制市场准入，在此条件下银行业充分竞争；限制直接融资，防止直接融资对银行信贷的替代；宏观经济环境稳定，通货膨胀率较低并且可以预测，从而保证实际利率为正。这三个条件在现实中都不可能完全满足。如果限制市场准入，许多中小银行将被排斥在市场之外，而先前进入市场的银行由于处于垄断地位，进而会失去金融创新的动力。结果将导致金融业缺乏竞争，反而会阻碍产业的健康发展。直接融资也不可能被严格限制，任何一个国家都需要融资渠道多元化，只有这样才能更好地满足经济发展的需要。因此，政府不可能也不情愿对资本市场进行严格的限制，即使有所限制，也一定不会是长期的。另外，居民在进行投资时也不会选择单一银行信贷资产，这不符合理性的投资理念。同样，宏观经济也不可能一直保持稳定，通货膨胀率的上下波动也是经济运行的常态。由此可以得出结论：金融约束论的假设过于严格，现实中根本不能满足。因此，无论从理论上还是从现实来看，金融约束论都存在着很大的局限性。

当然，也有学者从各个方面对金融约束论的科学性进行了论证。他们认为，世界上并不存在放之四海而皆准的理论。任何理论都有其特定的适用范围，依据假设的不现实性来对某一理论进行批评是不合理的。经济学分析中，衡量理论有效性的标准是看该理论的结论是否符合经济现实，而不是去衡量其假设现实性的大小。金融约束论的直接结论是政府对金融市场一定程度的直接干预是有效的，也不影响金融约束论对特定国家一定时期的经济发展现象的解释能力。对于有观点认为银行业充分竞争是金融约束论成立的前提条件，而价格管制与银行业充分竞争又不可兼容，因此金融约束论的理论逻辑存在冲突，他们认为，金融约束政策恰恰是通过适当限制银行业的自由竞争来为银行制造租金机会，而限制银行业的自由进入与过度竞争是为了保证发现新储源的银行的租金不会因竞争而缩小甚至消失，这与适度的银行业竞争是并行不悖的。因此，对于金融约束论我们应该给予充分的肯定，而不应该妄加指责。

资料来源：周业安．“金融约束论”批判［J］．经济科学，2000（6）．

本章小结

1.所谓中介手段，是指由金融中介机构以间接金融资产替代初级证券，从而使金融资产更为多样化、储蓄向投资的转化更为顺利的技术。

2.金融结构即各种金融工具和金融机构的相对规模，随时间而变化的方式在各国亦不尽相同。这些差异反映在不同的金融工具及金融机构相继出现的次序、它们的相对增长速度、对不同经济部门的渗透程度，以及对一国经济结构变化的适应速度和特点等方面。

3.金融工具是对其他经济单位的债权凭证和所有权凭证。

4.金融体系主要提供以下六种功能：清算和支付结算；便利资源在时间和空间上的转移；风险管理；储备资源和分配股份；提供信息；解决信息不对称带来的激励问题。

5.金融功能可以划分为四个具有递进关系的层次：基础功能；核心功能；扩展功能；衍生功能。

6.以金融资源学说为基础的金融可持续发展理论认为：金融是一种资源，是一种社会资源，是一国的战略性稀缺资源；以合理运用金融资源为基础，实现金融可持续发展，并进而推进社会文化和经济的全面协调可持续发展；金融关系着国家经济安全，是第二国防，必须提高警惕捍卫本国金融主权。

综合训练

16.1 单项选择题

1.（　　）是金融最基础的功能。

A.服务功能　B.中介功能　C.管理功能　D.转移功能

2.金融的核心功能是（　　）。

A.服务功能　B.中介功能　C.管理功能　D.资源配置功能

3.金融可持续发展理论的前提是（　　）。

A.金融的脆弱性　B.货币非中性基础上的金融非中性

C.金融危机的频发　D.金融的不稳定性

4.（　　）是标志经济学发展的一个显著的线索。

A.对资源认识的深化　B.生产投入的实体物质

C.自然资源　D.生产要素

5.确定了（　　），我们就奠定了金融可持续发展理论的基础。

A.金融是资源　B.对金融资源的开发不足

C.金融资源论　D.金融资源合理开发

16.2 多项选择题

1.金融体系主要提供（　　）功能。

A.清算和支付结算　B.便利资源在时间和空间上的转移

C.风险管理　D.储备资源和分配股份

E.信息

2.金融功能具有递进关系的层次是：（　　）。

A.基础功能　B.核心功能　C.扩展功能

D.衍生功能　E.风险管理

3.金融的基础功能是（　　）。

A.服务功能　B.中介功能　C.管理功能

D.转移功能　E.配置功能

4.金融的扩展功能是（　　）。

A.经济调节功能　B.中介功能　C.风险规避功能

D.转移功能　E.配置功能

5.金融功能的基本特征是（　　）。

A.客观性　B.稳定性　C.层次性

D.稀缺性　E.规律性

16.3　复习思考题

1.金融机构功能观认为金融发展对经济增长的影响渠道是什么？

2.默顿与博迪认为金融主要具有哪些功能？具体内容是什么？

3.金融资源论的理论依据是什么？

4.金融可持续发展理论在金融研究中的运用主要体现在哪些方面？

5.金融资源论与金融可持续发展理论的逻辑关系是什么？

6.金融可持续发展理论的内涵有哪些？

参考文献

[1] 彼罗. 李嘉图著作和通信集：第3卷 [M]. 寿勉成，译. 北京：商务印书馆，2011.

[2] 麦什金. 货币金融学 [M]. 郑艳文，译. 11版. 北京：中国人民大学出版社，2016。

[3] 尼夫. 金融体系：原理和组织 [M]. 曲昭光，赖溟溟，李伟平，译. 北京：中国人民大学出版社，2005.

[4] 艾伦，盖尔. 比较金融系统 [M]. 王晋斌，等，译. 北京：中国人民大学出版社，2002.

[5] 博迪，莫顿. 金融学 [M]. 尹志宏，等，译. 北京：中国人民大学出版社，2000.

[6] 吴博. 后危机时代的中资银行发展战略与业务创新 [J]. 新金融，2009 (11).

[7] 申屠青南. 前七月证券公司累计净利润已超去年全年 [N]. 中国证券报，2009-08-26.

[8] 关一濛. 从欧美经验看中国银行业并购趋势 [J]. 银行家，2013 (2).

[9] 徐二明，王文彬. 金融危机背景下银行并购的机遇和挑战 [J]. 中国金融，2009 (7).

[10] 宋艳伟. 美国金融监管发展趋势 [J]. 中国金融，2017 (24).

[11] 巴曙松，朱虹. 金融监管模式的演进 [J]. 中国金融，2018 (7).

[12] 乔博，刘波. 信贷资产证券化的金融功能 [J]. 中国金融，2018 (10).

[13] 廖岷. 从美国次贷危机反思现代金融监管 [J]. 国际经济评论，2008 (4).

[14] 姜波克. 货币政策的有效性 [J]. 金融研究，2008 (1).

[15] 吴凡，张本照. 英国金融监管模式的改革及其启示 [J]. 现代管理科学，2007 (1).

[16] 白钦先，谭庆华. 论金融功能演进与金融发展 [J]. 金融研究，2006 (7).

[17] 陈善昂. 金融市场学 [M]. 3版. 大连：东北财经大学出版社，2016.

[18] 易纲，吴有昌. 货币银行学 [M]. 上海：格致出版社，2014.

[19] 戴国强. 货币金融学 [M]. 4版. 上海：上海财经大学出版社，2017.

[20] 黄达，张杰. 金融学（精编版）[M]. 3版. 北京：中国人民大学出版社，2017.

[21] 艾洪德，范立夫. 货币银行学 [M]. 2版. 大连：东北财经大学出版

社，2017.

［22］戴国强. 商业银行经营学［M］. 5版. 北京：高等教育出版社，2016.

［23］王广谦. 中央银行学［M］. 4版. 北京：高等教育出版社，2017.

［24］毛泽盛，卞志村. 中央银行学［M］. 北京：人民出版社，2009.

［25］庞皓，等. 金融安全的预警机制与风险控制研究［M］. 北京：科学出版社，2009.

［26］叶莉，陈立文. 中国金融安全运行机制与预警管理研究［M］. 北京：经济科学出版社，2009.

［27］张荔，等. 白钦先经济金融文集［M］. 北京：中国金融出版社，2009.

［28］罗朝剑. 中央银行学［M］. 北京：中国农业出版社，2008.

［29］李志辉. 商业银行业务经营与管理［M］. 3版. 北京：中国金融出版社，2015.

［30］谈儒勇. 金融发展理论与中国金融发展［M］. 北京：中国经济出版社，2000.

［31］马辉. 中国金融风险指标体系构建与预警研究［D］. 长春：吉林大学，2009.

［32］王建国. 货币供应量作为我国货币政策中介目标的探讨——基于货币需求和货币供给的实证研究［D］. 上海：复旦大学，2006.

［33］北京中投经合信息技术有限公司. 2009—2012年中国信托业投资分析及前景预测报告（上下卷）［R］. 2009.

［34］中国人民银行. 中国金融稳定报告［R］. 2015，2017.

［35］胡庆康. 现代货币银行学教程［M］. 5版. 上海：复旦大学出版社，2014.

［36］李健. 金融学［M］. 3版. 北京：高等教育出版社，2018.